一流本科专业一流本科课程建设系列教材

客户关系管理理论与应用

第 3 版

主　编　李志刚

副主编　马　刚　刘金风

机械工业出版社

本书全面、系统地讲述了客户关系管理（CRM）的基本思想理论、实施方法、关键技术及实践应用。全书共十一章，首先，介绍了客户关系管理的基本知识、理论方法及战略；其次，从原理和实现的角度阐述了客户关系管理软件的功能、结构、类型和实施的方法，以及客户关系管理系统分析设计的技术；最后，从理论、实践、操作三个层面介绍了呼叫中心的应用、客户关系管理中的数据技术、新技术与客户关系管理的发展及应用，以及客户关系管理的课程实习与实践。

本书结构合理，内容丰富，深入浅出，易教易学，书中插入了许多实操案例，着力介绍当前客户关系管理研究和应用的最新成果，并在教材中引入实验实习的内容，强调学生实际应用能力的培养。本书可作为电子商务、物流管理、市场营销、工商管理、信息管理与信息系统等专业的教学用书，也可作为相关领域管理人员或研究人员的参考资料。

图书在版编目（CIP）数据

客户关系管理理论与应用／李志刚主编． --3 版．
北京：机械工业出版社，2025．8． --（一流本科专业一流本科课程建设系列教材）． -- ISBN 978 - 7 - 111 - 78561 - 3

Ⅰ．F274
中国国家版本馆 CIP 数据核字第 2025YY0485 号

机械工业出版社（北京市百万庄大街 22 号　邮政编码 100037）
策划编辑：刘　畅　　　　　责任编辑：刘　畅
责任校对：陈　越 李　杉　　封面设计：王　旭
责任印制：单爱军
保定市中画美凯印刷有限公司印刷
2025 年 8 月第 3 版第 1 次印刷
184mm×260mm · 22.75 印张 · 466 千字
标准书号：ISBN 978 - 7 - 111 - 78561 - 3
定价：74.00 元

电话服务　　　　　　　　　　网络服务
客服电话：010-88361066　　机 工 官 网：www.cmpbook.com
　　　　　010-88379833　　机 工 官 博：weibo.com/cmp1952
　　　　　010-68326294　　金 书 网：www.golden-book.com
封底无防伪标均为盗版　　机工教育服务网：www.cmpedu.com

前　言

《客户关系管理理论与应用》第 3 版终于与广大读者见面了。光阴似箭，在不经意间，距第 1 版面世已有 18 年。这 18 年来，无论是信息技术，还是客户关系管理，都已经有了新的、更广泛的应用和发展，尤其是随着互联网、云计算技术、物联网的发展，企业应用客户关系管理来提高市场竞争力，获得更多的市场、客户已经成为一种必然趋势。

客户关系管理（Customer Relationship Management，CRM）是用一种以客户为中心的思想来设计和管理企业的管理理念，它是现代管理思想和现代计算机技术相结合的产物，它的基本思想是以客户为中心，把有关市场和客户的信息进行统一管理，实现共享。CRM 致力于将最佳的商业实践与信息技术相结合，为企业营销以及客户服务支持提供一个自动化解决方案，是企业实现"以客户为中心"的管理流程的最佳途径。CRM 的目的是提高客户服务交付价值和满意度，实现企业收入的增长和效率的提高。CRM 是利用数据仓库、数据挖掘等现代技术手段，使客户、竞争、品牌等要素协调运作并实现整体优化的自动化管理系统。其目标是提升企业的市场竞争能力，建立长期优质的客户关系，不断挖掘新的营销机会，帮助企业规避经营风险，获得稳定利润。因此，它已成为目前全球炙手可热的研究课题和产品。CRM 的产生是市场需求和管理理念更新的需要，是企业管理模式和企业核心竞争力提升的要求，是电子化浪潮和信息技术支持等因素推动与促成的结果。

本书是电子商务国家一流专业和四川省一流课程建设的成果，是作者应用教材第 1 版、第 2 版，结合 17 届学生学习"客户关系管理"课程的教学实践，根据学生反馈意见和客户关系管理课程教学的特点精心设计、改编而成。本书在原书稿的基础上吸收了 CRM 最新的研究成果和应用方法。知识编排上，由浅入深，从概念分析和解构开始，逐渐拓展到原理、应用和实践，符合学习习惯和学生的心理。内容安排上，深入浅出，易教易学，从战略、管理及操作三个层面进行阐述，以我国本土管理实践的经验教训为背景，以国内市场及消费者的需求、行为、感知变化为研究对象，系统地总结了国内外企业的成功经验和先进理念，着力介绍客户关系管理研究和应用的最新成果，力争教材贴近实际、贴近管理者、贴近企业、贴近教学，强调对学生实际应用能力的培养。本书不仅有一定的理论高度，而且将客户关系管理理论、当前应用实践及客户关系管理人才培养相结合；在客户关系管理课程中引入实验实习的内容，并在每章后设置了练习题。

本书根据客户关系管理研究的最新理论和实践，结合 CRM 软件应用成果，从 CRM 的理论基础、典型功能、技术基础和实践四个维度对 CRM 进行深入、全面的阐述，基本涵盖了目前 CRM 研究和实践的前沿知识。全书共十一章，第一章、第二章分别为客户关系管理导论和客户关系管理的基础理论与方法；第三章介绍客户关系管理战略与业务流程再造；第四章、第五章介绍客户关系管理软件系统、客户关系管理应用系统的分类及功能；第六章介绍呼叫中心在客户关系管理中的应用；第七章介绍客户关系管理系统的功能与结构设计；第八章结合我国实际情况详细地介绍了客户关系管理项目的实施与控制；第九章介绍了客户关系管理中的数据技术；第十章介绍新技术与客户关系管理的发展及应用；第十一章结合具体软件介绍客户关系管理的课程实习与实践，让学生上机操作，开展潜在客户及满意度的实地调查，消化和理解所学的 CRM 理论知识。

全书由李志刚负责整体策划和最后统稿。具体的编写分工如下：第一章、第二章由刘金凤、李志刚编写和修改；第三章、第七章、第九章由马刚编写，由李志刚修改和补充；第十章由张婧编写；第四章、第五章、第六章、第八章由李志刚编写和修改；第十一章由李志刚、聂运洁、杨一鸣编写；聂运洁负责第三章至第八章的案例收集与整理。

在本书的编写过程中，南京奥派股份有限公司给予了帮助和支持，在此表示感谢。同时，要感谢四川大学、东北财经大学、四川师范大学、内蒙古科技大学等高校客户关系管理课程的教师提供的宝贵建议。最后，在编写过程中，作者参考了国内外大量的出版物和网上的资料，在此谨向各位作者表示最诚挚的谢意！客户关系管理发展迅猛，特别是托管型客户关系管理的发展，时刻影响着客户关系管理的应用模式和发展进程，尽管作者们付出了艰苦的努力，但由于水平有限，疏漏甚至错误之处在所难免，恳请广大读者批评指正。

李志刚

2025 年 3 月

目　录

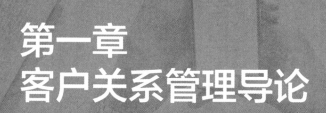

第一章
客户关系管理导论

01

学习目标

　　1. 了解企业营销管理理念的变化过程，理解客户关系对企业生存与发展的意义，树立以客户为中心的现代营销管理理念。

　　2. 明确客户范畴及客户类型。

　　3. 理解和掌握客户关系管理的定义和内涵。

　　4. 认识客户价值及其特点。

　　5. 了解客户定位的步骤。

第一节　客户关系管理的产生与发展

一　客户关系管理产生的背景

　　客户关系管理（Customer Relationship Management，CRM）的理论基础来源于西方的市场营销理论，在美国最早产生并得以迅速发展。市场营销作为一门独立的管理学科存在已有将近百年的历史，其理论和方法极大地推动了西方国家工商业的发展，深刻地影响着企业的经营观念以及人们的生活方式。信息技术的快速发展，为市场营销管理理念的普及和应用奠定了基础，并开辟了更广阔的空间。

　　1990 年前后，许多美国企业为了满足竞争日益激烈的市场需求，开始以联系人管理软件（典型代表为 ACT）为基础，开发销售自动化（SFA）系统，随后又着力发展客户服务系统（CSS）。1996 年后，一些公司开始把 SFA 和 CSS 两个系统合并起来，再加上营销策划（Marketing）、现场服务（Field Service），在此基础上再集成 CTI（计算机电话集成技术）形成集销售和服务于一体的呼叫中心（Call Center）。这样就逐步形成了我们今天熟知的 CRM。特别是高德纳咨询公司（Gartner Group）正式提出 CRM 的概念，加速了 CRM 的产生和发展。

　　客户关系管理的产生，是市场需求和管理理念更新的需要。它是企业管理模式更新、企业核心竞争力提升以及电子化浪潮和信息技术的支持等四方面背景所推动与促成的。

　　首先，从管理科学的角度来考察，客户关系管理源于市场营销理论，是将市场营销的科学管理理念通过信息技术的手段集成在软件上，然后普及和应用。CRM 事实上是营销管理演变的自然结果。在市场竞争中，企业发现传统的以 4P 为核心，现代的以 4C

或 4R 为核心，由营销部门实现的营销组合手段在充满"利诱"的竞争市场上，已经越来越难以实现营销的目标。而客户关系管理的方法在注重 4P（4C 或 4R）关键要素的同时，反映出在营销体系中各种交叉功能的组合，其重点在于赢得客户。其本质又落实了营销的实质，其行为实际是营销管理，所以更显示出一种以客户为导向的企业营销管理的系统工程。"以客户为中心"的管理理念的确立，使得企业实施客户关系管理必然地提上了日程。

其次，因为市场的变化，企业以前的制度体系和业务流程出现了种种难以解决的问题。比如，业务人员无法跟踪众多复杂和销售周期长的客户；大量的工作是重复的，常出现人为的错误；人员或职能分工的阻碍导致客户信息的交流不畅，或与客户沟通口径不统一；企业会因业务人员的离职而丢失重要的客户和销售信息等。因而，企业就必须去考虑并回答下列问题：如何准确地了解和把握客户的个性化需求？所有的竞争对手都在不遗余力地争取新客户，但现有的老客户通常也蕴涵着巨大的商机，怎样才能两者兼顾？如何实现对客户信息和资源统一有效的管理，让企业各职能部门和员工都能快捷、方便地共享信息？如何设计规范的营销资料、使用丰富和可信的营销手段、将产品的最新消息有针对性地发送给客户？如何跟踪复杂的销售路线并缩短产品的销售周期？如何减少大量重复性的工作并避免人为的错误？如何使企业不会因为某销售人员离职而失去重要的客户信息？如何提高售后服务的响应速度和质量？如何优化业务代表与销售内勤之间的工作流程？如何建立通畅的客户反馈渠道等。这一系列的问题，通过实施客户关系管理都可以得到圆满的解答。

再次，客户关系管理被企业重视的另一个重要原因归功于近年来资本市场的发展。一个新成立的企业尤其是服务类企业，在没有取得利润前，会计师事务所及投资公司都将企业客户资源作为评估企业价值的重要指标，这促使客户资源的重要性上升，这一点在网络公司最为显著。

最后，随着信息技术的发展，企业核心竞争力对于企业信息化程度和管理水平的依赖越来越高，这就需要企业主动开展组织架构、工作流程的重组，同时有必要也有可能对面向客户的各种信息和活动进行集成，组建以客户为中心的企业，实现对客户活动的全面管理。在企业的信息化改造方面，如果说企业资源规划（ERP）、供应链管理（SCM）等应用正在帮助企业理顺内部的管理流程、削减成本、实现事务处理自动化，为企业全面电子化运营打好了基础，那么企业下一步所需要的，是帮助它真正全面地观察外部的市场和客户、创造收益、为推动企业腾飞提供真正动力的有力工具。从这个意义上讲，企业不仅需要新的客户关系管理系统，更需要能适应互联网时代企业发展需要的新管理理念和技术。近年来，随着新兴技术突飞猛进的发展应用，以及数据仓库、商业智能、知识发现等技术的发展，使收集、整理、加工和利用客户信息的质量大大提高，信息技术和互联网成为日渐成熟的商业手段和工具，越来越广泛地应用于金融、证券、电信、电力、商业机构等各个行业领域的信息系统构建。其应用种类也从传统的办公事务处理发展到在线分析、决策支持、互联网内容管理、应用开发等。充分的、先进的技术支持使得 CRM 的实现成为可能。

综上所述，客户关系管理的产生与发展是有其客观性的，它借助先进的信息技术和管理思想，通过对企业业务流程的重组来整合客户信息资源，并在企业的内部实现客户信息和资源的共享，为客户提供一对一个性化服务、改进客户价值、满意度、盈利能力以及客户的忠诚度，保持和吸引更多的客户，最终实现企业利润最大化。它已成为面向客户的、先进的新商业模式。

总之，CRM 的产生和发展体现了两个重要的管理趋势：一是从以产品为中心的模式向以客户为中心的模式转移；二是企业管理的视角从"内视型"向"外视型"转换。网络及其他各种现代交通、通信工具的出现和发展缩小了时空距离，企业与企业之间的竞争也几乎变成了面对面的竞争，仅仅依靠 ERP 的"内视型"的管理模式已难以适应激烈的竞争，企业必须转换自己的视角，在企业外部寻求整合自己资源的黏合剂。

二、企业营销管理理念的变化过程

营销管理是在目标市场上达到预期交易结果的自觉努力。许多情况下，企业、客户和社会三者的利益是矛盾的。如何摆正三者之间的利益关系呢？显然，市场营销活动应该在效率、效果和社会责任方面经过深思熟虑产生的某种经营哲学思想指导下进行。这就是营销的市场竞争观念。营销的竞争观念是企业在市场营销活动中所遵循的指导思想和行为准则，是企业开展市场营销活动的出发点。企业的营销管理理念可以归类为五种，即生产观念、产品观念、推销/销售观念、营销观念和社会营销观念。

（一）生产观念

生产观念是指导企业经营者行为的最古老的观念之一。它产生于物资短缺的资本主义工业化初期。生产观念认为，消费者喜爱那些可以随处买到的、价格低廉的产品。生产导向型企业总是致力于提高生产效率和广泛的分销覆盖面。它至少在以下两种情况下是合理的：一种情况是产品的需求大于供给，因而顾客最关心的是能否得到产品，而不关心产品的细小特征；另一种情况是产品成本很高，必须靠提高生产率以降低成本来扩大市场。在市场经济条件下，生产观念是一种典型的重生产、轻营销的过时、落后的经营哲学，但有些企业的市场营销管理仍受生产观念支配。

（二）产品观念

产品观念认为，消费者最喜欢高质量、多功能和具有某些特色的产品。产品导向型企业总是致力于生产高质量产品，并不断加以改进，使之日臻完善。它产生于市场商品供不应求的"卖方市场"形势下。当企业发明一种新产品时，最容易出现"市场营销近视症"，即不适当地把注意力放在产品上，而不是放在市场需要上。产品导向型企业在设计产品时经常不让或很少让消费者介入，甚至不考察竞争者的产品。

（三）推销/销售观念

推销/销售观念是为许多企业所采用的另一种观念。它产生于资本主义国家由卖方市场向买方市场过渡的阶段。推销/销售观念认为，消费者通常表现出一种购买惰性或抗拒心理，如果顺其自然，消费者一般不会足量购买某一企业的产品，因此，企业必须主动推销和积极促销，以刺激消费者大量购买本企业的产品。它们的近期目标是销售其能够生产的产品，而不是生产能够出售的新产品。推销/销售观念在现代市场经济条件下被大量用于推销那些非渴求产品，即消费者一般不会想到去购买的产品或服务。许多企业在产品过剩时，也常常奉行推销/销售观念。这种建立在强化推销基础上的营销有着高度的风险，也是一种过时、落后的经营哲学。

（四）营销观念

营销观念是为了挑战上述诸观念而出现的一种新型的企业经营哲学。尽管这种思想由来已久，但其核心原则直到 20 世纪 50 年代中期资本主义国家出现了买方市场之后才基本定型。市场营销观念认为，实现企业各项目标的关键，在于正确确定目标市场的需要和欲望，并且比竞争者更有效地传送目标市场所期望的物品或服务，进而比竞争者更有效地提供目标市场所要求的满足。推销观念注重卖方需要，市场营销观念则注重买方需要；推销观念以卖方需要为出发点，考虑如何把产品变成现金，而市场营销观念则考虑如何通过产品以及制造、传送产品及与最终消费产品有关的所有事物，来满足顾客的需要。从本质上说，市场营销观念是一种以消费者为中心、以消费需求为导向的企业经营哲学，是消费者主权论在市场营销管理中的体现。

哈佛大学教授西奥多·李维特（Theodore Levitt）对推销观念与营销观念做了深刻的对比，如表 1-1 所示。

表 1-1　推销观念与营销观念对比

对比内容	推销观念	营销观念
出发点	企业自身	目标市场
中心	产品	顾客需求
手段	推销和促销	整合营销
目的	通过扩大消费者需求来创造利润	通过满足消费者需求来创造利润

（五）社会营销观念

社会营销观念是对市场营销观念的修改和补充。它产生于 20 世纪 70 年代西方资本主义社会出现能源短缺、通货膨胀、失业增长、环境污染严重、消费者保护运动盛行的新形势下。市场营销观念回避了消费者需要、消费者利益与长期社会福利之间隐含着冲突的现实。社会营销观念则认为，营销者在营销活动中应当考虑社会与道德问题，必须平衡与评判公司利润、消费者需要的满足与公共利益三者的关系，并以保护消费者和提高社会福利的方式，比竞争者更有效、更有利地向目标市场提供消费者所期待的物品或服务。

我国企业的营销观念经历了以产定销、以销定产和以需定产三个阶段，目前大多数企业还处在由以销定产向以需定产的转化过程中。在市场竞争国际化日益加剧的时代，这种状态对企业的生存和发展是极为不利的，甚至是极为危险的。

三、客户关系观念的转变

（一）营销理论的变化与发展

营销理论从产生到发展有其深刻的历史渊源。追溯现代营销的发展史，不难发现，市场营销组合及在此基础上形成的 4P 模式是具有划时代意义的理论创新，这一创新已在世界范围内、在理论与实践两个层面上得到了认同，这一模式的价值和生命力来源于其坚实的逻辑基础。

经典营销理论的客观经济基础是基于供大于求的买方市场形成，而其逻辑思维的起点是可控因素和不可控因素的区分。20 世纪 50 年代，哈佛大学教授博登（Bolden）对可控因素和不可控因素进行了界定，最早提出了市场营销组合理论，奠定了现代营销的理论基础。20 世纪 60 年代，E.J. 麦卡锡完成了对可控因素的分类，并将可控营销因素分为四类，即产品（Product）、价格（Price）、渠道（Place）、促销（Promotion），首次提出了具有深远影响的 4P 组合模式。E.J. 麦卡锡之后，菲利普·科特勒进一步完善了市场营销理论的基本架构。菲利普·科特勒发展了一个 6P 组合，在 4P 组合的基础上引进了两个新的组合因素，即政治权力（Political Power）和公共关系（Public Relations），构建了一个"大市场营销"的 6P 组合模式。更进一步区分了营销组合的两个不同层次，即战略性 4P 组合和策略性 6P 组合。6P 是一种策略性组合，其运行必须有相应的战略基础。支持 6P 的也是一个组合模式，是由探查（Probing）、分割（Partitioning）、优先（Prioritizing）及定位（Positioning）所组成的整体，构成了一个新的 4P 模式，这是一个与 6P 相匹配的战略性组合。至此，现代营销的理论臻于完善。

在经典的营销理论中，外部环境是不可控的，具有强制性。并且，外部环境是企业营销系统以外的一切存在，因而环境是企业生存、发展的唯一空间，营销管理的根本任务是实现企业与不可控外部环境的动态平衡。而与外部环境相对应的是众多可控的市场营销因素。运用这些因素，并且从总体上把握各类可控因素，借此来适应不可控的外在环境，这就成为逻辑上必然而且唯一的结果。博登教授之后的众多新的理论、方法、模式，包括 4C 模式，即欲望与需求（Consumer's Wants and Needs）、成本（Cost to Satisfy Wants and Needs）、便利（Convenience to Buy）及沟通（Communication）四个因素的组合模式，大多建立在运用可控因素以适应不可控环境这一基础之上。

在传统营销理论中，可控因素与不可控因素有着十分明确的界限。营销管理的本质就是综合运用企业可控的各种因素，以实现与不可控因素或者外部环境的动态协调。但是在互联网背景下，这一内在规律性已发生了许多重大的变革。互联网作为信息沟通的渠道越来越多地被商家采用，基于现代电子技术和通信技术的应用与发展产生了一种新型营销模式——网络营销。

（二）客户消费方式与观念的变化

市场经济发展到今天，多数产品无论在数量上还是在品种上都已极为丰富，消费者能够按个人的心理愿望挑选和购买商品或服务。消费者不仅能选择，而且渴望选择，开始有了自己的准则，不断向商家提出挑战。考察其消费心理，他们选择的已不单单是商品的使用价值，还包括其他的"延伸物"，这些"延伸物"及其组合要素可能各不相同。理论上认为，消费者的心理是千差万别的，在每一个细分市场上，使消费者在做出购买决定之前达成心理上的认同，已成为消费的主流。

随着网络技术迅速向宽带化、智能化、个人化方向发展，用户可以在更广阔的领域内实现声、图、像、文一体化的多维信息共享和人机互动。这个优势在于能够将产品说明、促销、顾客意见调查、广告、公共关系、顾客服务等各项营销活动通过文字、声音、图片及视频等手段有机整合在一起，进行一对一的沟通，真正达到整合营销所追求的综合效果。"个人化"把"服务到家庭"推向了"服务到个人"。这种发展使得传统营销方式发生了革命性的变化。它将导致大众市场的萎缩，并逐步体现市场的个性化，最终实现以每个用户的需求来组织生产和销售。

传统的营销模式中所界定的消费者，一般是具有相同或类似的消费习惯、兴趣、爱好的一类人或一个群体，是针对一般大众的。在传统的营销中，企业的宣传、广告和营销策略的对象是社会各界公众，因此会有一定的盲目性，造成人力、物力、财力上的浪费。而电子商务系统则为用户和消费者提供了全方位的信息展示和多功能的商品信息检索机制，用户或消费者一旦有了需求，就会立即上网主动搜寻有关商品信息。网络和电子商务系统超越地理区域限制的巨大的信息处理能力，为客户提供了一个更广阔的选择范围。他们会在大范围内"货比三家"，精心挑选。他们利用计算机迅速查询信息、比较分析，以决定是否购买。他们不再以被动的方式接受商家所提供的商品信息，而是根据自己的需求主动寻找适合的产品。

四、以客户为中心的现代营销管理理念

（一）网络时代：观念创新是企业营销的先导

在很多情形下，客户和卖方之间的"关系"不是建立在双方互相了解的基础上，而是被销售的产品或服务的价格和地点所左右。很多销售型企业实际上并不了解客户以及客户的需求，因而他们各自制定了销售流程去锁定客户。这使得客户只能被动地接收大量诸如广告、推销、展示会等促销活动的信息。然而从卖方市场到买方市场的转变，使得那种以生产者为中心的企业营销体制、营销理念发生了根本性的变革。任何营销策略

实施成功与否，最终进行裁决的是作为企业服务对象的顾客，得不到顾客的认可，再完美的策略也只是纸上谈兵。通过顾客的消费体验及反馈，决策者才能准确地判定是保持、强化还是改善自己实施的营销策略。

（二）"以客户为中心"的时代

在网络经济时代，随着信息技术的飞速发展，企业的经营模式发生了根本性变化。新产品层出不穷，产品差异越来越小，单纯依靠产品很难延续持久的竞争优势，客户已成为企业最重要的资产，是市场竞争的焦点。企业传统的"以产品为中心"的理念正在被"以客户为中心"的理念所取代。"以客户为中心"的商务电子化实践更使这一理念成为现实。

五、迈入"客户经济"时代

（一）营销创新与客户战略

21世纪是知识经济的时代，它将逐步替代工业经济成为国际经济中占主导地位的经济，知识经济作为一种创新型经济，强调创新应成为经济增长的发动机。在知识经济条件下，企业的竞争力大小取决于其创新力的强弱。企业创新力包括多个方面，营销创新力是其核心要素之一，企业只有大力开展营销创新，才能更好地迎接知识经济的挑战。企业在营销实践中，一方面应当敢于把国际先进的营销方法创造性地加以应用，另一方面要大胆提出和实施新的营销方法。营销方法创新主要体现在：

（1）个性化营销。企业应适时灵活地调整营销活动以适应并满足个性化需求。这一营销方法要求企业改变以往高度统一、高度标准化的集中管理，实行面向实际的、灵活的分散管理；改变以往一条生产线只能生产一种标准化产品的生产方式，建立一种由计算机设计、控制、管理诸子系统构成的，在一条生产线上可生产不同形状、规模、花色、款式产品的生产方式；改变以往单纯依赖中间商为中介的流通模式，建立以信息网络为中介的、生产者与消费者密切联系的"外订内制"的产销模式。

（2）网上营销。企业可建立网站，传递商品信息，吸引网上消费者注意并在网上购买。网上购物是21世纪人类最主要的购买方式。在我国，越来越多的消费者在网上选购商品。网上营销已发展成为一种重要的方法。

（3）零库存营销。这是指先接订单后生产、库存为零的营销方法。采用这一方法的关键是争取到足够的订单，因而加强产前订货工作就显得尤为重要。

（4）无缺陷营销。这是指在整个营销活动过程中不给顾客留下任何遗憾的营销方法。包括产品无缺陷——100%地保证质量；销售无缺陷——100%地保证挑选；服务无缺陷——100%地保证满意。要做到这些，必须全面、准确地把握顾客需求的全部内容。

除了产品保持创新，产品服务也必须保持创新。服务是有形产品的延伸，能够给消费者带来更大的利益和更好的满足，因而逐渐成为产品的一个重要组成部分。正如美国营销学家李维特教授所言：未来竞争的关键，不在于企业能生产什么样的产品，而在于为产品提供什么样的附加价值（包装、服务、用户咨询、购买信贷、及时交货和人们以价值来衡量的一切东西）。

（二）现行企业运营机制需要变革

随着我国买方市场的出现，企业之间的竞争也步入"战国时代"，面对愈演愈烈的营销战，企业是拼力争夺已有的市场，还是去寻找消费者尚未得到满足的潜在需求，或创造一种新的需求呢？有人把它形象地比喻为是去抢现有的"蛋糕"，还是另做一块新的"蛋糕"。市场创新不是去抢现有的"蛋糕"，而是去做新的"蛋糕"。有的企业面对强大的竞争压力，采用"让利不让市"的低价位策略苦苦支撑已有的市场，结果往往得不偿失。高明的企业则把视野投向新的市场。消费者的多层性及其需求的多样化为市场创新提供了广阔空间。

自20世纪80年代开始，发达国家市场的逐渐成熟导致需求的增长趋于平稳，同时全球化趋势又使得市场竞争更加激烈，这样的环境使企业认识到识别、挑选、获得、发展和维持客户（即客户关系管理）的重要性。企业在经营理念层面上越来越关注客户价值、客户满意和客户忠诚，力图在正确的时间，使用正确的方式，为正确的客户提供正确的服务，以创造和传递客户价值，提升客户满意水平，从而实现客户忠诚，进而维持正确的客户，获得这些客户的生命周期价值（LTV）。20世纪90年代信息技术的迅猛发展及其在企业管理领域的广泛应用，使得CRM从企业的一种经营理念和思想转变为企业的一种经营工具和手段。插上信息技术翅膀的客户关系管理迅速在全世界传播，并被越来越多的企业作为一种有效的管理工具而采用。在下一个十年内能够生存下去并有所发展的企业一定是懂得直面挑战，真正做到以客户为中心，并不断从客户那儿获取知识和信息的企业。

进入21世纪以后，许多知名企业都面临着一系列的问题，有的创业元老退出舞台，有的企业不得不转手出售，有的甚至一夜间消失。在市场的无情竞争中，各种价格战、渠道战层出不穷。正如《中国营销报告》所称，中国企业营销已进入一个特殊阶段，其特点是各种营销模式、概念不断翻新；大多数企业在市场上遭遇重重困难；少数企业获得了成功，但成功模式迥然不同；在企业、品牌、产品的生命周期越来越短，目标消费群体越来越小，产品及品牌的感觉价值迅速降低并导致价格低落的今天，企业对消费者需求的响应态度将最终决定其在市场上的成败得失。企业正迈入"客户经济"时代，正如特劳特伙伴公司总裁杰克·特劳特所说："在这个竞争的世界里，抓住客户是最关键的。"

以"一对一营销"为基础的客户关系管理也正成为领导全球经济潮流的力量。这里说的客户，既包括普通的消费者，更包括上游的供应商和下游的分销商/零售商，因为未来的国际竞争，是企业价值链上整体的竞争。现在许多中国企业营销遭遇的困难与混乱，多来自分销渠道的管理，也充分地说明了这一点。

另外，随着互联网的广泛应用，计算机、通信技术越来越廉价，企业可以充分地用信息技术来提高效率、增强竞争力，更使"一对一"的客户管理成为可能。在互联网所代表的IT技术"创造性的毁灭"下，许多产业的竞争规则要改变，许多企业的市场版图要重新划分。有许多先驱企业通过科技和知识的整合，以巨资引入 CRM 工程，进行复杂的向上销售（Up Selling）和交叉销售（Cross Selling），重新设计产品，重建组织流程。对这些企业来说，客户不再是模糊的一群人，而是一个个清楚而鲜明的个体，企业与客户的关系是长期互动、不断成长的，成为创新企业价值的核心。

第二节　客户与客户关系

公司要想赢得较高的客户保留度和客户盈利能力，就一定要实现以下目标：提供正确的产品（或服务），提供给正确的客户，以正确的价格、在正确的时间、通过正确的渠道去满足客户的需要和愿望。

一　客户的定义

客户的概念诞生于 20 世纪初。然而，企业家们花费了将近 100 年的时间才真正领会了其中的含义。随着客户关系地位的逐步扩展，供应商或服务商越来越乐于为他们服务，迎合他们的需求，以换取由现金和持续性业务体现的价值。在产品与客户成为企业两大运营焦点的今天，企业家们经常考虑的一个问题是，谁是企业的市场营销对象？

很显然，市场营销对象是客户，也就是营销传播者的受众。市场营销对象是市场营销活动的基本主体之一，从而也确立了客户在营销管理中的主体地位。图 1-1 是市场营销的载体结构。

图 1-1　市场营销的载体结构

图 1-1 是一个简单的示例。在以客户为中心，强调客户体验和客户互动的 CRM 时代，客户完全可以作为主体出现，而营销者却成为满足客户需求的对象，产品设计、营销渠道、销售技巧及服务等都因客户的需求而调整。《新华字典》对客户的解释是顾客、客商、买货的一方。一般来讲，客户指任何接受或可能接受商品或服务的对象，也就是说，那些现在还没有购买，但可能购买的人群称为潜在客户，把他们看作客户中的一部分。

"营销对象更多的是潜在客户，也就是可能购买或者仅仅是营销活动所假想的对象群体，而客户则是产品或者服务的购买者。在这儿有一些容易混淆的概念：营销对象、客户、消费者、用户。营销对象是指企业营销活动的受体，也就是假想的目标客户群和影响到的受众，而不是客户；客户（Customer），就是购买或者有意向购买企业产品和服务的群体，核心是企业在与他的联系过程中掌握了部分关键信息尤其是购买意向；消费者（Consumer），是潜在的客户和客户的集合，泛指同类产品的购买者；用户（User），最好理解，就是正在使用产品或服务的群体，用户可能不是购买的客户而仅仅是使用者。"⊖。

从客户关系管理的角度看，客户指的是购买企业产品或服务的顾客，也可以泛指企业的内部员工、合作伙伴、价值链中上下游伙伴甚至竞争对手等，所以客户关系管理的客户不仅仅是消费者，还包括与企业经营有关的任何客户。客户资源是企业生存与发展的战略资源，是维持企业运营的根本保证。

所有的经理人员都需要识别和聚焦于那些能产生最大利润的客户，同时，他们也可能从那些毫无利润价值的客户身上撤走任何投入。

现在，信息技术的发展使得企业能够借助自己的计算机系统，建立单个客户的详尽信息，单个客户也可以成为市场。市场营销、销售、产品、服务、资源分配、盈利能力、长期增长等一系列企业经营管理内容的核心就是客户。

二、客户的分类

许多企业倾向于将客户分为零售客户与商业客户。这与企业的历史或所属行业以及采用大量或高额订单为主的销售方式有关。计算机技术的发展，扩大了可触及客户的范围以及客户与企业发生直接接触的能力，有必要对客户群体做出清晰的定义。这将丰富公司的经营理念，同时重新定义赢得这些客户群体（或所谓的细分）所需的信息。

按照不同标准可以把客户分成不同类型。

1. 按客户与企业的关系分类

（1）消费者。购买最终产品与服务的零售客户，通常是个人或家庭。

（2）组织。它们购买你的产品或服务并附加在自己的产品上，一同出售给另外的客户，或附加到他们企业内部业务上以增加盈利或服务内容。

（3）渠道。他们是分销商和特许经营者——不直接为你工作，并且（通常地）不需为其支付报酬的个人或组织。他们是你在当地的代表，出售或利用你的产品。

（4）内部客户。企业（或联盟公司）内部的个人或业务部门，他们需要你的产品或服务以实现他们的商业目标。这通常是最容易被企业忽略的一类客户，同时又是最具长期获利性（潜在的）的客户。

⊖ 本段内容引自叶开所著《中国 CRM 最佳实务》，电子工业出版社 2005 年出版。

2. 按客户的重要性程度分类

很多企业在实施客户关系管理时，通常按对企业利润的重要程度区分客户，把客户分为贵宾型客户、重要型客户、普通型客户。其中，前两种客户约占客户总量的 20%，而这部分客户为企业创造的利润大约为 80%。

3. 按客户的忠诚程度分类

按客户的忠诚程度可分为忠诚客户、老客户、新客户和潜在客户。

忠诚客户是指对企业的产品和服务有全面深刻的了解，对企业以及企业的产品和服务有高度信任感和消费偏好，并与企业保持着长期稳定的关系的客户；老客户是指与企业有较长时间的交易，对企业的产品和服务有较深了解，但同时还与其他企业有一定交易往来的客户；新客户是指刚刚开始与企业有交易往来，但对企业的产品和服务缺乏较全面了解的客户；潜在客户是指对企业的产品或服务有需求，但目前尚未与企业进行交易，需要企业大力争取的客户。

客户的忠诚度与企业和客户交易时间的长短及次数正相关，只有忠诚的客户才能长时间、高频度地与企业进行交易；而随着与企业交往时间的增加，客户对企业的产品和服务的了解程度也会不断加深，如果其购买或消费体验一直保持满意，那么客户就会忠诚于企业及其产品和服务。所以客户忠诚度与客户满意度是直接相关的。企业的营销措施适当，能够让客户满意，就能赢得客户的信任和支持，潜在客户可以转变为现实的新客户，新客户变为老客户，老客户变为忠诚客户。反之，企业的营销措施如果不能令客户满意，甚至损害了客户利益，客户会反向变化，减少、中止或彻底终止与企业的交易。

客户对企业忠诚度不同，对企业利润的贡献大小也不同。因此，在客户关系管理中，按照客户价值进行客户分类，找到最有价值的客户，是企业最重要的工作。

4. 按客户提供价值的能力分类

根据客户所能提供价值的能力，可将客户大致分为以下四类：

（1）灯塔型客户。这类客户对新生事物和新技术非常敏感，喜欢尝试，对价格不敏感，是潮流的领先者。当然，这些行为背后还存在一些基本特征，比如他们往往收入颇丰，受教育程度较高，具有较强的探索与学习能力，对产品相关技术有一定了解，在所属群体中处于舆论领导者地位或者希望成为舆论领导者。灯塔型客户群不仅自己率先购买，而且积极鼓动他人购买，并为企业提供可借鉴的建议。正是灯塔型客户拥有的这些优秀品质，使其成为众商家倾力投资的目标，这也提升了其交易价值。

（2）跟随型客户。这类客户最大的特点就是紧跟潮流。他们不一定真正了解和完全接受新产品和新技术，但他们以灯塔型顾客为参照群体，他们是真正的感性消费者，在意产品带给自己的心理满足和情感特征，他们对价格不一定敏感，但十分看重品牌形象。跟随型客户为企业提供除顾客知识价值以外的四种价值。

（3）理性客户。这类客户在购买决策时小心谨慎，他们最在意产品的效用价格比，对产品（服务）质量、承诺以及价格都比较敏感。理性客户对他人的建议听取而不盲从，他们一般只相信自己的判断，而且每一次购买决策都精密计算，不依赖于某一品牌。因此他们基本不具备交易价值，只能为企业提供购买价值、信息价值与口碑价值。

（4）逐利客户。这类客户对价格十分敏感，只有在企业与竞争对手相比有价格上的明显优势时他们才可能选择购买本企业产品。逐利客户的形成可能与他们的收入水平密切相关，其可能处在社会的较底层，对他人的影响力较低，传达的信息也集中于价格方面，因此逐利客户的口碑价值可以忽略不计。逐利客户只为企业提供最基本的两种价值：购买价值与信息价值。

企业中以上四种不同类型的客户的终身价值总和构成企业的客户资产，从中可以清楚地解释为什么有些拥有庞大市场份额的企业却在竞争中感到力不从心，为什么一些看似不起眼的小企业会迅速成为市场中的巨人。不同的客户类型的终身价值不同，同样数量的客户群体、不同的客户结构，可能会导致客户资产的巨大差异。两家企业可能在市场规模上不相上下，但第一家企业客户资产中灯塔型客户和跟随型客户的比例高，而另一家企业客户资产中多数为逐利客户，如此导致两个企业的收入、利润、未来销售增长率以及在市场中的竞争地位完全不一样。

对客户进行合理的分类对企业有重要意义。据统计，现代企业57%的销售额来自12%的重要客户，而其余88%的客户对企业是微利的甚至是无利可图的。因此，企业要想获得最大程度的利润，就必须区分不同价值的客户，对不同客户采取不同的营销策略。

企业可以利用信息技术，搜集客户信息，建立客户数据库，经过对现有客户数据的分析、整理，识别每一个具体客户，进而找出具有多个相同或相似需求特点的客户群体，更有效地分配企业有限的销售、服务资源，加强、巩固同重要客户的关系。

三、客户关系与营销机会

从企业的战略角度而言，产品和价格是可以在短期的竞争中取得优势的，但是企业的长期生存和发展则需要关注客户，客户关系管理对于企业而言有着长远的战略意义，它必将成为当今信息社会企业的核心竞争力之一。

企业与客户的关系不是静止的、固定的，它是一种互动的学习型关系，企业与客户之间要进行沟通和交流，互相了解和影响，并能够在接触过程中学习从而更好地了解客户并提供更适合的产品或服务。如果说管理的目标在于创造客户的话，那么客户关系就是企业生存和发展的生命线。客户关系管理不仅要创造新的客户，还要维持老客户，提高客户的满意度与忠诚度，提升客户的价值和利润。它所蕴含的资源和商机，将为企业提供一个崭新而又广阔的利润空间。

对于大多数企业来说，客户是最主要的焦点。但不幸的是，企业要么不能获取适合营销或管理目标的客户信息，要么在市场时机错过很久之后才能获取，客户关系管理的机会就这样白白地损失掉了。

今天对于客户的理解，可通过为数众多的计算机和接触点（Point—of—Contact）装置保持与处理大量详尽的历史数据来获悉，这些数据是综合的、丰富的，它们通过专业的数据库转化为具有确定意义的信息。在当今强大的计算机时代，随着个人软件的普及应用，以及容易使用的终端用户分析软件工具，公司的管理人员们更有能力进行市场细分和更直接地捕捉营销机会，从而更好地对企业运营流程和营销策略进行管理。

四、确定客户关系的因素

竞争与新型消费者的出现，使得客户在企业的行为中获得了重要的位置。很多公司已经开始认识到他们对自己的客户所知甚少或者根本就不了解。从总体上看，全体客户都有着某些共同的特征。从局部看，客户可以按一定标准细分成若干个群体——每个群体有着不同的特征、需求与行为。再进一步细分，每个群体的定义逐渐淡化，直到剩下许多市场细分（Segment）。而且不能忽视的是，有很多因素影响着客户及客户行为，从而改变他们对于公司的价值。每位客户每天的需求都可能发生变化。因为，他们每天都面临着不断变化的环境，这些环境是由一系列动态的因素组成的。

（一）影响客户行为的因素体系

图1-2为影响客户行为的因素，它所示的各项因素并不是全部影响因素。除这些因素之外，企业还需要了解更多影响客户行为的因素，才能更加有效地管理与他们的关系。上述各种因素是从不同方面、不同层次和不同角度对客户行为发生作用的。这些因素相互交织，共同作用，构成了影响客户行为的因素体系。同时，这些因素都能够进一步细化，通过影响客户需求而影响客户关系，从而影响企业行为及其结果。

图 1-2　影响客户行为的因素

（二）各类因素对客户行为的影响

1. 客户自身因素

客户自身因素包括生理、心理两个方面。客户生理、心理状态对其购买行为都有影响，尤其是心理因素。心理因素包括心理过程和个性心理两个因素。人类的心理过程带有普遍性，是所有个体客户或客户代表在消费行为中必然经历的共同过程，是客户购买心理的共性；客户的个性心理分为个性倾向性（兴趣、需要、动机、爱好、理想信念、价值观等）和个性心理特征（能力、气质、性格等）。其中，需要和动机在客户自身因素中占有特殊地位，与客户行为有直接而紧密的关系——任何客户的购买行为都是有目的或有目标的。需要是购买行为的原动力，而动机则是直接驱动力。需要能否转化成购买动机并最终促成购买行为，有赖于企业采取措施加以诱导和强化。

这些因素影响客户在购买活动过程中的行为。比如，客户购买前的搜集信息和整理信息，在购买中的选择决策和实际购买，在购买后的使用、评价、保养、维修。他们的购买行为从萌发到购后评价，处于持续发展的状态中。客户行为过程既是一个具体活动的整体过程，也是一个动态的发展过程。购后满意是保持客户关系的关键。

客户消费行为的内容、形式和动机不断发展变化，因人而异、因时而异、因地而异，但透过形形色色的行为现象，可发现千差万别的客户行为其实受到某些共同因素的影响。这些行为规律和共同特征是企业细分市场、营销决策的依据，也是把握客户需求、维护客户关系的依据。例如，需要、动机、偏好等心理因素支配着客户的分析、选择、决策、购买、评价等一系列行为。

所以，要想找出谁是公司的客户，首先必须研究客户、研究客户行为，做到了解客户，然后再去判断客户的价值。

购买行为研究通常采用五类测量指标，即购买的时间、品牌、频率、费用支出和地点。

时间：过去的购买、现在的购买、未来的购买计划。

品牌：目标品牌、竞争品牌、替代品牌。

频率（频数）：按一定时间标准测量购买频次、购买周期。

费用支出：每次购买一种品牌时支出的费用和总的支出费用。

地点：购买地点和场所。

对测量数据分析主要是进行基本统计（购买频次、购买周期、支出费用、总体销售规模、销售额分渠道统计）和测量数据分析（市场占有率、品牌占有率、重复购买率、购买趋势、喜爱度、品牌替代率、品牌忠诚度）。

2. 外部环境因素

外部的大环境包括社会环境因素（经济、政治法律、文化、科技、宗教、社会群体等）和自然环境因素（地理、气候、资源、生态环境）。例如：技术革新使采用了新技术的产品更加吸引客户；经济环境的不景气造成客户的消费能力下降；一些特殊事件造成的突发性的不可预见性的影响；生态环境的恶化使得对环保产品需求的增加等。这些宏观方面的影响因素也左右着客户的行为。

3. 竞争性因素

竞争性因素包括产品、价格、销售渠道、促销、公共关系、政府关系等。

竞争对手的价格策略、渠道策略、促销活动、公共关系状态等，都直接影响着客户的购买行为。做客户关系管理不能只管理自己的客户关系，还要进行横向比较，与竞争对手的客户关系进行比较，才能知己知彼，百战不殆。

有时候，企业还要跟自己竞争，在客户的价值成本与自身成本有差距时，怎么来依据目标成本法缩减成本，这就是在跟自己竞争。

4. 企业行为结果——客户的购买体验

客户决策过程分为认识需要、收集信息、评价选择、决定购买、购后感受等阶段。购买决策内容包括客户的产品选择、品牌选择、经销商选择、时机选择、数量选择。仅仅卖给客户产品，还是有良好的服务，还是让客户有特殊或者个性化的购买体验呢？

当产品竞争激烈的时候，决定获得或者维持客户的已经不再是产品本身，而是客户的购买体验。而客户的购买体验却像海市蜃楼一般缥缈。企业现在不仅仅是卖产品给客户，而是卖服务加感觉，或者更不可理解的东西，但无论如何，这种东西肯定是符合客户需求甚至引导客户需求的。这就要看企业为客户做了什么，竞争对手为客户做了什么，其间的差距会给客户带来不同的体验。

影响客户行为的因素体系是全面的、动态的，各种因素共同对客户的行为发挥作用，所以企业必须及时掌握客户信息，有针对性地采取有效措施管理客户关系。

五、企业行为对客户关系的影响

真正了解自己客户的经理，能开发出更好的产品和服务，更有效地向客户推销产品和服务，并能设计出有效的市场营销计划和策略，为他们的产品和服务培育持续的竞争优势。

客户行为研究结果表明：客户对商品、服务及相关事物持有的态度（消费态度）有一定潜在性、倾向性、稳定性，主要表现在好恶评价、价值判断上，形成"顾客满意度"；客户的判断、决策过程决定其最终购买并将继续购买什么样的产品，判断、决策结果影响其如何使用、维修、替换、处置，其行为又影响企业经营者的营销计划、策略。"体验经济"时代，以商品为媒介、以市场为舞台、以向消费者提供体验为主要经济提供品，市场向非理性发展，个性化商品、个性化服务成为时尚。实践证明，在"个性化"中存在可把握的规律性因素。发现这些规律性因素，要利用客户关系研究。

研究客户行为及其影响因素的意义，在于其研究结果有助于企业根据客户需要的变化组织生产、经营，提高营销的活动效果，增强企业竞争力。

1981 年，可口可乐公司进行了一次顾客间沟通的调查。调查是在抱怨公司的顾客中进行的。下面是调查的主要发现：

- 超过 12%的人向 20 个或更多的人转述可口可乐公司对他们抱怨的反应。
- 对公司的反馈完全满意的人们向 4～5 名其他人转述他们的经历。
- 10%对公司的反馈完全满意的人会增加购买可口可乐公司的产品。
- 那些认为他们的抱怨没有完全解决好的人向 9～10 名其他人转述他们的经历。
- 在那些觉得抱怨没有完全解决好的人中，只有 1/3 的人完全抵制公司产品，其他 45%的人会减少购买。

可口可乐公司顾客间的这种口头传播所反映的客户群体内部的沟通会对企业利润产生直接影响。可口可乐公司对顾客抱怨所做的调查和得到的调查结果，对企业及时妥当处理抱怨或投诉、调整营销策略十分重要。

事实证明，客户满意度是建立在客户的期望与企业现实的基础上的对产品和服务的主观评价，一切影响客户期望与企业现实的因素都有可能影响客户满意度。

第三节　客户关系管理的定义与内涵

一　客户、关系和管理概念的再认识

CRM 从彼得·德鲁克开始成为世界经济管理的一个热点。近几年 CRM 这个名词在互联网上到处可见。CRM 中文的意思为客户关系管理，它可以拆分为三个关键词：管理、客户、关系。

（一）管理（Management）

"管理"直接说明了 CRM 不只是一套软件，而是企业管理的范畴，涉及企业的运营战略、业务流程、企业文化等各个方面。简单地说，管理就是对资源进行有效的整合，以实现特定管理单位所确定的既定目标与责任的动态的创造性活动。其核心是对现实资源的有效整合。对企业管理而言，这个管理单位就是企业。

对于"管理"这个词有以下理解：

管理是有目的的，不是为了管理而管理，是为了实现管理者的既定目标而进行的。

管理和不管理的区别在于，是主动去控制目标实现的过程，还是顺其自然。

实现管理目的是需要资源的，管理的计划、组织、指挥、控制和协调等职能是有效整合资源、降低成本所必需的活动与方式。

CRM 中的管理指的是对客户资源以及客户关系的生命周期积极地介入和控制，使客户关系能最大限度地帮助企业实现它所确定的经营目标。因为客户关系管理的目的仍

然是实现企业的经营管理目标。一个无法帮助企业实现经营目标的客户关系管理是"无用"的管理，即使客户百分之百地满意，企业也没有任何理由和兴趣去实施这种管理。

综上所述，CRM中"管理"一词，一方面指企业要积极地而不是消极地管理这种关系，没有关系时要想办法"找关系"，有关系时，应培养和发展这种关系，使客户和企业双方向良好的互利关系转变，并使关系永久化；另一方面指企业要利用最大资源去发展和维持最重要的客户关系，即要区别对待具有不同潜在回报率的客户关系，而不是面面俱到。

应该说，企业都有客户关系，这是不可否认的。但是，就像对各种个人关系"疏于管理"或"懒于管理"一样，很少有企业能从战略上和具体操作上系统地实践这种管理行为，对客户关系的了解总是处于一知半解的盲目阶段。这正是客户关系管理中需要解决的企业管理盲点。所以，管理应当是指对企业资源的有效管理，对于CRM而言就是对客户资源的有效整合和管理，企业如何在经营理念和业务流程中有效地整合客户资源，利用客户关系来提升销售利润。

（二）关系（Relationship）

1. "关系"的含义

"关系"意味着这种管理是一种关系管理。进入后工业化时代，企业与企业、企业与人的关系日益复杂重要，尤其是经济全球化进程加快后，企业所处的内外关系状态越来越影响着企业的发展，由此形成了关系管理。现在让我们再看看"关系"这个词的意义。中文的"关系"是指"事物之间相互作用相互影响的状态"或者"人和人、人和物之间的某种性质的联系"。英文中Relationship这个词的含义是"两个人或两组人之间其中的一方对另一方的行为方式以及感受状态"，如图1-3所示。

图1-3 关系理解图

2. "客户关系"的内涵

根据对关系的理解要点，便可以推理出对"客户关系"的理解：

（1）企业同客户的行为和感受是相互的，关系的双方无所谓谁大谁小。

（2）客户对企业有好的感受便更有可能触发相应的购买行为，相互强化和促进之后便可以产生良好的客户关系。

（3）如果客户购买企业产品后有了很坏的感受，就有可能停止未来的购买行为，从而导致关系破裂或关系消失的结果。（只有在产品供不应求的卖方市场，客户才有可能维持这种"无奈的关系"。）

（4）如果一个潜在客户对企业有好感，但从没有向企业购买过任何东西，那么这个客户和这个企业之间不存在关系。

从前面的两方面表述可以发现，对"关系"一词的理解，难就难在双方的"感受"那一部分。客户行为是大家都比较容易理解的，是显性的。换句话说，利用计算机可以比较容易地记录和整理，有一次就记录一次，没有就没有。而感觉是人类的高级情感，像空气一样捉摸不定。如果去掉感觉，就可以用"客户行为"或"客户交互"这些词来替代"客户关系"，理解起来也就容易得多了。

实际上，正由于这一点，有些 CRM 研究人员称现有的所有 CRM 计算机系统其实是客户行为或客户交互管理系统，而不是客户关系管理系统。因为这些系统，避重就轻，把客户关系中重要的"感受"成分去掉了，成了不完全或欠缺的"关系管理系统"。只有当 IT 技术人员可以将这种"客户关系"模型化，不但记录每次交互，而且可以从交互中提炼出客户"情感指数"时，这样的 CRM 应用系统才可能名副其实。据此，对 CRM 中的关系可归纳为以下几点管理思想：

（1）关系有一个生命周期，即关系建立、关系发展、关系维持以及关系破裂周期。也可以分为关系考察期、关系形成期、关系稳定期、关系衰退期。

（2）企业在加强关系的同时，不要只关注关系的行为特性（物质因素），也要考虑到关系的另一个特点，即客户的感觉等其他非物质的情感因素。从效果上说，后者不易控制和记录，但你的竞争对手也很难复制。

（3）关系有时间跨度，客户的好感需要慢慢积累，因此，企业要有足够的耐心进行培养。

（4）在关系建立阶段，作为"追求方"的企业，即要求建立关系的一方，资源付出比较多。关系稳固之后，企业才开始获得回报。不过在这个阶段，企业最容易懈怠，以为大功告成，而忽视了维持关系的必要。

（5）在买方市场条件下，作为"被追求方"的客户一般是比较挑剔的，只要有一次购买让他感觉不好，都有可能让企业前功尽弃。

（三）客户（Customer）

CRM 是以客户为中心的关系管理，客户是焦点。企业的服务对象是各类客户，而现在最有发展潜力的行业是服务业，它的产品本身就是服务，产品的生产过程就是为客户服务的过程，一旦客户不存在了，产品和企业也就不复存在了。

传统意义上，"客户"是指向销售者购买产品或服务的人或组织。在英文字典里，它的定义是"A customer is someone who buys something, especially from a shop"，即"客户就是从某个地方，尤其是从一个商店购买某种东西的人"。其实，对"Customer"，中文有两种翻译，即"顾客"和"客户"。前者主要指在商场购买东西的人，也是传统上的意义；而后者的意义则更为广泛。显然，CRM 中的"C"翻译为"客户"更准确。过去买过或正在购买产品或服务的客户称为现有客户，目前还没有购买但今后有可能购买的人或组织称为潜在客户。

实际上，根据最新论点，目前很多社会角色定义都已经过时，他们之间的界限也在不断模糊：企业内部员工可以转化为企业产品的购买者或义务推销员；今天的竞争者可能成为明天的合作伙伴；今天的员工可能成为明天的竞争者。正因为如此，有些研究人员干脆去掉 CRM 中客户这个词而简化为关系管理（RM），或者称为 XRM（"X" 意为其他客体对象），便可以覆盖更大范围的管理对象。

本书认为，"客户" 应当是指购买企业产品或服务的顾客，同时也可以泛指企业内部员工、合作伙伴、价值链中上下游伙伴甚至竞争对手等，所以 CRM 管理的客户不仅仅是消费者，而是与企业经营有关的任何客户。

企业与客户的关系不是静止的、固定的，它是一种互动的学习型关系，企业与客户之间要进行互动的沟通和交流，互相了解和影响，并能够在接触过程中进行学习从而更好地了解客户并提供更适合的产品或服务。

二、CRM 的定义和理解

（一）关于 CRM 定义的不同表述

关于 CRM 的定义，不同的研究机构或公司及个人有着不同的表述。自 CRM 出现以来，国内外见诸报刊、书籍的 CRM 定义就有几十个。这是 CRM 研究人员的视角、知识结构，特别是他们在市场上所处的地位和角度不同造成的，也说明了客户关系管理的复杂性。下面我们来分析几个比较常见的定义，以便对 CRM 有一个系统的认识。

1. IBM 对 CRM 的理解

IBM 所理解的客户关系管理包括企业识别、挑选、获取、发展和保持客户的整个商业过程。它把客户关系管理分为三类：关系管理、流程管理和接入管理。它认为 CRM 包括两个层面的内容：

一是企业的商务目标。企业实施 CRM 的目的，就是通过一系列的技术手段了解客户目前的需求和潜在客户的需求。企业牢牢地抓住这两点，就能够适时地为客户提供产品和服务。CRM 不是一个空洞目标，而是有一系列技术手段作为支持的。

二是企业要整合各方面的信息，使得企业所掌握的每一位客户的信息是完整一致的。企业对分布于不同的部门，存在于客户所有接触点上的信息进行分析和挖掘，分析客户的所有行为，预测客户下一步对产品和服务的需求。分析的结果又反馈给企业内的相关部门，相关部门根据客户的需求，进行一对一的个性化服务。

2. 高德纳集团的描述

高德纳集团（Gartner Group）认为，所谓客户关系管理是企业的一项商业策略，它按照客户的细分情况有效地组织企业资源，培养以客户为中心的经营行为以及实施以客户为中心的业务流程，并以此为手段来提高企业的获利能力、收入以及客户满意度。

可以看出，高德纳集团强调 CRM 是一种商业战略（而不是一套系统），它涉及的范围是整个企业（而不是一个部门），它的战略目标是增进盈利、销售收入，提升客户满意度。该定义的要点有：

（1）明确指出 CRM 是企业的一个商业策略，而不是某种信息技术。

（2）指出 CRM 是为了提高企业的获利能力，而不只是为了提高客户的满意度。

（3）提出以客户为中心的经营机制的建立是实现 CRM 目的的重要手段。

（4）指出区别对待客户，分割群体，有效组织企业资源的重要性。

该定义的不足之处有：

（1）比较冗长和烦琐，不够简洁。

（2）作为目的的"获利能力""收入"和"客户满意度"三者有很大的概念交叉，而且，提高客户满意度是一种手段，而不是目的。

（3）只字不提技术的概念，好像 CRM 同技术毫无关系。

（4）以客户为中心本身也是一个模糊概念，让人无法完全理解。

3. 赫尔维兹集团的描述

赫尔维兹集团（Hurwitz group）认为，CRM 的焦点是信息自动化并改善与销售、市场营销、客户服务和支持等领域的客户关系有关的商业流程。CRM 既是一套原则制度，也是一套软件和技术。它的目标是缩减销售周期和销售成本、增加收入、寻找扩展业务所需的新的市场和渠道以及提高客户的价值、满意度、营利性和忠诚度。CRM 应用软件将最佳的实践具体化并使用了先进的技术来协助各企业实现这些目标。CRM 在整个客户生命期中都以客户为中心，这意味着 CRM 应用软件将客户当作企业运作的核心。CRM 应用软件简化协调了各类业务功能（如销售、市场营销、服务和支持）的过程并将其注意力集中于满足客户的需要上。CRM 应用软件还将多种与客户交流的渠道，如面对面、电话接洽以及网络访问协调为一体，这样，企业就可以按客户的喜好使用适当的渠道与之进行交流。

除上述描述外，还有很多其他研究机构与学者提出了各自不同的 CRM 定义。这些定义没有对错之分，只是对问题分析的角度不同，可以更好地帮助我们理解问题的本质。可以看出，以上各种定义一致认为"客户关系"是客户与企业发生的所有关系的综合，是企业与客户之间建立的一种互惠互利的关系。

简单地说，CRM 是一个不断加强与客户交流，不断了解客户需求，并不断对产品及服务进行改进和提高以满足客户的需求的连续的过程。CRM 注重的是与客户的交流，企业的经营是以客户为中心，而不是传统的以产品或以市场为中心。为方便与客户的沟通，CRM 可以为客户提供多种交流的渠道。企业希望通过 CRM 系统了解更多的客户需求，从而为客户提供个性化的产品和服务，提高客户满意度，与此同时也能够获得更大的利润。

（二）对 CRM 的完整理解

1. CRM 的概念内涵

究竟什么是 CRM 呢？归纳众多国外著名研究机构和跨国公司对 CRM 的理解，现实中 CRM 的概念可以从三个层面来表述：

第一个层面：CRM 是一种现代经营管理理念。作为一种管理理念，CRM 起源于西方的市场营销理论，产生和发展在美国。市场营销作为一门独立的管理学科至今已有近百年的历史。近几十年来，市场营销的理论和方法极大地推动了西方国家工商业的发展，深刻地影响着企业的经营观念以及人们的生活方式。近年来，信息技术的长足发展为市场营销管理理念的普及和应用开辟了广阔的空间。以客户为中心、视客户为资源、通过客户关怀实现客户满意度等是这些理念的核心所在。

CRM 的核心思想是将企业的客户（包括最终客户、分销商和合作伙伴）视为最重要的企业资产，通过完善的客户服务和深入的客户分析来满足客户的个性化需求，提高客户满意度和忠诚度，进而保证客户终身价值和企业利润增长的实现。

CRM 吸收了"数据库营销"、"关系营销"、"一对一营销"等最新管理思想的精华，通过满足客户的特殊需求，特别是满足最有价值客户的特殊需求，来建立和保持长期稳定的客户关系。客户同企业之间的每一次交易都使得这种关系更加稳固，从而使企业在同客户的长期交往中获得更多的利润。

CRM 的宗旨是通过与客户的个性化交流来掌握其个性需求，并在此基础上为其提供个性化的产品和服务，不断增加企业给客户的交付价值，提高客户的满意度和忠诚度，最终实现企业和客户的双赢。

第二个层面：CRM 集合了当今最新的信息技术。CRM 作为一整套解决方案，它集成了当今最新的信息技术，包括互联网和电子商务、多媒体技术、数据仓库和数据挖掘、专家系统和人工智能、呼叫中心以及相应的硬件环境，同时还包括与 CRM 相关的专业咨询等。

CRM 也是一种旨在改善企业与客户之间关系的新型管理机制，可以应用于企业的市场营销、销售、服务与技术支持等与客户相关的领域。

CRM 通过向企业的销售、市场和客户服务的专业人员提供全面的、个性化的客户资料，强化其跟踪服务、信息分析的能力，帮助他们与客户和生意伙伴之间建立和维护一种亲密信任的关系，为客户提供更快捷和周到的优质服务，提高客户满意度和忠诚度。CRM 在提高服务质量的同时，还通过信息共享和优化商业流程来有效地降低企业经营成本。

成功的 CRM 可以帮助企业建立一套完整的业务解决方案，随时发现和捕捉客户的异常行为，并及时启动适当的营销活动流程。这些营销活动流程可以千变万化，但是基本指导思想是不变的，即利用各种计算，在提高服务质量和节约成本之间取得一个令客户满意的平衡，如把低利润的业务导向低成本的流程，如自动柜员机（ATM）和呼叫中心，把高利润的业务导向高服务质量的流程（如柜台服务）。

第三个层面：CRM 意味着一套应用软件系统。作为一个应用软件系统，CRM 凝聚了市场营销等管理科学的核心理念。市场营销、销售管理、客户关怀、服务和支持等构成了 CRM 软件模块的基石。

CRM 将最佳的商业实践与数据挖掘、工作流、呼叫中心、企业应用集成等信息技术紧密结合在一起，为企业的销售、客户服务和决策支持等领域提供了一个智能化的解决方案，使企业有一个基于电子商务的面向客户的系统，从而顺利地实现由传统企业模式到以电子商务为基础的现代企业模式的转化。

综上所述，CRM 就是一种以信息技术为手段，对客户资源进行集中管理的经营策略。可从战略和战术两个角度来看待它。

（1）从战略角度来看，CRM 将客户看成一项重要的企业资源，通过完善的客户服务和深入的客户分析来提高客户的满意度和忠诚度，从而吸引和保留更多有价值的客户，最终提升企业利润。

（2）从战术角度来看，将最佳的商业实践与数据挖掘、数据仓库、网络技术等信息技术紧密结合在一起，为企业的销售、客户服务和决策支持等领域提供了一个业务自动化的解决方案。

2. 对 CRM 的完整理解

综合所有 CRM 的定义，可以将其理解为理念、战略、技术三个层面，正确的战略、策略是 CRM 实施的指导，信息系统、信息技术是 CRM 成功实施的手段和方法。其实，企业实施 CRM 主要有六个重要领域：理念、战略、战术、技术、技能、业务过程。其中，理念是 CRM 成功的关键，它是 CRM 实施应用的基础和土壤。

三、CRM 是先进的管理方法和手段

如前文所述，CRM 的出现体现了两个重要的管理趋势的转变。首先是企业从以产品为中心的模式向以客户为中心的模式的转移。其次，CRM 的出现还表明了企业管理的视角从"内视型"向"外视型"的转换。即企业与企业之间的竞争几乎变成了面对面的竞争，仅仅依靠 ERP 的"内视型"的管理模式已难以适应激烈的竞争，企业必须转换自己的视角，从"外向型"视角来有效整合自己的资源。

（一）CRM 的根本要求

CRM 的根本要求就是建立跟客户之间的"学习关系"，即从与客户的接触中了解他们在使用产品中遇到的问题和对产品的意见和建议，并帮助他们加以解决，同时了解他们的姓名、通信地址、个人喜好以及购买习惯，并在此基础上进行"一对一"的个性化服务，甚至拓展新的市场需求。例如，客户在订票中心预订了机票之后，CRM 就会智能地根据与客户"交谈"了解的信息向客户提供唤醒服务以及出租车登记等增值服务。

可以看到，CRM 解决方案的核心思想就是通过跟客户的"接触"，搜集客户的意见、建议和要求，并通过挖掘分析，提供完善的个性化服务。

一般说来 CRM 由两个部分构成，即触发中心和挖掘中心，触发中心指客户和 CRM 通过电话、传真、Web、E-mail 等多种方式"触发"进行沟通；挖掘中心则是指 CRM 记录交流沟通的信息和进行智能分析并随时调入供 CRM 服务人员查阅。由此可见，一个有效的 CRM 解决方案应该具备以下要素：① 畅通有效的客户交流渠道（触发中心）。在通信手段极为丰富的今天，能否支持电话、Web、传真、电子邮件等各种触发手段进行交流，无疑是十分关键的。② 对所获信息的有效分析（挖掘中心）。③ CRM 必须能与其他信息系统很好地集成。作为企业管理的前台，CRM 的销售、市场和服务的信息必须能及时传达到后台的财务、生产等部门，这是企业有效运营的关键。

（二）CRM 对企业的意义

权威机构对成功实施 CRM 的企业的调查表明：成功实施 CRM 之后，每个销售员的销售额增加了 51%，顾客的满意度增加了 20%，销售和服务的成本降低了 21%，销售周期缩短了 1/3，利润增加了 20%。

这是一组令人振奋的数据。企业当然对这样的数字和指标感兴趣，但是企业更想了解的是在管理上 CRM 能够给企业带来什么。

客户在接触企业的时候遇到的不一定就是负责客户管理的部门或者人员，但恰恰是这个第一接触点给客户造成的企业形象直接最大限度地影响了客户的购买行为，所以 CRM 不仅仅是客户服务部门的事情，而是所有企业人员都要参与的。通过 CRM，可以有效地进行营销方案的响应管理和效果评估，确保营销的精确投放；通过销售漏斗，建立科学的销售预测与销售控制；通过销售过程分阶段管理，建立对销售的过程管理和量化管理。

总之，客户关系管理的价值在于整合企业资源和促进企业市场增值。

第四节　客户定位与客户价值提升

一　客户定位的方法与思路

客户定位是客户关系管理的一个重要研究内容。客户是一种特殊的资产，企业赋予客户的价值越大，客户为企业带来的价值却未必越大，不同的客户对企业的价值是不同的。根据 80/20 规则，企业必须进行客户价值的评价和分析，找出对企业有价值的客户，动态认识客户的价值，并对客户关系进行管理和维护，从而增加整体的客户价值，最终实现企业价值的最大化。

（一）定位目标客户群

目标客户群的确定将直接或间接地影响到营销策划的全程，那么我们怎样才能准确找到产品的目标客户群呢？

首先，明确市场定位考虑的层面。目标客户群的定位是以市场定位为前提，确定目标客户群首先要从三个层面上考量市场定位，即自"我"所能（达到）、市场所需（空白）、竞争者所弱（不足），寻找这三方面的交叉地带是目标客户群定位的前提。

其次，理清目标客户群定位的思路。在市场定位的前提下，要让目标客户群浮出水面，第一，要在地理上确定展开销售的区域；第二，要确定预想的客户群的人文特点；第三，要描述客户群的内在心理特点；第四，要描述客户的外在行为特征。

再次，确定市场开发的顺序。其实在一个产品的不同时期，其目标客户群是不一样的，面对新产品最初思考时要从用得上→买得起→信得过→看得中→急着用五个层次入手考虑。通常每增加一个条件，客户群的规模和数量会减少一些。换句话说，在目标客户群定位时要把所有的客户摆成金字塔，最上层的客户（即满足用得上、买得起、信得过、看得中、急着用五大条件）是最好开发的，最底层的客户（即满足用得上条件）是最不好开发的，在操作中要从易到难，一步一步地把销售引向深入，一步步把市场规模做大。

（二）CRM 客户定位的步骤

现今我国各个行业市场竞争激烈，企业为争夺市场份额，都不遗余力地发展新客户，深度挖掘客户价值，挽留可能离开的客户。而这一切工作的基础就是定位目标客户群，目标客户群定位的精确与否直接关系到市场部门政策的执行效果。CRM 为定位目标客户群提供了平台，可为企业定位各类客户提供新技术和新方法。

企业处于大众营销阶段，客户的定位比较简单，如分为大中小企业、个人用户等。但是，随着精准化营销时代的来临，客户定位的方法将变得多样化。具有什么样特征的（内在的或外在的）客户会对什么形式和内容的营销活动有什么样的响应就会是一个通过反复研究尝试才能得出的结果。

一个日益重要的观念是对给企业带来更多利润的大客户什么样的待遇。这和营销阶段的客户区分不一样。在客户关怀阶段，企业更感兴趣的是那些被认定为高贡献的客户。要为这些客户提供优先接入，更多现场解决权限，更快服务响应时间等优先、高质服务。这样，客户的满意度得以提升，企业希望因此增强这些客户的忠诚度。但是，在进行新的营销活动设计时，依然不可视这一类客户为一种类型，需要进一步地区分对待，根据客户的特点采用合适的沟通方式等。基于 CRM 的客户定位的步骤如下：① 确定客户定位的目标与目的；② 采集客户数据；③ 客户细分；④ 确定客户生命周期；⑤ 测算客户价值，预测客户未来的盈利能力；⑥ 评估客户满意度和客户忠诚度。

在整个定位过程中，都需要对所有客户资料进行深入分析，否则一切活动都是盲目的。

（三）白鲸公司的四步法

白鲸公司（White Whale）提出的"四步法"，是开展客户定位时的一种效果良好的方法。下面简要介绍这一方法：

第一步，准确识别谁是你的客户。有些企业拥有极其庞大的客户群体，对于其中的一些客户，企业或许还没有意识到他们的价值。而如果不能清楚掌握客户的真实姓名和身份，企业想与之建立一对一关系从何谈起？目前，企业大部分的客户记录来自于内部客户服务部门和客户数据库，有一些企业还成功地频繁启动营销方案和会员制度来了解其客户群，还有的则选择并利用来自用户群、分支机构、战略合作伙伴或者第三方的数据资料。互联网以及呼叫中心等新技术使企业可以开拓更多的市场渠道并获得更多的客户信息。无论采取哪种方法，都要获得客户真实、具体、详细的身份信息，以开展下一步的交流和互动。

第二步，区分客户群中的不同客户。有些客户相比之下可能会带来更大的利润，有的客户则更具有长远的价值。衡量客户对企业的价值，要看客户对企业产品消费的增加潜力及其对企业的长期价值。目前可以用每个客户的平均收益、较高利润的产品或服务的使用百分比、销售或订单的趋势（升或降）以及客户支持或服务的成本等替代值来评估客户的长期价值。为客户群分类时，一定程度上运用 8：2（即 80% 的利润由 20% 的客户带来）规则来区分不同的客户，往往能收到较好的效果。然后根据客户对企业的价值的不同将其分在不同级别的组内，同一组内的客户对企业有相同或相似的价值。按这种分法，对企业价值最大的客户组被称为"最具价值"客户（MVCS）；对企业的价值仅次于MVCS 的客户组被称为"最具成长性"客户（MGCS），这组客户也有可能成为最具价值客户；还有一类客户组被称为"低于零点"客户（BZS），是因为企业支持和服务于这一客户组的成本可能会超出边际收益，对于企业意味着负价值。在最具成长性客户与低于零点客户之间还会有多个其他客户组，他们没有明显的长期价值，但仍然会给企业带来利润。

第三步，与会对企业有长远利益和值得去发展一对一关系的客户进行高质量的互动。可以肯定，企业对于"最具价值"客户、"最具成长性"客户与"低于零点"客户必然要区别对待。企业应当让"最具价值"客户知道他们的重要性，让他们能清楚地感觉到企业是按他们的需要为其提供新产品和服务。比如，可以让"最具价值客户"参与产品的开发和生产流程设计，这是一个充分理解客户、满足客户需要的很好的机会。为了使企业与"最具价值"客户的互动行为更为有效，有必要按照客户需要分为若干组，每组由不同的经理负责。经理的作用是开发客户组中客户的长期价值，因而应被赋予适当改变企业的运作的权力以支持客户，满足客户需要。对于"最具成长性"客户，也需要在一定范围内提供个性化服务，促使其成长为最具价值的客户。而在对待"低于零点"客户方面，适当的策略也很重要。比如，美国一些银行向"低于零点"客户收取服务费或将产品的价格定位在某一点，这个价格会让这批客户或是转向其他企业，或是带来值得企业去保留的价值。

第四步，提供个性化的服务、产品，或满足客户的特殊需要，提高其购买力并加强客户关系。为了使"最具价值"客户的需要得到满足，企业应该使其信息沟通、产品和服务带有个性化特征。个性化的程度应该与客户的需要相对应。

三、客户价值

客户价值概念的提出是市场营销理论的又一次飞跃，客户价值分析为企业优化客户关系提供了一种有益的分析方法。

（一）客户价值的含义

1. 客户价值分析的意义

从客户的角度来看客户价值和从企业的角度来看客户价值，其结论是截然不同的。客户渴望长期的满意和被认可，而企业尤其是急于扩张市场的企业，虽然在口头上公开宣称自己在对待客户关系问题上是注重长远利益的，实际上却把他们的营销活动大量集中在客户瞬时的满意和短期利润上。这种行为导致客户不断流失，同时企业不得不花费更高的代价获取新客户，营销由此进入恶性循环。

所以，对客户价值的理解是企业管理的关键。如果没有评价客户价值的要素标准，就无法使企业的客户价值最大化，因为不知道哪个最小哪个最大。

如果不知道客户价值，企业就很难判断什么样的市场策略是最佳的。因为企业不知道自己的客户现在值多少钱，所以可能正在浪费企业的资源，不知道什么样的客户是有价值的，也不知道企业应从竞争对手那里抢来多少客户。假如每一个客户都有着同样的价值，这也就不成问题。但是实际情况并非如此，在企业的客户群中，客户的盈利能力是有很大区别的。各种商业广告和促销活动的经费在每一个客户身上分摊后是差不多的，但是不同的客户产生的回报是不一样的。对于企业而言，投资回报率是很重要的指标，因此应将钱花在能产生最大回报的那些客户身上。而客户价值可以很清楚地告诉企业，有一些客户比其他客户更值钱，获得或保留这些客户应投入多少。

2. 客户价值的定义

客户价值有许多种定义和计算方法，也可以采用许多种复杂程度不同的模型，关键在于下定义的人如何看待客户以及下定义所源于的经营目标。

为了探索客户对价值的算法，许多学者进行了大量实证研究，例如，伍德罗夫、约瑟曼、加德尔等。其中伍德罗夫归纳总结了众多学者的实证研究结果，从客户的角度对客户价值作了如下定义：

"客户价值，是客户对产品属性、属性效能以及使用结果（对实现客户目标和初衷的促进或阻碍）的感知、偏好和评价。"

这个定义综合考虑了客户的期望价值和实现价值，强调价值认知来源于客户的感知、偏好和评价，而且把产品属性及其效能与客户使用环境和相应的客户认知效果紧密联系起来。伍德罗夫认为这个定义能清晰地反映客户价值的本质。但是，他并没有明确表明该定义能否转化成一个具有可操作性的客户价值测量模型。

从企业的角度对客户价值下定义的也有很多。这些定义的共同特点是都包括企业对未来收益率、客户保持和销售的预测。可归纳为：客户价值，是客户对企业销售额的影响、对未来收益率的贡献与企业为客户保持所需投入之间的比较。由此可见，很大程度上企业都把客户价值理解为客户盈利能力。

（二）客户满意与客户价值

客户价值是客户满意的源泉，客户满意与否取决于企业为客户创造价值的程度。用客户满意度这个指标来评估企业为客户创造价值的情况，是极其重要的。尽管它并不是唯一指标，但是积极为客户创造价值的企业，客户是满意的。因为客户的满意度状况是由客户的期望价值和客户的感知价值这两个因素决定的，如果客户的感知价值大于客户的期望价值，客户满意度就高；反之，客户的感知价值小于客户的期望价值，客户满意度就低。也就是说，客户是否满意取决于客户接受产品或服务的感知价值同客户在接受之前的期望价值相比较后的体验。客户价值告诉企业应当做什么（即指出企业的方向），而客户满意度告诉企业它做得怎样。

（三）客户忠诚度、客户盈利能力与客户价值

客户价值与客户忠诚度是密切相关的，保持客户忠诚度将对客户价值产生极深的影响。忠诚度高的客户是指那些持续购买公司产品或服务的客户，这样稳固的关系给企业带来极大的利润。因为企业无须在这些忠诚度高的客户身上投入新的营销费用，而且客户认可了公司并建立起一种良好的关系，就会推荐更多其他人来购买，甚至愿意支付额外的费用以获得最好的服务。

前面提到，很大程度上企业都把客户价值理解为客户盈利能力，当然也可以理解为客户带来的销售收入。但是如果以客户带来的收入作为客户价值，不能分辨出哪些客户是真正重要的。因为，有一部分客户可以带来很大的收入，但是这种客户要求很多额外服务从而产生很大的服务成本，或者要求的价格折扣也更高，则可能造成收入高但盈利率低，甚至是负利润。从企业发展的战略角度来看，在企业追求市场份额和扩大规模而暂时不关注利润的时候，在短期内保持这类客户是可以的，但长期在这类客户身上投资是不明智的。任何时候，企业都应该将注意力集中在有利可图的客户身上。

三、 客户价值的特点

客户价值如何度量？让我们看一个简单案例。

一直在美国生活的皮特先生把自己的一位牙医介绍给太太，再之后是他们的三个孩

子，他们成为这位牙医的忠实病人已经有 30～40 年了。同样，皮特先生的孙子孙女们从小到大也只看过这样一位牙医。换句话说，这位牙医与他们全家都有着专职关系。那么，对他们全家人的牙医先生而言，这种生命周期累积价值究竟有多少呢？粗略估计起码有 200000 美元，这还不包括附加价值。也许，比关系价值更弥足珍贵的是推荐——由于对这位牙医工作和态度非常满意，他们一家向其他许多病人推荐了他。这是一个简单的客户生命周期价值写照。

从上述案例中可以看出，客户生命周期是客观存在的，而在每一个生命周期阶段，客户价值有不同特点。

（一）客户生命周期

客户生命周期是影响客户价值的主要相关因素之一，通常是指一个客户与企业之间的完整的关系周期。客户生命周期一般分为四个阶段，目前有不同划分方法。如按企业对客户所做工作可分为吸引、获得、管理、保留四个阶段，但通常按客户与企业之间的完整的关系状况划分，即分为考察期、形成期、稳定期、衰退期。每个阶段描述一个不同的客户关系。客户生命周期价值主要由客户利润、客户保持率和客户生命周期时间长度三个因素来决定。

第一，企业发展必须要有相当数量的客户为其提供足够的利润，利润是企业生存和发展的基础。客户利润函数反映了客户利润在客户生命周期的变化趋势，是客户生命周期价值模型的一个重要参数。

第二，客户保持率服从威布尔分布的动态客户保持率，它是影响客户价值的重要因素。

第三，客户生命周期时间也是一个不可忽视的因素，客户生命周期时间越长，客户价值也越大。

客户价值的三个主要因素并非独立，而是相辅相成的。首先，客户保持率与企业利润是息息相关的，当客户利润在客户生命周期中随时间变化时，客户保持率的任何变化对客户价值的影响都是显著的，利润大的典型客户群的保持率越大，客户价值就越大，这也从一个侧面说明了客户保持的重要性，尤其是价值高的客户。同时，客户保持率和平均客户维持时间是相关的，当企业减少客户流失率时，平均客户维持时间延长，客户生命周期价值便增加。因此，企业客户群体的保持率和生命周期时间将直接影响到企业的经济利益。

（二）客户价值在各生命周期阶段的特点

客户价值评估的目的是使客户在整个生命周期内为企业贡献最大价值。由于客户生命周期价值是生命周期各阶段客户价值的总和，因此尽量保持和提高各阶段的客户价值以使整个生命周期价值最大是企业追求的终极目标。

在考察期，由于客户利润较低，而客户关系尚未建立，客户流失率很高，积累客户保持率以较大的幅度下降，此阶段客户价值很低。为了尽快提高客户价值，企业要投入较多的资源促使客户形成对企业的信任、忠诚和依赖，同时应采取相应的营销策略来缩短客户与企业关系考察期的时间。虽然此阶段投入较多，客户价值不大，但可将这一阶段的投入视为对未来客户关系的一种投资，着眼客户的终身价值。

形成期是客户关系处于上升的阶段，客户利润快速增加，而随着客户关系的逐步建立和客户忠诚度的逐渐提高，客户流失率也在渐渐减少，此时客户价值开始迅速增长。

稳定期是客户关系处于稳定发展的时期，客户利润增长开始趋缓并达到最高水平，大多数客户与企业的关系已经成熟，客户流失率较低，客户保持率的下降幅度很小，这时客户对企业的价值最大。为了保持这种状态，企业应尽量延长稳定期的时间，因为客户稳定期的长度可以充分反映出一个企业的盈利能力。同时，要针对不同客户的特点实施企业的客户忠诚度计划，使客户价值始终处于稳定期，从而为企业提供长期的客户价值。

在衰退期，客户利润急剧下降，客户流失率增大，客户保持率大幅度下降，因此，该阶段客户对企业的价值日益减少。为了尽量降低衰退期对客户价值的影响，除了缩短衰退期的时间外，企业还应挽留即将流失的有价值的客户，从而使企业的投入减少，直至终止。

综上所述，在客户生命周期的不同阶段，由于受客户利润、客户保持率以及时间长度的影响，客户价值也出现相应的变化趋势，即考察期客户价值最小，形成期次之，稳定期最大，当进入衰退期时，客户价值随之下降。但这种趋势并非一成不变，因此，企业为了实现客户价值潜能的最大化，应采取有效的营销措施，尽可能延长客户的生命周期，尤其是延长稳定期的时间，同时提高高价值客户的保持率，以达到客户价值最大化的目的。

四、提高客户价值

（一）客户价值分析

客户价值论包括两个层次的问题，一方面是客户为企业创造的价值。著名的80/20法则认为，公司20%的客户创造的利润为80%。按照80/20原则对客户进行分类管理和服务，把有限的资源集中到最有贡献的客户身上。80/20法则的进一步发展是20/80/30，是说在80%的一般客户中有30%的客户是不能为企业创造利润的，但同样消耗着企业投入的资源。因此，找出这30%的无效客户与发现20%的高价值客户同样重要。企业根据自己的情况，要么停止与他们的交易把他们剔除出去，要么采取相应措施使其转化为重要客户，使他们为自己创利。

另一个方面就是把注意力放在产品或服务为客户所创造的价值上，利用客户关系管理系统管理和分析产品或服务在客户的经营活动中的作用，不断提升和完善产品或服务，增强企业的竞争力，保证与客户关系的持续性，支持持续发展的企业战略。

在企业来看，最好的客户是创造最大利润的客户。而客户价值的观念更应关注如何在企业与客户的这一价值链中为客户提升产品或服务价值。

对客户价值的关心，不在于一两次销售或服务，而是体现在长期关注客户价值增值的分析。通过与客户的互动，探讨产品或服务为客户带来的价值，并不断提升完善。企业与客户之间实际上是处于同一条价值链上的实体，一荣俱荣、一损俱损。与客户的合作关系不断深入和持久，与客户建立的价值链也会更为牢固。

衡量产品或服务的价值不仅要分析为企业创造了多少利润，更要从客户的角度来分析，当企业的产品或服务能帮助客户降低成本、扩大收益，并达到极致时，企业的竞争力有了、核心竞争力有了、发展空间也有了，这才是企业生存的根本所在。

1. 预测客户未来的盈利能力

如果能判断出客户下一步的动向是什么，就能在降低成本的同时提供高价值的客户服务。作为一个真正以客户为中心的企业，至关重要的一点就是要了解每位客户的收益率。

客户价值不仅仅要分析客户的现有价值，还要分析客户的潜在价值，也就是未来的盈利能力。例如，房地产企业为推出新楼盘做了大量的市场推广活动后，现场展厅的销售代表会发现他们为接待大量的潜在客户的来电和来访而忙得焦头烂额。看起来这是一个很好的事情，但是问题是一些来电的或者来访的潜在客户很快就对企业的楼盘不感兴趣了，另一些可能感兴趣的时间长一些。一些潜在客户可能会一次性购买多个单元，而另一些可能只买一套最小的单元。有一些潜在客户一开始只认购了一套，但很快他们就会成为企业的大客户。很显然，如果能够把潜在客户按照他们的潜在价值排序将非常有用。

预测客户的潜在价值，需要掌握两个要素，一个是潜在客户的行为特征和发展成客户行为特征的历史数据，一个是计算客户价值的标准。然而对于一个企业来说，评估一个客户的现有价值已经比较困难了，预测客户将来的价值和潜在价值是更困难的事情。

2. 增量客户价值

增量价值就是在现有的市场和销售措施的基础上客户价值得到提升。但是客户价值提升的计算存在两种情况，一种是客户提升后的客户价值，另一种是客户因为此次提升而增加的客户价值，而增加的这个客户价值就是增量客户价值。

仍以房地产公司为例。市场部门在进行客户细分和客户价值定位后，在黄金客户群中组织了一次市场活动，提供优惠大礼包。问题就出现了：这些客户在促销活动前已经是高价值的客户了，而促销活动后还是高价值客户，那么企业在这些客户身上获得的利润增加了吗？促销活动增加了营业收入，但是算上促销活动的费用后最终可能是利润，也有可能是负利润。

所以说，房地产公司最关注的是促销活动产生的增量价值。这也是公司为促销活动编制预算的评估标准以及活动后效果的考核标准。

由此可以看出，客户的增量价值就是企业通过促销活动增加的营业收入减去促销成本后得到的利润。虽然计算客户的增量价值更加困难，但是通过分析客户的增量价值会发现，这部分具有增量价值的客户的生命周期价值远远大于促销前。

增量客户价值的分析也可以提示市场和销售部门哪些活动对哪些客户停止不做，既然花钱了也没有增加营业收入，就没必要继续在这些没有增量客户价值的客户身上耗费企业的资源。

3. 客户价值矩阵分析

客户价值矩阵方法是在对传统的RFM方法修正的基础上提出的改进方法。RFM模型是衡量客户价值和客户创利能力的重要工具和手段。该模型通过客户的近期购买行为、购买的总体频率以及花了多少钱三项指标来描述该客户的价值状况。根据美国数据库营销研究所的研究，客户数据库中有三个要素，这三个要素构成了数据分析最好的指标：客户上一次消费行为发生至今的间隔（Recency）；客户在一段时间内消费频率（Frequency）；在某一时间内消费金额（Monetary）。RFM模型较为动态地展示了一个客户的全部轮廓，这为个性化的沟通和服务提供了依据，同时，如果与该客户打交道的时间足够长，也能够较为精确地判断该客户的长期价值（甚至是终身价值），通过改善三项指标的状况，从而为更多的营销决策提供支持。RFM非常适合生产多种商品的企业，而且这些商品单价相对不高，如消费品、化妆品、小家电、录像带店、超市等；它也适合用在只有少数耐久商品的企业，但是该商品中有一部分属于消耗品，如复印机、打印机、汽车维修等；RFM对于加油站、旅行保险、运输、快递、快餐店、KTV、行动电话信用卡、证券公司等也很适用。

在此客户价值矩阵中，马克斯（Marcus）提出对传统的RFM模型进行修正，用平均购买额代替总购买额，用消费频率与平均购买额构造客户价值矩阵简化细分的结果，如图1-4所示。

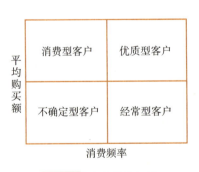

图1-4 客户价值矩阵

优质型客户是企业利润的基础，企业要保持他们；消费型客户、经常型客户是企业发展壮大的保证，企业应该想办法提高消费型客户的购买频率，通过交叉销售和增量购买，提高经常型客户的平均购买额；对于不确定型客户，企业需要慎重识别客户的差别，找出有价值的客户，使其向另外三类客户转化，而对于其中的无价值客户则不必投入资源进行维护。

（二）客户价值的提高

对期望持续发展的企业来说，应当选择走能够增加客户所得价值或可能增加客户所得价值的道路。

但是，有为数不少的企业认为：客户受益，企业就会有损失。如果只考虑孤立的一次交易中双方的价值交换，那么这种说法无可厚非。但客户生命周期价值原则提醒我们必须考虑到交易的生命周期，除了单纯的交易价格之外，客户身上还有许多其他的价值因素。

如何在企业利益与客户利益之间找到一个最佳平衡点，既能让客户满意，又能使企业通过改善与客户关系得到应有的价值增量？方法之一是找到企业与客户的双赢区域。事实上，因为同处一个价值链上，在企业与客户之间是存在双方契合利益的，也就是二者之间存在双赢区域（如图 1-5 所示）。只是影响企业和客户行为的因素较多，其中一些因素不断发生变化，这个双赢区域是相对处于动态的。

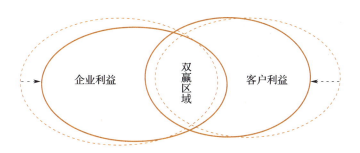

图 1-5 **企业与客户的双赢区域**

对于这个移动的双赢区域的实时追踪，企业各部门和所有成员需加以留意，要树立"全员关注意识"，使他们不断做出调整以维持或提升其为客户交付的价值。在这种变化环境下怎样才能增加价值呢？为客户提供附加价值不失为一个好办法。无论何时，当企业的员工面临抉择时他们必须学会为客户提供附加价值。每一位员工的行为都将体现企业专注于客户的理念。以国际著名的 IBM 公司为例，来看一下什么是"以客户为中心"观念以及在此观念指导下的企业行为表现。

IBM 几十年如一日地为顾客提供优质服务，奠定了公司繁荣兴旺的基础。它拥有 40 多万雇员、500 多亿美元的年销售额，年利润超 60 亿美元，在世界上几乎每个国家都设有办事机构，其宏大的规模和显著的成就举世瞩目。IBM 的成功秘诀在于它多年奉行的"卓越的企业伦理"。公司创始人詹姆斯·杜威·沃森就为公司确定了"以人为核心，向所有用户提供最优质服务"的宗旨，明确提出了"为职工利益、为顾客利益、为股东利益"的三大原则，后来发展为"尊重个人、服务和完美主义"三大信条，也就是今天

IBM的经营哲理。IBM还首创了"销售和服务是营销功能中不可分割的两部分"这一理念。它的成功主要得益于它那无懈可击的服务策略。

IBM并不是一个专业的搬家公司,但一个大客户决定搬迁时,IBM的服务人员总是尽心尽力地帮助客户。当麦道自动化公司把它设在圣路易斯的总部搬进一座7层楼的学校时,为了重新安装麦道公司的电脑系统,IBM的24名服务人员分三组,24小时连轴转,用1700多个工时,完成了这项艰巨的系统连接工作。

正是IBM这样坚持不懈为顾客提供优质服务的经营思想和行动,造就了它的成功。

IBM成功的经验证明,重视增加客户所得价值或可能增加的客户所得价值,企业才有望实现持续发展。而企业怎么做,取决于其观念。所以"以客户为中心"的观念是提高客户价值的核心。

第五节 客户关系管理解决问题的思路及主要手段

一、客户关系管理解决问题的思路

从客户关系管理产生的背景看,它为企业解决的问题主要在以下几个方面:选择对待客户的方式和从客户身上得到的收益;本质实际上是整体营销管理,是以客户为导向的企业营销管理的系统工程;它是一种以客户为中心的经营策略,它以信息技术为手段,对业务功能进行重新设计,并对工作流程进行重组;低成本获取客户和有效地留住客户并实现客户利润率、行为和满意度最大化的过程。客户关系管理解决四个维度的问题,其思路如图1-6所示。

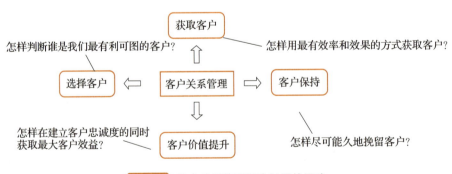

图1-6 客户关系管理解决问题的思路

从图1-6看出客户关系管理可以解决企业营销大环境的各业务协调的矛盾:在大多数企业,销售、营销、客户服务和支持之间很难以合作的姿态对待客户;前台的业务领域与后台部门是分开进行的;客户关系管理的理念要求企业完整地认识整个客户生命周期(基于以客户为中心的商业理念,指从目标客户成为新客户、老客户的过程,同时包括企业保有老客户的过程）；客户关系管理提供与客户沟通的统一平台，提高员工与客户接触的效率和客户反馈率。

生产力的不断发展，商品的极大丰富并出现过剩，使客户选择空间及选择余地显著增大，与此同时，客户的需要开始呈现出个性化特征。为了提高"客户满意度"，企业必须完整掌握客户信息，准确把握客户需求，快速响应个性化需要，提供便捷的购买渠道、良好的售后服务与经常性的客户关怀等。企业尝试着去衡量每一个客户可能带来的盈利能力，并委派专门的客户代表负责管理客户。在这种情况下，企业将为客户送去他们需要的产品，而不是让客户自己去寻找他们需要的产品。在这种时代背景下，客户关系管理理论不断地被提升，并逐渐得到完善。

二、客户关系管理采用的主要手段

客户关系管理的主要手段由 CRM 的"10C"构成。

客户数据（Customer Profile）指的是企业对客户集成性信息的收集，包括人口统计信息、消费心理特性、消费需求、消费行为模式、交易记录、信用等，以充分了解客户轮廓。

客户知识（Customer Knowledge）指的是与客户有关，由信息转换而来，更深更广、更能指导 CRM 的一些经验法则与因果关系等。

客户区隔（Customer Segmentation）指的是将消费者按照对产品/服务（P/S）的相似与需求，区分为不同的客户群（Need-based），或以客户获利率（Value-based）来区分，后者对 CRM 尤其重要。

客户化/定制化（Customization）指的是为单一客户量身订制匹配其个别需求的 P/S，如一对一的价格、一对一的促销、一对一的通路。此为 CRM 重要的手段之一，亦即大量营销（Mass Marketing）→区隔营销（Segmentation）→一对一营销（One to One Marketing）。

客户价值（Customer Value）指的是客户期望从特定 P/S 所能获得利益的集合，包括产品价值、服务价值、员工友谊价值、品牌价值等。CRM 的目的在于提高客户的所有价值，与降低其所有的成本。

客户满意度（Customer Satisfaction）指的是客户比较其对 P/S 品质的"期望"与"实际感受"后，所感觉的一种愉悦或失望的程度。

客户的发展（Customer Development）指的是对于目前的老客户，应想尽办法提升其对本公司的荷包贡献度（Wallet Ration），主要有两种做法：交叉销售（Cross Sell），吸引老客户来采购公司其他的产品，以扩大其对本公司的净值贡献；高级销售（Up Sell），在适当时机向客户促销更新、更好、更贵的同类产品。

客户保留率（维系率，Customer Retention）指的是如何留住有价值的老客户，不让其流失，利用优秀、贴心、量身订制的产品与服务来提升客户的满意度，以降低其流失率（Churn rate），获取其一辈子的净值。

客户赢取率（Customer Acquicition）指的是提供比竞争对手更高价值的产品与服务，来吸引及获取新客户的青睐与采购。

客户获利率（Customer Profitability）指的是客户终身对企业所贡献的利润，亦即其终生的采购金额扣除企业花在其身上的营销与管理成本。

总而言之，CRM 乃是企业利用信息技术与流程设计，通过对客户信息的集成性搜集与分析来充分了解客户，并利用这些知识来精确地区隔有潜力的市场或提供一对一的定制化销售与服务，使得客户感受到最大的价值。其目的在于提升老客户的满意度与忠诚度，并吸引好的新客户，共创企业最大的收益与利润。CRM 主要是利用先进的 IT 工具（如智能系统）来支持企业价值链中的营销、销售与服务三大功能，并通过客户自己选择的通路来与客户充分地交互，以达到客户的获取、满意度、忠诚度与净值的提升。

练习题一

一、关键概念

1. 销售观念   2. 营销观念   3. 客户

4. 客户关系管理   5. 客户价值   6. 客户生命周期

7. 客户的发展   8. 客户获利率

二、选择题（1～5 题为单选题，6～8 题为多选题）

1.（   ）认为，实现企业各项目标的关键，在于正确确定目标市场的需要和欲望，并且比竞争者更有效地传送目标市场所期望的物品或服务，进而比竞争者更有效地提供目标市场所要求的满足。

  A. 生产观念   B. 产品观念   C. 推销观念   D. 营销观念

2.（   ）是营销方法创新，它是在整个营销活动过程中不给顾客留下任何遗憾的方法。

  A. 个性化营销   B. 网上营销   C. 零库存营销   D. 无缺陷营销

3.（   ）对新生事物和新技术非常敏感，喜欢尝试，对价格不敏感，是潮流的领先者。

  A. 跟随型客户   B. 灯塔型客户   C. 理性客户   D. 逐利客户

4.（   ）是指对企业的产品或服务有需求，但目前尚未与企业进行交易，需要企业大力争取的客户。

  A. 忠诚客户   B. 老客户   C. 新客户   D. 潜在客户

5. 企业提高客户价值，目标是（   ）。

  A. 企业获得最大利润

  B. 在企业利益与客户利益之间找到一个最佳平衡点，让客户满意

  C. 在企业利益与客户利益之间找到一个最佳平衡点，既能让客户满意，又能使企业通过改善与客户关系得到应有的价值增量

  D. 在企业利益与客户利益之间找到一个最佳平衡点，让企业满意

6. 下列关于客户关系管理中的"关系"描述正确的是(　　)。

A. 关系有一个生命周期，即关系建立、关系发展、关系维持以及关系破裂周期

B. 企业在加强关系的同时，不要只关注关系的行为特性（物质因素），也要考虑到关系的另一个特点，即客户的感觉等其他非物质的情感因素

C. 关系有时间跨度，好感需要慢慢积累，因此，企业要有足够的耐心进行培养

D. 关系建立阶段，要求建立关系的一方，付出比较多

7. 关于CRM的定义，不同的机构有着不同的理解和表述，下列描述正确的是(　　)。

A. 所谓客户关系管理是企业的一项商业策略，它按照客户的分割情况有效地组织企业资源，培养以客户为中心的经营行为以及实施以客户为中心的业务流程，并以此为手段来提高企业的获利能力、收入以及客户满意度

B. CRM的焦点是自动化并改善与销售、市场营销、客户服务和支持等领域的客户关系有关的商业流程

C. 所谓客户关系管理就是为企业提供全方位的管理视角，赋予企业完善的客户交流能力，使客户的收益最大化

D. 上述描述均不对

8. 关于客户价值的阐述，正确的是(　　)。

A. 客户价值，是客户对产品属性、属性效能以及使用结果（对实现客户目标和初衷的促进或阻碍）的感知、偏好和评价

B. 客户价值，是客户对企业销售额的影响、对未来收益率的贡献与企业为客户保持所需投入之间的比较

C. 客户盈利能力与客户价值是密切相关的

D. 从企业发展的战略角度来看，企业应该将注意力集中在有利可图的客户身上

三、简答题

1. 企业管理理念经历了怎样的变化过程？其变化的根本原因是什么？

2. "以产品为中心"和"以客户为中心"两种管理理念的主要区别是什么？会对企业的管理及其效果产生怎样不同的影响？

3. "以客户为中心"的现代营销管理理念的实质是什么？应如何把握这种理念在企业的实际运用？

4. 客户的定义和客户范围是什么？

5. 对客户应如何分类？采用不同的分类标准会导致怎样的结果？

6. 影响客户需求的因素有哪些？

7. 企业重视客户关系就行了吗？

8. 还有哪些营销方式对保持良好的客户关系有积极意义？

9. 何谓客户价值？客户价值的特征有哪些？

10. 企业应如何提高客户价值？

11. 如何进行客户定位？

12. 在客户导向的时代，企业定位客户的意义是什么？

案例 分析

客户关系管理系统是什么？有哪些特点？

客户关系管理系统作为当今企业管理领域的一项重要工具，旨在通过高效管理企业与客户之间的互动，来提升客户满意度和忠诚度，进而驱动业务增长。CRM 就像是企业的一个超级助手，帮助企业记住每一个客户的喜好、购买历史和交流记录等。它能让企业更懂客户，更好地管理客户关系，通过集中管理这些信息来提供更精准的服务，从而让客户更满意，继续选择企业的产品或服务。简单来说，就是在售前争取更多客户，售中高效跟进客户，售后维护和巩固客户。客户关系管理系统在企业研发、生产、销售及营收中的应用如图 1-7 所示。

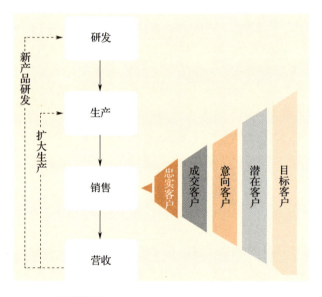

图 1-7 客户关系管理系统应用流程图

1. 数字化：高效管理大量数据

CRM 系统的核心特点之一是其出色的数字化能力。这意味着企业可以将所有的客户信息与沟通活动数字化存储和处理，摆脱传统纸张的束缚，使数据分析、存取和共享变得既快速又高效。通过数字化，CRM 系统能够轻松整合各种数据源，如社交媒体、电子邮件、电话记录、客户反馈等，构建出全面的客户视图。这样，企业就能更好地了解客户需求，准确预测市场动向，并制定出更为精准的营销策略。

2. 集成化：数据互联打破信息孤岛

一方面，CRM 系统可以将分散在各个部门之间的信息进行集中处理和保存，客户信息不会再因为销售工作习惯的不同而混乱、不一致，也不会在每次要找信息的时候表格满天飞，有了 CRM 系统，企业能够高效实现数据的统一管理。这种集中化的信息处理机制不仅提高了数据的统一性，还极大地简化了数据分析和决策制定过程。通过打破信息孤岛，CRM 系统使得跨部门的协作变得更加便捷，确保了信息在企业内部的自由流动，从而加强了组织的整体协同。另一方面，现代 CRM 系统正越来越多地与企业的其他系统（如 ERP、OA 等）及第三方应用（如微信、钉钉等）实现集成。企业在其他系统软件中的数据不用再另外找人手动输入，而可以一键导入，实现数据互联，大大减少了人工错误，增强了业务流程的连贯性。

3. 一体化：提升效率的全面解决方案

CRM 软件通过将销售、市场营销和客户服务等多个功能集成到一个平台中，涵盖销售过程中的所有核心业务，实现了业务流程的一体化。因此，在 CRM 系统的帮助下，企业可以减少软件间的切换，确保所有团队成员都能够访问一致、实时的信息，从而提高整体的工作效率和客户服务质量。

4. 行业化：满足差异化需求

众所周知，不同类型的 CRM 客户群有着截然不同的需求。一些企业可能重视业务流程管理，而其他企业则可能更侧重于数据挖掘和决策支持。即便在同一行业内，由于产品特性、规模大小、发展阶段及销售模式等因素的差异，也会产生营销策略的不同。因此，"标准化""通用化"的 CRM 系统往往难以满足这些高层次和高质量的需求，越来越多行业针对性强的 CRM 系统被开发出来，受到用户的广泛欢迎。

5. 智能化：实现降本增效

在未来全球化趋势中，智能化是 CRM 系统确定的发展方向。由于 CRM 存储了客户的全部数据，这些数据成为 CRM 软件助力商业从信息化到数字化再到智能化转变的关键。通过智能化，CRM 不仅能够提高效率，还能够实现成本的降低，为企业带来更大的效益。

（资料来源：制造业老简，https://www.sohu.com/a/759576959_121453371/2024-2-27）

案例思考题

1. 通过案例阅读，你认为 CRM 是什么？

2. CRM 有何特点？

3. CRM 系统的主要作用有哪些？

第二章
客户关系管理的基础理论与方法

02

学习目标

1. 熟悉并掌握CRM的含义及意义。
2. 理解客户细分的目的，了解客户细分的方式。
3. 理解并掌握客户满意度的概念及其测评方法。
4. 明确客户忠诚度的意义，掌握客户忠诚度的评价方法与衡量标准。
5. 了解客户终身价值的构成。
6. 掌握客户生命周期的计算方法。

第一节　客户关系管理的相关基础理论

一、关系营销——客户关系管理的核心理论

几十年前，管理大师彼得·德鲁克（Peter Drucker）就说过：企业的目标在于创造客户。

如果说企业的目标在于创造客户，那么客户关系就是企业生存和发展的生命线。客户关系管理不仅要创造新客户，还要维持老客户，提高客户的满意度与忠诚度，提升客户的价值和利润。它所蕴涵的资源和商机，将为企业提供一个崭新而又广阔的利润空间。

（一）关系营销的含义

客户关系日益被广泛地重视，成为关系营销这种新型营销模式产生的客观基础。

1. 关系营销的定义

一般认为，关系营销（Relationship Marketing）是指企业努力同有价值的客户、分销商和供应商建立长期的、互相信任的"双赢"关系。它是以企业与客户、企业与企业间的合作协同为基础的战略过程，是关系双方以互利互惠为目标的营销活动，是利用控制反馈手段不断完善产品和服务的管理系统。这些关系是靠不断承诺和给予对方高质量的产品、优良的服务和公平的价格来实现的。关系营销的结果是有关各方建立了经济、技术和社会方面的纽带关系。关系营销还可以降低交易成本，在最佳的状况下，交易活动可从每次都要协商变为惯例化。

关系营销是识别、建立、维护和巩固企业与顾客及其他利益相关方的关系的活动，并通过企业的努力，以诚实的交换及履行承诺的方式，使活动涉及的各方面的目标在关

系营销活动中实现。这一理论强调营销活动要与涉及的各方建立起相互信任的合作关系。其关键在于：争取客户和创造交易（识别和建立关系）是重要的，维护和巩固已有的关系更重要；营销的责任不仅是给予承诺，更重要的是履行承诺。随着商品交易向买方市场的转移和商品供给者竞争的不断加剧，关系营销——这种对商业与贸易活动本源关系回归的营销方式，获得了极大的发展。

关系营销是建立在以消费者为中心的基础之上的。传统营销的核心是交易，企业通过引导对方发生交易从中获利；而关系营销的核心是关系，企业通过建立双方良好的互惠合作关系而获利。传统营销把视野局限于目标市场，而关系营销所涉及的范围包括顾客、供应商、分销商、竞争对手、银行、政府及内部员工等。传统营销关心如何生产、如何获得顾客，而关系营销强调充分利用现有资源来保持自己的各类客户。即它将建立与发展同相关个人及组织的关系作为企业市场营销的关键变量，从而把握住了现代市场竞争的特点，因此被西方舆论界视为"对传统营销理论的一次革命"。

2. 关系营销的核心

关系营销的核心是客户服务。客户服务在关系营销中扮演的角色和发挥的作用非常广泛。可以把客户服务看作一种为客户提供时间便利和空间便利的过程，它牵涉到交易前、交易中、交易后的诸多方面。在关系营销阶段，质量的本质在于接受审视和思考，强调"全面质量"和"面向客户的质量水平"。也就是说，质量不仅限于产品领域，还动态地体现在企业与其客户、供应商以及其他必不可少的市场主体之间全方位的关系上。而且质量也不再以传统营销观念的"符合规矩"为准绳，而是以"客户满意"为准绳。

以保时捷（Porsche）公司为例。它认为："打折只会亏你的老本。"如果你在德国买了一部保时捷的跑车，公司会怎样站在你的立场考虑问题呢？它会为你提供免费停车与洗车的优惠。不论你何时要搭乘飞机，只要将你的保时捷开到机场里埃尔维斯租车公司的停车场即可。埃尔维斯租车公司的员工在你离开期间会保管好你的车，帮你把车洗好，等你回来取车。

保时捷的车主在乘机旅行时一点也不需要担心车子的安全问题；回来时等着他的是一辆簇新、干净的车子；同时他还省下了可观的机场停车费。这些无时无刻不在提醒着车主：保时捷公司的人是真正关心我的。这些贴心的服务马上便会将这家汽车制造商和其他竞争者明显地区别开来。

保时捷公司的营销实践说明：要建立客户的忠诚度，仅靠数据库营销中所要求的打折或提供免费的会员卡远远不够。

3. 关系营销的关键

在营销过程中，实体产品、服务过程、管理程序和支付手段等实际上都向客户传递着企业的某种信息。所有为沟通所做的努力都应该有利于维护和促进双方关系的发展。然而，关系营销理论认为，企业与客户的沟通是双向的有时甚至是多维的。企业为维持客户关系所做的种种努力，如销售洽谈会议、直接联系信函等都应该整合进一个有计划的过程中。这种对关系营销的沟通支持叫对话过程。这个过程包括一系列的因素，如销售活动、大众沟通、直接沟通和公共关系。大众沟通包括传统的广告、宣传手册、销售信件等不寻求直接回应的活动；直接沟通包括含有特殊提供物、信息和确认已经发生交互的个人化信件等。

（二）关系营销的特征

1. 以"双向"为原则的信息沟通

关系营销是一种双向的信息沟通过程。社会学者对关系的研究认为，关系是信息和情感交流的有机渠道，在这一过程中，不仅能简单地传递信息和感情，而且能有机地影响、改变信息和感情的发展。良好的关系是指渠道畅通，恶化的关系意味着渠道的阻滞，中断的关系则指渠道堵塞。关系的稳定性表现为关系并不会因为交流的间歇或停止而消失，因为人们在交往过程中形成了认识和态度，这种认识和态度是持久的、不易改变的。

2. 以协作为基础的战略过程

关系营销强调企业与包括顾客、分销商、供应商等在内的各类客户甚至是竞争者建立长期的、彼此信任的、互利的关系。协同、合作的关系状态，实质上是一种协调状态，双方相互适应、相互顺从、互助互利。企业与企业之间的长期合作关系有助于企业的稳定发展。

3. 以互惠互利为目标，而且要照顾到公众的利益和需要

通常，出于竞争动机的交易者往往是为争取各自最大的利益，而出于合作动机的交易者则会谋求双方共同的利益。关系营销产生的最主要原因是买卖双方相互之间有利益上的互补。例如，企业用产品或服务从消费者那里获取利润，消费者则用货币从市场上得到企业提供的自己所需的产品或服务。如果没有各自利益的实现和满足，双方就不会建立良好的关系，如一方提供伪劣产品，另一方受害，那么双方就会发生冲突。关系建立在互利的基础上，使双方在利益上取得一致，并使双方的利益得以满足，这是关系赖以建立和发展的基础。真正的关系营销，是达到关系双方互惠互利的境界。因此了解双方的利益需求、寻找双方的利益共同点，并努力使共同的利益得以实现，是关系营销的关键。

4. 以反馈为职能的管理系统

关系营销必须具备一个反馈循环，用以连接关系双方，企业由此可以了解环境的动态变化，根据合作方提供的非常有用的反馈信息，改进产品和技术，挖掘新的市场机会。许多企业为现有和潜在的客户提供各种机会，包括产品的展示和提前使用，并收集反馈信息以进行产品改善和深入创新。一些企业定期向随机抽取的客户寄送调查表，请他们对企业职员的态度、服务质量等进行评价。关系营销的动态应变性来源于企业的组织结构和经营风格。

（三）关系营销与客户关系管理

关系营销的核心在于与客户的关系，强调企业与顾客、分销商、供应商甚至竞争

者建立长期的、彼此信任的、互利的关系。关系营销的三个管理目标能否实现取决于对客户关系的把握程度；而关系营销的实施过程则始终围绕着客户关系的建立、改善和加强。

二、数据库营销

数据库营销在欧美得到了广泛的应用，中国作为全球数据体量最大、应用类型最丰富的国家之一，其数据库市场的发展备受关注。随着数字经济的兴起和数字化转型的深入推进，中国数据库市场呈现出快速增长的趋势。根据白皮书预测，2023—2025 年中国数据库市场将保持高速增长态势，年平均增速为 35%，预计 2025 年市场规模达到 900 亿元。

（一）数据库营销的含义

数据库营销是一种利用数据分析和技术手段来实现精准营销的策略。通过收集和积累会员（用户或消费者）信息，经过分析筛选后，有针对性地使用电子邮件、短信、电话、信件等方式进行客户深度挖掘与关系维护的营销方式。或者说，数据库营销就是以与客户建立一对一的互动沟通关系为目标，并依赖庞大的客户信息库进行长期促销活动的一种全新的销售手段。它是一套内容涵盖现有客户和潜在客户，可以随时更新的动态数据库管理系统。数据库营销的核心是数据挖掘。

数据库营销为每一位目标客户提供了即时的、可测定和度量的反馈机会，使得客户从被动接受转为"信息双向交流"，可以使企业能够集中精力于更少的人身上，最终目标集中在最小消费单位（个人）上，实现准确定位。运用消费者数据库能够准确找出某种产品的目标消费者，企业就可以避免使用昂贵的大众传播媒体，而采用更经济的促销方式，从而降低成本，增强企业的竞争力。有关统计资料显示，运用数据库技术筛选消费者后邮寄宣传品的反馈率，是没有运用数据库技术的 10 倍以上。可以想象，若没有数据库营销，企业的营销工作只能停留在理论上，而不是根植于客观实际。因为没有数据库，企业对市场的了解往往是经验，而不是实际。企业总是以为自己了解市场，其实并非如此。数据库营销以客户的满意度与忠诚度作为营销目标，通过维持客户关系来实现客户终身价值的最大化，为"一对一的客户关系管理"打下坚实的基础。

（二）数据库营销的基本过程

数据库营销在实际应用中，表现为利用计算机强大的数据存储与处理能力，建立各类包含有用信息的数据库，在此基础上，对信息进行加工处理，主要目的是识别出最有价值的客户，以此为目标市场，向他们提供有针对性的产品或服务，来提高客户的满意度与忠诚度。数据库营销作为一个过程，包括建立数据库、维持数据库和利用数据库这三个基本步骤。结合客户关系管理的应用，一般来讲，数据库营销包括数据收集、数据清洗、数据分析、目标客户选择、营销策略制定、成效评估六个基本过程。

（1）数据收集。数据库数据一方面可通过调查消费者消费记录以及促销活动的记录获得，另一方面可选择性地利用公共记录的数据，如人口统计数据、医院婴儿出生记录、患者记录卡、银行担保卡、信用卡记录等。

（2）数据清洗。在收集到数据后，需要对数据进行清洗和整理，去除重复、错误或不完整的数据。清洗后的数据更加准确可靠，为后续的数据分析和挖掘提供基础。

（3）数据分析。在数据清洗后，可以对数据进行分析，挖掘潜在的商机和客户需求。通过数据分析，可以找出客户的购买偏好、消费能力、购买周期等信息，为制定精准的营销策略提供依据。

（4）目标客户选择。根据数据分析的结果，确定需要重点关注和开展营销活动的客户群体。目标客户选择可以根据客户的价值、购买力、消费习惯等方面进行筛选。

（5）营销策略制定。根据目标客户的特点和需求，制定相应的营销策略和推广活动。营销策略可以包括个性化推荐、定向广告、优惠券活动等，旨在提高客户的购买率和忠诚度。

（6）成效评估。最后一个过程是对数据库营销的成效进行评估。通过分析营销活动的结果和效果，了解营销活动的成功与否，为后续的营销活动提供经验教训。成效评估可以通过各种指标来进行，如销售额增长、客户满意度提升、市场份额增加等。

三、一对一营销

（一）一对一营销的含义

一对一营销（One-To-One Marketing），亦称"121营销""1-2-1营销"或"1对1营销"等。是一种CRM策略，它为企业和个人间的互动沟通提供了具有针对性的个性化方案。一对一营销的目标是提高短期商业推广活动及终身客户关系的投资回报率（ROI）。最终目标就是提升整体的客户忠诚度，并使客户的终身价值达到最大化。

一对一营销不只关注市场占有率，还尽量增加每一位客户的购买额，也就是在一对一的基础上提升对每一位客户的占有程度。传统营销靠区分产品来进行竞争，而一对一营销靠区分客户来竞争。传统营销通过推出新产品以及对产品进行延伸，尽量对产品进行实际意义上的区分，或者利用品牌和广告制造出一种观念上的区分；而实行一对一营销的企业一次照料一位客户，它所依赖的是将每一位客户与其他人区分开来。传统营销经营者认为与单个客户进行互动是不必要的，而来自某位客户的反馈也只有当客户能代表整个市场时，才可能有用。实行传统营销的企业用同样的方式为特定市场的每个人生产并交付同样的产品，满足同一种需求；但实行一对一营销的企业必须与客户互动交流，根据从互动中获得的客户反馈信息来提供量身定制的产品或服务。

（二）一对一营销的过程

企业可以通过下列四步来实现对自己产品或服务的一对一营销。

1. 识别客户

"销售未动，调查先行。"拥有每一位客户的详细资料对企业来说相当关键。可以这样认为，没有理想的客户个人资料就不可能实现一对一营销。这就意味着，营销者对客户资料要有深入细致的调查和了解。对于准备实行一对一营销的企业来讲，关键的一步就是直接挖掘出一定数量的企业客户，而且大部分是具有较高服务价值的企业客户，建立自己的客户库，并与客户库中的每一位客户建立良好关系，以最大限度地提高每位客户的服务价值。

（1）深入了解比浮光掠影更重要。仅仅知道客户的名字、住址、电话号码或银行账号是远远不够的，企业必须掌握包括消费习惯、个人偏好在内的其他尽可能多的信息。企业可以将自己与客户发生的每一次联系都记录下来，例如客户购买产品的数量、价格、采购的条件、特定的需要、业余爱好、家庭成员的名字和生日等。

（2）长期研究比走马观花更有效。仅仅对客户进行某次调查访问不是一对一营销的特征，一对一营销要求企业必须从每一个接触层面、每一条能利用的沟通渠道、每一个活动场所及公司每一个部门和每一个非竞争性企业收集来的资料中去认识和了解每一位特定的客户。

当然，不能狭隘地将一对一营销的对象认为是仅指产品或服务的最终消费者。例如，一家专门从事制造业的企业，并不直接销售自己的产品，但是它完全可以遵循一对一营销的原则，与营销渠道中的企业和产品需求链中的每一个成员建立起一对一的关系。

2. 客户差别化

一对一营销较之传统目标市场营销而言，已由注重产品差别化转向注重客户差别化。从广义上理解客户差别化主要体现在两个方面：一是不同的客户代表不同的价值水平；二是不同的客户有不同的需求。因此，一对一营销认为，在充分掌握了企业客户的信息资料并考虑了客户价值的前提下，合理区分企业客户之间的差别是重要的工作。

客户差别化对开展一对一营销的企业来说，首先，可以使企业的一对一工作有的放矢，集中企业有限的资源从最有价值的客户那里获得最大的收益，毕竟企业不可能用同样的精力与不同的客户建立服务关系，也不可能从不同的客户那里获取相同的利润；其次，企业也可以根据现有的客户信息，重新设计生产行为，从而对客户的价值需求做出及时的反应；最后，企业对现有的客户库进行一定程度的差别化，将有助于企业在特定的经营环境下制定适当的经营战略。

在这一过程中，企业应该选取几家准备明年与之有业务往来的客户，将他们的详细资料输入企业的客户资料库；针对不同的客户以不同的访问频率和不同的通信方式来探寻目标客户的意见；通过评估客户终身购买本企业的产品和服务使企业获得的经济收益的现值，将企业客户划分为 A、B、C 三个等级，以便确定下一步双向沟通的具体对象。

3. "企业—客户" 双向沟通

当企业对个体客户的规模或需求做进一步了解时，会发生两方面的活动：企业在学习，客户在教授。而要赢得真正的客户忠诚，关键在于这两方面活动的互动。一对一营销成功的关键就在于它能够和客户之间建立一种互动的学习型关系，并把这种学习型关系保持下去，从而实现客户价值最大化。

4. 业务流程重构

一对一营销的最后一步是重新架构企业的业务流程。要实现这一步，企业可以从以下几个方面对生产过程进行重构：将生产过程划分成相对独立的子过程，进行重新组合，设计各种微型组件或微型程序，以较低的成本组装各种各样的产品以满足客户的需求；采用各种设计工具，根据客户的具体要求，确定如何利用自己的生产能力满足客户的需要。一对一营销最终实现的目标是为单个客户定制一件产品，或围绕这件产品提供某些方面的定制服务，如开具发票的方式、产品的包装式样等。一对一营销的实施是建立在定制利润高于定制成本的基础上的，这就要求企业的营销部门、研发部门、制造部门、采购部门和财务部门之间通力合作。营销部门要确定满足客户所要求的定制规格；研发部门要对产品进行高效率的重新设计；制造与采购部门必须保证原材料的有效供应和生产的顺利进行；财务部门要及时提供生产成本状况与财务分析资料。

四、 信息技术——客户关系管理的支撑

CRM 是一种商业战略：通过应用信息技术为企业提供关于客户的全面、可靠和完整的看法，从而使客户与企业间所有的互动能够有助于维系和拓展这种互利的关系。CRM 系统能够帮助企业在与现有的和潜在的客户的互动过程中增强盈利能力，同时通过个人化和个性化服务使互动过程变得更加友好。CRM 系统的目的是改进客户服务、提升客户满意度和客户忠诚度。

信息技术使 CRM 实现成为可能。近年来，信息技术的发展直接促进了 CRM 系统的飞速发展。正是得益于高度发达的信息技术，企业才能低成本地收集、处理海量的客户信息，使得客户化的、个性化的营销成为可能。信息技术凭借专业的数据库系统，通过电子商务、销售点装置、自动取款机和其他接触客户的手段正在改变着营销和客户管理所扮演的角色。日益丰富的知识库作为杠杆驱动着新的收益，管理着变化中的客户关系。

知识库有时被称为数据仓库或者信息结构（Info-Structure），它们提供有利的机会给企业经营者，以使他们能够定义和分析客户行为，从而发展以及更好地管理短期和长期的客户关系。

第二节　客户细分的模型与方法

一　客户细分的概念和目的

客户细分是客户关系管理的基础，是 CRM 的核心。

营销人员需要识别和聚焦于那些能产生最大利润的客户，同时，他们也可能从那些毫无利润可言的客户身上撤走任何支持。

（一）客户细分的概念

在企业的营销管理中，客户细分的第一阶段就是市场细分，大部分是以假想的或者预设的客户群作为细分对象，有着很大的主观性；CRM 强调的是以细分的客户群为基础结合客户价值定位的客户细分，从而实现差异化的一对一营销服务。二者的方法是相似的，只是出发点和角度不同，导致最终形成的结果也是不同的。企业应了解客户细分的概念、分析方法和原则，并应根据自身情况构建与这些方法相适应的理念、制度和策略。尤其要树立正确的管理客户的理念，善于识别客户、分析客户、管理客户，便于企业更好地把握自己的客户。

客户细分是指将一个大的客户群体划分成一个个细分群（客户群）的动作，同属于一个客户群的客户彼此相似，而隶属于不同客户群的客户具有差异性。比如，在企业的客户数据库中将客户信息按照年龄阶段（20 岁以下、20～30 岁、30～40 岁、40～50 岁、50 岁以上等）进行分组分析，这就是一次简单的客户细分。

同一客户群的客户可能有多种要素或者多种要素组合相似，例如年龄、职业，或年龄＋职业的组合要素相似。当然，这个要素或者要素组合首先是企业认为有价值或者重要的。比如，喜欢小户型的人属于一个客户群，喜欢跃层或复式的大户型的人属于一个客户群，而这种要素的细分只有房地产公司感兴趣，对于其他行业的企业则可能是不重要或者没有价值的。

（二）客户细分的目的

客户细分可以让企业从一个较高的层次来分析整个数据库中的客户信息，同时客户细分也使得企业可以用不同的方式对待处于不同客户区间的客户，这是客户细分的意义所在。

在目前流行的会员制管理中有一般会员、金卡会员、白金卡会员、钻石卡会员的等级划分，就是一个典型的客户细分的例子。这样的市场细分非常有用，企业很愿意来分析和预测白金卡和钻石卡会员的消费行为，因为这些人与普通人的消费方式不一样，对企业的利润贡献也不同，需要针对不同的持卡人组织不同的促销活动。

客户细分涉及企业的战略和流程，需要认真规划。使用客户细分不一定要面向所有的客户，通过科学规划客户细分，可以只针对一部分企业最近最感兴趣的客户进行细分，因为客户细分规划可以是用于企业的战略规划和沟通的，也可以为了一个具体的目的或者一个具体的市场推广活动。

客户细分的结果，指出了客户是谁、客户是什么样的、客户与客户之间是如何不同的，以及他们将被如何区别对待。为了有效地达到 CRM 一对一营销差异化服务的目的，客户细分应该作为企业的战略指导思想在全企业范围内部署，从而使整个企业，从研发部门到生产部门、从市场部到销售部到客户服务部到财务部，都知道客户之间存在差异，只有这样，区别对待不同客户的计划才能够部署下去。

例如，如果销售部细分出了贵宾级别的客户群，并知道这些客户承载了比其他细分客户群更多的业务，那么销售部就可以针对这些客户策划有针对性的活动；市场部就可以举办相应的市场活动来支持销售，而客户服务部门就可以启用特殊的热线、配备专业人员，为这些贵宾级客户群提供更好的服务。所以说，准确、有效的客户细分规划可以为企业指明经营的方向。正因为如此，客户细分规划需要不断完善和更新，必须是经过深思熟虑的，必须是正确的。如果客户细分规划不符合企业、客户的实际行为，企业就会被客户细分规划指引到错误的方向并失掉大部分客户，甚至使企业完全陷入困境。

二、客户细分的方式与模型

CRM 活动的基础是对客户群的细分。客户细分的结果与所采用的细分方式直接相关。

（一）客户细分的方式

客户细分是根据客户的需求和对企业的价值，把客户分成不同组群，并通过差异化给予不同客户群不同的产品和服务，从而帮助企业进行规划并提高利润水平。客户细分主要有两种方式。

1. 战略客户细分

其目的是根据不同客户群体的差异制定企业战略。它把重点放在高层次的长期指导和对客户关系的处理上。企业划分战略细分市场通常不会超过 12 个。虽然战略细分市场随着时间变化会有所变化（这也是必要的），但是这种变化并不经常发生。

和 CRM 的其他方面一样，战略客户细分并没有一个正确的答案，也没有一个广为接受的细分模型。不同的企业会在不同层面上设定其战略。下面提供一系列的组成部分，它们可以在战略管理中加以组合利用。把它们当作一组工具，可以根据企业的要求加以搭配。表 2-1 对这些组成部分或工具进行了说明。

表 2-1　战略市场细分模型的组成

组成部分	要解决的问题
客户细分	企业如何在可管理且对客户区分度足够大的层面上根据客户的需求特征把客户分类
竞争环境	客户如何以及为什么在企业和竞争对手之间分配他的购买份额，与竞争对手相比，企业对客户的亲和力有多大
客户群质量	企业对有价值的客户群的渗透程度有多高，企业在这些有价值客户的总支出中所占的份额有多大，客户信息的质量如何
亲密度	对待不同客户需要怎样不同的服务力度，需要达到怎样的亲密度才能使客户有良好的感受
关系管理	负责管理客户关系的部门和责任人是谁，客户对这一关系是否满意，企业是否积极管理这一关系，使得它能达到企业品牌所要求的标准
发展前景	每个细分市场中客户的发展潜力有多大，可以采取什么策略培育客户（或剔除劣质客户）

2. 营销客户细分

其目的是帮助营销活动实现差异化。营销客户细分出的客户群可能数目众多，而且可能随着营销活动的改变而改变。有的企业甚至可能会划分出成千上万的细分客户群，以使营销更加精确。

（二）客户细分模型

1. 客户细分必须了解的问题

客户细分是通过深刻了解企业的客户群，然后根据客户的需求把客户加以分类。为此，企业必须了解六个问题：① 客户需要什么？他们的需求有什么不同？② 他们的需求为什么不同？③ 他们要求什么不同的风格？④ 他们的动机是什么？⑤ 他们带来多少收入？⑥ 为他们服务的成本是多少？对这几个问题的了解程度，影响着客户细分质量，从而进一步影响战略决策的准确性和有效性。

2. 客户细分模型的构建

企业可以按照表 2-2 的模型分析企业的各个细分市场。

表 2-2　客户细分模型

细分市场名称	客户区分的因素	产品需求	服务需求
名称 1	风格	这个细分市场希望从企业买到什么	客户希望企业提供什么服务
	动机	客户从企业买了什么，为什么	客户为什么需要这样的服务
	利润水平	企业从客户身上能赚到多少钱	企业为客户提供服务的成本是多少
名称 2	风格		
	动机		
	利润水平		

构建细分市场模型是一个反复性的过程，开始时可以凭直觉，然后再利用基于事实的分析工具加以修改。

3. 客户细分的关键

（1）确定客户细分市场数量。从战略的角度考虑，企业必须限制客户细分市场的数量。营销总监会根据具体的营销活动划分上百甚至上千个细分市场。但在企业战略层面上，太精细的客户细分不利于管理；细分市场过少，客户的差异化程度可能不够明显。

（2）确定客户细分的标准。这取决于企业的客户价值标准。例如，产品领先者可以考虑客户的产品购买行为和品牌亲和力。客户服务型企业则可以把重点放在客户所需的产品和服务上。传统的市场细分方法是根据人口统计数据进行的，如综合年龄、性别、收入和地区的因素，但这并不适合以"客户关系"为核心的企业。现代的应用软件可提供不少行为方面的数据（例如某种交易的频率）。对于 CRM，行为模型比人口统计模型更有价值。

4. 竞争环境下的客户细分模型

除非是垄断性行业，否则必须对竞争环境加以考虑。竞争环境可能在细分市场中有所不同，如果不同的话，那么最初的细分市场就需要加以调整。竞争环境模型的提出需要回答以下三个问题：

（1）客户如何在企业和竞争对手之间分配购买支出份额。客户一般不愿公开其全部具体的购买投向，虽然市场调查、客户调查能对衡量客户购买支出份额有所帮助，但仍然很难科学地衡量其购买支出份额。

在大多数行业中，需确定每个细分市场的信息：这一细分市场可能购买的产品或服务类型；细分市场中购买企业提供的产品或服务的客户的大致比例，例如，A 细分市场为什么购买了企业的家用电器，而没有购买厨房用具。

把这些数据与企业产品或服务的总体结构进行比较，并考虑在这些细分市场中，哪种产品或服务供应量过多或过少。

（2）与竞争对手相比，企业对客户的亲和力有多大。衡量亲和力同样做不到精确。不过，可以利用以前的购买行为数据衡量各个细分市场的忠诚度；假设企业和竞争对手都以同样的价格向客户提供了相同的产品，估计客户向企业购买的可能性。

（3）什么因素促使客户在企业和竞争对手之间分配购买量。什么因素推动企业对客户的亲和力。

三、基于 CRM 的客户细分

（一）影响客户对企业价值的因素

CRM 系统同样强调营利性和关系导向。客户对企业的价值不是完全相同，而且企业不可能让每一个客户满意。一项有效的 CRM 战略能够确定每个客户的终身价值，并从基础上将客户分成几个细分市场：高终身价值市场、中等终身价值市场、低终身价值市场。有时候公司还会将无形利益（如客户转介绍）纳入客户价值的计算过程中。

一家叫作 Message Factors 的研究公司通过对 B2B、B2C、金融、餐饮服务、医疗卫生等领域进行的几百次价值分析和研究发现，客户可以分为三类，其平均分布是：忠诚者占 31%，满意者占 21%，游离者占 48%。

Message Factors 的价值分析指出了四个区分忠诚者和游离者的关键因素。

1. 基本因素

这是对企业最起码的期望，也是企业必须做到的。例如，银行必须安全，餐馆必须干净。

2. 价值因素

这是指除基本因素之外，企业能给客户带来的超值的东西。价值因素本质上可能和金钱有关，也可能无关。价值是建立在客户的机会成本的基础之上的，它会引发差异化和客户忠诚。以下是价值的三种驱动因素：

（1）质量，包括产品质量、选择商品的过程、工作人员的服务质量、外部环境以及附加服务。

（2）价格，包括每天的报价以及销售时的价格。

（3）便利，包括整体的便利、购买的便利、地点的便利。

3. 不满因素

这是指让客户不满意的因素，但还不至于让他们离开，例如客户不得不输入一长串号码才能打通互动语音服务的电话。联邦快递就曾经通过消除客户的不满因素来推广业务：其他公司客户很难确切知道自己的邮件什么时候到达，联邦快递却可以保证送达的时间，并且提供对送达确认的跟踪服务。

4. 次要因素

次要因素是指企业做了但客户并不关心的因素。在很多情况下，客户甚至不知道这些因素的存在。例如，超市为了让地板更干净，在清洁工作上投入了两倍的工作量，却发现客户根本不在意，他们只希望地板不要太脏就行了。

在 CRM 中，企业重点关注价值因素，其他因素也需注意，虽然不满因素还不足以让客户离开，但是却埋下了巨大的危机；即使是次要因素也应该仔细考察，如果一家企业在客户并不在意的服务和其他行为上支出了，就应该考虑把这些资金投入到那些能让客户真正满意的地方。

（二）CRM 中的分析导出型细分变量

信息技术能够用来分析数据并建立对于企业特定经营需求而言独一无二的细分市场。分析导出型细分变量被称为数据驱动变量，因为这种变量是根据对客户数据的分析而得出的。一个完备的 CRM 系统能够确认最有利可图的客户，以及该群体共同的行为方式和特点。联机分析处理（OLAP）、数据挖掘以及高级统计技术都被用来分析数据和描述客户细分市场。有效设计和应用 OLAP 系统的关键是对定义细分市场过程中营销管理者角色的清晰了解。

英国最大的药品制造和连锁销售公司布特（Boots）化学公司，对取自近 1300 万保健品和美容用品会员用户的数据进行分析，结果发现：优惠型消费者总是使用礼券购物；储藏型消费者只在商品促销时大批量购买；忠诚型消费者坚持在同一商店购物，只是打折时的采购量比平时稍大；而新进入市场的客户也购买打折商品，并在优惠期结束后继续按常价购物。

可以看出，各个客户群体为企业带来的价值存在差异，企业明智的做法应当是集中精力争取忠诚型消费者和新客户，而不是寻求优惠型消费者和储藏型消费者。

第三节　客户分级与分类管理的方法

一、客户分级方法

客户分级的目的是企业把重点资源配置在关键客户上，为有价值的重要客户提供优质服务，保持他们对企业的忠诚度，提高客户价值。根据"二八法则"，约 20% 的变因操纵着 80% 的局面，即关键的少数和次要的多数，比率约为 2∶8，即 80% 的结果往往源于 20% 的原因。少数的客户为企业创造了大量的利润，而多数的客户仅为企业带来少部分利润。因此，客户分级是企业在资源有限的前提下依据客户对企业的不同价值和重要程度，将现有客户分为不同的等级，并为不同等级的客户提供不同资源服务的营销策略。通过客户分级，企业可以准确地把握现有客户的状况，并采取不同的服务策略来保留高价值的客户，转化低价值的客户。客户分级采用的主要方法有客户金字塔模型、关键客户识别与选择矩阵、客户分级的 RFM 量化模型等。

（一）客户金字塔模型

美国著名营销学者隋塞莫尔（Valarie A. Zeithaml）、勒斯特（Roland T. Rust）和兰蒙（Katherine N. Lemon）认为：管理人员可以根据企业从不同的客户那里获得的经济收益，把客户划分为几个不同的类别，理解不同类别客户的需要，为不同类别的客户提供不同的服务，可明显地提高本企业的经济收益。据此，他们于 2002 年提出了"客户金字塔"模型。根据客户金字塔模型，企业为了使资源得到合理配置，根据客户赢利能力的差异将客户进行分级，将为企业创造最大利润和价值的客户放于顶部，将为企业创造最小利润和价值的客户放于底部，从而形成一个基于"二八法则"的金字塔，如图 2-1 所示。

图 2-1　客户金字塔模型

铂金层客户代表那些盈利能力最强的客户，是典型的重要客户。他们对价格并不敏感，愿意花钱购买，愿意试用新产品，对企业比较忠诚。

黄金层级与铂金层级不同，这个层级的客户希望有价格折扣，没有铂金层级客户那么忠诚，所以他们带给企业的盈利能力没有铂金层级客户那么高。他们也可能是重要客户，往往与多家企业而不是一家企业做生意，以降低他们自身的风险。

铁质层级包含的客户数量很大，能消化企业的产能，但他们的消费支出水平、忠诚度、盈利能力不值得企业去特殊对待。

铅质层级客户不能给企业带来盈利。他们的要求很多，超过了他们的消费支出水平和盈利能力对应的标准，有时他们是问题客户，向他人抱怨，消耗企业的资源。

（二）关键客户识别与选择矩阵

关键客户识别与选择矩阵（Key Account Identification & Selection Matrix，KAISM）是一种比较实用的工具，它是由彼得·切维顿（Peter Cheverton）提出来的。关键客户识别与选择矩阵的主要目的是识别潜在客户并对现有客户进行分类，了解客户对企业自身的竞争优势的认知，确定对竞争者的优势还需要做哪些研究等。其构成如图 2-2 所示。

图 2-2　关键客户识别与选择矩阵

企业可以将客户大致分为以下四种类型：关键客户、发展客户、维持客户、机会主义客户。将客户分为四种类型，并不意味着他们不能同时存在。划分客户类型是一种决定资源分配方式的手段，关键客户应该比维持客户得到更多资源，并不意味着关键客户更重要，而只是说明他们不一样。

根据关键客户识别与选择矩阵对客户级别及类型划分，企业可将有限的资源配置给关键客户和发展客户，同时还要为维持客户适当配置一定的资源，如图2-3所示。

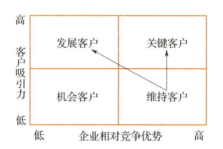

图 2-3　关键客户识别与选择矩阵资源配置

（1）关键客户。企业应分配更多的资源来发展这种客户关系，如为其提供最优的设备、最优的人员，投入足够的时间等。

（2）发展客户。这类客户对企业来说潜在价值大，是企业需要积极争取的客户。这类客户与企业的竞争地位及竞争优势有关。

（3）维持客户。这类客户是企业容易开发并获得的客户，也能长期和企业合作，企业可以提供必要的资源继续与这类客户保持良好的客户关系

（4）机会客户。这类客户是企业难以获取的，同时也是难以为企业创造价值的客户。他们偶尔会对企业产品或服务有需求。对于这类客户，企业应根据实际情况为其提供适合的服务。

在图2-3中选择矩阵使用客户吸引力和企业相对竞争优势两个因素来对客户进行分析。在CRM系统中，可以依据矩阵对客户字段信息进行设置。其中，客户吸引力是指客户或潜在客户什么地方吸引企业；相对竞争优势是指相对于企业的竞争对手，企业有什么地方能够吸引客户。每个轴都是由一系列的因素共同决定的，其中既有定量的因素也有定性的因素，但他们都是企业所处的具体经营环境特有的。在使用这些因素作为测量指标之前，企业必须首先明确界定它们。

（三）客户分级的 RFM 量化模型

RFM量化模型是衡量客户价值和客户创造利益能力的重要工具和手段。在众多的客户关系管理的分析模式中，RFM量化模型应用广泛。作为衡量客户价值的重要工具和手段，RFM量化模型通过客户的近期购买时间、购买频率及购买金额三项指标来描述客户的价值并划分等级，如图2-4所示。

图 2-4　RFM 量化模型图

RFM 量化模型的变量说明：

近期购买时间（Recency）。最近一次消费指上一次购买的时候——顾客上一次是几时来店里、上一次根据哪本邮购目录购买东西、什么时候买的车，或最近一次在超市买早餐是什么时候。理论上，上一次消费时间越近的顾客是比较好的客户，对提供即时的商品或服务也最可能产生反应。营销人员若想业绩有所成长，只能靠偷取竞争对手的市场占有率，而如果要密切地注意消费者的购买行为，那么最近一次消费就是营销人员第一个要利用的工具。这也就是 0 至 3 个月的客户收到营销人员的沟通信息多于 3 至 6 个月的客户的原因。

购买频率（Frequency）。购买频率是客户在限定的期间内所购买的次数。我们可以说最常购买的客户，也是满意度最高的客户。如果相信品牌及商店忠诚度的话，最常购买的客户忠诚度也就最高。增加客户购买的次数意味着从竞争对手处偷取市场占有率，从别人的手中赚取营业额。

购买金额（Monetary）。购买金额是所有数据库报告的支柱，也可以验证"二八法则"——公司 80% 的收入来自 20% 的客户。它显示出排名前 20% 的客户贡献公司所有营业额的 80% 以上。理论上 M 值和 F 值是一样的，都有时间范围，指的是一段时间（通常是 1 年）内的消费金额，对于一般店铺的类目而言，产品的价格都是比较单一的，比如同一品牌美妆类，价格浮动基本在某个特定消费群的可接受范围内，加上单一品类购买频次不高，所以对于一般店铺而言，M 值对客户细分的作用相对较弱。

二、客户分类管理

客户是企业生存和发展的动力源泉，是企业的重要资源，客户分类管理是客户关系管理中一个重要的思想，其基本指导思想是要求企业对客户进行科学有效的管理，对不同类别的客户应采取不同的管理方法，并建立科学动态的分类管理机制，以实现收益的最大化。客户分类管理至少应包括以下三个内容。首先，建立细分客户群的标准，这些标准有客户个性化资料、客户消费的量与频率、客户的消费方式、客户的地理位置、客户的职业、客户的关系网等。其次，对每一类细分客户群的信息作进一步的分析，分析他们的消费偏好、购买行为特征、对产品及服务的期望价值、营销组合的特点等，这常常需要借助于一些智能化的软件工具。第三，对不同客户群进行分类管理。任何企业的资源都是有限的，要想获得最大的收益，就必须对自己拥有的客户进行有效的差异分析，确定不同客户群对企业的价值与重要程度，并针对不同客户群的消费行为、期望值等制定不同的营销策略和服务策略，指导企业更合理地配置有限的市场销售、服务和管理资源，确保企业的投入和付出都用在"刀刃"上，实现客户资源价值和企业投入回报的同步最大化，并通过策略的实施寻找出新的商业机会。

当前，学术界和企业界比较认同的两种客户分类方法，一种是从客户所关注的价值角度进行划分，另一种则是从企业的角度依据客户所带来的经济价值来划分。针对这两种不同的分类，应采用不同的管理方法。

（一）从客户所关注的价值角度划分的管理方法

从客户所关注的价值角度进行划分，客户分类管理包括三种类型：

（1）交易式营销。客户所关注的内在价值全部体现或附着在产品之上，而交易式营销如果成本过高的话，企业将难以在与竞争者的竞争中获得成功。因此，对待此类客户群体，企业的注意力将集中在产品的价格、成本、性能等因素上，而与客户之间的关系则更多的是一种纯粹的市场交易关系。

（2）咨询式营销。客户所关注的价值是如何使用产品，因此企业需要为客户提供具有很高附加价值的技术支持与服务，以吸引客户，并提高其满意度。

（3）企业式销售。客户希望利用供应商的战略价值关系，这也被称为"客户一体化"。这时，企业需要与客户进行业务流程的重构和一体化，从而获取"共生价值"。

（二）从企业关注客户所带来的经济价值角度划分的管理方法

这种客户分类管理方法的依据主要是客户为企业所带来的经济价值。这时，帕累托80/20法则发挥着作用，也就是说，从营销管理角度而言，企业80%的业绩常常来自于20%的经常惠顾的客户。对证券行业的一些客户资料实证分析也证明，重要客户虽然仅占企业总客户的20%，但却是企业90%利润的主要来源。因此，企业想要真正深入地了解客户，可以依据客户对企业所贡献的收益或效益，寻找出客户的分布状况，并从中识别出最重要的"20%的客户"，当然这个比例因其所在的行业或企业不同而有所差异，可能是10%～30%甚至40%不等。例如，对于电信企业而言，普通用户对其经济价值的贡献将低于一些商业大客户，而如果电信企业对这两类客户群体提供完全相同的服务标准或服务内容，将不利于提高客户群体的满意度。此外，普通客户对电信服务的需求结构与期望值同大客户之间也存在着显著差异，因此，对客户加以分类管理是非常必要的。客户分类管理可大致分为以下三类：

（1）重要客户。这类客户是金字塔中最上层的金牌客户，也就是在过去特定时间内消费额最多的前1%～5%客户。这类客户是企业的优质核心客户群，信誉度好，对企业的贡献最大，能给企业带来长期稳定的收入，值得企业花费大量时间和精力来提高该类客户的满意度。对这类客户的管理应做到：① 指派专门的营销人员（或客户代表）经常联络，定期走访，为他们提供最快捷、最周到的服务，让他们享受最大的实惠，企业领导也应定期去拜访他们。② 密切注意该类客户的所处行业趋势、企业人事变动等其他异常动向。③ 应优先处理该类客户的抱怨和投诉。

（2）主要客户。它是指在重要客户之外，在特定时间内消费额最多的前20%客户中，扣除重要客户后的客户。一般来说这类客户是企业的大客户，但不属于优质客户。由于他们对企业经济指标完成的好坏构成直接影响，不容忽视，企业应倾注相当的时间和精力关注这类客户的生产经营状况，并有针对性地提供服务。对这类客户的管理应注意以下几点：① 指派专门的营销人员（或客户代表）经常联络，定期走访，为他们提供服务的同时要给予更多的关注，营销主管也应定期去拜访他们。② 密切注意该类客户的产品销售、资金支付能力、人事变动、重组等异常动向。

（3）普通客户。普通客户是指除了上述两种客户外，剩下的 80% 客户。此类客户对企业完成经济指标贡献甚微，消费额占企业总消费额的 20% 左右。由于他们数量众多，具有"点滴汇集成大海"的增长潜力，企业应控制在这方面的服务投入，按照"方便、及时"的原则，为他们提供大众化的基础性服务，或将精力重点放在发掘有潜力的"明日之星"上，使其早日升为主要客户甚至重要客户。企业营销人员应保持与这些客户的联系，并让他们知道当他们需要帮助的时候，企业总会伸出援助之手。

第四节　客户满意度理论与模型

一、客户满意度的概念

客户不满意是客户流失的根本原因。但是，客户为什么会不满意？我们可以通过对客户满意度概念的认识来回答这些问题。

被称为"市场营销之父"的菲利普·科特勒说："满意是指一个人通过对一个产品的可感知效果（Perceived Performance）与他的期望值（Expectation）相比较后，所形成的愉悦或失望的感觉状态。"对于单个人来说，"满意"是一个不确定的概念，因为满意的标准因人而异。同样的产品和服务有人满意，也可能有人不满意。也就是说从个体的角度出发，是否满意呈现随意性，没有规律可言。但如果将大量个体集结为一个整体来观察，只要个体（也就是统计学所指的样本）数量足够多，就能体现出规律性。因此，依据统计学原理对客户进行调查，就能得到正确反映顾客大群体满意状况的有用信息。

客户的满意状况是由客户的期望和客户的感知（包括对质量的感知和对价格的感知）这两个因素决定的，如期望越低就越容易满足，实际感知越差越难满足。可见客户是否满足与期望成反比关系，与感知成正比关系。

据此我们可以用一个简单的函数式来描述客户满意状况的评价指标——客户满意度，即：

$$C = \frac{b}{a}$$

式中，C 为客户满意度；b 为客户的感知值；a 为客户的期望值。

对客户满意状况的测量实际是看客户满意度的大小。当 C 等于 1 或接近 1 时，表示客户的感受为"比较满意"，或者"一般"；当 C 小于 1 时，表示客户的感受为"不满意"；而当 C 等于 0 时，则表明客户的期望完全没有实现。一般情况下，客户满意度多在 0~1 之间，但在某些特殊情况下，客户满意度也可大于 1，这意味着客户获得了超过期望的满足感受。

根据上述分析，客户满意度被定义为"客户对某一事项已满足其需求和期望的程度的意见"。其中，"某一事项是指在彼此需求和期望及有关各方对此沟通的基础上的特定时间的特定事件"。可见，所谓客户满意度是指客户的感觉状况水平，这种水平是客户对企业的产品和服务所产生的绩效和客户的期望进行比较的结果。

二、客户满意度的影响因素

客户的期望值与其满意度有内在关联。而在促进客户满意与信任的因素中，个性化的产品和及时性服务是两个决定性因素。个性化的产品能增强客户的认知体验，从而培养客户的认知信任；个性化的产品和及时性服务能使客户产生依赖，进而培养情感信任；只有个性化的产品和及时性服务都能适应客户的需求变化时，客户才会产生行为信任；客户不可能自发地信任，客户信任需要企业以实际行动来培养。

为客户提供个性化的产品和服务应从营销的最上游开始。较高层次的客户已不再满足于成批生产出来的产品，他们对于能体现个性的产品更加青睐。由于技术的发展，产品的个性化与生产的规模经济效益已不再相互对立，企业可以在保持一定规模经济的同时，为客户提供满足其不同需求的个性化产品，使客户获得满意的感受，现代生产理论中的大规模定制正是这种思想的表现，它既可以满足特定客户群的个性化需要，又可降低生产成本。因此企业在实现产品个性化时，可以把更多的精力放在产品的外形设计和辅助性功能上，这对大多数企业来说并不是十分困难的事。企业在这方面可以采取的措施有：

（1）面对面地了解客户的真实想法，根据客户的需求意向预测产品。

（2）让客户参与产品的规划和设计，使客户感受到该产品是为他量身定做的。

（3）进行敏捷的定制化生产，使客户时刻感受到他的个性化享受。

（4）加强商家的知名度和美誉度宣传，使客户感到接受这件产品和享受商家的服务是价值的体现。

（5）在客户接受产品和服务之前让客户感到便利。

（6）解除客户的疑义，增加客户的贴身感受。

（7）及时送达。

（8）销售关怀。

此外，还应增强客户体验。客户很在乎与你做生意的感受，尤其是对某种产品或某企业有感情的客户，很难用打折来使其改变主意。他们在购买产品和服务时是在接受一种体验，他们频频购买某一企业的产品和服务，实际上是因为该企业创造了比竞争对手更让他们倾心的体验，因此增强客户体验是提高客户满意度的重要方法。

三、客户满意度调查分析与评估

（一）度量客户满意度的价值

比满足客户预期多做一点点就能取悦客户，对于想建立积极的客户关系的企业而言，这是十分重要的第一步。度量客户长期的满意度使得企业能够确定，客户认为企业是能够持续改进，是落后于竞争对手，还是停滞不前的。

度量客户满意度的一个更为微妙的原因是向他们传达一种"我们在意"的信息。当企业与客户联系并询问"我们做得怎么样"的时候，这个简单的动作是想告诉客户：企业想要建立的是一种长期的关系。满意度度量向客户表明，公司想要得到这笔业务。

满意度的"主观度量"旨在衡量客户在将企业产品与竞争对手产品相比时，得到的客户对于品牌、交易过程或者与企业的交易体验等方面的感知。如果处理得好，企业则从与客户或者关键要素的直接交流中获益。

（二）进行客户满意度调查

企业可以自己进行满意度调查，也可以将调查工作转包给专业调查机构。

客户满意度调查或者其他调查，是一种系统而客观的调查。在这种调查中，调查主体通过问卷的形式从一定的样本人群中进行信息收集。客户调查通常（但不是一定）由八个步骤组成，如图 2-5 所示。

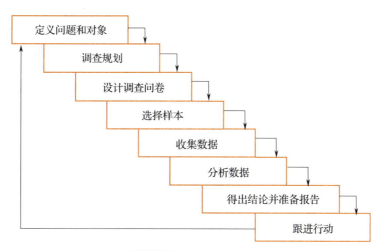

图 2-5　调查研究过程

调查过程的步骤是高度互相依赖的。例如，决定选择低教育水平的客户作为样本（第一步）会影响为这些客户设计的问卷的措辞（第三步）。尽管调查研究方法应当参考营销研究的相关资料，但在这里先简单介绍一下这些步骤也是十分有益的。

1. 定义问题和对象

并不是每个人都清楚为什么要调查、要调查什么。定义问题就是要清楚地表达这些诉求。

关键小组访谈是一种关于定义问题的常用调查方法，访谈对象是 6～12 个关注某种产品或者购买过程的某一方面的客户组成的小组。在小组会议中，每个人都要对问题进行描述或者解释为什么他们与某个企业终止交易。

企业还可以从客户聊天中获得相关信息，有的网站还专门收集客户的抱怨，然后将其提供给相关企业或其他组织。

调查过程第一步的终点就是对问题和研究对象的正式表述。

2. 调查规划

问题和目的陈述清楚之后，就要详细说明收集和分析满意度问题相关数据可能用到的特定技术和程序。三种基本规划模型分别是探测型、描述型及因果型。"探测研究"被用于定义问题。"描述研究"的目标则是度量已定义细分市场的某些特性——谁进行购买、购买什么商品、花费多少钱、什么时候进行购买、在什么地方购买。"因果研究"则是应用严格控制的实验来将某些行为或结果背后的原因分析出来。

调查规划还涉及调查方法和技术的设计，是直接面谈、电话采访还是邮件访问等。此时，还需要综合考虑由此带来的相关问题。例如，访谈者是否一定需要帮助？客户的合作意愿如何？我们需要在多大程度上代表大多数人的观点？调查设计可能受问卷设计、需要提出的问题的种类、可以进行研究的时间、需要达到的精确度以及研究项目可以使用的预算等诸多因素的影响。

3. 设计调查问卷

调查问题的恰当措辞是一种技巧，其目的在于提出受访者能够回答的相关问题。研究人员应当避免问题太复杂，并使用简单、精确、对话式的，不会误导受访者且不易混淆的语言。

4. 选择样本

企业客户众多，通常难以普查，因此需要取样。选择样本的方法对于调查结果的精确性十分重要。所谓样本就是更大规模人群的一部分或一个子集合。取样需要解答三个问题——对哪个群体取样（取样范围）、样本规模及样本选择。

（1）取样范围。明确目标人群或者整个利益群体是取样的第一步。取样人群应该能够准确地反映所在群体的需求。

（2）样本规模。样本必须足够大，以确切代表目标群体的特点。如果使用了恰当的取样技术，整个人群的一小部分就能提供对整体的可靠度量。一般的经验方法是为调查中的每个问题至少选择三个受访者。如果对精确度要求更高，研究人员可能需要努力对调查的每个项目选择多达 10 个的受访者。

（3）样本选择。样本单元的选择方法是客户满意度研究精确性的主要决定因素。取样的方法主要有两种：概率取样和非概率取样。

1）概率取样。在"概率取样"中，整个群体中的每个元素或人员都有一个已知的非零机会被选作样本。"简单随机样本"是这些程序中最著名的一种，其含义是每个元素都有同等的机会。所谓取样错误是样本结果与在能够获得整个群体名单条件下获得的结果之间的差异。换句话说，存在着样本并不能准确代表整个群体的风险。概率取样的主要优点是用统计学知识计算取样错误，并以一定的把握性将结果推广到更大的群体。

2）非概率取样。当样本单元在便利或者个人判断的基础上选定时，所获结果就是"非概率样本"。在一种非概率样本——"便利样本"中，数据是从那些最容易获得的人员身上获得的。例如，餐馆只调查前来就餐的人群、只在商场中访问调查对象，以及对某一个班级的学生进行调查等都是采用便利样本的范例。以这种方法收集数据简单而经济，但是，这种取样通常会生成非典型样本。"非典型样本"有时无法代表更大规模群体的观点。但对决策也有重要参考价值。

5. 收集数据

一旦研究方法设计完毕，研究人员必须实际收集所需信息。无论选择电话访谈、邮件调查、互联网调查还是其他收集方法，研究人员的任务就是最小化调查过程的错误。例如，未经仔细选择和培训的访谈人员难以以适当的方式表达出问题的含义，或者无法准确记录下受访者的反馈结果。更糟糕的是，如果现场调查的报酬过少，调查人员则有可能自行填写表格，从而提供虚假数据用于之后的分析。"现场服务公司"就是专门从事收集数据工作的机构。"计算机辅助电话访谈（CATI）"可能是最经常使用的一种从随机人员样本中收集调查数据的方法。在这个程序中，现场调查工作人员直接将受访者的回答录入数据库，从而使编译错误最小化。大多数组织都会委托现场服务公司来收集数据，而不是自行完成这个程序。

6. 分析数据

数据处理一般以编辑和编码等步骤作为开端。在这些步骤中，调查工具或者其他数据收集工具将接受检查，观察其中是否存在冗余、不完整或者其他无用的回应、模糊和明显的不相容。所谓编码就是为客户的回应分配一系列的数字。例如，客户转而使用竞争对手产品的原因需要分配的几组确认数字：1—更便宜的价格，2—更好的品质，3—优惠券等。接下来就是数据分析。数据分析可能包括统计分析、定性分析，或者二者兼有。具体选用哪种类型的分析取决于研究对象、所收集数据的特性以及谁使用这种分析结果。当然，如果使用的是非概率取样程序，那么就无须使用统计程序，因为并没有预测取样错误的基础。统计测试的目的就是预测取样错误的程度，以及准确判断样本结果与整个群体的实际情况存在怎样的差异。

关于统计的更详细的知识可参考其他书籍。

7. 得出结论并准备报告

要记住客户满意度研究的目的是辅助经理人员做出有效的营销决策。研究人员的角色是回答这个问题："这对于我们的 CRM 战略的意义是什么？"因此，调查过程的终点一定是将研究结果传达给管理层的报告。通常，管理层对获得研究结果的过程不感兴趣。除了在一些特殊情况下，管理层一般只想看一看研究结果。通过使用图示、表格以及其他绘图工具将研究结果清晰地表达出来，这是对研究人员以及其他向管理层汇报研究结果的相关人员的一种创造性的挑战。如果研究人员的成果没有以恰当的方式表达出来并被组织及其管理者理解，那么调查过程就是一种彻头彻尾的浪费。

8. 跟进行动

研究人员向管理层提交报告之后，还应当继续跟进，确定管理层对这个报告的反应是怎样的。研究人员应当考虑这种研究或报告如何能够获得改善，以变得更加适用。某一项研究的成果通常是定义下一项研究的研究对象的起点。因此，上一项报告的结尾部分应当讨论一些细节问题，比如更加完善的问题描述方法以及开始下一个满意度度量研究项目时应当采取的调查步骤。

（三）客户满意的评价

1. 客户满意评价公式

对客户满意的评价可以采用一个简单的公式来描述：

$$客户满意度 = 实际感知效果 - 期望值$$

在上式中如果实际感知效果低于期望值，客户就会不满意；如果实际感知效果与期望值相匹配，客户就会满意；如果实际感知效果超过期望值，客户就会高度满意或欣喜。

2. 我国客户满意指数测评基本模型

我国由国家质检总局质量管理司、清华大学中国企业研究中心在进行全面系统调查研究的基础上，于2003年公布了《中国客户满意指数指南》（中国标准出版社，2003）。这里简要介绍中国客户满意指数测评模型的基本内容。该模型是一个因果关系模型，包含6个结构变量，它们是品牌形象、预期质量、感知质量、感知价值、客户满意度和客户忠诚度。这些结构变量在模型中形成11种因果关系（如图2-6所示）。客户满意度是最终要得到的目标变量，品牌形象、预期质量、感知质量和感知价值是客户满意度的原因变量，客户忠诚度则是客户满意度的结果变量。

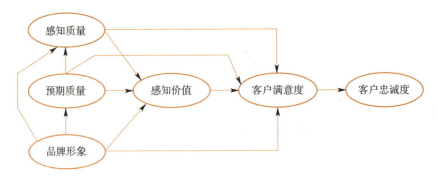

图2-6 中国客户满意指数测评基本模型

（资料来源：国家质量监督检验检疫总局质量管理司，2003）

（1）品牌形象。品牌形象是指客户在购买某公司/品牌产品或服务之前，对该公司/品牌的印象。这种印象可能来自客户过去累积的购买和使用该公司/品牌产品或服务的经验，也可能来自客户累积的通过各种渠道主动收集到的信息，还可能来自客户累积的无意识信息沟通的结果。总之，品牌形象是客户通过长期积累形成的对某公司/品牌产品或服务的一般性认识。需要说明的是，当企业为每种产品分别建立品牌时，品牌形象不仅是指单个品牌的形象，也包括企业的形象。品牌形象同预期质量、感知质量、感知价值和客户满意度之间存在正相关关系。也就是说，改进品牌形象可以提高客户对预期质量、感知质量、感知价值和客户满意度的评价。

（2）预期质量。预期质量是指客户在购买和使用某品牌产品或服务之前对其质量的估计。预期质量与品牌形象之间的差别主要有两点：其一，客户对某品牌产品或服务质量的预期可以在短期内形成，如客户在听了朋友的推荐以后，立即形成了对拟采购品牌质量水平的预期，而品牌形象则需要更长期的累积才能形成。其二，预期质量涵盖的内容相对较小，它仅涉及作为购买对象的产品或服务质量本身，而品牌形象则涉及更多的内容，如企业同一品牌下其他产品质量、企业的文化、企业对社会的责任感等。

（3）感知质量。感知质量是指客户在购买和使用产品或服务以后对其质量的实际感受。客户在购买和使用产品或服务以后，就会根据自己的实际购买和使用经验对产品或服务的客观质量做出主观评判。因此，感知质量既有客观性的一面，又有主观性的一面。产品的实际性能指标是客户形成感知质量的基础，但感知质量又往往同产品性能指标不完全吻合。

（4）感知价值。感知价值体现了客户在综合产品或服务质量和价格以后对其所获利益的主观感受。客户在评价产品和服务时，不仅要看其质量满足自身需求的能力，还要看价格与这种质量适应的程度。通过比较质量和价格，客户将会产生价值的感觉。一般的理解是，在一定的质量下，价格越低，客户的感知价值越高。感知价值与客户满意度存在正相关关系，即客户对某品牌产品或服务的感知价值越高，对该品牌的满意度就越高。

（5）客户满意度。客户满意度测定的是客户直接对某品牌或服务的满意程度，所测定的指标通过线性变换就得到最终的客户满意指数，它反映了客户对产品或服务满足自身需求程度的总体态度。

客户满意度与客户忠诚度存在直接正相关关系。在中国客户满意指数基本模型中，客户满意度是客户忠诚度的唯一直接原因变量，其他结构变量都通过客户满意度间接地对客户忠诚度产生影响。

（6）客户忠诚度。客户忠诚度是模型中最终的结构变量，它是指客户对某品牌产品或服务的忠诚程度，包括重复采购的意愿以及对该品牌产品或服务的价格敏感程度。正常情况下，如果客户对某品牌产品或服务感到满意，就会产生一定程度的忠诚，在行动上表现为对该品牌产品或服务的重复购买；反之，客户就会转向购买其他品牌的产品或服务。客户忠诚度越高，重复购买的可能性就越大。客户忠诚度这个结构变量体现了客户满意指数测评模型的目的之一，即揭示了客户满意度同客户重复购买意向的关系，进而指导企业通过提高客户满意度，培养忠诚顾客，提高经营绩效。

我国企业在实施客户满意战略的发展过程中，虽然部分地区部分行业已建立并成功运行了客户满意度指数体系，也有很多企业在进行各自的客户满意度研究，但由于很多企业对"客户满意"的经营理念缺乏理性认识，因此有必要加强对客户满意度评价的研究，为企业在实施 CRM 过程中提供理性的规范，以进行有据可依的决策分析，激发企业自觉地树立以客户满意为核心的经营理念。

四、常用的客户满意度指数评估模型

关于客户满意度模型的研究近 40 年来一直为学术界所关注，其成果也较多。在客户满意度测评的实践中，以福奈尔（Fornell）模型为基础的客户满意度指数测评方法先后被瑞典、美国、欧盟、新西兰、新加坡、马来西亚、韩国等数十个国家和地区所采用，逐渐成为国际上客户满意度测评的通用方法。各个国家的测评模型虽然都是以 Fornell 模型为基础建立起来的，但是都根据实际情况进行了修正，并处于不断发展和完善之中。这里主要回顾几个经典模型构建的视角和原理。

（一）卡诺（Kano）模型

受行为科学家弗雷德里克·赫兹伯格（Frederick Herzberg）的双因素理论的启发，东京理工大学教授狩野纪昭（Noriaki Kano）和他的同事 Fumio Takahashi 于 1979 年 10 月发表了《质量的保健因素和激励因素》（*Motivator and Hygiene Factor in Quality*）一文，第一次将满意与不满意标准引入质量管理领域，并于 1982 年日本质量管理大会第 12 届年会上宣读了《魅力质量与必备质量》（*Attractive Quality and Must-be Quality*）的研究报告。该论文于 1984 年 1 月 18 日正式发表在日本质量管理学会（JSQC）的杂志《质量》总第 14 期上，标志着卡诺模型的确立。这篇论文中，狩野纪昭首次提出满意度的二维模式，构建出卡诺模型。在当时的日本，提高产品质量和企业服务水平一直都是一个难题。他提出的这个模型有效地解决了这个问题。

因此，卡诺模型理论（图 2-7）旨在更好地解释客户如何感知和评估质量属性的各个方面。卡诺模型以顾客满意度为基础，将客户需求分为五个层次：基本需求（M，Must-be Requirements）、期望需求（O，One-dimensional Requirements）、兴奋需求（E，Excitement Requirements）、无差异需求（I，Indifferent Requirements）和逆向需求（R，Reverse Requirements）。卡诺模型自提出以来，被广泛应用于各种产品、服务和研究中。例如，检查客户对包装属性的感知，手机服务质量的评估，电子商城特征的确定，甚至融入建筑设计。传统上，卡诺模型已被用于产品开发和创造有吸引力的品质，包括研究概念设计以改善产品生命周期以及对产品生命周期终止场景和处置方法的感知。卡诺模型提供

了一种对客户需求进行分类的有效方法，并有助于在考虑客户行为非线性的情况下理解这些需求的性质。

因此，卡诺模型可以帮助产品规划以更加高效的方式获取客户需求，通过识别和优先考虑产品和服务的各个方面和属性，为提高客户对产品的感知及满意度提供定量研究方法。

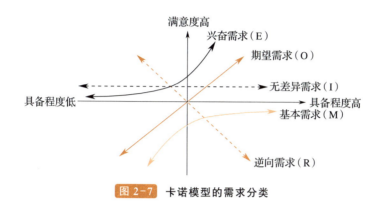

图 2-7　卡诺模型的需求分类

运用卡诺模型需要两种工具：卡诺调查问卷和卡诺分类评价表。首先，设计卡诺调查问卷，卡诺调查问卷与传统需求调研问卷的主要区别是其对每一项属性（需求）进行正反两方面的提问，可采用李克特五级量表来测量客户对每一属性的需求。其次，依据卡诺分类评价表对收集到的每一属性（需求）的数据进行分类，针对每一项属性（需求）正反两方面的回答记录到分类评价表中，并统计每一类需求的频度，以最大占比得到顾客的卡诺分类，如表 2-3 所示。

表 2-3　卡诺问卷分类评价表

客户需求		反面问题				
		满意	理应如此	保持中立	可以忍受	不满意
正面问题	满意	Q	E	E	E	O
	理应如此	R	I	I	I	M
	保持中立	R	I	I	I	M
	可以忍受	R	I	I	I	M
	不满意	R	R	R	R	O

运用卡诺模型的卡诺调查问卷和卡诺分类评价表，对客户需求指标进行调研并统计频率，以求得客户需求的分类。伯格（Berger）等人（1993）通过为给定需求开发客户满意度系数（CSI）来改进卡诺模型。CSI 解释了是否可以通过满足客户需求来提高满意度，或者满足客户需求是否阻碍了顾客满意度。CSI 包含两个指标：满意度指数（SI）和不满意指数（DI）。这两个指标又被称为 Better-Worse 系数。Better 的值表示产品功能对顾客或客户满意度的影响有多大，Worse 的值表示不满足产品要求或功能对顾客或

客户满意度的影响有多大。Better 为正的 CSI 系数，而 Worse 为负的 CSI 系数。以下是 Better 和 Worse 的计算公式：

$$Better_i = \frac{E_i + O_i}{E_i + O_i + M_i + I_i}$$

$$Worse_i = -1 \times \frac{M_i + O_i}{E_i + O_i + M_i + I_i}$$

其中，$Better_i$ 表示满意度系数，$Worse_i$ 表示不满意系数。运用该方法首先需要求得客户需求在选择 M、O、E、I 的频数或者比例。通常 $Better_i$ 为正数，越接近于 1，表示提供该需求对客户满意度提升的影响效果越大，提升该属性能更好满足客户需求；$Worse_i$ 为负数，越接近于 -1，表示不提供该需求对客户满意度下降的影响效果越大，强化该属性能更好地满足客户需求。因此，根据 Better-Worse 系数，对系数绝对分值较高的项目应当优先实施。根据客户需求的 Better-Worse 系数值，将散点图划分为四个象限，如图 2-8 所示。

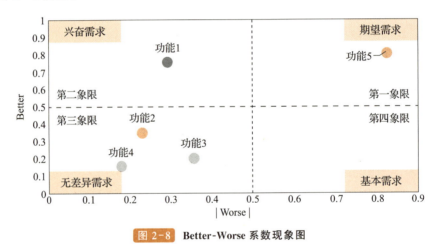

图 2-8 Better-Worse 系数现象图

第一象限：表示 Better 系数值高，Worse 系数绝对值也很高的情况。落入这一象限的因素，称之为期望需求，功能 5 落入此象限，即表示产品提供此功能，顾客满意度会提升，不提供此功能时，客户满意度就会降低。

第二象限：表示 Better 系数值高，Worse 系数绝对值低的情况。落入这一象限的因素，称之为兴奋需求，功能 1 落入此象限，即表示不提供此功能，客户满意度不会降低，但当提供此功能时，客户满意度会有很大提升。

第三象限：表示 Better 系数值低，Worse 系数绝对值也低的情况。落入这一象限的因素，称之为无差异需求，功能 2、3、4 落入此象限，即无论提供或不提供这些功能，客户满意度都不会有改变，这些功能点是客户并不在意的功能。

第四象限：表示 Better 系数值低，Worse 系数绝对值高的情况。落入这一象限的因素，称之为基本需求，即表示当产品提供此功能，客户满意度不会提升，但不提供此功能，客户满意度会大幅降低，说明落入此象限的功能是最基本的功能。

在实际中，我们首先要全力以赴地满足顾客最基本的需求，即第四象限表示的功能，这些需求是客户认为我们有义务做到的事情。在实现最基本的需求之后，我们应尽力去满足客户的期望型需求，即第一象限表示的功能，这是质量的竞争性因素。提供客户喜爱的额外服务或产品功能，使其产品和服务优于竞争对手并有所不同，引导客户加强对本产品的良好印象。最后争取实现顾客的兴奋需求，即第二象限表示的功能，提升客户的忠诚度。因此，根据卡诺模型计算出的 Better-Worse 系数值，说明该产品先需要优化功能 5，然后再满足功能 1。而功能 2、3、4 对顾客来说，有或者没有都是无差异型需求，没有必要花大力气去实现。

（二）瑞典顾客满意度指数（SCSB）模型

瑞典于 1989 年建立起了世界上首个国家层次上的顾客满意度指数模型。瑞典顾客满意度指数（Swedish Customer Satisfaction Barometer，SCSB）测评是在美国密歇根大学国家质量研究中心的福奈尔（Fornell）教授领导的研究团队指导下建立起来的，并利用该模型对 32 个行业的 100 多家公司的顾客满意度指数进行了调查和分析。SCSB 模型提出了顾客满意弹性（Customer Satisfaction Elasticity）的概念。顾客满意弹性是指顾客忠诚对顾客满意的敏感性，即顾客满意提高一个百分点，顾客忠诚将提高多少个百分点，这样就可以从量化的角度来研究不同程度的顾客满意对顾客忠诚的影响及其非线性关系。瑞典顾客满意度指数模型共有 5 个结构变量和 6 个关系，如图 2-9 所示。

图 2-9　瑞典顾客满意度指数模型

SCSB 模型中的核心概念是顾客满意，它是指顾客对某一产品或者某一服务提供者迄今为止全部消费经历的整体评价，不同于代表顾客对于某一件产品或某一次服务经历评价的特定交易的顾客满意（transaction specific satisfaction），这是一种累积的顾客满意（cumulative satisfaction）。现行的各国顾客满意度指数模型均采用这一概念，主要是因为消费者不是以某一次消费经历，而是以迄今为止累积起来的所有消费经历为基础来做出未来是否重复购买的决策。因此，与特定交易的顾客满意相比，累积的顾客满意能更好地预测顾客后续的行为（顾客忠诚）以及企业的绩效，以它作为指标来衡量经济生活的质量也更有说服力。

模型中顾客满意有两个基本的前置因素：顾客期望（customer expectation）和感知绩效（perceived performance）。感知绩效又称为感知价值（perceived value），即商品或服务的质量与其价格相比，在顾客心目中的感知定位。感知绩效越高，顾客满意度也随之提高。

模型中的顾客期望是指顾客预期将会得到何种质量的产品或服务，这是一种"将会的预期"而不是该产品或服务应该达到何种质量水平的预期，即"应当的预期"。顾客通常具备一种学习的能力，他们会通过以前的消费经历、广告、周围人群的口头传播等渠道获得信息，对自身的期望值进行理性的调整。经过反复调整之后的期望值能够比较准确地反映目前的质量，因而它对感知绩效具有正向的作用。

在特定的某次交易中，顾客满意由目前质量和预期之间的差额决定，而在累积顾客满意的测评中，总体顾客满意是过去感知质量和将来预期质量的函数。顾客期望中携带着顾客自 $t-1$，$t-2$，一直回溯到 $t-m$ 时期的消费经历和各种和该企业相关的信息，同时也包含着顾客对该企业从 $t+1$，$t+2$，一直到 $t+n$ 时期表现的理性预期。顾客期望的增加（减少）会导致顾客满意短期内的减少（增加），但增加（减少）的顾客期望的长期影响会超过其短期影响，导致累积的顾客满意的减少（增加），因此模型中顾客期望与顾客满意正相关。

SCSB 模型将顾客抱怨作为顾客满意的结果。当顾客对某一组织所提供的产品或服务不满意时，他们会选择两种渠道来表达这种不满意——停止购买该产品或服务，或者向该组织表达自己的抱怨或不满以获得赔偿。顾客满意度的提高会直接导致顾客抱怨行为的减少。

从顾客抱怨到顾客忠诚的方向和大小可表明组织的顾客抱怨处理系统的工作成果：若测评得出顾客抱怨到顾客忠诚之间的关系为正，则意味着组织通过良好的抱怨处理系统将不满的顾客转化成为忠诚顾客；反之则意味着这些对组织不满的顾客极有可能流失掉。

模型的最终变量是顾客忠诚，在此宽泛地定义为顾客重复购买某一特定产品和服务的心理趋势。忠诚的顾客意味着持续的重复购买，较低的价格敏感度，较少的促销费用等，是组织盈利能力的一种表现。

（三）美国顾客满意度指数模型

美国顾客满意度指数（American Customer Satisfaction Index，ACSI）是在借鉴瑞典顾客满意度指数模型的基础上建立起来的，同样由美国密歇根大学国家质量研究中心的福奈尔教授及其研究团队负责开发。美国顾客满意度指数是在利用 ACSI 模型对美国的 40 个行业中的 200 多家公司的产品和服务加以分析得出的。该模型对比瑞典顾客满意度模型增加了一个结构变量"感知质量"，并以增加后的 6 个变量为基础提出了 15 个观测变量和 9 个关系，如图 2-10 和表 2-4 所示。

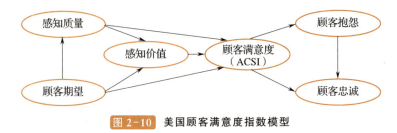

图 2-10 美国顾客满意度指数模型

在结构变量中，顾客期望、感知质量和感知价值是顾客满意度的原因变量，顾客抱怨和顾客忠诚是顾客满意度的结果变量。

顾客期望，即顾客在购买前对产品或服务的主观估计。其观测变量包括对质量的总体预期、对产品满足顾客需求程度的预期和对产品可靠性的预期。顾客期望对感知质量、感知价值和顾客满意度有直接影响。

感知质量，即顾客在购买并消费了某种产品或服务后的实际感受。其观测变量包括对产品质量的总体评价、对产品满足顾客需求程度的评价和对产品可靠性的评价。感知质量对感知价值和顾客满意度有直接影响。

感知价值，即顾客在综合考虑感知质量和价格水平后对产品或服务的评价。其观测变量包括给定产品质量下对价格的评价和给定价格下对产品质量的评价。感知价值对顾客满意度有直接影响。

顾客满意度，即所要测量的目标变量。其观测变量包括总体满意度、产品质量同预期的满意度和产品质量同理想产品的比较。顾客满意度对顾客抱怨和顾客忠诚有直接影响。

顾客抱怨，主要用于测量顾客的不满程度。其观测变量包括向厂商抱怨次数和向经销商抱怨次数。顾客抱怨与顾客忠诚之间的关系有两种情况：①当顾客抱怨与顾客忠诚呈正相关关系时，表明提供产品或服务的公司能够成功地将抱怨的顾客转变为忠诚顾客；②当顾客抱怨与顾客忠诚呈负相关关系时，则表示顾客将采取退出行为，提供产品或服务的公司将失去这部分顾客。

顾客忠诚，即顾客愿意从特定的产品或服务供应商处再次购买的程度。其观测变量包括重复购买的可能性和保留价格。ACSI模型通过两个标识变量来度量顾客忠诚：首先以一个10个等级的李克特式量表测度顾客重复购买的可能性。如果结果显示该顾客会重复购买，则进一步调查使得该顾客绝对停止购买的最大涨价幅度；反之则会调查该商品或服务降价百分之多少才会使原本打算停止购买的顾客回心转意。

结构变量及其观测变量的对应关系，如表2-4所示。

表2-4　ACSI模型的结构变量和观测变量

结构变量	观测变量
顾客期望	1. 对产品/服务的质量的总体预期
	2. 对产品满足顾客需求程度的预期
	3. 对产品可靠性的预期
感知质量	4. 对产品质量的总体评价
	5. 对产品满足顾客需求程度的评价
	6. 对产品可靠性的评价
感知价值	7. 给定产品质量下对价格的评价
	8. 给定价格下对产品质量的评价

（续）

结构变量	观测变量
顾客满意度	9. 总体满意度
	10. 产品质量同预期产品的比较
	11. 产品质量同理想产品的比较
顾客抱怨	12. 向厂商抱怨次数
	13. 向经销商抱怨次数
顾客忠诚	14. 重复购买的可能性
	15. 保留价格

美国顾客满意度指数模型对 SCSB 模型进行了修正。第一个修正是，将质量感知从价值感知中分离出来，并增加了三个质量感知的问题：产品/服务满足顾客需求的程度，这些需求满足的可靠程度，以及总体质量。1996 年，又针对耐用消费品，将质量感知进一步分为产品质量感知和服务质量感知。其次，与质量感知的显变量相对应，ACSI 调查中加入了"满足顾客需求程度期望"和"可靠程度期望"，与原有的"总体期望"一起来衡量顾客期望。该模型的创新之处在于增加了感知质量这一潜在变量，模型设计了质量的定制化、质量的可靠性以及质量的总体评价三个标识变量来度量顾客感知价值。增加感知价值顾客不仅可以反映顾客对于产品或服务的客观评价，还能更加直接真实地反映顾客的满意度，同时管理者还可以分辨出顾客满意的源头，方便其提出相应的措施。ACSI 模型包含了 6 个潜在变量和 9 种关系。感知质量、顾客期望以及感知价值构成了顾客满意的原因变量，顾客抱怨及顾客忠诚则构成了顾客满意的结果变量。

（四）欧洲顾客满意度指数模型

在瑞典顾客满意指数模型和美国顾客满意指数模型的基础上，由欧洲质量组织和欧洲质量管理基金会等共同资助完成，建立了欧洲顾客满意指数模型（ECSI）。该模型在 ACSI 模型的基础上保留了一些核心概念，如顾客期望、感知质量、感知价值、顾客满意及顾客忠诚，同时进行了一些修改。ECSI 模型去掉了顾客抱怨这一变量，主要在于随着顾客抱怨的重要性认识程度的加深，多数国家已经具有相对完备的顾客投诉抱怨系统，对于顾客抱怨影响顾客满意和顾客忠诚的程度减弱。但是该模型增加了形象作为原因变量，其认为形象会影响人们的期望值以及满意度。除此之外该模型还将感知价值分为感知硬件价值和感知软件价值。这个模型由 6 个潜变量、20 个观测变量和 10 对因果关系构成。其中，在 6 个潜变量中，形象、顾客期望、感知绩效、感知价值（包括：感知质量硬件、感知质量软件）是顾客满意度的原因变量，而顾客忠诚是顾客满意度的结果变量。值得注意的是，该模型将感知质量细化为硬件和软件两个方面，即在强调企业有形产品质量给消费者带来感知价值的同时，也强调企业无形产品质量对消费者感知价值的影响。ECSI 模型如图 2-11 所示。

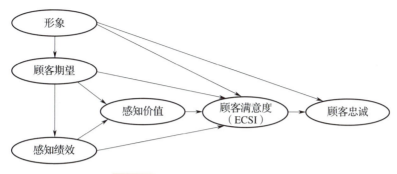

图 2-11　欧洲顾客满意度指数模型

另外，ECSI 模型增加了另一个潜在变量——企业形象。它是指顾客记忆中和组织有关的联想，这些联想会影响人们的期望值以及满意与否的判别。态度和预测人们行为的行为意图在机能上相联系。因此，作为一种态度的企业形象也对属于行为意图的顾客忠诚有影响。值得说明的是 ACSI 模型 1996 年以后才针对耐用品类商品分别测度其产品质量和服务质量。但是 ECSI 模型在针对所有行业的测评中，都将感知质量统一地拆分为针对产品的质量评判（hardware perceived quality）和针对服务的质量评判（software perceived quality）。同时，ECSI 模型将顾客忠诚的标识变量转变为三个：顾客推荐该公司或该品牌的可能性、顾客保持的可能性及顾客重复购买时是否会增加购买量。

第五节　客户忠诚理论

一　客户忠诚的概念和类型

在介绍客户忠诚的概念前，先看一组有关客户忠诚的统计数据：对大多数企业来说，如果能维持 5% 的忠诚客户增长率，其利润将在 5 年内增长 100%；忠诚客户在前 3 年的保留程度较其他类型客户高 25%；增加新客户的成本是保持已有客户成本的 5 倍；减少 5% 的客户流失率，银行业可以提高 85% 的利润，保险经纪人可以提高 50% 的利润，汽车服务业可以提高 30% 的利润。

无数企业的经验证明，保留一个老客户比开发一个新客户要容易且经济得多。赢得新客户代价高昂，而保持老客户收益颇丰，因此客户保留成为很多企业的重要目标。保留客户的时间越长，获得的利润越多。研究表明，在很多行业，客户忠诚度提升 5% 将带来 25%～85% 的收益增长。

而要保留住现有的客户，培养客户忠诚就是一个可行办法。但是企业往往曲解客户忠诚的概念，认为通过一些手段可让客户对自己忠诚。实际上，客户是上帝，尤其是有价值的客户，企业应该对客户忠诚，不断满足客户的合理需求，而不是要求或者期望客户对自己忠诚。

只有在企业所提供的价值（包括产品和服务等）达到或者超过客户的要求并使客户满意，同时比其他竞争对手更能够满足客户的需求时，客户才有可能忠诚。

（一）客户忠诚的定义

客户忠诚指的是客户对某一特定产品或服务、品牌、商家、制造商、服务供应商或其他方面有较强的好感，并形成了偏好，进而重复购买的一种情感与态度趋向。这个定义反映了客户的行为和态度（感情）因素的需求。

忠诚客户所带来的收益是长期的，并且具有累积效应。一个客户的忠诚度越高、忠诚度保持时间越长，给企业创造的利益就越多。它有利于销售量的增加、有利于降低营销成本、有利于新产品推广、有利于巩固企业竞争地位。

（二）客户忠诚的类型

客户忠诚有不同的类型，并非所有的忠诚都是好的，企业要关注真正有价值的忠诚客户。

1. 垄断性忠诚

客户没有或者只有很少的选择权，这种忠诚不是自愿的，而是被迫的；从理论上讲，只要有可能，他们就会选择其他的供应商。

2. 高转移成本的忠诚

有时，更换供应商的高成本以及各种后遗因素使客户一般不会轻易更换供应商，这是很勉强的；一旦转移成本达到他们的期望值，他们会毫不犹豫地更换供应商。

3. 刺激性忠诚

刺激性忠诚往往被过分地强调，比如商务飞行的里程奖励、信用卡的消费积分等。不过，这些对于不是用自己的钱、在哪儿花都一样的客户有一定的效果，而不是对大部分客户有效。

4. 习惯性忠诚

习惯意味着节约时间，当人们习惯了一件事情的时候可能不会去考虑它的合理性和成本，是属于一种潜意识的第一选择、不需要思考就去购买的习惯性忠诚。比如，每周末固定到某家超市集中采购、去上班途中的加油站加油等。这种忠诚度很低，当另外一个超市或者加油站更方便、价格更低廉的时候，这些忠诚客户就变成不忠诚客户了。

5. 情感性忠诚

如果说情感是一种价值观的认同的话，那么情感性忠诚是来源于一种情感，是一种牢固的忠诚。

企业应该首要关注情感性忠诚客户，通过营销策略吸引习惯性忠诚客户，在刺激性忠诚客户身上有所保留，垄断性忠诚客户和高转移成本的忠诚客户比较特殊，需要根据其价值进行有针对性的引导或者转化。总之，企业不要笼统地对待客户忠诚，而要根据不同类型的忠诚，制定不同的营销策略。

二、客户忠诚度分析

（一）客户的忠诚级别

金字塔可以形象地表示不同级别的客户忠诚度，如图 2-12 所示。

普通购买者：所有消费者，没有接触到企业的产品，也没有购买意向。

潜在客户：有购买意向但还未购买。

一般客户：已经购买，包括一次性购买和重复购买。

跟随者：有归属感的重复购买者。

拥护者：推荐别的客户来的老客户。

合伙人：客户联盟，互利而持续的伙伴关系。

图 2-12　客户忠诚度"金字塔"

（二）影响客户忠诚的因素

研究忠诚有两种基本方法——行为方法和态度方法。行为方法主要研究消费者在重复购买同一品牌产品过程中行为的一致性。态度方法则主要关注消费者的信念、情感反馈以及在长期形成习惯性购买行为的意向。每个营销人员都希望赢得客户忠诚。为了赢得客户忠诚，就要把握住影响客户忠诚的各种因素，制定相应的营销策略。图 2-13 描述了会对客户忠诚造成影响的一些基本因素。

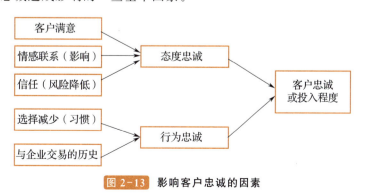

图 2-13　影响客户忠诚的因素

1. 客户满意

客户满意就是一种销售后或选择后的评估，结果来自销售前预期和实际结果之间的对比（如图 2-14 所示）。预期的实现称为确认。如果出现非确认状况，那就意味着预期并未实现。不满意的客户可能会抱怨，选择从此以后再也不买该企业产品。

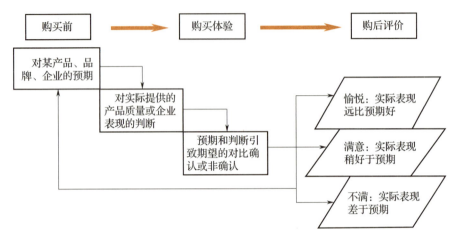

图 2-14 预期与实际对比的结果

客户满意并不等于客户忠诚。施乐公司（Xerox）在满意度研究过程中发现了一个有趣的结果。公司将满意度用 5 分制表示：完全不满意为 1 分，完全满意为 5 分。公司发现，在市场上出现竞争产品时，那些满意度为 4 分的客户转换所用品牌的可能性是那些满意度为 5 分的客户的六倍。因此，尽管满意度在企业了解影响忠诚因素的过程中十分重要，但还需要深入探究，完全理解忠诚的含义。

为什么满意的客户会转换品牌或者从其他企业购买产品呢？这里有几种解释。第一种解释是满意客户可能对于企业竞争对手的产品有正面的印象，甚至同样满意。因此，在思考客户满意度对忠诚的影响时，应当考虑到相对满意的情况。另一种解释则与熟悉程度和多样性的需求有关。人们简单地选择新产品新体验，可能只是因为他们从原来的产品中获得的满意感越来越少。第三种解释是新的信息改变了客户对于以前从未使用过的产品的预期水平。

2. 情感联系

客户的情绪与情感是客户在购物过程中表现出来的、对事物是否符合自己的需要所产生的一种主观体验。分为短时间的主观体验——情绪，长时间的主观体验——情感，长时间、微弱的情绪——心境。影响客户情感的主要因素有：商品因素、购物环境、服务人员的态度、客户心理准备与期望（预期）。现实中，客户更易于依据"见解"和"信任"行事。

客户忠诚的实现需要情感联系。客户可能会具备一种正面的"品牌影响"——这意味着该品牌对客户存在亲和力，又或者有一种"企业依附"——这意味着客户对企业非常有好感。在许多情况下，消费者能够认同某个企业或品牌着力塑造的心理意向，并进而产生情感依附性。例如，许多客户对海尔品牌有认同感。原因就是该品牌在客户及其朋友中口碑颇佳。从消费者角度看，海尔的"品牌资产"富有吸引力，因而能够带来客户忠诚。所谓品牌资产指的是附加在产品上、独立于功能之外的与产品或服务相关的品牌价值。

有些企业知道如何与其客户建立情感联系，而另外一些企业则在实现高水平的客户忠诚方面存在一定困难。CRM 必须超越理性消费者的看法，并努力建立亲密感、情感和信任，因为真正的情感纽带通常是建立在信任和尊重之上的。

尽管 CRM 系统努力建立与客户之间的情感纽带，系统内的 IT 连接实际上却可能对企业与客户之间的情感联系加以限制。在关系建立过程中，个人联系是非常有力的一种方式，能够揭示许多影响客户购买意愿的细节因素。动作信号、友谊以及人际互动是建立信任环节的关键行动，但是由于企业不断努力通过开发强大的 IT 连接而降低劳动成本，这种行动可能显得后劲不足。

（三）忠诚的态度和行为构成

客户对商品、服务及相关事物持有的消费态度有一定潜在性、倾向性、稳定性，表现在好恶评价和价值判断上。态度忠诚和行为忠诚合在一起，影响着客户投入程度及对企业和产品的忠诚。

在一对一关系中，为了提供一种产生情感投入的客户关系系统，企业可以利用在线环境了解客户忠诚的基础。而这些基础可能是关于企业及其产品的不同方面的。

忠诚不仅仅表现为行为方式。客户还可以从价格、品牌、企业、客户相关群体中的其他客户、购买地点以及其他方面表现出忠诚。

忠诚是一个复杂的问题。企业的目标可能利用客户关系管理（Customer Relationship Management，CRM）系统开发一对一的或者个性化的建立忠诚的方法，如图 2-15 所示。

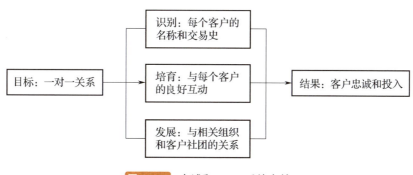

图 2-15　忠诚和 CRM 系统方针

识别指的是企业能够准确地确认每个客户的名称和交易史。

培育指的是企业与客户之间的有意义的互动。企业努力通过每一次的互动满足客户的预期，并吸引客户一次次地重复访问企业网站、产品目录和店面。对于个人消费者类的客户，可通过客户喜欢的互动方式培育关系，并在企业内部建立起长期的信任。CRM系统中的培育包括收集长期以来的信息需求并持续强化对于客户十分重要的这种忠诚。

当运转良好时，CRM 系统使企业得以实现与每个客户的良好互动。

客户关系的发展需要对企业及其所有品牌的产品和服务有一个清晰的认识。就像当客户想到迪士尼、戴尔等品牌的时候，娱乐产品、计算机等产品形象就会浮现在脑海之中一样。要让客户在看到或听到某一个品牌名称时，自然而然就想到这种产品的形象和质量。客户在确认品牌及确认使用这些品牌的其他用户的过程中，忠诚度和投入程度也就随之提高了。

（四）可能削弱客户忠诚的因素

1. 竞争平等

当不同企业的产品和服务无差异时，就是竞争平等状态。如果客户感觉到所有品牌都相同，感知风险就非常低，而由于对产品的忠诚度降低造成品牌转换的倾向性就会比平时高。

2. 求变行为

客户的需求往往是动态的，一种需求满足了，可能会产生新的需求；低层次需求满足了，必然会滋生新的高层次需求。对一成不变的产品和服务感到厌烦而寻求差异化的客户会采取求变行为，他们可能只是想要一种新的体验。经济学中的边际效用递减规律说明，重复光顾同一家商店或消费同一种商品所得的收益是呈下降趋势的。但是他们能够从获得全新体验的过程中兴奋起来，所以企业可以通过满足客户需求和创建辅助品品牌、研发新的口味或者其他基本产品的扩展等方式求变行为中获益。

3. 低参与度

个人客户对某种产品或服务的低水平的人际关系或感知重要性被称为低参与度。低参与度的消费者通常致力于"足够好"而并非最理想决策的"令人满足的"。如果某人对一类产品的兴趣不高，他就不会对该品牌或者生产这种产品的企业产生忠诚。

低参与度的客户很可能对价格比较敏感，这也是另一个削弱对品牌和企业的忠诚度的因素。相反地，对产品十分关心的客户可能对价格并不敏感。如果企业能够提供低成本产品的话，客户的交易倾向或者说对促销激励的接受程度可能会高些。

如果某个品牌、商店或者企业的相对促销成本很低的话，客户忠诚度可能会随之降低。

预期可能影响客户忠诚的基础性因素包括客户满意、情感纽带、信任、选择减少以及与企业的交易历史。人们可能对企业的许多方面产生忠诚——产品、企业形象、其他客户、价格或者品牌形象。为了实现一对一细分方案的承诺，企业应努力识别每个客户，积累有关客户预期和偏好的信息，并培养客户群体（客户社团）感觉。

三、客户忠诚度的评价方法与衡量标准

（一）客户忠诚度的评价方法

前面介绍客户满意度时提到过行为方法和态度方法，这两种方法也可用于客户忠诚

度的评价。

应用行为和态度来分析客户忠诚度，可以把客户分为四类：毫无忠诚——态度弱、重复购买行为可能性小的客户；惯性忠诚——重复购买行为可能性大而态度弱的客户；潜在忠诚——态度强而重复购买行为可能性小的客户；忠诚——态度强、重复购买可能性大的客户。忠诚客户是厂商最想获得的，因为他们会购买大量的产品，而且有可能会把产品推荐给他人。客户关系投入则被定义为保持有价值互动的持续性意愿。

（二）员工忠诚度的评价方法

员工行为与客户满意度和忠诚度之间有一定的关系。一线员工是内部客户，需要受到激发和鼓励以实现为外部客户提供高质量服务，因而关于工作满意度和员工工作动机的问题应当被提出，并与客户满意度或忠诚度度量关联起来。

许多企业经常利用客观度量（如员工流动率）来衡量员工的满意度和忠诚度。对工作的满意度应当以反映员工对职位以及所从事的工作的满意程度来进行度量。满意度还可以根据工作的特别因素，例如员工工作动机、管理者、报酬水平或者其他方面的数字来进行评估。管理人员的一项主要任务就是定义员工满意度的驱动力以及长期对这些部分进行改善。

（三）衡量客户忠诚度的几项标准

（1）重复购买率。客户对某种产品或服务重复购买次数越多，说明对此种产品或服务的忠诚度就越高。

（2）购买时间和购买频率。忠诚客户会较长期地购买某种产品，而且购买频率高。

（3）购买支出份额。客户为购买某一品牌产品或服务或从某一企业购买产品的支出在其总的消费支出中所占份额越大，说明对此种产品或服务、对此企业的忠诚度越高。

（4）挑选时间。客户挑选产品或服务所用时间与忠诚度成反比。

（5）情感。忠诚是基于对产品或服务、企业或品牌的高度信任与支持的。

（6）推荐潜在客户数量与主动性程度。忠诚客户乐于向潜在客户推荐该品牌或企业，或间接认同。

（7）对企业竞争对手的态度。客户对企业竞争对手的排斥态度也可表明其忠诚度。

（8）对价格或质量的态度。忠诚客户对质量信赖或宽容质量上的一些瑕疵，对价格不是很敏感。

企业利用所收集的客户数据，对客户的上述指标进行评价分析，从而得出客户忠诚度。

四、如何提高客户忠诚度

（一）客户满意度与客户忠诚度关系模型

要提高客户忠诚度，首先要对它进行分析。一个比较有效的方法就是建立客户满意度与忠诚度模型，以此来测评和管理客户对企业的满意度与忠诚度。如图 2-16 所示，以满意度和忠诚度为坐标，可形成四个区间：① 高满意度低忠诚度；② 高满意度高忠诚度；③ 低忠诚度低满意度；④ 高忠诚度低满意度。

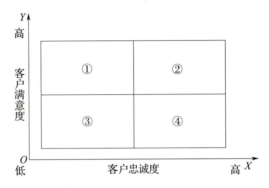

图 2-16 客户满意度与客户忠诚度关系模型

不同的客户或者细分的客户群位于不同的区域，有着不同的价值和需求，同时也意味着需要不同的流程和营销服务。企业需要通过营销活动的影响使不同区域的客户的状态发生可引导或可控制的变化，例如将高满意度低忠诚度区域的客户纳入会员俱乐部，通过会员俱乐部有效地提高其忠诚度，从而使其客户关系生命周期延长并创造更大的价值。

如果要将该模型继续深入，我们还可以加入客户价值。客户满意、忠诚与价值模型将是一个三维的坐标模型，可用 Z 坐标轴表示客户价值。同样，最简单的还是按照高低分，这样模型就存在九个区域，如果再结合客户细分，基于这个模型可以进行比较完善的客户分析管理。

企业可以将客户满意度融入绩效考核，让客户满意度不仅仅是一个指数，而是一个有效的考核指标。具体做法如下：采取直接调查、问卷调查、客户服务热线等多种方式，更好地了解客户；举办客户研讨会或座谈会，理顺客户与企业沟通的渠道；在充分了解客户需求的情况下，对员工提供具有针对性的培训，并将客户满意度列为个人绩效考评的指标之一；将客户的期待转换成可实现的行动，并进行持续的跟踪与反馈。

（二）提高客户忠诚度的途径

忠诚的客户来源于满意的客户。但客户满意不等于客户忠诚。只有从多方面不断提高客户满意度，才能培养客户忠诚度。为此，企业应当做好以下工作：

（1）树立以客户为中心的观念。

（2）改善企业与品牌形象。

（3）提供特色服务。

（4）及时与客户沟通。

（5）正确处理客户的抱怨。

五、客户忠诚对 CRM 的启示

CRM 的理念，贯穿在对客户了解的完整过程中，如图 2-17 所示。因此，CRM 必须基于对客户忠诚的完整了解，使 CRM 的完整过程与客户忠诚分析过程相吻合。

图 2-17 CRM 完整过程

第六节　客户关系生命周期及客户终身价值

客户关系生命周期管理的目的主要是根据不同的客户关系生命周期阶段合理配置企业资源。当客户与企业的关系处在不同的生命周期阶段时，其需求不尽相同，客户生命周期管理可促进企业纵向深入地了解每个类型的客户，同时客户生命周期管理中的指标有利于量化管理，通过区别对待不同客户生命周期阶段的客户，实现企业资源的最优配置。

一、客户关系生命周期

（一）客户关系生命周期的含义

客户关系具有明显的生命特征的观点早已被一些学者提出。客户关系生命周期概念实际上是产品生命周期概念的时代性深化，1985 年，巴巴拉·杰克逊开始强调关系营销学，此后关系营销和 CRM 概念逐渐深入人心，西方的一些学者将产品生命周期、CRM 和关系营销结合起来，提出了客户关系生命周期。

客户关系生命周期通常指的是一个客户与企业之间从建立业务关系到业务关系终止的全过程，是一个完整的关系周期，是客户关系水平随时间变化的发展轨迹。它描述了客户关系从一个阶段向另一个阶段运动的总体特征。

关于客户关系生命周期阶段的划分，不同的研究人员从不同的角度进行了大量的研究。客户关系生命周期一般分为四个阶段，即吸引、获得、管理、保留，或者如陈明亮先生的客户关系生命周期阶段模型，将客户关系的发展划分为考察期、形成期、稳定期、退化期四个阶段。每个阶段描述一个不同的客户关系。

（二）客户关系生命周期的不同阶段及其特征

（1）考察期。考察期是客户关系的孕育期。这一阶段，企业与客户双方从交换价值的对等性、双方的信誉等角度来考察关系建立能给对方带来的价值，同时还要考虑如果建立长期关系，双方潜在的职责、权利和义务。双方相互了解不足、不确定性大是考察期的基本特征，评估对方的潜在价值和降低不确定性是这一阶段的中心目标。

（2）形成期。形成期是客户关系的快速发展阶段。双方能进入这一阶段，表明在考察期双方相互满意，企业与客户之间的了解和信任不断加深。随着交易额的扩大，双方从关系中获得的回报日趋增多，客户关系得到延续并趋于成熟，相互依赖的范围和深度也日益增加。在这一阶段，通过重复购买扩大了使用企业产品或服务的范围，客户与企业关系的密切程度进一步增强。

（3）稳定期。稳定期是关系发展的最高阶段。在这一阶段，双方或含蓄或明确地对持续长期关系做出了表示。该阶段有如下明显特征：双方对对方提供的价值高度满意，为能长期维持稳定的关系，双方都做了大量有形和无形的投入，如进行了高水平的资源交换等。因此，在这一时期，双方的相互依赖水平达到整个关系发展过程中的最高点，双方关系处于一种相对稳定状态。

（4）退化期。退化期是关系发展过程中关系水平逆转的阶段。关系的退化并不总是发生在稳定期之后的第四个阶段，实际上在任何一个阶段关系都可能退化。引起关系退化的原因很多，如一方或双方产生了一些不满意情绪，需求发生变化等。退化期的主要特征有：交易量下降，一方或双方正在考虑结束关系甚至物色候选关系伙伴等。当客户与企业的业务交易量逐渐下降或急剧下降，客户自身的总业务值并未下降时，说明客户关系已进入退化期。

从以上对客户关系生命周期各阶段的描述可以看出，考察期、形成期和稳定期的客户关系水平依次增高，稳定期是企业期望达到的理想阶段。由于客户关系的发展具有不可跳跃性，客户关系必须经过考察期和形成期才能进入稳定期，因此，企业应尽量缩短考察期和形成期，使客户关系尽快进入稳定期，最大限度地延长稳定期，以使企业获得更多的客户价值。

二、企业客户群体生命周期的计算

（一）企业客户群体的生命周期阶段

从企业角度观察客户，在客户关系生命周期中，客户显现为以下几种状态类型。

1. 潜在客户

潜在客户是指虽然没有购买过企业产品，但在将来有可能与企业进行交易的客户。当客户对企业产品产生兴趣并通过某种渠道与企业接触时，就成了企业的潜在客户。与此同时，客户关系生命周期就开始了。

此时，重要的是帮助潜在客户建立对企业及其产品的信心。潜在客户对企业及其产品的认同度，是其能否与企业建立交易关系的关键。因此，向潜在客户详细介绍产品特性、耐心解答他们提出的各种问题，使他们树立交易信心是企业在此阶段的主要任务。

2. 新客户

潜在客户在建立与企业进行交易的信心之后，就会购买企业的某种产品，进而转变为企业的初级现有客户——新客户，开始为企业创造收入。与此同时，企业可以开始收集和记录与新客户有关的各种信息，以便与他们保持联系，或在今后分析他们的商业价值。

新客户与企业的关系仍然处于整个客户关系生命周期的初级阶段。虽然新客户已经对企业有了初步的认同，并接受了企业的产品，但是，企业还必须继续培养客户对企业及其产品的信任感和忠诚感。保持与新客户的联系，呵护和关心他们，是让新客户再次与企业交易的基础。另外，客户在与企业交易过程中的体验以及对所购买产品的价值判断，将会影响他们今后是否继续与企业进行重复的交易。

3. 忠诚客户

如果有良好的交易体验以及对企业产品的持续认同，一个新客户就会反复地与企业进行交易，成为企业的忠诚客户，他们与企业的关系也随之进入成熟阶段。这时候，客户的满意度和信誉度应该是企业关注的焦点。同时企业应该了解他们是否有新的需求，以便将企业的相关产品介绍给他们。因此，保持与忠诚客户原有的业务关系，努力与他们建立新的业务关系，将他们培养成为新业务的客户，扩展他们的营利性，是企业在这一阶段的工作重点。

（二）客户关系生命周期时间长度的确定

对客户关系生命周期时间的估计，事实上是计算细分客户群的平均存在时间。客户关系平均生命周期时间是指从客户关系开始建立到客户保持率下降到 50% 的时间段。在实际的客户分析中发现，一个细分客户群中的客户关系维持时间可以在很大的范围内变动，但是大多数客户关系的生命周期相对比较集中，这个集中值就是该客户群关系的生命周期时间的期望值。因此。客户关系生命周期时间长度的计算是与客户保持率曲线联系在一起的。

三、客户关系生命周期价值

从不同的角度出发，客户价值可有两种理解：一种是从客户的角度出发，认为客户价值是客户从企业提供的产品或服务中获得的价值，即企业提供给客户的价值，也称"企业—客户"价值；另一种是从企业的角度出发，认为客户价值是客户为企业所带来的价值，称为"客户—企业"价值。

对于"企业—客户"价值，目前的研究已经比较成熟，其中最具代表性的就是菲利普·科特勒的客户让渡价值，即客户总价值与客户总成本之间的差额。而"客户—企业"价值，目前的研究尚不完全，还有待进一步深入。其中客户关系生命周期价值是近几年来兴起的研究内容，它既反映了收益流对企业利润的贡献，又明确地扣除了企业为取得该收益流所付出的代价，同时，还充分预计了客户对企业的长期增值潜力，因此能客观、全面地度量客户—企业价值。

（一）客户关系生命周期的客户价值

客户关系生命周期价值是指一个客户一生中为一家企业提供的价值，它是用整个生命周期中现金流的净现值（NPV）来计算的。

客户关系生命周期价值的主要因素包括：① 成本（认知成本、服务成本）；② 收入（产品收入、服务收入，以正的年现金流量表示）。相关情况如图 2-18 所示。

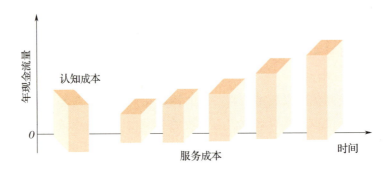

图 2-18 客户关系生命周期价值的主要因素

客户关系生命周期价值理论可以用来指导企业如何投资及向哪儿投资。也就是说，投资哪个客户细分群及投资多少是由每一细分群的客户关系生命周期价值决定的。哪个细分客户群的潜在总利润最大，哪个细分客户群就应得到最多的投资。

投资的方式由客户反应效力决定，企业应将资金投向能够带来最大回报的区域。

围绕客户关系生命周期及客户细分、客户价值等 CRM 理念，可以汇总成一句话："在最合适的时机，用最合适的价格，对最合适的客户提供最合适的产品或服务。"

（二）基于生命周期的 CRM 客户价值分析

有了前面的生命周期分析，企业就容易针对不同的客户进行价值分析了。首先来看与企业关系最密切的忠诚客户的价值。

1. 忠诚客户的价值

与新客户相比，忠诚客户为企业创造了更多的收入，对企业的生存与发展具有重要的意义。忠诚客户的价值主要体现在三个方面：通过重复交易，为企业创造累计的收入；企业更容易以低成本保持与他们的关系；忠诚客户的推荐是新客户光顾企业的重要原因之一，口碑效应可以帮助其他新客户建立对企业及其产品的正面印象。

企业通常通过分析已经发生的交易数据来确定忠诚客户价值的评价指标。常用的数据包括：① 最近交易情况，客户最近一次与企业进行交易的时间、地点和类型；② 交易频率，在某一时期内，客户与企业进行交易的次数；③ 交易总额，在某一时期内，客户的累计交易金额。

此外，企业还可以通过对交易总额排序的方法来判断忠诚客户的价值，即首先将客户的交易总额从高到低进行排列，然后找出为企业带来绝大部分收入的那部分客户。使用这种方法，企业通常能容易地发现"帕累托定律"，即不同的客户对企业销售量和销售收入的贡献是不一样的，企业80%的收入来自近20%的客户。如果企业能够识别出这20%的客户，就应该努力让他们乐意扩展与自己的业务——或者在同一业务上追加更多的交易量，或者与企业开展新的业务。

其实，企业还可以从"帕累托定律"中获得更多的启示。既然每位客户对企业的贡献是不同的、少量客户为企业创造了绝大多数的收入，那么企业就不应该将营销努力平摊在每一位客户身上，而应该将更多的精力放在数量虽小但贡献重大的优质客户身上。另外，既然这些少量的客户为企业创造了大量的收入，就表明这部分客户比其他客户更愿意与企业保持关系。如果企业能够将有限的营销和服务资源充分应用在这些客户身上，就更有针对性，更容易取得事半功倍的效果。

忠诚客户与企业发生了多次交易，为企业创造了累计的收入。但为企业创造高收入的客户未必就是真正有价值的客户，因为企业最终追求的是利润，需要从收入中剔除为赢得利润所付出的成本。的确，有的客户能够为企业创造更高的收入，但如果企业为了维持与这些客户的关系必须付出比其他客户高得多的成本，那么企业就需要重新去分析这些客户的价值了。因此，企业应该从客户为企业创造利润的角度去分析客户的价值。所以，在应用帕累托定律时，最好使用累计利润而不是累计交易金额，作为评价客户价值的指标。

综上所述，忠诚客户的价值应该反映他们在一定时期内、通过交易互动为企业创造累计利润的能力。此外，忠诚客户的价值还具体体现在为企业创造直接利润和间接利润两个方面：一方面，忠诚客户反复购买企业产品或服务会为企业创造直接的利润；另一方面，忠诚客户将良好的体验传达给潜在客户，向潜在客户推荐企业产品，促使潜在客户转变为新客户，从而为企业创造间接的利润。

2. 新客户的价值

相对于忠诚客户来说，企业很难对新客户的价值做出有根据和有效的判断，这是因为客户信息的收集需要一个动态的过程，企业很难通过较少的几次交易行为记录来分析客户行为的规律。此时，企业应该注意收集和积累新客户的每次交易数据，并跟踪和完善新客户的其他信息，以便为今后的客户价值评价工作做好准备。

3. 潜在客户的价值

潜在客户虽然还没有与企业建立交易关系，但仍然可能是值得企业特别关注的对象，尤其对汽车销售商、房地产企业这些以高价值、耐用消费品为主要产品的企业来说更是如此，因为购买这些产品的每个客户都可以为企业创造可观的利润。对这些企业来说，一旦失去与潜在客户交易的机会，哪怕仅仅是一次交易机会，都很难重新与他们建立交易关系。因此，在耐用高档消费品行业中，每个潜在客户都是非常有价值的客户。

对于潜在客户价值的判断不同于前面介绍的方法，因为潜在客户还没有与企业发生过交易关系，企业也就无从记录和跟踪他们的交易行为数据。但没有交易行为数据，并不等于企业就不能对潜在客户的价值做出合理的判断。企业仍然可以通过交易以外的其他途径收集反映潜在客户基本属性的数据（如年龄、性别、收入、受教育程度、婚姻状况等），然后利用这些基本属性数据对客户进行细分，分析他们的潜在价值。

通过上面的分析，可以得出以下结论：分析不同客户的价值，要有不同的信息依据。企业对忠诚客户进行价值分析的主要依据是累积的交易行为记录，而潜在客户的价值分析依据则是能够较全面地反映他们基本属性的一些信息。对于不同客户，应该使用相应的价值分析方法。"帕累托定律"及其原理适用于忠诚客户的价值分析，而不适用于对潜在客户进行价值分析。对不同客户进行价值分析的目的不一样。对忠诚客户进行价值分析，主要为了向他们推销更多的业务或新的产品，而分析潜在客户的价值则是为了判断他们在今后的商业行为中是否能够为企业创造利润。

四、客户终身价值的组成

客户终身价值或客户生命周期价值（Customer Lifetime Value，CLV）是客户资产的重要组成部分，这是由于客户资产是企业在某一时间所拥有的所有客户的总价值，用客户终身价值衡量客户资产无可厚非，但基于前述对客户终身价值的认识对客户资产进行测量仍有缺陷，原因在于：其一，如果把客户终身价值理解为某一客户在其一生中为企业提供的价值总和的现值，则在计算客户终身价值时需充分考虑客户的所有价值。而前述的客户间接价值中只考虑了客户的口碑价值，并未考虑到客户的其他价值，如信息价值、知识价值等。其二，过去对客户终身价值的理解都是从累积的角度来考虑客户对企业的价值，而从来没有从交易的角度去思考。实际上，客户价值不仅体现在随保留时间的延长而持续增加企业的产品销售收入，同时，由于客户的多方位的需求往往构成其他企业的目标市场，企业合理引导客户的这部分需求，并让其转让开发权可能获取的价值，也成为客户终身价值的一部分。

因此，对客户终身价值的认识还需对客户为企业提供的价值类型进行全面分析，综上所述，客户价值应该包括以下几种。

1. 客户购买价值（Customer Purchasing Value，CPV）

客户购买价值是指客户由于直接购买为企业提供的贡献总和。前面已经分析过，客户购买价值受客户消费能力、客户份额、单位边际利润影响，其计算公式为：

$$CPV = 客户消费能力 \times 客户份额 \times 单位边际利润$$

2. 客户口碑价值（Public Praise Value，PPV）

客户口碑价值是指客户由于向他人宣传本企业产品品牌而导致企业销售增长、收益增加所创造的价值。客户口碑价值的大小与客户自身的影响力相关。客户影响力越大，在信息传达过程中的"可信性"越强，信息收受者学习与采取行动的倾向性越强。同时需要明确指出的是，客户影响力有正有负，正的客户影响力有利于企业树立良好形象，为企业发展新客户，对企业有利。而负的客户影响力来自于客户对企业的抱怨，它将企业的潜在客户甚至企业的现有客户推向企业的竞争对手，企业若不及时处理，后患无穷。此外，客户口碑价值还与影响范围相关，即客户口碑传播的范围越广，可能受到影响的人群越多。当然，客户口碑的价值最终仍需体现在受影响人群为企业带来直接收入的大小上，因此受影响人群的购买价值的高低与客户口碑价值成正相关。客户口碑价值的计算公式为：

$$PPV = 影响力 \times 影响范围 \times 影响人群的平均购买价值$$

3. 客户信息价值（Customer Information Value， CIV）

客户信息价值是指客户为企业提供的基本信息的价值，这些基本信息包括两类，一是企业在建立客户档案时由客户无偿提供的那部分信息，二是在企业与客户进行双向互动的沟通过程中，由客户以各种方式（抱怨、建议、要求等）向企业提供的各类信息，包括客户需求信息、竞争对手信息、客户满意度信息等。这些信息不仅为企业节省了信息收集费用，而且对企业制定营销策略提供了较为真实准确的一手资料。客户信息价值基本上可视为一个常量，因为在企业的既有规范和处理流程下，每一个客户都可能为企业提供这样的信息，企业对这些信息的处理没有选择性，即这些信息为企业提供的价值基本上没有差异性，每个客户提供的信息价值可视为相同。

4. 客户知识价值（Customer Knowledge Value，CKV）

客户知识价值可以说是客户信息价值的特殊化。这是因为不是每一个客户都具有客户知识价值，而且不同客户的知识价值也有高低。企业对客户知识的处理是有选择的，它取决于客户知识的可转化程度、转化成本、知识贡献率以及企业对客户知识的发掘能力。对客户知识价值的计量可通过对客户知识进行专项管理的方式，每一项客户知识转化后的收益由相关部门综合评估核定。

5. 客户交易价值（Customer Transaction Value，CTV）

客户交易价值是指企业在获得客户品牌信赖与忠诚的基础上，通过联合销售、提供市场准入、转卖等方式与其他市场合作获取的直接或间接收益。客户交易价值受产品关联度、品牌联想度、客户忠诚度、客户购买力以及交易双方讨价还价能力等因素的影响。对交易价值的计算，可依据会计的当期发生原则，将企业通过交易获取的收益平均分摊到有交易价值的客户身上。

因此，客户终身价值应该是上述五种价值的总和，反映到计算公式上，应为：

$$CLV = CPV + PPV + CIV + CKV + CTV$$

五、客户终身价值模型

客户终身价值，或者说客户生命周期价值（CLV）是指企业在整个业务关系中可以从单个客户账户中合理预期的总收入的指标。该指标考虑客户的收入价值，并将该数字与公司预测的客户寿命进行比较。企业使用客户终身价值来确定对公司最有价值的客户群。客户从公司购买和继续购买的时间越长，他们的终身价值就越大。

客户终身价值的计算难点在于预测客户尚未发生的行为，这涉及客户交易数据的预测。为解决该类问题，学术界通常用建模的方式来计算，常见的建模方法有七种，分别是 RFM 量化模型、客户生命周期价值模型、净现值模型、概率模型、计量经济学模型、时序模型和机器学习模型。RFM 量化模型在本章第三节客户分级中已介绍，这里仅介绍客户生命周期价值模型、净现值模型、概率模型和机器学习模型。

（一）客户生命周期价值模型

在美国的分析和营销领域中几乎所有大型咨询公司都广泛地使用着客户生命周期价值（Customer Lifetime Value，CLV）。现在人们正将其扩延至作为金融资产来评估客户。计算 CLV 的基本步骤之一是预测未来客户的收入和成本。问题是，如何准确预测这些成本和收入，最关键是数据，如果数据是错误的，那么 CLV 就毫无意义。

从客户那里准确地预测营运成本和收入是困难的，因为只能推测。如何使推测更为精确？将推测与实际发生的情况进行比较。

基于客户生命周期的客户价值也称客户生命周期价值，或客户终身价值，表示客户在全生命周期内为企业创造的价值，即客户在整个生命周期中各个交易时段上利润的净现值总和，CLV 模型的一般形式表示如下：

$$nCLV = \sum P(t) \times R(t) \times (1 + d)^{-t}, t = 0 \qquad (2-1)$$

式中，CLV 为客户生命周期价值，$P(t)$ 是在第 t 个时间段客户的利润函数，$R(t)$ 为第 t 个时间段客户保持率，n 为客户生命周期时间长度，d 为折现率。

本文假设在客户生命周期内折现率不变。在此前提下分析客户生命周期内各阶段利润变化趋势、客户保持率模型和客户生命周期的时间长度。

1. 客户利润变化趋势分析

客户关系生命周期中的客户利润指客户在生命周期内给企业带来的净利润，即客户为企业带来的现金流的净增加量。设客户在第 t 个时间单元内给企业带来的利润为 $P(t)$，则可用下式表示：

$$P(t) = V_t \times P_t - C_t + IB_t \qquad (2-2)$$

式中，V_t 为客户在第 t 个时间单元与企业的交易量；P_t 为客户在第 t 个时间单元愿意支付的价格，$V_t \times P_t$ 即为直接收益（包括基础收益、增值收益和交叉收益）；C_t 为客户在第 t 个时间单元消耗的成本（包括产品成本、服务成本、营销成本和交易成本）；IB_t 为客户在第 t 个时间单元给公司带来的间接收益（推荐、提出新产品建议等）。

2. 客户关系生命周期价值分析

根据式（2-2）的描述，影响客户利润的因素主要有四个：交易量、价格、成本和间接收益。下面分析四个影响因素在不同关系阶段的变化情况及客户利润的发展趋势。

（1）考察期。考察期由于较高的不确定性，客户只是试探性地下少量订单，交易量很小，由于双方相互了解不足，客户也不会支付过高的价格；企业为了吸引和获取客户，会增大服务成本、营销成本和交易成本，而产品成本在各阶段基本不变，间接效益尚未发生。此阶段，企业只能获得一些基本的利益，客户对企业利润贡献不大。

（2）形成期。随着双方了解和信任的不断加深，关系日趋成熟，双方的风险承受意愿增加，交易量快速上升。客户的支付意愿也随着客户关系水平的提高而不断提高，服务成本、交易成本和营销成本随着关系的发展有明显下降趋势。此时，客户已开始为企业做贡献，企业从客户交易获得的收入已经大于投入，开始盈利，企业主要获得的是基本购买和增加购买量的收益。在形成期后期，客户可能产生交叉购买意图，但尚无推荐倾向。

（3）成熟期。成熟期双方交易量达到最大，并可能维持一段较长的时间。同时，由于企业对客户独特需求的理解愈加深刻，企业为客户提供的服务和信息更具个性化、更有价值，因此，客户愿意支付更高的价格。另外，信任导致协调、监督等成本的降低也是客户支付意愿提高的一个重要原因。此阶段企业的投入较少，客户带给企业的利润较大，由于客户忠诚度的增加，客户为公司推荐新客户和传递好的口碑，这种途径获得的新客户为企业节约了大量的成本，企业获得了良好的间接收益。

（4）衰退期。衰退期双方的关系出现问题，交易量回落。由于客户对公司提供的价值不满意，客户的支付意愿大幅下降。如果企业不愿继续维持客户关系，则不会再投入相应的成本。由于"口碑效应"，间接收益可能要延续到衰退。

（二）净现值模型

净现值模型的核心思想是利用货币价值衡量客户终身价值，因此其计算思路与企业收益、成本和折现率密切相关。巴伯拉（Barbara）在 1985 年首先提出客户终身价值的净现值模型，其计算公式如下：

$$CLV = \sum_{t=1}^{n} C_t (1+d)^{-t} \tag{2-3}$$

在随后的研究当中，学者们围绕该式（2-3）对净现值模型进行了拓展改进。下面介绍两种改进后的目前最常用的净现值模型。

1. 基于收入的忠诚客户的客户终身价值模型

$$CLV = \frac{\ln\left\{1 - \left[\frac{1}{(1+r)^n}\right]\right\}}{r} \tag{2-4}$$

式中，CLV 表示客户终身价值，指一个忠诚客户在若干时期内给企业带来收入的当前值；ln 表示企业每年从忠诚客户那里获得的收入；r 表示贴现率；n 表示客户对企业忠诚的年数。

此模型的优点是计算简单，缺点是以计算未来收入为基础。这种方法没有考虑利润，容易把客户终身价值引入歧途。因为不同的服务成本不同，有些服务成本高，利润幅度小，甚至不赚钱，而有些服务成本低，可能收入不如前种服务，但利润幅度大。通过这种模型计算，很有可能使创造大量收入、利润却较小的客户的终身价值比创造较少收入但利润高的客户的终身价值更高。

2. 基于利润贡献的忠诚客户的客户终生价值模型

$$CLV = \frac{R\left\{1 - \left[\frac{1}{(1+r)^n}\right]\right\}}{r} \tag{2-5}$$

式中，CLV 表示客户终身价值，指一个忠诚客户在若干时期内给企业带来利润贡献的当前值；R 表示企业每年从忠诚客户那里获得的利润贡献，$R = \ln - Cs$ ，Cs 指服务客户的直接成本；r 表示贴现率；n 表示客户对企业忠诚的年数。

此模型相对来说实际操作性强，并能够客观地反映客户的终生价值。

（三）概率模型

对于客户终身价值的计算与预测，概率模型是学术界使用最为普遍的模型之一，该类模型在契约型、非契约型和半契约型交易场景下，计量客户终身价值均有良好的表现。由于契约型交易场景的研究重点在客户保持，半契约型交易场景的客户终身价值建模研究处于起步阶段，本文主要阐述非契约交易场景设定下的建模问题。在非契约型交易场景下，运用概率模型预测客户终身价值是一个较为有效的方法，施米特莱因（Schmittlein）等人（1987）提出的 Pareto/NBD 模型（也称为 SMC 模型）及费德（Fader）等人（2005）提出的 BG/NBD 模型最具代表性。目前很多非契约设定下的客户终身价值研究，均是围绕这两个模型展开。两个模型均是基于五个方面假设，利用历史数据来预测客户的购买次数期望。学者们围绕这两个模型做了大量研究，如施米特莱因（Schmittlein）和皮特森（Peterson）（1994）、赖纳茨（Reinartz）等人（2003）对 Pareto/NBD 模型进行了简化和改进。费德（Fader）等人（2007）提出了为模型引入协变量的改进思路。2010 年，杰拉斯（Jer ath）等人改进了 Pareto/NBD 模型和 BG/NBD 模型的模型假设，提出了 PDO 模型，使模型假设更贴近客观实际。多年来，学者们在建模方面做了大量实证研究，研究表明，该类模型在客户终身价值预测上效果较好。

（四）机器学习模型

对于客户终身价值的计量与预测，机器学习模型同样有良好的效果。在客户终身价值建模领域，计算机科学模型更适合用于预测客户流失行为。广义相加模型、多元自适应回归样条、回归树和支持向量机等机器学习模型，在预测消费者行为方面均具有良好表现。尤其是当企业拥有较多的消费者行为数据，研究对象具有较多的变量时，使用上述方法进行建模往往会比结构化参数模型的效果要好。机器学习的建模方法虽然较为灵活，预测结果也较为理想，但学术研究当中特别需要强调参数设置的可解释性，这种模式较难形成学术成果，因此，目前在客户终身价值建模研究中所受到的关注程度不高。

综上所述，客户终身价值的计量模型众多，不同模型侧重点有所不同，在其适用领域和实际运用当中有较大差别。每种模型各有优点，但都有一些局限，各类模型的适用性及效果要结合客户关系管理和客户营销目的选择使用。

六、 客户终身价值测算

（一）客户终身价值模型

从客户关系管理的各个阶段出发，我们可以看到"客户关系生命周期"的发展历程：客户使用该企业所提供的产品与服务，并且替该企业创造营业收入；接着，企业花钱去取得与保有客户。

下列几点是必须牢记在心的：

1）客户终身价值是长年的多个时间段衡量出来的结果，因此这需要大量的历史资料。

2）企业必须使用这个价值的一部分来取得一个客户。通常，在计算终身价值之后，企业愿意投资其中的 40% 取得一个新的客户。

3）不同种类的客户有不同的价值。

4）这种价值不同于销售的价值，或是仅有一次交易的利润。

5）在导入 CRM 中，经常会测算 CRM 投入产出比或投资回报率，客户终身价值可以说是这一测算的基础。

衡量客户终身价值的基本方程式是：

$$客户终身价值 = \frac{企业收益 - 客户取得成本 - 客户保有成本}{客户数}$$

现在让我们更深入地看看这些参数：

1）客户取得成本：客户取得成本等于"一家公司花在广告与营销促销上的总成本"除以"通过这样的花费所取得的新客户人数"。

2）客户保有成本：一旦客户进行了第一次购买，企业就必须花钱来保有这个客户。

3）企业收益：企业从与客户交易中所得到的利益可能是有形的或是无形的。有形的利益是将产品与服务销售给客户产生的，也就是实际销售的金钱价值。无形的利益包括在实际交易之外与客户互动所带来的好处。比如客户针对产品与服务所提出的建议（企业可以运用这些建议来改善其产品与服务），或客户将产品与服务推荐给亲朋好友等，这些好处是难以直接量化衡量的。

针对以上参数，我们提出以下重点：

1）从访客转变为购买者的转换比率通常低于 5%，所以对于企业而言，保有现有的客户比吸引新的客户明智。

2）企业必须着重"交叉销售"与"向上销售"，以期增加客户的购买量。

3）企业还必须减少保有客户时所牵涉的营运成本。这样一来，可以帮助公司创造正向的现金流量。

4）无形的好处在大多数情况下都被忽略了。企业必须建立一个流程，这不仅便于与客户进行互动，同时也能让企业有效地分析与回应接收到的信息。

（二）客户终身价值测算的两种方式

要计算客户终身价值，需要先计算平均购买价值，然后将该数字乘以平均购买次数来确定客户价值。然后，一旦计算出平均客户生命周期，就可以将其乘以客户价值来确定客户生命周期价值。即：

$$客户生命周期价值 = （客户价值 \times 平均客户生命周期）$$

其中，

$$客户价值 = 平均购买价值 \times 平均购买次数$$

上面的公式简化了很多变量，"平均购买价值"等指标如何计算是关键。我们可以通过两种视角衡量客户生命周期价值，以简化 CLV 模型。

1. 历史客户终身价值

历史模型使用过去的数据来预测客户的价值，而不考虑现有客户是否会继续留在公司。在历史模型中，平均订单价值用于确定客户的价值。如果大多数客户仅在特定时间段内产生业务互动，此模型特别有用。但是，大多数客户关系旅程并不相同，因此该模型具有某些缺点。活跃客户（被历史模型视为有价值的）可能会变得不活跃。相比之下，不活跃的客户可能会再次开始购买，而企业可能会忽略他们，因为他们被贴上了"不活跃"的标签。

2. 预测客户终身价值

与关注过去数据的历史客户生命周期价值模型不同，预测性 CLV 模型预测现有客户和新客户的购买行为。使用客户生命周期价值预测模型可帮助企业更好地识别最有价值的客户、带来最多销售额的产品或服务，以及如何提高客户保留率。

平均购买价值＝一段时间内（通常为一年）的总收入/订单数量

平均购买频率＝购买数量/客户数量

客户价值＝平均购买价值×平均购买频率

平均客户寿命＝客户总寿命/客户总数

客户终身价值＝客户价值×平均客户寿命

练习题二

一、关键概念

1. 关系营销　　　2. 数据管理营销　　　3. 一对一营销
4. 客户细分　　　5. 客户满意度　　　6. 客户忠诚度
7. 客户关系生命周期　　8. 客户口碑价值　　9. 客户金字塔模型
10. RFM 量化模型　　11. KANO 模型　　12. 客户终身价值

二、选择题（1～7题为单选题，8～10题为多选题）

1. 客户将其对一个产品或服务的可感知的效果与他的期望值进行比较后，所形成的愉悦或失望的感觉状态称为（　　）。
    A. 客户关系管理　　　　　　B. 客户的忠诚性
    C. 客户的满意度　　　　　　D. 冷漠型客户
2. 客户细分主要有两种方式。（　　）的目的是根据不同客户群体的差异制定企业战略。它主要把重点放在高层次的长期指导和对客户关系的处理上。
    A. 营销客户细分　　　　　　B. 战略客户细分
    C. 价值细分　　　　　　　　D. 上述答案都不正确
3. 从战略的角度考虑，企业必须限制客户细分市场的数目。一般有（　　）个客户细分市场。过少，客户的差异化程度可能不够明显；过多，不利于管理。
    A. 1～4　　　B. 4～10　　　C. 10～40　　　D. 40～100

4. Message Factors 研究发现，客户可以分为三类，其平均分布是：忠诚者（占 31%）、满意者（占 21%）、游离者（占 48%）。区分的关键因素有基本因素、价值因素、不满因素、次要因素，其中（　　）是企业最起码的期望，也是企业必须做到的。

　　A. 基本因素　　　　B. 价值因素　　　　C. 不满因素　　　　D. 次要因素

5. 客户忠诚有不同的类型，并非所有的忠诚都是好的，企业要关注真正有价值的忠诚客户。（　　）是来源于一种内心的体验和感情，是一种牢固的忠诚。

　　A. 垄断性忠诚　　B. 刺激性忠诚　　　C. 习惯性忠诚　　　　D. 情感性忠诚

6. 客户满意度与忠诚度模型是一个坐标模型，X 代表忠诚度，Y 代表满意度，最简单的模型是单象限四区域的。忠诚度分为高忠诚度、低忠诚度；满意度分为高满意度、低满意度，这样就形成四个区域（如图 2-19 所示），其中（　　）区域是高忠诚度低满意度。

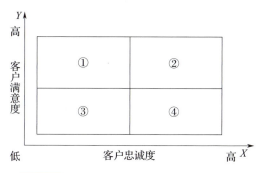

图 2-19　客户满意度与客户忠诚度关系模型

　　A. ①　　　　　　B. ②　　　　　　C. ③　　　　　　D. ④

7. （　　）是企业在获得客户品牌信赖与忠诚的基础上，通过联合销售、提供市场准入、转卖等方式与其他市场合作获取的直接或间接收益。

　　A. 客户信息价值　　　　　　　　　B. 客户购买价值

　　C. 客户交易价值　　　　　　　　　D. 客户口碑价值

8. 衡量客户忠诚度的几项标准，包括（　　）。

　　A. 重复购买率　　　　　　　　　　B. 购买时间和购买频率

　　C. 购买支出份额　　　　　　　　　D. 挑选时间

9. 关系营销是指企业努力同有价值的客户、分销商和供应商建立长期的、互相信任的"双赢"关系，其特点是（　　）。

　　A. 以"双向"为原则的信息沟通　　　B. 以协作为基础的战略过程

　　C. 以互惠互利为目标　　　　　　　D. 以反馈为职能的管理系统

10. 企业一对一营销的过程包括（　　）。

　　A. 识别客户　　　　　　　　　　　B. 客户差别化

　　C. 企业与客户双向沟通　　　　　　D. 业务流程重构

三、简答题

1. 客户满意度的影响因素有哪些？客户满意与不满意之间的差异在哪里？

2. 简述客户满意度调查的步骤。

3. 用满意度调查的方式度量客户满意度有什么优点？

4. 研究人员如何设计问题才能确定产品质量高于客户预期水平而为其带来惊喜？

5. 简述客户分级的 RFM 量化模型使用的条件。

6. 对于商场和在线购物网站而言，忠诚度度量有何不同？

7. 四种类型的客户忠诚分别是什么？

8. 什么因素可能影响客户忠诚？什么因素可能削弱客户忠诚？

9. 应用本章的信息，为你所在的学院或学校提供建议，以增加学生和校友对学校的服务项目以及组织形象的忠诚度。

10. 选择一家你最喜爱的餐馆。请回答：餐馆老板能够采取哪些行动确保你还会"快乐地"再次光顾？

11. 什么是客户终身价值？它应当如何计算？

12. 选择你所在的城市或城区内的一家企业，描述为这家企业提供主要业务来源的客户细分市场。以你对该细分市场中客户的消费量假设为基础，终身客户价值应是多少？

案例分析

中国饮料行业的顾客忠诚现状

1. 现状概况

中国顾客推荐度指数（China Net Promoter Score，简称 C-NPS），是中国首个顾客推荐度评价体系，是反映有消费体验的消费者愿意向他人推荐企业产品或服务的程度，通过对全国范围内消费者的调查，将企业产品或服务的现有客户当中积极推荐者的比例减去贬损者的比例，从而得到净推荐值。C-NPS 是测定品牌口碑的重要指标，也是衡量客户忠诚度的关键指标。

Chnbrand 发布的 2023 年（第九届）中国顾客推荐度指数（C-NPS）品牌排名和分析报告，体现了饮料领域中，瓶装水、果汁、功能饮料、茶饮料、凉茶、碳酸饮料、乳酸菌饮料七大细分品类的品牌推荐度排行榜。其中，瓶装水推荐度排行榜前三名分别为农夫山泉、百岁山、娃哈哈；果汁/果味饮料/蔬菜汁的前三名分别为农夫果园、汇源、椰树；功能饮料的前三名分别为脉动、红牛、农夫山泉力量帝维他命水；茶饮料的前三名分别为茶π、统一、元气森林；凉茶饮料的前三名分别为王老吉、加多宝、旺仔；碳酸饮料的前三名分别为可口可乐、北冰洋、雪碧；而乳酸菌推荐度排行榜前三名则分别为优益 C、味全、养乐多。

2. 如何提升客户对产品的忠诚度

饮料产品的消费市场具有两大特点，一是青年人和女性居多，二是缺乏忠诚度。所谓的忠诚度缺乏，主要因为饮料消费者过于追求口感，缺乏品牌忠诚。比如，元气森林是气泡水的开创者，但当农夫山泉也推出同类产品时，很多元气森林的消费者开始转向农夫，原因是后者口感更好。那么如何提升客户对产品的忠诚度？专家提出以下建议：

（1）深入了解客户需求。持续收集和分析客户数据，了解他们的需求、偏好和购买习惯，从而提供更符合其需求的产品或服务，这不仅可以提高客户满意度，还可以让客户感受到企业的关注和重视。

（2）建立信任关系。提供高品质的产品或服务是建立信任的基础，企业应确保产品或服务的性能、可靠性、安全性等方面达到或超越客户的期望。此外，诚信经营、透明沟通、及时解决问题等也是赢得客户信任的关键。

（3）提供个性化服务。满足客户的个性化需求可以提高客户的忠诚度，通过提供定制化的产品或服务，利用 CRM 系统进行数据分析，为客户提供更加贴心、符合其需求的解决方案，使其感受到企业的关怀。

（4）持续改进服务。随着市场的变化和客户需求的升级，企业应持续评估现有服务并进行改进。通过收集客户反馈，分析服务过程中存在的问题，及时调整策略，确保服务始终满足或超越客户的期望。这可以增加客户对企业的信任感和满意度，从而提高忠诚度。

（5）强化客户关怀。除了提供优质的产品或服务外，企业还应关注客户的情感需求。通过各种方式表达对客户的关心和感谢，使客户感受到企业的关怀。这可以增强客户对企业的认同感和归属感，从而提高忠诚度。

（6）推出会员计划或积分奖励计划。会员计划或积分奖励计划可以增加客户的黏性，提高忠诚度。企业可以根据客户的消费情况、购买历史等信息，为其提供相应的会员等级或积分奖励，享受更多的优惠和服务，从而增加客户再次消费的意愿。

（7）提供卓越的客户服务。优质的客户服务可以提高客户的满意度和忠诚度。企业应建立完善的客户服务体系，提供快速响应、专业解答、周到解决问题的客户服务，确保客户在享受产品或服务的过程中获得良好的体验。

（8）建立社区和互动平台。建立社区和互动平台，可以让客户互相交流心得、分享经验，从而增强客户对企业的归属感和参与感。企业可以在平台上发布新品信息、举办活动等，增加客户对企业品牌的关注度和忠诚度。

通过这些措施的实施，企业可以更好地满足客户需求，提高客户满意度和忠诚度，进而提升企业的竞争力和市场份额。

（资料来源：大健康饮料配方研发专家，https://mp.weixin.qq.com/2024-4-23）

案例思考题

1. 如何看待专家针对中国饮料行业提出的客户忠诚管理的策略？

2. 从这个案例看，培养忠诚客户对营销有何意义？值得总结的经验有哪些？

第三章
客户关系管理战略与业务流程再造

03

学习目标

1. 理解客户保持的基本内涵，掌握客户保持的影响因素的内容。
2. 理解客户关怀的概念、内容、手段、目的以及评价方法。
3. 理解客户投诉处理流程的步骤。
4. 了解客户流失的原因，理解防范客户流失的策略。
5. 理解客户价值矩阵的概念，并掌握其中四类客户的保持策略。
6. 理解 CRM 战略的内容，了解 CRM 战略的外部环境与内部环境。
7. 掌握 CRM 战略目标制定与战略实施。
8. 了解 CRM 战略分类矩阵及转移途径。
9. 了解客户增长矩阵中各种组合情况的客户战略。
10. 理解客户联盟的概念，了解三种代表性的联盟模式。
11. 了解 BPR 的基本理念以及掌握 CRM 系统中的 BPR。
12. 理解 CRM 环境下企业经营管理行为的变革。

第一节　客户保持管理

一、客户保持概述

（一）客户保持的意义

随着市场从"产品"导向转变为"客户"导向，客户成为企业最重要的资源之一，谁赢得了客户，谁就会成为赢家。然而，许多企业忙于开拓市场、发展客户，却对客户保持重视不够。由此引发了以下现象：一方面企业投入大量的时间、人力、财力去发展新客户；另一方面又因客户保持工作的不完善导致现有客户不满意而流失。面对当前的市场状况，企业必须着手进行客户保持的研究，以有效的客户关系管理来提高客户的保持率，确保企业经济效益的不断增长。

客户保持是企业生存发展的需要。下面一组研究数据可以很好地说明这个问题：发展一个新客户的成本是保持一个现有客户的 5～10 倍；向新客户推销产品的成功率是15%，而向现有客户推销产品的成功率是 50%；向新客户进行推销的花费是向现有客户推销花费的 6 倍。

（二）客户保持模型

客户保持是指企业维持已建立的客户关系，使客户不断重复购买产品或服务的过程。客户保持模型描述了客户保持的决定因素（客户满意、客户认知价值、转移成本）与客户保持绩效的度量维度（重复购买意图）之间的关系，如图 3-1 所示。

客户满意是指客户对供应商的总的售后评价。客户满意的方向和程度取决于客户对供应商实际价值与期望价值差异的评价。在研究了客户满意

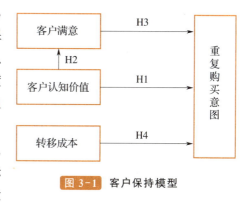

图 3-1 客户保持模型

与客户重复购买意图后，专家认为：客户满意是导致购买或重复购买的最重要的因素；客户满意对重复购买意图有正向影响。

客户认知价值是指客户对供应商提供的相对价值的主观评价。不仅要将收益与为之付出的成本相比较，而且要将当前供应商的价值与最好可替代供应商的价值相比较。客户认知价值与重复购买意图正相关，并通过两种途径产生影响：一是直接影响；二是通过客户满意间接影响，客户认知价值与客户满意正相关。

转移成本是指客户对结束与现供应商的关系和建立新的替代关系所涉及的相关成本。转移成本包括两个部分：一是过去投入的、在转移时将损失的关系投资，二是建立一个新的替代关系涉及的潜在的调整成本。转移成本与重复购买意图正相关。

将客户认知价值、客户满意和转移成本识别为客户保持的决定因素，是对属于社会心理学范畴的社会交易理论和投资模型理论的拓展。社会交易理论认为，一个人继续一个关系的倾向取决于他（或她）对"关系的满意水平"和"可替代关系的比较水平"（可替代关系的吸引力，反映当前关系的相对价值）。投资模型理论拓展了社会交易理论，在关系持续倾向的决定因素中，增加了"个人在关系中的投资规模"这个因素。客户满意是对"关系的满意水平"的直接借用，客户认知价值和转移成本则分别是对"可替代关系的比较水平"和"个人在关系中的投资规模"的拓展。

客户重复购买意图是指客户持续与现供应商交易关系的愿望或倾向。

图 3-1 中用箭头表示了重复购买意图、客户满意、客户认知价值、转移成本之间的因果关系和影响方向。每一个因果关系可以用一个假设表示，与图中对应的四个假设表述如下：H1——客户认知价值越高，重复购买意图越强；H2——客户认知价值越高，客户满意度越高；H3——客户越满意，重复购买意图越强；H4——转移成本越高，重复购买意图越强。

客户保持实际上是一个建立和保持客户忠诚的过程，客户忠诚是客户保持的目标，因为高度客户忠诚是客户不断重复购买的保证。

（三）客户保持的影响因素分析

1. 客户保持的价值模型

维持客户关系保持的力量包括动力和阻力两个方面。其中动力是指能够驱动客户主动保持关系的力量，从根本上说主要是价值或利益驱使。阻力是指客户关系破裂给客户带来的损失（包括各种壁垒和成本因素）。企业要长期保持客户关系，从战略上就要对动力因素不断诱导和创新，对于阻力因素要筑高，增大退出壁垒。而这两个方面尤其以动力因素保持为首要。根据动力和阻力两种力量，将客户保持分为主动保持和被动保持两个方面（如图 3-2 所示）。

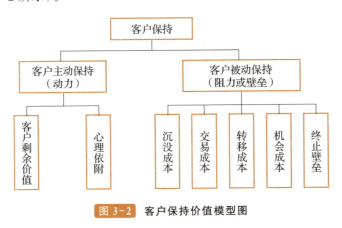

图 3-2 客户保持价值模型图

2. 客户主动保持的动力因素

客户主动保持对应于图 3-2 中的动力因素，主要指客户自觉地维系与企业的关系，而客户之所以会自觉地维系这种关系，可从客户剩余价值和心理依附两个方面进行分析。

客户剩余价值，即为获得某商品所愿支付的价格与他取得该商品实际支付价格之间的差额。产生客户剩余价值的原因在于客户基本期望和潜在期望的满足。基本期望包括高质量的核心产品及其配套的必要辅助服务。而潜在期望包括更大的物质利益、获得企业的服务补救工作、行业内最专业的服务能力、完善的一体化解决方案等。

心理依附，就是客户心理上对企业产生的良好印象，包括企业的品牌定位、良好信誉、企业的客户关怀，以及企业文化、综合竞争实力及企业重要价值等的认同。

3. 客户被动保持的阻力因素

客户被动保持对应于图 3-2 中的阻力或壁垒因素，主要指客户终止客户关系而不得不承受的代价和成本，对于企业来说，这样的保持策略是消极的策略，是不得已而为之的，分解为沉没成本、交易成本、转移成本、机会成本和终止壁垒五个方面。

沉没成本，是指已经花费的开支，无论目前做任何选择都不可能回收的开支，包括基础性投资、学习成本、时间成本等。因此，理性的决策者把它忽略不计。对客户来说，沉没成本是过去交易已经发生的各种不可能收回的费用，这种成本在客户关系继续维系的情况下才能创造价值。虽然理性投资者会把沉没成本忽略不计，但是沉没成本越大，越有可能给客户心理上造成不肯割舍的依赖性。

交易成本，是指进行交易的额外成本（购买价额以外的部分），包括支付金钱、时间，还有造成的不便等。因此，客户更换供方后的交易成本越大，则本企业对该客户的吸引力就越大。

转移成本，是客户从一个供应商转移到另一个供应商的过程中所付出的成本。客户要转换供应商必然增加新的信息收集成本，新的渠道构建成本，新的谈判所花费的时间、精力、人员等附加成本。

机会成本，是指选择一种东西意味着要放弃其他东西，也就是所放弃的其他物品或劳动的价值。客户更换原有供应商，意味着必须放弃以下几个方面：原有供应商的各种配套服务、良好的关系，以及其他为该客户带来的收益或服务。

终止壁垒，是客户退出时所受到的各种阻碍因素，包括违约所必须的赔偿、人际关系的阻力、双方权利失衡带来的威胁等。

二、客户关怀

客户关怀是从市场营销中的售后服务发展而来的。在以客户为中心的商业模式中，客户关怀是客户保持的重要方面。随着竞争的日益激烈，企业依靠基本的售后服务已经不能满足客户的需求，必须提供主动的、超值的、让客户感动的服务才能赢得客户信任，这就是客户关怀的理念。

（一）客户关怀的概念

客户关怀（Customer Care）就是通过对客户行为的深入了解，主动把握客户的需求，通过持续的、差异化的服务手段，为客户提供合适的服务或产品，最终实现客户忠诚度的提升。这其中有以下三个关键点需要把握：

（1）通过客户行为了解客户需求。客户的需求不是简单地询问客户就可以得到的，企业必须在日常工作中注意观察客户行为，主动了解客户，并识别客户的真实需求。

（2）客户关怀不是市场活动，不是一段时间内的短期行为。一旦企业明确了客户差异化的体验标准，就必须将其作为企业日常组织习惯的一部分，而不能仅停留在规则里。

（3）客户关怀不是营销。客户关怀并不是追求客户买一件产品或一种服务，而是首先追求客户尽可能长时间地留下来，实现较高的客户忠诚度。在此基础上，通过客户的整个生命周期价值来提升获益。

客户关怀既有操作的内涵，又有友情或感受的内涵，正确的客户关怀体现尊重和诚信。真正良好的客户关怀能使企业与客户建立起亲密的情感关系，让客户对企业产生"归属感"，对企业拥有很强的责任感及对于企业价值和目标的共同使命感。

（二）客户关怀的内容

客户关怀最开始只存在于服务领域。目前，客户关怀不断地向实体产品销售领域扩展，贯穿了市场营销的所有环节，主要包括如下几部分：售前服务（向客户提供产品信息和服务建议等）；产品质量（应符合有关标准、适合客户使用、保证安全可靠）；服务质量（指在与企业接触的过程中客户体验到的服务质量）；售中服务（产品销售过程中客户所享受到的服务）；售后服务（包括售后的查询和投诉，以及维护和修理）。

售前服务就是卖之前让人看，其主要形式包括产品推广、展示会、广告宣传和知识讲座等。例如，上海交大昂立股份有限公司在售前服务方面做得就很有特色，它走的是一条知识营销的道路，在产品销售之前主要在市场上向客户传授知识，在产品科普知识的推广上投入大量的人力和财力，这为其产品打开销路打下了良好的基础。

售中服务的客户关怀则与企业提供的产品或服务紧紧地联系在一起。包括订单的处理以及各种有关的细节，都要与客户的期望相吻合，满足客户的需求。好的售中服务可以为客户提供各种便利，如与客户洽谈的环境和效率，手续的简化，以及尽可能地满足客户的要求等。售中服务体现为过程性，在客户购买产品的整个过程中，让客户去感受。客户所感受到的售中服务优秀，则容易促成购买行为。

售后服务的客户关怀活动则集中于高效地跟进和圆满完成产品的维护和修理等相关步骤。售后的跟进和提供的有效关怀，目的是促使客户产生重复购买行为。售后服务往往也是客户非常关心的。向客户提供更优质、更全面周到的售后服务是企业争夺客户资源的重要手段。售后服务应实行跟踪服务，从记住客户到及时解除客户的后顾之忧，经常走访客户，征求意见，提供必要的特别服务。要把售后服务视为下一次销售工作的开始，积极促成再次购买，使产品销售在服务中得以延续。

（三）客户关怀的手段

客户关怀的手段主要有主动电话营销、网站服务、呼叫中心等。

（1）主动电话营销。主动电话营销是指企业充分利用数据库信息，挖掘潜在客户，通过电话主动拜访客户和推荐满足客户需求的产品，以践行充分了解客户、充分为客户着想的服务理念，同时也提高销售机会。

（2）网站服务。通过网站和电子商务平台，企业可以提供及时且多样化的服务。网站应该智能化，企业可以根据客户点击的网页、在网页上停留的时间等信息，实时捕捉网页上客户要求服务的信息。企业将客户浏览网页的记录提供给服务人员，服务人员可通过不同的方式服务客户，包括电话、视频对话、与客户共享服务软件等方式。同时企业应利用文字、语音、视频等组合多媒体的实时功能与客户进行互动和网上交易。

（3）呼叫中心。呼叫中心通过公开一个电话特服号码提供对客户的电话服务。呼叫中心可以帮助企业了解客户、服务客户和维系客户。有关内容见第六章。

（四）客户关怀的目的

客户关怀的目的是提高客户满意度与忠诚度。为了提高客户满意度和忠诚度，企业必须完整掌握客户信息，准确把握客户需求，快速响应个性化需求，提供便捷的购买渠道、良好的售后服务与经常性的客户关怀。

国际上一些非常权威的研究机构经过深入的调查研究分别得出了这样一些结论："把客户的满意度提高五个百分点，其结果是企业的利润增加一倍"；"一个非常满意的客户其购买意愿比一个满意客户高出六倍"；"2/3 的客户离开企业是因为企业对他们的关怀不够"等。

（五）客户关怀的评价

无论从客户角度还是从企业角度来看，客户关怀的程度是很难衡量与评价的，不同企业对客户关怀效果评价的做法也存在差异，一般来说，可以从以下三个角度来评价客户关怀的程度：

（1）寻求特征。寻求特征是指客户在购买产品之前就能够决定的属性，如产品的包装、外形、规格、型号和价格等。客户关怀首先应该满足客户的寻求特征。

（2）体验特征。体验特征是指客户在购买产品后或消费过程中才能够觉察到的属性，如口味合适、礼貌待人、安排周到和值得信赖等。

联想集团在其中央研究院和工业设计中心专门设立了客户体验中心，如果客户在购买前要了解产品，可以先到联想的客户体验中心，通过亲身体验，提出相应的要求。同时联想会根据客户的使用习惯和反应来定制联想产品的功能、特色及系统方案设计，这样就可以把客户的需求准确及时地反映到产品端，并把产品第一时间送到客户端，使客户体验到联想为他们量身定做的技术和服务，给客户耳目一新的感觉。

（3）信用特征。信用特征是指客户在购买了产品或者是消费了产品和服务后仍然无法评价的某些特征和属性（原因在于客户难以具备这方面的专业知识或技巧），因此必须依赖提供该产品或服务的企业的职业信用和品牌影响力。

三、管理客户投诉

保持和发展与现有客户的关系是企业的一项基本战略。然而，即使是最优秀的企业也不可能永远不发生失误或不引起客户投诉，正确处理客户投诉，就可以将客户投诉转变为企业的收益。

（一）正确看待客户投诉

美国商人马歇尔·费尔德认为："那些购买我产品的人是我的支持者；那些夸奖我的人使我高兴；那些向我抱怨、投诉的人是我的老师，他们纠正我的错误，让我天天进步；只有那些一走了之的人是伤我最深的人，他们不愿给我一丝机会。"

1. 客户投诉的价值

将客户投诉转变为企业收益的前提是正确看待客户投诉，并从中挖掘对企业有价值的信息。客户投诉是企业非常有价值且免费的信息来源。

（1）客户投诉可使企业及时发现并修正产品或服务中的失误，开创新的商机。

（2）客户投诉可使企业获得再次赢得客户的机会。

据统计，那些对投诉结果感到完全满意的投诉者中有再次购买意图的占 69%～80%，而投诉没有得到圆满解决的投诉者中只有 17%～32% 会再次购买。

（3）客户投诉可以帮助企业建立和巩固企业自身的形象。

2. 不投诉并非客户满意

国外的研究者将客户投诉比喻为冰山现象，已投诉客户是冰山周围的水，它只是很小的一部分，而准备投诉和未投诉的客户才是冰山的主体，如图 3-3 所示。只有在矛盾激化时，不满的客户才上升，浮出水面，变成准备投诉的客户。潜伏在水底的是大量不满的客户，但他们并不打算将不满告知企业。

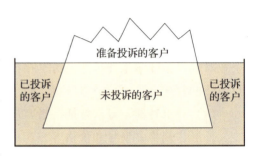

图 3-3 冰山模型

另据美国调查机构 TRAP 调查，只有 1%～5% 的投诉反映到了高层管理者那里，45% 的投诉反映到代理机构、分支机构和一线人员那里，50% 的客户遇到问题从不投诉。虽然客户投诉是司空见惯的事情，但是为什么大部分不满的顾客不投诉呢？

客户关系来源于客户忠诚，客户忠诚来源于客户满意。客户满意度是客户对产品的实际效果与期望效果的比较。过高的期望效果与过低的实际效果，带来的就是客户的不满、抱怨和投诉。然而，大部分客户遭受不满也不抱怨和投诉。

（二）阻碍客户投诉的因素

客户遭受损失却不愿向企业投诉的原因可以归纳为以下几个方面：

（1）企业没有为客户提供适当的投诉渠道。

（2）客户心理上存在障碍。

（3）文化背景因素。客户不投诉的理由，有时候也是一种文化或背景的反映。日本的一项研究发现，有 21% 的不满客户对投诉感到尴尬或不适。

撇开文化背景影响因素，企业在扫除客户投诉的障碍上还是大有可为的。

（三）扫除客户投诉的障碍

1. 鼓励客户投诉

首先要在企业内部建立尊重每一位客户的企业文化，并通过各种渠道告知客户企业尊重他的权利。在此基础上，更重要的是让全体员工，而不仅仅是客户服务部门的员工，认识到客户的投诉可为企业提供取得竞争优势的重要线索，而不是给工作带来麻烦。

例如，联邦快递就保证，如果客户没有在递交邮件次日 10:30 前收到邮件，邮递费用就全免。在此基础上还要提高接受和处理投诉的透明度，设立奖励制度鼓励客户投诉，从而加强客户与企业、企业与员工、员工之间的理解。例如，芝加哥第一国民银行就定期将客户的投诉信件和电话录音记录公布在布告栏中，并选择典型事例发表在企业的公开出版物上；同时奖励由于其投诉给企业带来产品或者服务改进的客户及正确处理客户投诉、提高了客户忠诚度的员工。

2. 引导客户投诉

在鼓励客户投诉的基础上，企业还应设计方便客户投诉的程序，并在客户中进行宣传，以鼓励和引导客户投诉。例如加拿大的斯考特银行，在每个营业处都摆放了《服务指南》小册子，其中详细说明了帮助客户投诉的各个步骤，包括向谁投诉，如何提出意见和要求等。《服务指南》还提供了一位负责银行服务管理的副总经理的电话号码，如果客户对投诉结果不满意，可以直接打电话向他反映情况。

3. 方便客户投诉

企业应尽可能降低客户投诉的成本，减少其花在投诉上的时间、精力、金钱等。方便、省时、省力的信息接收渠道使客户投诉变得容易。许多公司已开通了"800"投诉专线，客户可以很方便地告知他们的问题，而且电话费用由公司支付。与处理信函相比，这样不仅提高了反馈速度，还能节约10%～20%的成本。

企业经过各种努力扫除客户投诉的障碍后，要真正实现将客户投诉转变为企业收益，最为关键的环节是有效处理客户投诉，使前来投诉的客户都能满意。

4. 客户投诉的处理程序

如何处理好每一个客户的投诉，用什么方式解决客户的不满意？各个企业的做法不尽相同。有些企业只解决正式提出的投诉，这就忽略了其他95%的不满意，而这些未被重视的不满意会向外传播，从而失去客户，降低市场竞争力。而有些企业则采取措施鼓励客户表达"不满意"，并对所表达的"不满意"积极认真地进行解决，这些被重视的"不满意"被解决，从而留住了客户，增强了竞争力。客户投诉处理流程一般包括以下几个步骤：

（1）记录投诉内容。利用客户投诉记录表详细地记录客户投诉的全部内容，如投诉人、投诉时间、投诉对象、投诉要求等。

（2）判定投诉是否成立。了解客户投诉的内容后，要判定客户投诉的理由是否充分，投诉要求是否合理。如果投诉不能成立，那就以婉转的方式答复客户，取得客户的谅解，消除误会。

（3）确定投诉处理责任部门。根据客户投诉的内容，确定相关的具体受理单位和受理负责人。如运输问题交储运部处理，质量问题则交质量管理部处理。

（4）责任部门分析投诉原因。要查明客户投诉的具体原因及造成客户投诉的具体责任人。

（5）提出处理方案。根据实际情况参照客户的投诉要求，提出解决投诉的具体方案，如退货、换货、维修、折价、赔偿等。

（6）提交主管领导批示。对于客户投诉问题，领导应予以高度重视，主管领导应对投诉的处理方案一一过目，及时批示。根据实际情况，采取一切可能的措施，挽回已经出现的损失。

（7）实施处理方案，处罚直接责任者，通知客户，并尽快地收集客户的反馈意见。对直接责任者和部门主管要按照有关规定进行处罚，依照投诉所造成的损失大小，扣罚责任人一定比例的绩效工资或奖金；同时对不及时处理问题造成延误的责任人也要追究。

（8）总结评价。对投诉处理过程进行总结与综合评价，吸取经验教训，提出改进对策，不断完善企业的经营管理和业务运作，以提高客户服务质量和服务水平，降低投诉率。

快速解决客户投诉的问题是满足客户的最好方法，有效地处理客户投诉对保持现有的客户关系起促进作用，客户投诉的有效处理使客户享受更好的服务和产品，利于提高企业信誉，也是企业提高市场竞争力的关键。

四、防止客户流失

有关调查数据显示，在自然状态下，一个企业的客户年流失率约为10%～25%。根据美国营销学者赖克·海德和萨瑟的理论，一个公司如果将其客户流失率降低5%，利润就能增加25%～85%。

（一）客户流失的形成过程

如果已经成为企业的客户，说明该客户以前是认可该企业产品的，积累了一定的购买经验，有一定的使用感受。通常情况下，客户在下一次购买产品时，首先会与上一次购买进行比较。如果产品性能还可以，服务也不错，即使价格高一点儿，客户还会重复购买。但是，如果客户第一次购买后，发现产品性能与宣传的不一样，使用过程中出现的问题得不到解决，或者投诉无结果，客户就会抛弃以前的企业，而去选择其竞争对手性能更好、服务更好的产品。

客户流失主要集中在售后服务出现问题之后，抱怨、投诉均得不到满意解决，如图3-4所示。由此可见，企业重视售后服务、客户抱怨和投诉，就能在很大程度上减少客户流失。

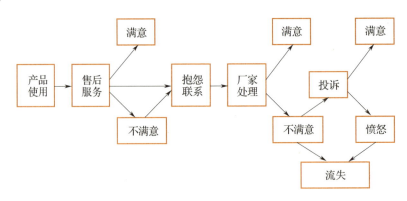

图 3-4 客户流失的形成过程

（二）客户流失的原因分析

企业客户流失的原因可能有很多，从客户认知价值和客户满意的角度来看，主要有以下几种：

（1）企业主动放弃的客户。企业由于产品技术含量提高，升级换代，目标客户群发生改变，从而主动放弃部分原来的客户。例如，某酒厂以前生产普通白酒，客户定位在低收入消费者；而引进先进生产工艺后生产的特制醇酿，口感和味道均有改善，因而提高价格，走向中高端市场，放弃以前的低端客户。

（2）主动离开的客户。对企业的产品和服务质量感到不满，并通过直接或间接的抱怨仍没有得到解决的客户，会转而投向企业的竞争对手。这些客户的离开对企业造成的负面影响最大。

（3）被挖走的客户。竞争对手采取优惠、特价、折扣等措施，将原先属于本企业的客户挖走。在这里，竞争对手是通过向客户提供特殊的、经正常业务途径无法获得的物质利益的手段来实现的。

（4）被吸引的客户。竞争对手推出功能和质量更好的产品和服务，从而将本企业的客户吸引过去。

（5）被迫离开的客户。客户由于经济情况发生变化，或发生地域上的迁徙等，有可能会被迫和企业断绝交易关系。这样的客户流失是不可避免的，应该在弹性流失范围之内。

（6）由于其他原因离开的客户。除上述几种情况外，还有很多原因导致客户流失，例如，企业员工跳槽带走的客户，由于企业对市场监控不力、市场出现混乱、客户经营企业的产品时不能获利而导致的客户流失等。

对客户流失原因进行分析是制定防范措施的依据。根据以上分析，如果只存在"企业主动放弃的客户"、"被迫离开的客户"和"被挖走的客户"，则企业所提供的产品和服务并没有让客户感到不满，发生客户流失现象主要与客户自身的客观原因以及竞争对手采取的不正当手段有关，企业的客户流失基本在正常范围之内；而如果存在"主动离开的客户"、"被吸引的客户"，以及由于其他原因离开的客户，则说明企业的客户流失情况严重，而且客户流失是企业自身原因造成的，应采取有效措施加以防范。

（三）防范客户流失的策略

1. 实施全面质量管理

关系营销的中心内容就是最大限度地达成客户满意，为客户创造最大价值而提供高质量的产品和服务，是创造价值和达成客户满意的前提。而实施全面质量管理，有效控制影响质量的各个环节、各个因素，是创造优质产品和服务的关键。

2. 重视客户抱怨管理

客户抱怨是指客户对企业产品和服务不满的反应，它表明企业经营管理中存在缺陷。

很多企业对客户抱怨持敌视的态度，对这部分客户的抱怨行为感到厌恶和不满，认为他们有损企业的声誉，其实这种看法是不对的。一方面，客户抱怨确实会对企业产生一定的负面影响，但另一方面，也是最重要的一方面，客户抱怨是推动企业发展的动力，也是企业创新的信息源泉。例如，在多个行业都具有显赫地位的日本松下公司，其创始人松下幸之助在创业之初，偶然间听到几个客户抱怨说："现在的电源插座都是单孔的，使用起来很不方便，如果做成多孔的，可以一次插几个电器就好了。"松下幸之助从这个抱怨中得到启发，马上组织力量进行开发生产，推出的"三通"插座在投入市场后，取得了巨大的成功，几乎垄断了这个产品的市场，也为松下公司的进一步发展积累了丰厚的资金。

3. 建立内部客户体制，提升员工满意度

詹姆斯·赫斯特在他关于服务利润链的模型中，认识到企业提供给客户的服务质量是负责提供服务的员工的满意度的函数。也就是说，员工满意度的提升会导致员工提供给客户的服务质量的提升，最终会导致客户满意度的提升。20世纪70年代，日本企业崛起很重要的一个原因就是日本企业采用人性化的管理，极大限度地提升了员工的满意度，激励员工努力工作，为客户提供高质量的产品和服务。

4. 建立以客户为中心的组织机构

拥有忠诚客户所带来的巨大经济效益让许多企业深刻地认识到，与客户互动的最终目标并不是交易，而是建立持久忠诚的客户关系。在这种观念下，不能仅把营销部门看成唯一对客户负责的部门，企业的其他部门则各行其是，关系营销要求每一个部门、每一个员工都应以客户为中心，所有的工作都应建立在让客户满意的基础上，为客户创造价值，以客户满意为中心，加强客户体验，让客户达到长期满意。

5. 建立客户关系的评价体系

对客户关系的正确评价对于防范客户流失有着很重要的作用，只有及时对客户关系的牢固程度进行衡量，才有可能在制定防范措施时有的放矢。尽管对客户关系评价的做法各有特点，但在方法上仍然具有相似性，都是采用一系列的可能影响客户满意度的指标来进行衡量，然后对每一项指标进行得分加总。最后得出结论：客户在多大程度上信任企业；企业在多大程度上对客户的需求做出了适当的反应；客户和企业又有着多少共同利益。通过评价，可以分辨客户关系中最牢固的部分和最薄弱的部分，还可以分辨出最和谐的客户关系和有待加强的客户关系。

五、 客户保持策略

客户是公司最重要的资产，与有价值的客户保持长期稳定的关系是公司获得持续竞争优势的关键。赖克·海德和萨瑟为这一观点提供了强有力的证据，他们对美国15个行业的调查数据表明，客户保持率增加5%，行业平均利润增加幅度在25%～85%之间。

由于日益认识到客户保持的重要性，许多公司纷纷实施客户保持战略。

然而，客户保持是需要付出代价的，公司必须首先根据客户价值的不同决定如何在客户中分配公司有限的资源，然后在一定资源预算的范围内根据客户的不同需求，设计和实施不同的客户保持策略。只有这样，才可能牢牢保持那部分对公司最有价值的客户，并把那些有潜力的当前低价值客户在未来转化为高价值客户。

（一）客户价值矩阵

本书第二章介绍过客户细分，它是根据客户属性划分的客户集合，是成功实施客户保持策略的基本原则之一。基于客户全生命周期利润的客户细分称为客户价值细分（Customer Value Segmentation）。客户价值细分的两个具体维度是客户当前价值和客户增值潜力，每个维度分成高、低两档，由此可将整个客户群分成四组，细分的结果可用一个矩阵表示，称为客户价值矩阵（Customer Value Matrix），如图3-5所示。

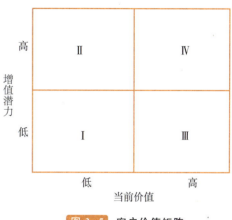

图 3-5 客户价值矩阵

1. 客户当前价值

客户当前价值是指假定客户现行购买行为模式保持不变时，客户未来可望为公司创造的利润总和的现值。某客户的当前价值表示如果公司将客户关系维持在现有水平时，可望从该客户处获得的未来总利润。

根据这一定义，可简单地认为，客户当前价值等于最近一个时间单元（如月、季度、年）的客户利润乘以预期的客户生命周期长度，再乘以总的折现率。显然，客户当前价值是对客户未来利润的一个保守估计。

2. 客户增值潜力

客户增值潜力是指假定通过采用合适的客户保持策略，使客户购买行为模式向着有利于提高公司利润的方向发展时，客户未来可望为公司增加的利润总和的现值。因此，某客户的增值潜力是指如果公司愿意增加一定的投入进一步加强与该客户的关系，则公司可望从该客户处获得的未来增益。客户增值潜力是决定公司资源投入预算的最主要依据，它取决于客户增量购买（Up-buying）、交叉购买（Cross-buying）和推荐新客户（Referring a New Customer）的可能性和大小。

客户增量购买指的是客户增加已购产品的交易额。客户增量购买有无可能及可能性的大小取决于客户份额、客户关系的水平和客户业务总量。客户份额是指客户给予本公司的业务量占其总的业务量的比例，显然客户份额越小，增量购买的可能性就越大。如果一个客户已将100%的业务给了本公司，则已没有了增量购买的余地。增量购买的可能性还取决于客户关系的好坏，客户关系越好，说明客户对公司的产品和服务越满意，对公司越信任，客户加大交易量的可能性越大。

客户交叉购买指的是客户购买以前从未买过的产品类型或拓展与公司的业务范围。客户交叉购买的可能性取决于两个因素：一是本公司能提供而客户又有需求的产品数量（当然这些产品是客户以前从未购买过的），这种产品数量越多，客户交叉购买的可能性越大；二是客户关系的水平，客户关系水平越高，客户交叉购买的可能性越大。

推荐新客户是指公司的忠诚客户把一些潜在客户推荐给本公司，也包括为公司传递好的口碑。推荐新客户是忠诚客户的一种互惠行为。推荐新客户是客户关系发展到稳定期后客户高度忠诚的行为表现。因此，推荐新客户的可能性取决于客户关系有无可能进入稳定期。

（二）客户类型与保持策略

如图3-5客户价值矩阵所示，根据每个客户的当前价值和客户增值潜力，公司的所有客户可以分成四类，下面讨论每类客户的特点和相应资源配置策略与客户保持策略。

1. Ⅰ类客户

Ⅰ类客户是最没有吸引力的一类客户，该类客户的当前价值和增值潜力都很低，甚至是负利润。例如，偶尔下一些小额订单的客户；经常延期支付甚至不付款的客户（高信用风险客户）；提出苛刻客户服务要求的客户；定制化要求过高的客户等。对于这些客户，企业没有必要花大量精力去保持。

2. Ⅱ类客户

Ⅱ类客户有很高的增值潜力，但公司目前尚没有成功地获取他们的大部分价值。例如，一个业务总量很大但本公司获得的客户份额却微不足道的客户。从客户关系生命周期的角度看，这类客户与公司的关系可能一直徘徊在考察期或形成期前期。可以预计，如果再造与这些客户的关系，在未来这些客户将有潜力为公司创造可观利润。对这类客户公司应当投入适当的资源再造双方的关系，促进客户关系从低级阶段向高级阶段发展，如通过不断向客户提供高质量的产品、有价值的信息、优质服务甚至个性化解决方案等。提高对客户的价值，让客户持续满意，并形成对公司的高度信任，从而促进客户关系越过考察期，顺利通过形成期，并最终进入稳定期，进而获得客户的增量购买、交叉购买和新客户推荐。

3. Ⅲ类客户

Ⅲ类客户有很高的当前价值和较低的增值潜力。从客户关系生命周期的角度看，这类客户可能是客户关系已进入稳定期的高度忠诚客户，他们已将其业务几乎100%地给了本公司，并一直真诚、积极地为本公司推荐新客户，因此，未来在增量购买、交叉购买和新客户推荐等方面已没有多少潜力可供进一步挖掘。显然，这类客户对公司十分重要，是公司仅次于第Ⅳ类客户的一类最有价值的客户。

4. Ⅳ类客户

Ⅳ类客户既有很高的当前价值，又有巨大的增值潜力，是公司最有价值的一类客户。和第Ⅲ类客户一样，从客户关系生命周期的角度看，这类客户与公司的关系可能也已进入稳定期，他们对公司高度忠诚，已将其当前业务几乎100%地给了本公司，也一直真诚、积极地为本公司推荐新客户。与第Ⅲ类客户不同的是，这类公司本身具有巨大的发展潜力，他们的业务总量在不断增大，因此，这类客户未来在增量购买、交叉购买等方面尚有巨大的潜力可挖。这类客户是公司利润的基石，因此，公司需要将主要资源投资到保持和发展与这些客户的关系上，对每个客户设计和实施一对一的客户保持策略，不遗余力地做出各种努力保持住他们。

表3-1总结了四类客户的资源配置和保持策略。

表 3-1　四类客户的资源配置和保持策略

客户类型	客户对公司的价值	资源配置策略	客户保持策略
Ⅰ	低客户当前价值，低客户增值潜力	不投入	关系解除
Ⅱ	低客户当前价值，高客户增值潜力	适当投入	关系再造
Ⅲ	高客户当前价值，低客户增值潜力	重点投入	高水平关系保持
Ⅳ	高客户当前价值，高客户增值潜力	重中之重投入	不遗余力保持、发展客户关系

客户保持对企业的利润底线有着惊人的影响，有效地保持有价值的客户已成为企业成功的关键，而成功地实施客户保持战略的首要任务是客户价值细分，以根据不同的客户价值确定不同的资源配置方案和客户保持策略。

六、实施客户保持管理的内容、层次与效果评估

（一）实施客户保持管理的内容

客户保持管理的内容大致分为五个方面：①收集客户的信息资料，进行客户细分；②提供配套的必要辅助服务，以满足客户剩余价值；③完美的服务补救措施，以维护良好的企业形象；④增加客户转移成本，建立客户转移壁垒；⑤明确客户保持对企业利润的影响，促进企业完善客户保持管理体制。具体实施内容如下：

（1）建立、管理并充分利用客户数据库。公司必须重视客户数据库的建立、管理工作，注意利用数据库来开展客户关系管理，应用数据库来分析现有客户的简要情况，并找出人口数据及人口特征与购买模式之间的联系，以及为客户提供符合他们特定需要的定制产品和相应的服务。

（2）通过客户关怀提高客户满意度与忠诚度。企业必须通过对客户行为的深入了解，主动把握客户的需求，通过持续的、差异化的服务手段，为客户提供合适的服务或产品，最终实现客户满意度和忠诚度的提升。

（3）利用客户投诉或抱怨，分析客户流失原因，从而改进服务。

（二）客户保持管理的三个层次

（1）第一层次：增加客户关系的财务利益。这一层次是利用价格刺激来增加客户关系的财务利益。

（2）第二层次：优先增加社会利益。这一层次既增加财务利益，又增加社会利益，而社会利益优先于财务利益。

（3）第三层次：附加深层次的结构性联系。这个层次在增加财务利益和社会利益的基础上，附加了更深层次的结构性联系。所谓结构性联系即提供以技术为基础的客户服务，从而为客户提高效率和产出。

（三）客户保持管理的效果评估

客户保持是描述客户细分上群体客户交易行为的重要变量，也是衡量客户细分上企业客户管理工作绩效中的重要参考指标之一，同时还是客户终身价值计算中的重要参数。客户保持效果的客观估算对于企业实际的客户管理工作有重要的价值，对于减少客户终身价值的计算误差也很有帮助。因此，开展客户保持管理的效果评估对客户细分、客户价值非常重要，它还为客户关系管理提供了依据。

目前，客户保持管理的效果评估主要采用参数估计法等指数模型来确定，也可以用威布尔寿命分布模型来评估。其中，参数估计法就是根据抽样结果来合理地、科学地估计总体的参数是什么，或者在什么范围。这种方法通过随机调查获取客户的数据来合理、科学地估计企业总体客户保持水平。客户保持效果评估指标主要从客户因素、企业因素、产品因素三个方面来选取。

（1）客户因素。包括客户重复购买率、客户需求满足率。所谓客户重复购买率是指客户在初次购买企业产品或服务后，满意率很高，在单位时间（如一个月）客户再次使用率和重复购买的频率。例如，某银行为大客户专门成立了VIP客户服务部，并建立了客户服务呼叫中心，保证为客户提供24h的便捷服务。这个银行对客户保持中关系营销和后营销策略的重视，引起了客户的重复购买。客户需求满足率，是指企业推出的产品都会尽可能地让客户认识到它的未来价值和预期的利益，使客户觉得购买的产品的性价比极高，从而提升客户价值，进而提高客户需求满足率。

（2）企业因素。包括客户对本企业的关注度、对其他企业的关注度。

（3）产品因素。包括客户购买产品决策时间、价格敏感度、问题承受力等。客户决定购买产品的决策时间是指客户在决定购买的企业产品或服务时考虑的时间长短。如果企业注重关系营销和后营销策略，企业的客户服务部和客户服务呼叫中心会重视与客户之间的关系，拉近企业与客户的心理距离，增加客户对企业的信任程度，从而使客户购买产品的决策时间远小于其他企业产品决策时间。客户对价格的敏感程度是描述客户对于价格敏感度的指标。如银行在营业厅内为等候客户提供的各种服务设施、减少客户等待时间及人性化服务，都有利于银行与客户之间建立良好的情感关系，以减少客户对产品价格的敏感程度。

第二节 客户关系管理战略内容与目标的制定实施

CRM 作为一种新的企业管理思想和管理模式，受到企业越来越多的关注。然而 CRM 实施的成功率并不高，原因就在于企业没有从全局的角度来部署实施。所以，要成功实施 CRM，企业必须长远考虑，进行整体的 CRM 战略设计，并分步骤实施。

一、客户关系管理战略的内容

（一）将 CRM 上升到战略高度

美国研究机构弗若斯特沙利文（Frost & Sullivan）的最新研究报告表明，CRM 的实施缺乏企业级 CRM 战略设计，技术未能很好地与清晰的企业级战略相结合，导致 CRM 实施的成功率降低。

CRM 绝不是一种简单的软件和技术，而是一种新的企业管理思想和管理模式，当然其管理方法的实现需要 CRM 应用系统的支撑。CRM 已经渗透到各行各业，在买方市场逐步成熟的今天，企业在产品质量的基础上，竞争的是服务、营销和销售，而这正是 CRM 的焦点。

CRM 不是某一个部门（如营销部门或服务中心）的事，而成为整个企业关注和重视的焦点。企业应当从全局来部署 CRM 的实施；而且企业要从长远来考虑，进行整体的战略设计，并分步骤实施。

企业必须意识到 CRM 作为一种企业战略，目的是使企业根据客户分段进行再造，从而优化企业的可盈利性，提高利润并改善客户的满意程度。

总之，把 CRM 上升到战略高度，是因为 CRM 将会带来新一轮的管理变革，对企业长期战略目标的实现起很大的推动作用。

（二）构建 CRM 战略的意义

CRM 是一种经营管理战略和理念，而不仅仅是某种信息技术。在具体操作中，它是通过一系列的战略设定、流程优化与改造、经营职能的重新设计和技术辅助手段等整合的过程而实现的。

CRM 是企业为实施新的战略举措而进行的管理工作，如果没有根据企业总体发展战略和目标制定明确的客户关系管理战略，就无法有效实现管理过程中在组织、营运和流程等方面的优化和改善，如果没有一个明确的战略目标，就无法确保 CRM 的目标收益。

基于关键要素整合而形成的 CRM 战略对于企业进行相关工作的重要意义在于以下几个方面：

（1）以企业发展战略为基础，明确未来以客户为中心的业务营运模式蓝图，理解 CRM 工作在实现企业战略过程中的重要性、预期收益和战略使命。

（2）对于目标客户价值定位进行总体分析，明确哪一部分客户是企业 CRM 工作的重点目标，形成未来这部分客户与企业之间关系的愿景。

（3）对于 CRM 工作的总体目标有明确的设定，就可据此逐步分解到经济效益、客户管理、业务运营、组织人员和信息技术等具体 CRM 目标。

（4）明确企业开展 CRM 需要做的准备工作，根据 CRM 目标设计具体工作开展的方式和原则。

（5）对下一步实施和推广过程中的工作成果形成评估方法，并可以有原则地对工作方法和目标进行优化。

（三）CRM 战略的内容

客户关系管理战略（CRM Strategy），即从管理和战略上明确 CRM 的发展目标，确定其对于组织、技术、流程和业务模式等的要求，从而为 CRM 的实施制定规划和战略方向。

由于各个企业所处的市场环境和自身状况各有不同，所以其 CRM 战略结果也不相同。但就 CRM 战略的内容而言，基本包括三个重要的组成部分：战略考虑；战略重点；战略意义和成功要素。

图 3-6 描述了 CRM 战略内容的三个部分之间的关系。

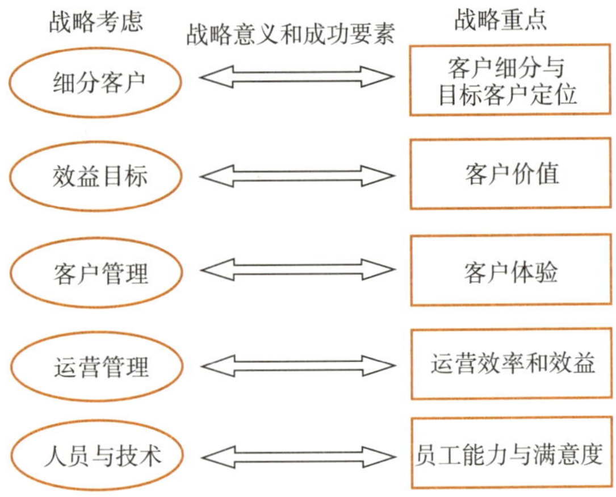

图 3-6　CRM 战略内容的组成

1. 战略考虑和战略重点

战略考虑是企业在构筑 CRM 战略和未来 CRM 战略执行中的核心部分。

CRM 战略一般由以下五个部分的战略考虑和相关的战略重点构成。

（1）细分客户。在 CRM 战略中，"细分客户"这一战略考虑是设定企业 CRM 所专注的客户细分。与之相关联的战略重点是客户细分与目标客户定位。

（2）效益目标。"效益目标"这一战略考虑是设定企业 CRM 战略中的针对细分客户的收益目标。与之相关联的战略重点是最大化针对细分客户的客户价值。

（3）客户管理。"客户管理"的战略考虑是设定 CRM 战略中使细分客户实现效益目标的关键因素。与之相关联的战略重点是最大化客户体验。

（4）运营管理。"运营管理"的战略考虑是设定为实现之前目标而在企业业务执行层面的关键要素，诸如明确的市场、销售、服务和客户支持等业务功能，并且还将对实现这些业务功能的客户互动渠道资源提出具体要求。与之相关联的战略重点是最大化运营效率和效益。

（5）人员与技术。"人员与技术"的战略考虑是设定在实现以上目标过程中，关于组织、人员和信息技术的策略。与之相关联的策略重点是最大化员工能力与满意度。

2. 战略意义和成功要素

战略意义和成功要素是企业 CRM 战略中指引企业进行战略执行的部分。战略意义和成功要素将协助企业实现和完成 CRM 战略中战略重点的方法和目标。也就是说，这部分内容将协助回答诸如企业应该如何实现客户关系管理战略中的战略重点之类的问题。其中每一客户关系管理战略的成功要素均指引企业在下一步的战术实现层面中选择对应的一个和多个具体客户关系管理目标。实现成功要素和明确的客户关系管理目标，协助企业分阶段地实现总体客户关系管理战略，也使客户关系管理战略在企业管理和运营中得到更好的诠释。

二、CRM 战略环境分析

现代企业的生产经营活动日益受到外部和内部环境的作用和影响。企业要进行战略管理，必须全面地、客观地分析和掌握内外环境的变化，以此为出发点来制定企业的战略目标以及战略目标实现的具体步骤。CRM 战略环境分析主要分为外部环境分析和内部环境分析。

（一）CRM 战略的外部环境分析

企业与其外部客观的经营条件、经济组织以及其他外部经营因素之间处于一个相互作用、相互联系、不断变化的动态过程之中。这些影响企业的成败但又不能被企业全部控制的外部因素形成了企业的外部环境。以下将着重对企业销售环境、营销方式、服务环境进行分析。

1. 销售环境的变化

经济全球化和信息技术的飞速发展，新市场的不断开拓、销售行为前所未有的变化、信息传输的高速度以及可获得的信息量巨大等特性，改变了企业竞争的格局，也彻底改变了销售工作的性质。企业的销售将趋向多样化、自动化和知识化。而这种变革的到来又和 CRM 的出现密不可分，也可以说是相辅相成。信息技术革命对现代企业市场营销管理的深远影响主要有：信息技术的广泛运用有利于企业实现市场网络建设的低成本扩张；信息技术的广泛运用使企业产品的开发与设计水平迈上了一个新台阶；信息技术的广泛运用改变了传统的配销理念；信息技术的广泛运用为广告创造了新的发展空间；信息技术的广泛运用导致企业营销管理组织模式的变革，有效提高了企业市场营销信息处理速度和决策能力。

进入 21 世纪以来，随着计算机技术、通信技术的日益发展与融合，特别是互联网在一系列技术突破支持下的广泛应用和日益完善，信息技术革命的影响已由纯科技领域向市场竞争和企业管理各领域全面转变。这一转变直接对企业市场营销管理中的传统观念和行为产生巨大的冲击。互联网在市场营销领域的应用将我们带入了一个全新的网络营销时代。市场营销活动中，出现了"定制营销""网络营销""营销决策支持系统""营销工作站"等。这为实现市场营销目标提供了新的途径，即采用电子方式来进行高效而个性化的营销。

由于市场竞争焦点的变化，企业的销售成本存在一种增长的势头，主要原因有：企业需要更加注重市场细分；客户需求的服务水平越来越高；运输费用的增加等迫于销售成本增加的压力，许多企业不得不寻找满足客户需求的新方法，例如，电话销售、网上商店、自动售货机等。更多的企业则选择了 CRM。"战略始于客户，客户决定产品"，CRM 帮助企业找到更新的、更有效的方法去满足客户的需要和欲望。CRM 将成为企业新的营销和销售手段，它将引起销售管理的变革。

2 营销方式的变化

营销学科的发展速度非常快，几乎每十年发生一次重要的营销变革。这种学科的发展显然与企业的发展需求分不开，它是对企业营销环境变化的一种"映射"。在新的营销环境下出现了一些新的营销理念和方法。

（1）多元化市场营销。企业、产品、客户三者间利益相关，主要有功能利益、流程利益、关系利益。而且大多数客户既关注功能利益，也关注流程利益和关系利益，但对这三种利益的价值取向分布却又并不完全相同。功能利益、流程利益和关系利益构成了多元化市场营销的三个维度。

（2）系统或整合营销。"系统营销"是指将系统的观念和方法运用于企业的营销活动，将企业营销各个方面、各个环节、各个阶段、各个层次、各种策略加以系统地规划和整合，使之前后成线、上下为经、左右为纬、纵横成网，形成一种立体式的营销观念。

（3）伙伴营销。伙伴营销是一种完全建立在互联网技术基础之上的新型商业模式，这种模式克服了许可营销的缺陷，简单地说，这种方式在营销人员与客户进行促销交谈时把其作为平等的合伙人来看待。

（4）全员营销。为了创造更多的客户价值，近来有些企业提倡全员营销。这种营销有它的优越性和局限性，但这种营销思路的出现具有历史必然性。因为整个营销管理过程绝不仅仅是营销部门的任务，当一个机构与任何市场发生联系时，这个机构便产生了市场营销管理的问题。这就要求我们树立全员营销的概念。全员营销包括营销手段的整体性和营销主体的整体性，营销手段的整体性是指企业对产品、价格、渠道、促销等可控因素进行相互配合，实现最佳组合，以满足客户的各项需求；营销主体的整体性是指公司应以营销部门为核心，而采购、生产作业、人力资源、研究开发、财务、物流、管理等各个部门统一以市场为中心、以客户为导向，进行营销管理，参加企业的整个营销活动的分析、规划、执行和控制，尽量让客户百分百满意，同时使得公司从中获得长远发展和长期利润，从而实现客户与企业的"双赢"。

这种营销模式更加重视市场、重视客户，但想真正实现这种营销模式确实很难。通过先进的信息技术和领先的管理软件，为这种模式的实现起着支撑作用。CRM 的建立，可以建立统一的客户信息库，并基于一定的平台让全体员工来共享客户信息，这样就可以让企业跨部门、跨地区的员工及时了解和把握客户的需求，并尽量让自己所负责的工作"以客户需求为中心"，使得全员营销成为可能。当然，并不是所有的企业都要采用全员营销模式，我们需要视具体情况而定。

3. 服务环境的变化

在当今经济环境，我们随处可以体验到企业对服务的重视。企业提倡的是一种"大服务"，不再局限于售后服务，而是为客户提供售前、售中和售后的全方位服务。例如，售前的免费咨询服务、售中的操作指导和操作培训服务、售后的产品维修服务等。企业之所以在服务上投入这么大的精力，与企业间的竞争焦点发生转移密切相关。现在很多成熟行业中的企业间竞争不再局限于产品本身，而转移到产品的"外在形式"上。因为产品的质量已经趋于相近，差距就在于是否具有个性化的设计、个性化的服务。例如，中国的家电行业，普通彩色电视机的质量基本都能保证，家电厂商竞争的很大一部分是服务间的竞争。海尔电器为什么在价格比同行高的情况下，销量却比竞争对手多呢？差异产生于服务的差距。而服务的本质是创造和实现客户效用和价值的手段，因此服务对于客户实现价值而言是十分关键的。

（1）"大服务"创造全新服务理念。自从 20 世纪 80 年代末"以客户为中心"这一商业理念传到中国以来，服务便作为提升客户满意度的武器走到竞争前线。消费者在体验售后服务带来的满意体验时，将口袋里的钱转移到厂商的腰包。一时间，售后服务成了家电企业吸引客户的法宝。可如今，这法宝似乎不那么灵验了！因为以牺牲产品质量为代价的"售后服务至上"是一种舍本逐末的形式主义。消费者和业界都呼唤一种健康的、以消费者体验为中心的服务理念，提倡一种"大服务"的全新理念。

（2）服务利润链。由五位哈佛商学院教授组成的服务管理课题组，提出了"服务价值链"模型。这项历经二十多年、追踪考察了上千家服务企业的研究，试图从理论上揭示服务企业的利润是由什么决定的。简单地讲，服务利润链告诉我们，利润是由客户的忠诚度决定的，忠诚的客户（也是老客户）给企业带来超常的利润空间；客户忠诚度是靠客户满意度取得的，企业提供的服务价值（服务内容加过程）决定了客户满意度；最后，企业内部员工的满意度和忠诚度决定了服务价值。简言之，客户的满意度最终是由员工的满意度决定的。员工的满意度由多方面决定：岗位设计、工作环境、员工选拔培养、激励机制以及服务工具和技术支持等。

（3）CRM 中服务功能的实现。根据服务本身的特性、服务利润链的理论，以及"大服务"的思想，我们可以看出服务的实现不仅需要"以客户为中心"思想的灌输，还需要相应的软件工具的支撑。而在这新服务环境下，CRM 应用系统中的服务功能正是实现全方位、全天候服务的最佳保证。呼叫中心和客户服务中心正是 CRM 在客户服务中的运用。客户服务是一组借助于新技术的业务流程，功能却由人去运行。尽管市场上所有的 CRM 新工具都能支持呼叫中心，但公司保留客户的方法往往还是让客户有一个令人难忘的服务体验。客户服务战略应当首先在情感上可以接受，不仅要有高效性，还要具有友好性、情感性。后两点在 CRM 中发挥了巨大的作用，这种作用即使是最好的尖端技术也很难实现。因此 CRM 在服务中的功能体现，不仅仅指的是技术，它也强调人的作用。在本书后面章节关于呼叫中心技术会详细地介绍 CRM 的服务功能。

（二）CRM 战略的内部环境分析

CRM 战略目标的制定及战略选择不仅要知彼，即客观地分析企业外部环境，而且要知己，即对企业自身的内部条件和能力加以正确的估计。所谓企业的内部环境是指企业能够加以控制的内部因素。

一般来说，企业的内部环境包括财务状况、营销能力、研发能力、组织结构、企业曾经用过的战略目标等。以下将着重对建立在这些内部环境基础上的企业核心竞争力进行分析。

核心竞争力是指某一组织内部一系列互补的技能和知识的结合，它具有使一项或多项业务达到竞争领域一流水平、具有明显优势的能力。简单地说，就是指企业在经营过程中形成的不易被竞争对手效仿的能带来超额利润的独特能力。企业核心竞争能力的战略意义在于：它使企业超越竞争对手并获得较大的利润。在新的时代环境下，企业选择 CRM，无非是期望获得新的核心竞争力。CRM 正是为企业创造这种核心竞争力的理念、方法和工具。因此，可以说，CRM 将为新经济环境下的企业带来新的核心竞争力。CRM 可以实现客户数据的收集、处理、挖掘以及即时更新，还可以让企业全体员工共享统一的、实时的客户信息。企业在拥有客户信息的基础上，可以实现真正的"一对一营销"，从而为企业降低营销成本、提高营销成功率，满足客户个性化需求，提高客户的满意度。

三、CRM 战略目标的制定与战略实施

（一）CRM 战略目标的制定

企业在确定了 CRM 战略，进行了 CRM 战略的内外环境分析之后，下一步的工作就是确定 CRM 的战略目标。所谓战略目标是指企业在一定时期内，执行其使命时所预期达到的成果。CRM 战略目标分为长期的战略目标和短期的战略目标。事实上，CRM 在企业中的应用是一个逐步完善发展、持续改进的过程。而这里一般描述的是一次性的 CRM 项目实施。

1. 战略目标制定的影响因素

首先，CRM 战略目标必须与企业总体战略目标在方向上保持一致；其次，CRM 战略目标的制定又需要考虑自身 CRM 的一些要素，在 CRM 战略目标开发过程中最重要的是确

认 CRM 战略将要实现的关键目标，包括组织远景、客户服务战略目标、经济目标和 CRM 创新目标等。此外，企业在制定 CRM 战略目标时，还需要考虑以下一些因素。

企业在制定具体 CRM 战略目标时，必须考虑企业中长期的发展战略与规划，要根据企业未来发展的方向和时间表来决定企业实施 CRM 相关功能模块的优先次序；企业实施 CRM 战略时，也必须遵循"总体规划，分步实施，分步受益"的原则；企业要真正遵循"局部扩大化，由点及面效益波及性"的原则，做到平稳过渡。

企业在制定 CRM 战略目标时，还应该遵循"技术服务于经营管理"的宗旨，因为未来的 CRM 系统实施是为企业经营管理服务的，在制定 CRM 战略目标时，必须考虑企业未来业务发展的战略部署，做到管理软件能够与企业发展趋势相适应，具备一定的可扩展性和灵活性；应该认识到，技术只是促进因素，它本身不是解决方案。

企业在制定 CRM 战略目标以及有效实施 CRM 战略上，一般需要深刻考虑以下几个方面的战略影响：市场定位、渠道选择、价格制定、市场推广、品牌和广告。

2. 战略目标的制定过程

CRM 战略目标有三个层次：最高层，在优化客户体验、客户满意的同时企业获取最大化利润；中层，在成本控制的基础上，提高客户满意度、客户忠诚度和客户保持率，不断挖掘具有价值潜力的新客户；最低层，实现销售、营销和服务的自动化，并能够统一管理客户信息。

不同行业、不同企业在制定具体的 CRM 战略目标时，要具体问题具体分析，应该在此基本层次框架的基础上，进行删减或补充，但务必确保目标的层次性。

在一个具有多项经营业务的企业内，最高层管理者制定企业的长期 CRM 战略目标，企业各职能部门也必须确认自己的目标。CRM 战略目标的制定过程，主要包括以下几个步骤，如图 3-7 所示。

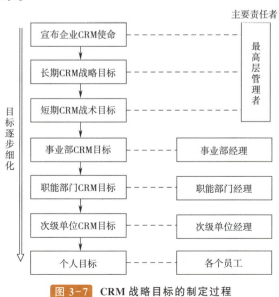

图 3-7 CRM 战略目标的制定过程

（二）CRM 战略实施思路与内容

1. CRM 战略实施生命周期与组成

实际上，一个完备的 CRM 战略实施应该从两个层面进行考虑。其一，从管理层面来看，企业需要运用 CRM 中所体现的思想，来推行管理机制、管理模式和业务流程的变革；其二，从技术层面来看，企业部署 CRM 应用系统，来实现新的管理模式和管理方法。具体的 CRM 战略实施生命周期如图 3-8 所示。

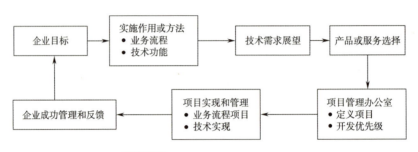

图 3-8 CRM 战略实施生命周期

既然实施 CRM 战略需要开发一种新的技术结构，那么企业应当构建这种企业战略的不同组成部分，这些组成部分如表 3-2 所示。

表 3-2　企业 CRM 战略的组成部分

组成	功能	
1. 信息交付/在线分类	产品选择 查询服务	订单条目 账务处理
2. 客户数据库分析	数据挖掘 流量模式 产品/服务接受率 产品改进	自助式服务模式 产品范围 营销和销售开发 用户信息
3. 个性化和内容管理	入口 自动响应服务 营销竞争 管理	传统呼叫中心支持服务 协作 在线查询服务
4. 销售自动化	接触管理 提议自动化 订单管理 销售预测	销售报表 文件管理 登记管理
5. 伙伴渠道自动化	线索分配 线索处理 财务管理 规划和测评	编制账单 服务实现 合作营销 广告
6. 客户服务	产品查询 申请管理 账户管理	服务实现 自助式服务系统 多业务部门关系

对于这些不同的组成部分，企业可以根据需求的程度，对其进行优先排序，有些组成部分也可以不用实施。具体的 CRM 战略实施步骤和实施过程，将在 CRM 技术层面部署的过程中完成。

在业务改进和技术革新完成之后，组织应当定期评估这些变革所起的作用。定期评估的作用在于：基于一个实际客户的接受反馈来识别 CRM 模型的过程变化。

2. CRM 战略实施的步骤

CRM 客户管理战略的实施是一个系统工程，需要从数据收集、客户细分、个性化营销和服务提供等多个环节入手，形成一个闭环管理系统。由于个性化营销和服务提供在本书其他部分已介绍，这里仅对数据收集、客户细分做简要阐述。

（1）数据收集。数据收集是 CRM 战略实施的基础。企业需要通过多种渠道收集客户数据，包括购买记录、互动记录、反馈信息等。数据收集的目的是全面了解客户的需求和行为，为后续的客户细分和个性化营销提供依据。现代企业通常采用 CRM 系统来进行数据收集和管理，这些系统可以自动化地收集和整理客户数据，提高数据的准确性和及时性。

（2）客户细分。客户细分是指根据客户的不同特征，将客户分成若干个细分群体。客户细分的目的是更精准地了解客户需求，制定更有针对性的营销策略和服务方案。企业可以根据客户的购买频率、购买金额、购买品类等多个维度进行客户细分。例如，可以将客户分为高价值客户、中价值客户和低价值客户，针对不同价值层次的客户提供不同的服务和优惠。

第三节　客户关系类型选择与 CRM 战略分类矩阵

一、客户关系的类型

企业实施 CRM 战略的目的是保持客户，降低客户流失率，并可以获取持续竞争优势。CRM 战略要求企业从以产品为中心向以客户为中心模式转变，管理视角从"内视型"向"外视型"转变，这就要求企业以客户价值创造和创新作为战略的出发点和落脚点，探测客户的个性化需求，以最有效的方式、最快的速度提供给客户所需要的产品。但企业要满足上述要求，在市场的竞争中获得竞争优势，就要根据现有的企业客户关系的不同类型，整合企业资源，制定相应的管理战略。

（一）根据企业与客户合作层次分类

客户关系是指企业为达到其经营目标，主动与客户建立起的某种联系。这种联系可能是单纯的交易关系，也可能是通信联系，也可能是为客户提供一种特殊的接触机会，还可能是为双方利益而形成某种买卖合同或联盟关系。客户关系具有多样性、差异性、持续性、竞争性、双赢性的特征。它不仅可以为交易提供方便，节约交易成本，也可以为企业深入理解客户的需求和交流双方信息提供许多机会。根据企业与客户合作的层次，客户关系类型有买卖关系、供应关系、合作伙伴及战略联盟四种类型。

（1）买卖关系。指企业与客户之间的关系维持在买卖关系水平，客户将企业看作一个普通的卖方，销售被认为是一次公平交易，交易目的简单，企业与客户之间只有低层次的人员接触，双方较少进行交易以外的沟通。

（2）供应关系。企业与客户的关系可以发展成为优先选择关系，处于这种关系水平的企业与客户企业或组织中的关键人物有良好的关系，企业可以获得许多优先甚至独占的机会，与客户之间信息共享得到扩大，客户对企业有一定偏爱。

（3）合作伙伴。当双方的关系存在于企业最高管理者之间，企业与客户交易长期化，双方就产品与服务达成认知上的高度一致时，客户关系进入合作伙伴阶段。

（4）战略联盟。指双方有着正式或非正式的联盟关系，双方的目标和愿景高度一致，双方可能有相互的股权或成立合资企业，双方通过共同安排争取更大的市场份额与利润，竞争对手进入这一领域有较大的难度。

（二）菲利普·科特勒的客户关系分类

企业作为逐利型组织，在客户关系的维系过程中需要付出金钱、时间等成本，不会为没有回报的客户付出过多的成本。因此，这个时候客户关系是一种企业与客户之间多方面的联系和利益权衡的重要因素，根据企业在产品销售过程中工作努力程度和愿意付出的精力、成本，美国营销学大师菲利普·科特勒将企业建立的客户关系概括为五种类型（如表 3 - 3 所示）。

表 3 - 3　客户关系的类型

类型	特征
基本型	销售人员卖出产品后，就不再与客户接触
被动型	销售人员卖出产品后，同意或鼓励客户在遇到问题或有意见时联系企业
责任型	产品销售完成后，企业及时联系客户，询问产品是否符合客户的要求，有何缺陷或不足，有何意见或建议，以帮助企业不断改进产品，使之更加符合客户需求
能动型	销售完成后，企业不断联系客户，提供有关改进产品的建议和新产品的信息
伙伴型	企业不断地协同客户努力，帮助客户解决问题，支持客户的成功，实现共同发展

（1）基本型客户关系。指销售人员卖出产品后，就不再与客户有更多的接触。一般是由于客户的需求近段时间只有一次，基本型客户短期时间不会再来买。

（2）被动型客户关系。被动型客户不会主动表达购买意愿，在销售工作人员的鼓励下购买产品，并且都是工作人员主动联系客户，提醒客户遇到售后问题及时和公司反应。总体来说，有问题不主动提出来，有需求也不主动说出来。

（3）责任型客户关系。责任型客户一般心胸都比较宽广，在企业的销售人员与客户联系时，会主动提出产品的优点和缺点，对企业产品的优点给予肯定，对企业产品的缺点提出改进建议。对于这种客户一定要说到做到，不能失去诚信，如果你让客户感觉到企业承诺的做不到，客户就不会再相信企业。

（4）能动型客户关系。客户购买了企业的产品之后，在企业的售后部门进行寻访时，企业工作人员会咨询客户关于产品方面的信息，客户也会主动提出意见和建议，让企业的产品做得更加完善。

（5）伙伴型客户关系。伙伴型的客户关系其实就是相互成就，把对方的事情当成自己的事情，通过自己的努力去成就对方的成功，那么企业与客户之间就会成为互相信赖的伙伴关系。

值得说明的是，上述五种客户关系类型并没有简单的好坏之分，而且客户关系类型也不是一成不变的。因此，企业所有工作人员在与客户进行沟通和维护的时候，要对客户关系这五种分类有所认识，不同类型的客户要用不同的策略去维护，这样不仅可以节省企业的时间成本，还可以提高企业产品的成交率。

二、企业选择客户关系类型的模型

企业在经营管理实践活动中，要建立一种什么类型的客户关系，必须根据其产品特性和对应的客户定位来做决策。科特勒根据企业的客户数量以及企业产品的边际利润水平提供了一个思路，帮助企业选择合适的客户关系类型，如图 3-9 所示。

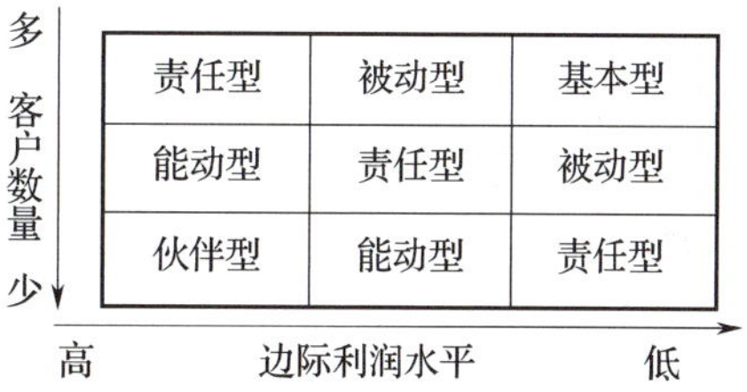

值得说明的是，企业的客户关系类型或者说企

责任型	被动型	基本型
能动型	责任型	被动型
伙伴型	能动型	责任型

多 ← 客户数量 → 少　　高　　边际利润水平　　低

图 3-9　客户关系类型选择模型

业客户关系管理的水平并不是固定不变的，企业客户关系管理应该积极地在横向向左推动。现在已经有越来越多的企业正在这样做，效果明显。例如，阿里巴巴与菜鸟合作电商物流，这种基于"双赢"的伙伴型关系策略很快使菜鸟成为行业的领先者。

如果企业在面对少量客户时，提供的产品或服务边际利润水平相当高，那么，它应当采用"伙伴型"的客户关系，力争实现客户成功的同时，自己也获得丰富的回报；但如果产品或服务的边际利润水平很低，客户数量极其庞大，那么企业会倾向于采用"基本型"的客户关系，否则可能因为售后服务的较高成本而出现亏损；其余的类型则可由企业自行选择或组合。因此，一般来说，企业对客户关系进行管理或改进的趋势，应当是朝着为每个客户提供满意服务并提高边际利润水平的方向转变。

在客户关系管理实践中，CRM 战略选择要根据企业掌握客户信息的完整性和客户个性化服务的程度来考虑，CRM 战略分类矩阵及其转化途径如图 3-10 所示。

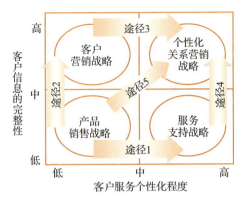

图 3-10 CRM 战略分类矩阵及转化途径示意图

（1）客户信息的完整性。客户信息是企业了解客户的基础，企业在经营活动中识别客户价值、客户分类、客户沟通、客户满意度提升，以及客户关系管理战略选择都依赖于完整的客户信息。

（2）相对客户共性来说，广义的客户个性化是指针对不同的客户群的不同需求，提供不同的产品和服务。狭义客户个性化是相对于一对一营销而言，是指针对单个客户的不同需求，提供不同的产品和服务。

（3）产品销售战略。并不是一种 CRM 战略，对客户信息的要求较低，而为客户提供的服务也趋于大众化。

（4）服务支持战略。力图识别出所有客户中值得挽留的目标客户，并将资源和能力投入到最重要的客户身上，强调与客户之间一对一的或个性化沟通。

（5）客户营销战略。通过一系列的数据分析来加深对客户需求的理解，从产品中心型向客户中心型转移，采用客户营销战略，企业可以进一步识别交叉销售和扩展销售的机会。

（6）个性化关系营销战略。企业拥有复杂、完备的数据平台，如数据仓库系统，而且还必须具有功能强大的分析工具。通过客户数据的收集和分析，识别客户的偏好和需求特征，在此基础上为客户设计和提供完全个性化、定制化的产品或服务，最大限度地满足客户。

第四节　客户增长矩阵与客户联盟

一　客户增长矩阵与客户关系管理战略选择

客户增长矩阵描述了企业现有客户及新客户的增长与现有产品及新产品的组合情况，如图 3-11 所示，企业通过选择不同的战略，与客户建立起特殊的关系。

图 3-11　客户增长矩阵

（一）客户忠诚战略

随着客户对企业忠诚度的逐渐增强，其对企业利润的贡献也呈渐增趋势。经验表明，忠诚于企业的客户倾向于将大量的时间花在企业上，他们担当了推荐、介绍方面的代理商，从而为企业带来了新客户，并且最终为他们服务所花费的成本比为新客户服务所花费的成本要少得多。这些因素结合起来提供了强大的证据，表明了企业的利益率直接与客户的忠诚程度相联系，如图 3-12 所示。

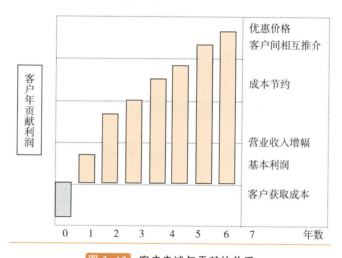

图 3-12　客户忠诚与贡献的关系

客户忠诚战略是指企业应该将战略上的关注焦点集中在客户的回头率上，认为培养忠诚客户比获得更大的市场份额更重要。一个企业致力于客户忠诚战略是获得持续竞争优势的基础。如果企业没有稳定的客户群，企业的持续发展就没有保证。如图 3-12 所示，客户与企业合作时间的长短，会对企业客户资产构成的许多方面产生较大影响。对于一个忠诚客户，随着时间的延长，他给企业创造的利润会逐年增加。

（二）客户扩充战略

客户扩充战略常常与客户忠诚战略结合在一起使用。它们都涉及了维持企业已经与客户建立起来的关系这个问题，但客户扩充战略是企业通过提供更为广泛的产品与服务，使其客户群大大地扩展从而促进进一步的发展。扩充战略使行业或者市场的界定变得越来越模糊，如保险与银行、铁路与公路。以前处于不同市场范畴的企业，现在正为获得同样的客户而竞争，并且正依靠着这些战略去满足同样的客户需求。

（三）客户获得战略

客户获得战略是指企业将战略重点放在获得更多更合适的客户上。在有些情况下需要应用客户获得战略。例如，当企业在迅速增长的市场中运作的时候；或者企业当快速增长有一些特殊需求的时候，或者为了获得比竞争对手更大的经济规模和更丰富的经验等。企业客户资产经营的重点可能是获得大量新客户，但这些新客户的需求类似于现有的客户。当前的客户群是否能够在招揽新客户上扮演一个角色，对于客户获得战略具有重要的意义。

（四）客户多样化战略

客户多样化涉及较大的风险，因为该战略意味着企业将战略重点放在使用新产品和新服务，并与新客户做生意谋求发展上。除非有特殊机会，否则将它作为企业所遵循的切实可行的战略是不可取的。

（五）不同客户战略的结合

它对在不同战略上的选择进行了概括性的描述，如图 3-13 所示。通过依靠现有的忠诚客户推荐、介绍新产品或服务，将客户扩充战略及客户获得战略与客户忠诚战略结合起来，企业能不断获得新客户，而且使现有客户变得更加的忠诚。这就说明了客户忠诚战略是实施客户战略的基础，这就是 CRM 战略的基本出发点。

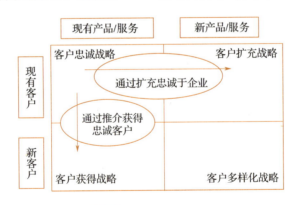

图 3-13 客户增长矩阵的要素组合

（六）客户特性描述

客户特性描述的重要性在于，它通过描述最理想的客户可能是什么样的，而使企业能够确切地阐明：企业怎样才能为客户提供独特的价值，或者企业怎样才能够以更低的成本为客户服务，从而达到获得持续的竞争优势的目的。

 **客户联盟**

（一）客户联盟的概念

客户联盟是指在信任、开放和共同利益的基础上，企业与客户建立的一种动态的合作关系，达到双赢的结果，而不是仅仅从客户身上谋取自身利益，这种开放的、灵活的、协作的运作方式称为客户联盟。从客户角色演进历史看，客户联盟是客户理念发展的必然。对于企业活动，客户从被动的产品或服务的接受者逐渐转变成为积极的参与者，它成了企业创造价值活动的伙伴。客户联盟提倡企业要竭尽所能为客户服务。它倡导这样一个准则：汇集企业所有创造力和想象力的源泉（无论是来自服务部门的优异表现还是技术部门的信息资源）来加速合作中的交互作用。客户联盟的核心在于朴素而基本的承诺：交付最完美的结果。这意味着企业应针对客户的特殊需求制定最佳解决方案。

（二）客户联盟的作用

客户联盟对于维系至关重要的客户资源的重要作用主要表现在：

首先，通过客户联盟，企业可以了解到客户对企业的产品或服务不断变化的需求和在购买、使用或维护产品中所积累的经验等，这些信息有利于提高企业的产业预测能力、应变能力和价值创造能力，因而构成企业动态环境下竞争优势的基础。

其次，在客户联盟中，企业与客户紧密互动，可以获得以下机会：在服务交付中利用客户知识、吸收客户知识、合作开发知识、边学边干等其他动态关系效应。例如，要求苛刻的客户可能促使企业在内部开发知识以满足其需求，从而使企业获得创新的灵感。

最后，对于企业来说，客户联盟是其最为重要的知识信息源泉和产品开发的合作者。组建客户联盟、向客户学习，对于资源的充分运用与构建具有重要意义。

（三）客户联盟的建立

企业如何将客户联盟的概念付诸实施并获取利润呢？这里有三条规律可循，它们也是联盟所必须遵守的法则。

第一，展开商业想象力，为客户搜寻永远最佳的解决方案。

第二，培育沟通渠道。客户联盟需要沟通，需要建立一种基于相互信任并经得住时间考验的工作关系。

第三，承诺，承诺，再承诺。

这三条法则——想象力、沟通、承诺，是互相交织、互相依赖的。

（四）具有代表性的联盟模式

客户的本性在于不断追求满意。随着时代的发展，客户的需求层次越来越高，它们所追求的满意已经不仅仅是最低的价格和最优的产品，而是最优的结果。企业只有设法提供完美的解决方案，才能满足客户的需求。

目前国内外企业建立客户联盟，提供完美的解决方案主要有三种模式：定制模式、引导模式和合伙人模式。

1. 定制模式——向客户提供量身定制的解决方案

对于一个想建造新房子的人来说，千篇一律的预制住宅往往无法满足自己特定的需要，而雇佣专门的设计师成本又很高。日本住友建设公司针对客户的这种难题，将定制模式结合到大规模住宅建造业务中去，客户只需来到住友建设公司，就会有专门的销售人员引导他们一起使用公司的 CAD/CAM[⊖] 系统终端来构筑自己理想中的住宅，包括选择和设定计算机资料库中成千上万种屋顶、平面设计、室内装修等。选定完毕，就会由计算机生成一份预算清单，确定后生成订货单，然后施工队伍才开始工作。这样，客户用较低的成本、很短的时间就可以得到理想的住所，而公司也因此吸引了大量的客户，公司和客户实现了双赢。这就是采用定制模式实现客户联盟的典型例子。定制模式的核心在于提供最合适的解决方案。

2. 引导模式——引领客户走向成功

当客户要购买家具时，面对展厅中样式繁多的家具无从选择，他们往往并不真正了解不同家具的设计或材料的特点和优势。瑞典的宜家家居公司针对这一点，在出售的家具上贴上详尽的介绍标签，标明其主要特点、用料和优点所在，并将家具组合起来，按照家庭布局来陈列，并允许客户试坐沙发，试开柜子抽屉等，从而引导客户对要购买的家具有了一个更为深入的认识，进而能够选择真正满意的家具。宜家采用的这种引导客户走向成功的模式取得了巨大成功，从而成为全球最大的家居用品公司。在现实生活中，针对不同情况，可以采取不同的引导模式。

（1）解决产品未充分利用或市场未充分开发的问题，可以采用展示产品所有优势的模式。美国的 Arm & Hammer 公司主要经营小苏打，通过引导客户认识到小苏打的多功能来获取市场。他们告诉消费者小苏打可以和醋混在一起清洗抽水马桶，可以放进冰箱清除异味，可以放进洗衣机使衣服更加洁白等，从而使小苏打成为很多美国人的家居必备品，开拓了广阔的市场。

（2）建立客户的产品使用机制来指导客户改变使用产品的习惯或商业机制。施乐公司推出能够扫描图像的 DocuTech 印刷机后，针对客户习惯使用传统复印机及不了解新产品功能的现状，专门组建了咨询小组，帮助那些需要处理繁杂文件的客户更好地使用该产品，以发挥产品的全部效能。

（3）与客户一起开辟新领域，引导客户开创新的商业增长点。美国 MBNA 公司主要经营信用卡发行业务，他们的做法是在选择合适的客户后，引导其开展信用卡业务。以俱乐部为例，俱乐部提供给会员一个俱乐部 VISA 卡，并从会员的信用卡消费中提取 0.5% 的费用。这种最终用户的信用卡不仅显示出俱乐部与会员的亲密关系，也给俱乐部带来可观的收益。这样，MBNA 公司成功地为 4.1 万个组织提供了信用卡服务，成为美国发展最快的信用卡发行商。

3. 合伙人模式——与客户共同创新

美国的汽车制造商克莱斯勒公司在 20 世纪 80 年代陷入困境，它面对市场的变化，

⊖ Computer Aided Design/Computer Aided Manufacturing，计算机辅助设计/计算机辅助制造。

无力独自提供更新颖的造型、更高的质量和更快捷的交货速度，于是决定通过其全面的供应链来共同开展这个创新活动。世界上最大的汽车座椅和配套产品即时供应商琼森传动系统控制（以下简称琼森）公司被选中来共同接受这个挑战，结果琼森公司很好地做到甚至超过了克莱斯勒公司的期望。例如，1994 年克莱斯勒公司在 Neon 车型开发中，琼森公司几乎对车型设计、工程设计、货源监控、装配等全过程负起责任，公司的工程师和克莱斯勒公司的工作组共同工作，以保证提供双方都满意的形式和功能。同时，作为新车型近 80% 的座椅零件供应商，琼森公司承担了使系统开发与克莱斯勒公司的其他外部供应商结合起来的责任，协调组织每一位成员的行动来确保生产出最佳产品。琼森公司的员工和供货商一同关注产品质量、成本控制和交货能力，以确保在每一步都超出克莱斯勒公司的期望，琼森公司还将其新组装工厂的即时序列产品与克莱斯勒公司自身的组装工艺结合起来，在接到克莱斯勒公司订单的两小时之内，就能为交付座椅及其他配套产品做好准备。琼森公司和克莱斯勒公司之间的关系就是合伙人模式，在这种模式下，供应商和客户共同创造完美结果。

相对于定制模式，合伙人模式弥补了其仅仅是供应商寻找最佳方案而客户不需要改变日常经营方式的不足。相对于引导模式，合伙人模式下的供应商不再充当引导者的角色，而是和客户共同承担寻找最佳完全解决方案的责任。因而，合伙人模式是最复杂、最具有挑战性的客户联盟类型。

第五节　CRM 应用与业务流程再造

一个企业要成功地实施 CRM，首先要做的一项重要工作就是企业业务流程的再造。业务流程（Business Process）是指企业输入各种资源，以客户需求为起点，创造出客户满意的产品或服务，以实现价值为终点的一系列活动。在传统的企业组织中，业务流程构造是按照劳动分工的需要而不是按照客户管理的需要来组织的，因此客户管理流程往往是分散的、片段式的，这使得企业无法有效地实现以客户为中心的经营管理活动。在CRM 环境下，客户的概念需要从独立分散的单个部门提升到企业整体的层面，因此在企业中与客户相关的每一个业务操作和管理环节都需要重新设计整合，这意味着基于CRM 的业务流程再造是一场全面性的、系统性的管理变革。

一、业务流程再造的基本理念

（一）业务流程再造（BPR）的概念

业务流程再造（Business Process Reengineering，BPR），是 20 世纪 90 年代由麻省理工学院的教授迈克尔·哈默（Michael Hammer）和管理咨询专家詹姆斯·钱皮

（James Champy）提出的理论。1990 年，迈克尔·哈默在《再造工作：不要自动化改造，而是彻底铲除》一文中首先提出了 BPR 概念。1993 年，迈克尔·哈默和詹姆斯·钱皮合著并出版了《企业再造——经营管理革命的宣言书》。在这本书中，他们阐述了 BPR 的定义：BPR 是指对企业的业务流程进行根本性再思考和彻底性再设计，从而获得在成本、质量、服务和速度等方面业绩的显著改善。

至于 BPR 所蕴含的管理意义，主要体现为三个方面：①BPR 是一项战略性企业重构活动，而不仅仅是战术性的；②BPR 以提高客户满意度为核心，客户需求是企业实施 BPR 的最根本动力；③信息及网络技术只是 BPR 的一个要素，此外还包括目标和人两大要素。由此可见，BPR 事实上是提供了一个企业在 CRM 环境下以提高客户满意度为核心任务的整体解决方案。企业的使命是为客户创造价值，能为客户带来价值的是企业优化的流程，这就是面向客户满意的流程再造的出发点和归宿点。

（二）BPR 的基本原则

（1）以客户为中心。全体员工建立以客户而不是"上司"为服务中心的原则。

（2）企业的业务以"流程"为中心，而不以一个专业职能部门为中心进行。一个流程是一系列相关职能部门配合完成的，体现于为客户创造有益的服务。

（3）"流程"改进后具有显效性。改进后的流程的确提高了效率，消除了浪费，缩短了时间，提高了客户满意度和企业竞争力，降低了整个流程成本。

（三）BPR 的主要对象

BPR 的对象一般是企业的核心流程或关键的"瓶颈"流程。核心流程是指那些对企业价值创造战略起着关键作用并直接为客户传递价值的流程，所以企业的核心流程直接或间接地与客户的需求有关。对于 BPR 的对象，则主要着力解决好三个方面的问题，即流程的主要问题是什么，问题出在流程内部还是出在流程之间的关系上，管理流程与作业流程是否协调一致。

（四）BPR 的实施

几乎每个实施 BPR 的企业和提供 BPR 咨询服务的企业都会提出一套自己的方法，这也意味着没有一套可以适用于任何企业和任何一个 BPR 项目的标准方法。但是根据美国 BPR 专家詹姆斯·登（James Teng）对众多企业和咨询公司所采取的 BPR 方法进行的归纳和总结，可以看出多数 BPR 方法都可由以下七个阶段的工作来概括：

（1）设计远景。企业高层主管应当从企业战略的高度来考虑 BPR。在信息化项目启动的第一阶段，高层主管就应当考虑到 BPR 的必要性，过去的流程是否需要进行根本的改变？企业信息化要达到什么目标？

（2）项目启动。在此阶段企业高层主管要确定哪些流程需要再造，设定清晰的流程再造目标、成立 BPR 项目领导小组并制定详细的项目规划。

（3）流程诊断。对现有流程和子流程进行建模和分析，诊断现有流程，发现流程中的"瓶颈"，为业务流程再造定义基准。

（4）设计新流程。在分析原有流程的基础上，设计新的流程原型并且设计支持新流程的 IT 架构。

（5）实施新流程。新的流程是否可靠、方便、完善，还有待于这一阶段的检验。在 BPR 实践中得到的经验是：在此阶段，工作方式的变革容易产生一些困惑，需要通过管理层、项目组和员工之间的广泛沟通来消除矛盾。例如，有一家烟草公司在实施 BPR 的过程中，改变了工作方式，引起了采购部门和财务部门的争议，双方都认为应由对方来输入某类单据。最后，实施小组负责人从物流的合理性考虑，决定由采购部门输入，结果工作效率得到很大提高。

（6）流程评估。BPR 结束后，就可以根据项目开始时设定的目标对当前流程进行评估，看新的流程是否达到了预期目标。

（7）持续改善。一次 BPR 项目的实施并不代表公司改革的任务完成，整个企业的绩效需要持续改善才能实现。这种持续的改善实际上就是不断对流程进行分析和改变。

二、CRM 环境下企业业务流程面对的挑战

随着网络经济时代的到来，经济向全球化方向发展，市场竞争日益激烈，与此同时，客户消费心理日渐成熟，出现了理性化、个性化、主动化的消费趋势，致使市场变数激增，变化难以预测。要想成功应对挑战并在竞争中突围，企业必须相应于 CRM，创建一套有效互动的业务流程。总的来说，CRM 环境下企业传统业务流程面临的挑战包括以下几个方面。

1. 交易效率的提高

在 CRM 环境下，现代信息技术的应用使得客户与企业之间互动的时空限制被突破，从而带来了交易效率的大幅提高，这必然会对企业的销售、营销等传统业务流程的运作效率提出更高的要求。例如，戴尔采用直销模式，由客户直接向戴尔发出列有所需配置详情的订单，然后由戴尔"按单生产"。由于消除中间商环节，提高了交易效率，节约了大量的成本和时间，同时戴尔公司能够腾出更多的精力来理解客户需求。

2. 客户个性化需求的满足

在 CRM 环境下，交易平台和交易工具都有了极大的提升，客户的行为具有了高度的电子化特征，企业产品的订单可能来自于地球任何一个角落的消费者，他们的购物及付款可能采用电子方式。企业要想在这种客户需求日益多元化、个性化的市场环境下立于不败之地，满足客户完全个性化的需求成为必然。许多企业现有的业务流程是无法做到这些的，因此必须进行"客户需求导向"的 BPR。

3. 市场竞争对业务流程的综合适应要求提高

在激烈的市场竞争中，客户需求的快速多变使得企业需要通过持续不断的变化和调

整适应状态来保持竞争优势，争取更多的客户资源。这种竞争的动态性造成企业运作的高风险性，大大地提高了对企业业务流程的综合适应能力的要求。据统计，美国在工业时代新产品开发成功率平均为 75%，而现在高科技新产品开发成功率平均只有 20%。同时，高风险意味着市场回报率也极高，企业的业务流程如何优化才能配合上几十倍、几百倍、多则上千倍的投资收益值得企业深思。

4. 业务流程无限扩大

在互联网这个商务平台快速提升的大环境下，无论是虚拟的纯电子商务，还是由实体企业支撑的电子商务，都必须将焦点集中到客户身上，必须提供给客户实时的、互动的、个性化的解决方案，才能在竞争日趋激烈的全球化市场中赢得独特的竞争优势。这就要求企业尽快建立"一对一"的营销平台以及客户接触点的集成管理，实现客户信息的实时共享机制，从而有效地提高应对变幻莫测的市场需求及越来越挑剔的客户的个性化需求的能力。

5. 将客户知识管理融入业务流程

客户知识管理就是有效地获取、发展和维系有利于客户组合的知识与经验，为尽可能地求得最大的价值，"客户""知识"和"管理"必须处在一个封闭的循环体系，企业运用这个循环体系中的客户知识，从客户关系中求得获得最大收益的方法。在 CRM 环境下，客户知识管理需要与企业的 BPR 有机地交融，因为客户知识和信息的创造、共享与再利用只有与特定的业务流程密切联系，才能有效地发挥其巨大的效用。

三、CRM 系统中的 BPR

一个完整的 CRM 应用系统包括业务操作管理、客户合作管理、数据分析管理和信息技术管理四个子系统。企业前端与客户相关的业务流程可以分为业务操作管理流程和客户合作管理流程这两个部分。这两类流程的共性是它们都以企业外部客户为工作中心，以达成或改进与客户的交易为目标。所以，在 CRM 系统的应用中，涉及企业前端业务流程的再造时，基本可以划分为业务操作管理流程的再造和客户合作管理流程的再造两方面。下面将从这两个方面讨论 CRM 系统中的业务流程再造问题。

（一）业务操作管理流程的再造

企业的业务操作管理流程主要包括营销流程、销售流程和客户服务与支持流程。CRM 系统通过对业务操作管理流程进行再造，从而建立符合企业需要的全新功能模块，进而形成全面的企业前端业务流程闭合环路。

1. 营销流程的再造

在 CRM 环境下，要求企业的市场营销活动能够实现以下功能：针对企业客户定位制定营销战略和目标；设计针对性强、效率高的市场推广活动；管理实施活动的各种渠道与方式，或对活动的进程进行调整；评估活动结果，最终找出效果最好的营销活动形式；获得关键客户的互动资料；进行营销活动的市场分析，提出决策参考意见。

为保证实现营销自动化，CRM 在营销功能模块方面需要充分应用数据仓库技术，通过集成的客户信息数据库和客户机与服务器之间的交互，来满足高端决策管理、面向营销的市场分析等需求。

2. 销售流程的再造

销售过程包括报价、订货、折扣、给付差价、销售点管理、订单管理等一系列活动。销售流程的优化是通过活动的集成来达到的，而集成的前提是简化，流程的简化主要是利用计算机进行业务的管理和监督、控制，将原先不必要的活动和不增值的活动（如单纯业务数据的统计、分析、整理、上报等）删除，通过信息技术将销售流程中的某些活动合并，从而减少活动的数目。

在销售环节，CRM 将为企业提供一个管理销售流程的全面解决方案。CRM 要求在销售中提高专业销售人员大部分活动的自动化程度，包括：覆盖整个销售过程，从销售信息导入到市场时机的把握、从渠道的选择到订单管理；支持各种不同类型的销售方式——直销、间接销售、代理销售、电视销售、网络销售等，支持不同销售方式的工作人员通过多种渠道共享客户信息；实现包括日程安排、联系和账户管理、佣金管理、商业机会和传递渠道管理、销售预测、建议的产生和管理、定价、领域划分、费用报告等功能。

3. 客户服务与支持流程的再造

在客户服务的环节，CRM 要求企业提供颇具竞争力的售后支持、上门维修和消耗品维护服务，其中包括维护人员的预约与派遣、备件的管理、后勤保障、服务收费和根据合同提供野外维护服务等项目；还应当支持客户自由选择电话、网络等自己认为最方便的通信方法与企业联系，而且不论他们采取何种渠道，都能在最短的时间内得到所需的统一专业的服务；企业则通过与客户打交道的各个环节，最终得到与客户相关的各种资料，真实地、全方位地掌握客户需求，最后将资料反馈给营销和销售部门以实现更大的价值。

在 CRM 环境下，企业提供客户服务时覆盖了从与客户的初次接触到最后的服务账单管理整个服务业务流程。

（二）客户合作管理流程的再造

CRM 应用系统将企业与客户接触、交互和合作的业务功能独立为客户合作管理，这不仅大大提高了企业对客户管理的有效性，而且使相关业务操作流程对于客户信息的共享和交流更为便捷，对客户交流渠道的协调更为综合和统一。客户合作管理流程包括联络中心管理、Web 集成管理和企业业务信息系统。

1. 联络中心管理

联络中心（Contact Center）作为企业与客户互动的一个窗口，除了为客户提供相应的服务和支持外，还能完成有关客户信息的收集和分析。联络中心应用包括坐席前台应用、多渠道路由和排队、实时管理、屏幕弹出、电子邮件处理、智能拨号器、报表、网络交谈和网络协作。在现代信息技术的支撑下，联络中心的内容和功能都已超出了传统的呼叫中心的范围，但呼叫中心仍然是联络中心的重要组成部分。

2. Web 集成管理

Web 集成管理是指企业在互联网上推广、宣传、与客户接触等进行统一的、全方位的网络商业应用的解决方案。CRM 系统要使企业通过 Web 支持，销售其产品和服务并不断扩展销售和服务体系，以及将 CRM 与 ERP 等应用系统结合，改善产品的发布和生产周期。CRM 的 Web 集成管理应用网络体系结构，提供一个从选择配置到订货的个性化的电子商务解决方案的新接口，从而全面支持互联网交易，使企业能够充分利用互联网扩展自己的电子商务，对企业实施有针对性和个性化的市场战略具有重要的意义。

3. 企业业务信息系统

企业业务信息系统是企业管理信息系统的子系统，处于企业管理信息系统的基层。它主要是针对企业的某项业务处理要求，进行数据处理（包括数据的接收、录入、统计、汇总、更新和检索等），代替业务人员相关的重复劳动，提高信息处理、传输的效率和准确性，为决策和业务操作应用系统提供支持。在 CRM 系统中，包含在客户合作管理子系统中的业务信息系统专指其相关的信息功能，主要包括客户资料管理、客户跟踪管理、业务知识管理。

（1）客户资料管理。客户资料管理其实是一个存放所有客户信息的资料库。通过将零散、不集成的客户资料集中管理，可以及时、准确地了解现有客户和新客户的准确信息和发送批量的信件、电子邮件和传真等。

（2）客户跟踪管理。客户跟踪管理是跟踪每次业务操作中与客户联系的情况，对提交给客户的电子文件进行记录，并提供多种统计功能。

（3）业务知识管理。将企业日常工作中大量的业务信息/知识、标准文档集中管理，方便员工查找、更新、管理。

第六节　应用 CRM 规范企业业务流程

一、CRM 环境下企业经营管理行为的变革

要实施 CRM 战略，企业的经营管理行为需进行变革。具体应从三方面入手。①收集整理客户信息。即从多个信息源处收集并整理信息。信息资料的收集包括客户的人口统计，心理行为分析，购买产品或服务的历史及偏好，有哪些抱怨、投诉，以及其他所有与企业交流的情况。②创建客户档案资料。客户档案资料包括客户作为单个个体的心

理特性、需要、意向、购买伙伴、渠道偏好以及购买行为等情况。不管交流方式怎样，客户档案资料的建立应有利于管理人员及系统对每一位客户的特点进行识别。③细分潜在的最大利润客户。80/20 规则指出，对于企业来说，80% 的利润来自 20% 的客户。因此掌握谁是能带来最大利润的那 20% 的目标客户，并着重满足其现在或将来的需求是至关重要的。

本书第五章把 CRM 应用系统分成了三个类型：运营型、分析型、协作型。但无论是运营型、分析型还是协作型，想成功实施 CRM 的企业，其内部需打破原有的等级层次观念，各组织部门应相互合作，将获得的相关数据及时送及 CRM 中心，以供其分析，确定对不同客户采取的企业战略。另外，要对经营管理行为、手段、方法进行变革。

具体来说，CRM 环境下企业经营管理行为的变革主要包括以下几个方面。

1. 树立"客户是企业最重要的资产"的经营理念

在 CRM 实施过程中，必须在企业内部形成真正的"以客户为中心"的企业文化和价值观念，也就是说，必须认识到客户是企业最具有商业价值的资产，与客户的交往都是学习和了解客户的过程，也是客户体验企业的过程。

2. 建立有效的企业网络分析系统

除原有的 ERP、订单管理系统、供应链管理系统、采购管理系统、分销网络管理以及伙伴关系管理外，企业需具备能及时对客户信息进行分析并采取相应行动的系统。例如，系统获得某个客户购买信息后，可结合该客户以往的历史记录对其特征进行分析和相应的战略管理。CRM 要求企业将市场营销、生产研发、技术支持、财务金融、内部管理这五个经营要素全部围绕着以客户资源为主的企业外部资源的开发来展开。

3. 对行业以及客户特征进行分析

企业应对行业以及客户特征进行分析，确定对不同类型客户采取的企业战略。企业首先应对该行业有很深刻的了解，并对客户的一些关键指标（如购买频率、购买数量、钱包份额）进行分析。在分析的基础上不断挖掘客户的深层信息，如根据现有消费情况预测客户将来的消费倾向。在熟知客户特征的前提下，企业可根据一个或多个关键指标将客户分成不同类型，对不同类型的客户采取不同的企业战略，如对消费倾向大的客户通过增加接触和宣传活动将其消费倾向转变为消费行为。当然，还可通过企业活动实现客户类型之间的转换，如通过提供优质的服务提高客户的忠诚度，增加其消费倾向，其最终目的还是实现客户关系生命周期价值的最大化。

4. 增加目标客户市场的促销活动

促销活动大多针对特定的各目标群体开展，它基于客户的购买习惯及渠道偏好等资料，通过合适的渠道，将销售信息传递到各目标群体处，从而有效加强企业与客户间的相互作用。例如，银行客户经理要主动与客户沟通、洽谈，获取其最新的需求和变化情况，并及时加以利用，可以推行一种推荐计划：由客户经理请自己的黄金客户介绍其朋友成为银行的新客户，而银行则奖励介绍人和被介绍人一些礼物，如赠送各类社交俱乐部的成员资格、购物和休闲优惠等，同时深入了解他们的现状及潜力，适时为其提供快速、及时的市场信息。

5. 良好的客户关系维护服务

加强服务是确保企业与客户之间持续接触的重要环节，是维护长期合作关系的手段。通过服务，企业可强化核心客户的形成，加强对客户的跟踪管理，增加购买者，并使之转变为优良客户。例如，花旗银行上海分行就针对不同客户提供相应的服务，收到了很好的效果。花旗银行上海分行主要针对中高端客户提供"贵宾理财"服务（也称为 CITIGOLD），高端客户是指每月账户存款余额不低于 10 万美元的客户；中端客户是指每月账户存款余额不低于 5000 美元的客户。CITIGOLD 贵宾除了获得各项银行服务费用的减免外，还可拥有花旗银行上海分行与商家共同提供的购物、餐饮、健身等各方面的优惠和奖励。此外，针对高端和中端不同的客户，花旗银行分别派财富管理经理与个人理财顾问提供相应的服务。

综上所述，CRM 战略的价值被越来越多的企业所重视，但这个战略的设计与实施是一个不断重复、持续改善的过程。另外，在把 CRM 融入企业战略的过程中，CRM 目标、客户价值、客户细分、客户服务，以及与实施相关的人的因素也应当被列入重点。

二、应用 CRM 系统平台规范业务流程的措施

1. 集中客户信息并进行统一管理

企业进行客户资源管理可以从客户信息的完整性规划来开展工作：一方面，信息内容力求完整，另一方面，信息的管理必须支持业务对信息的利用。目前，许多企业的业务信息多由相关业务部门管理，例如，销售信息主要由市场部管理，客户咨询和投诉信息主要由服务部门掌握，生产部只负责产品和质量管理，财务部只负责客户信用。由于客户信息实际掌握在相关的业务部门和个人手中，一方面业务部门对信息的积累多从各自的工作目标出发，导致客户信息不完整，形成了"信息孤岛"；另一方面可能会因为业务或人员的变动，造成客户资源的流失。

企业应利用 CRM 系统平台，有效地整合分散地与客户交互的各种渠道信息，以实现客户信息的集成和共享，使得客户与企业之间建立起一个统一、无缝的沟通界面，从而强化与客户沟通的效果，提升客户的满意度。

2. 利用 CRM 系统，梳理业务流程

企业可以利用 CRM 系统来帮助其将大量的客户信息转变为客户知识。通过数据仓库、运用数据挖掘、商业智能等技术手段，对大量复杂的客户信息进行分析，如客户流失分析，客户成本分析、客户产品使用分析、客户抱怨分析，从而帮助企业更好地了解客户的消费模式，针对客户的实际需求，制定相应的营销战略；通过优化工作流程，改

变服务方式，改善定价方式，进而提高客户满意度和发现新的市场机会。即通过"以客户为中心"来梳理市场营销活动，优化客户服务流程，维护客户关系。

3. 实现业务流程自动化，提高运作效率

CRM 系统可以帮助企业实现营销、销售、服务等关键业务环节的流程自动化，真正达到利用 IT 技术手段提高企业的运作效率、同时降低运作成本的目的。在操作层面，CRM 系统可以帮助企业顺利建立起一套以客户为中心的运作流程及管理制度，把相关工作规则自动化地安排给负责特定业务流程中的特定步骤的人员，为跨部门的工作提供支持。

练习题三

一、关键概念

1. 客户保持　　　2. 客户关怀　　　3. 客户投诉　　　4. 客户流失
5. 客户增值潜力　6. 客户增长矩阵　7. 客户联盟　　　8. CRM 战略

二、选择题（1～5 题为单选题，6～8 题为多选题）

1. 发展一个新客户的成本是保持一个现有客户的（　　）倍。

   A. 1～4　　　　B. 5～10　　　　C. 11～15　　　　D. 15～20

2. （　　）不是客户关怀需要把握的关键点。

   A. 通过客户行为了解客户需求

   B. 客户关怀不是市场活动，不是一段时间内的短期行为

   C. 客户关怀不是营销

   D. 客户购买企业产品价值大小

3. 图 3-5 所示的客户价值矩阵中，（　　）客户既有很高的当前价值又有巨大的增值潜力，是公司最有价值的一类客户。从客户关系生命周期的角度看，这类客户与公司的关系可能也已进入稳定期，他们对公司高度忠诚，已将其当前业务几乎 100% 地给了本公司，也一直真诚、积极地为本公司推荐新客户，这类客户未来在增量购买、交叉购买等方面尚有巨大的潜力可挖。

   A. Ⅰ类客户　　　B. Ⅱ类客户　　　C. Ⅲ类客户　　　D. Ⅳ类客户

4. CRM 战略目标的制定有三个层次，其中（　　）是在优化客户体验、客户满意的同时企业获取最大化利润。

   A. 最低层目标　　　　　　　　B. 中层目标

   C. 最高层目标　　　　　　　　D. 上述选择都不正确

5. 客户增长矩阵描述了企业现有客户及新客户的增长与现有业务及新业务组合情况，如图 3-11 所示，企业通过选择不同的战略，与客户建立起特殊的关系。（　　）战略常常与客户忠诚战略结合在一起使用。它们都涉及了维持企业已经与客户建立起来的

关系这个问题，但客户扩充战略是企业通过提供更为广泛的产品与服务，使其客户群大大地扩展从而促进进一步的发展。

A. 客户忠诚战略 　　　　　　　　　B. 客户扩充战略

C. 客户获得战略 　　　　　　　　　D. 客户多样化战略

6. 客户是目前商业活动的中心，衡量一个企业是否成功的标准将不再仅仅是企业的投资收益率和市场份额，而是该企业的（　　　）等指标。

A. 客户当前创造的价值 　　　　　　B. 客户保持率

C. 客户份额 　　　　　　　　　　　D. 客户资产收益率

7. 客户保持模型描述了客户保持的决定因素（　　　）与客户保持绩效的度量维度（即重复购买意图）之间的关系。

A. 客户满意 　　　　　　　　　　　B. 客户认知价值

C. 转移成本 　　　　　　　　　　　D. 客户数量

8. 不同企业对客户关怀效果的评价的做法存在差异，一般来说，可以从（　　　）来评价客户关怀的程度。

A. 寻求特征 　　　　B. 体验特征 　　　　C. 信用特征 　　　　D. 价值特征

三、简答题

1. 企业应该从哪些方面来实施客户保持？

2. 什么是客户价值矩阵？其中包括几类客户？对每一类采取什么样的客户保持策略？

3. 为什么要将 CRM 实施上升到战略高度？

4. 如何利用客户增长矩阵来开拓市场？

5. CRM 战略的内容包括哪几个组成部分？各组成部分之间的关系如何？

6. 描述 CRM 战略的外部环境与内部环境。它们对 CRM 战略的实施有什么影响？

7. 什么叫作客户联盟？客户联盟的模式有哪几种？

8. 什么是 BPR？什么是 BPR 的对象？企业应该如何实施 BPR？

9. 在 CRM 环境下，企业传统业务流程面临哪些挑战？

10. CRM 系统在哪些方面对企业业务流程进行了再造？并说明是如何再造的。

案例分析

CRM 为西蒙拉近与客户的距离

西蒙电气诞生于 1916 年，总部设在巴塞罗那，如今已是世界上最大的专业开关制造商之一，在法国、葡萄牙、德国等国都有控股公司，营销网络遍布世界 55 个国家和地区。

一、寻求制胜法宝

经过几年的摸索与适应，西蒙电气在中国已经基本奠定了其在高档电工市场的地位。前期为了进一步优化产品设计资源、生产制造资源，公司在江苏生产基地实施 ERP 系统，规范了公司后台资源；然而，随着公司的快速发展，西蒙电气领导层发现，公司的发展"瓶颈"已经不再是资源的整合问题，而是客户、渠道资源激增，面对生产力严重过剩的市场环境，要想继续保持行业领跑者的地位，就需要整合客户、渠道的信息及往来历史，同时反复挖掘利用已有的资源，因此西蒙电气在前端销售环节，需要一套具有先进管理理念，同时功能强大的管理系统——CRM，来帮助企业解决难题。

二、完善战略部署

西蒙电气中国营销总部总经理周建军先生如此描述："适时在 CRM 上的投入是西蒙电气的战略步骤之一。作为一个具有近百年专业历史的国际品牌，西蒙电气非常看重先进科学的管理，产品的质量和安全问题早在很多年前就已经解决，因此客户对于产品以及服务的满意度成了公司追求的最大目标。"

西蒙电气把 CRM 作为企业发展战略来考虑，所以在系统选型之初就十分谨慎。公司于 2003 年 9 月开始联络当时市场上能够提供 CRM 解决方案的近 30 家厂商，准备对各个 CRM 厂商从资质、技术能力、案例经验、客户反馈、综合能力等多方面进行考评。

西蒙电气选型小组成员对 TurboCRM 公司提出的独特的"业态理论"产生了浓厚的兴趣，西蒙电气谈出了他们的想法："你们用业务形态来定位 CRM 应用的理论比较新颖，交付 CRM 解决方案要看业态，而不是行业，是否可以让我们实地考察一下？"随后，TurboCRM 公司与西蒙电气选型小组一行奔赴天津，他们要参观的客户是知名的制药企业——天津博福—益普生制药有限公司（以下简称博福公司）。直到进入博福公司之前，周总的脸上一直充满疑惑：电工？制药？这两种截然不同的行业在 CRM 应用方面会有相似之处吗？

这种疑惑随着博福公司 CRM 项目负责人逐步深入的系统应用介绍而慢慢消退：西蒙电气和博福公司的产品种类虽然迥异，但是业务开展过程以及关注的业务管理重点非常相似，都属于典型的"推广业务管理模式"，这些内容恰恰是 CRM 解决方案中的重点。

正是基于对企业营销管理模式的独到见解，以及专业快速的响应速度，TurboCRM 公司最终成为西蒙电气 CRM 系统平台供应商，协助西蒙电气进一步提升了企业竞争力和盈利能力。西蒙电气的战略部署进一步完善了。

三、力争行业鳌头

西蒙电气 CRM 项目负责人说："我们企业发展速度很快，我们希望通过 CRM 系统建设，能够进一步完善企业的信息化体系，让我们的发展如虎添翼，力争行业鳌头。"

事实确实如此，CRM 系统应用初期已经为西蒙电气带来了崭新的工作模式，也奠定了企业深化发展的基础。

首先，针对西蒙电气具体的业务体系特征（营销渠道除了两个传统的电工产品的销售渠道——建筑工程和五金店的零售外，还包括新兴的大卖场、家装、超级市场等领域），通过 CRM 系统平台，明确不同业务线的具体流程，并且建立了清晰的员工应用系统的权限规则。不同区域的每个员工都能够在了解自身业务线范围内的数据信息前提下，进行有序的信息共享。

其次，CRM 系统提供了灵活多样的工作计划保障机制，通过电子邮件、手机等通信手段进行提醒，使每项工作都能在计划内按时完成，充分保障了客户服务的个性化，并提高了客户服务满意度。西蒙电气的员工说："无论在哪里，CRM 好像就在身边，客户对我们的服务更加满意，CRM 确实拉进了我们与客户之间的距离。"

此外，西蒙员工对于 CRM 系统提供的"消息中心"似乎情有独钟。每天开机进入系统，首先查看"消息中心"。CRM 的"消息中心"为西蒙电气的员工提供了一种灵活的主动信息获取机制。对于系统发生的任何信息变动，只要与自身相关，员工都会通过订阅，使其自动提交到自己系统的"消息中心"，起到了很好的工作协同保障作用。

西蒙电气的 CRM 系统应用还在不断地深化和拓展过程中，他们深信，CRM 不仅仅能够帮助他们整合客户信息，控制销售及服务过程，CRM 还将基于大量的客户信息及数据，进行机会的预测和挖掘。

西蒙电气已经做好了未来几年的发展规划："要争取电工行业领先地位，首先应该转变旧有观念，采取切实的行动满足客户的需求，提高客户满意度；如何处理好与客户的关系，巩固并扩大公司的市场占有率，需要公司真正地尊重客户、尊重客户的价值，在开发、策划、销售、服务的全过程中贯彻以客户为本的理念，以客户需求作为决策、计划的出发点。只有这样，才有可能在卧虎藏龙的市场竞争环境中，突破发展'瓶颈'，找到属于自己的那片天空！"

基于此，西蒙电气将会继续在 CRM 应用提升的道路上不断探索，不断创新。

（资料来源：《中国计算机用户》杂志，2005 年第 30 期）

案例思考题

1. 西蒙电气为什么要实施 CRM？
2. CRM 解决方案的重点是什么？
3. 实施 CRM 给西蒙电气的工作模式、业务流程带来了哪些变革？

第四章
客户关系管理软件系统

04

第一节　主流 CRM 软件系统介绍

客户关系管理（CRM）是一种以客户为中心的业务模式，是由多种技术手段支持的，通过以客户为中心达到增强企业竞争力的商业策略，这一点已在市场上取得了共识。CRM 不仅是一种管理理念，也是一种管理技术，它综合应用了数据库和数据仓库技术、OLAP、数据挖掘技术、Internet 技术、面向对象技术、客户机/服务器体系、图形用户界面、网络通信等信息产业成果，是一种以 CRM 管理思想为灵魂的软件产品。

集成了最新 CRM 管理理念和信息技术成果的 CRM 软件系统，运用先进的管理思想，通过业务流程与组织上的深度变革，成为帮助企业最终实现以客户为中心的管理模式的重要手段。本章首先描述了 CRM 软件系统的一般模型，然后根据模型，进一步对 CRM 软件系统的结构和功能进行阐述。在此基础之上，将对 CRM 软件系统中的接触渠道、技术功能等内容进行较为详细的分析和讨论。

一、主流 CRM 软件系统的特点

一个优秀的 CRM 软件系统，应该能够很好地处理客户的数据，具有平台、接触、运营、商业智能四大层面的功能。它应以客户为中心，以市场、销售、服务为龙头，采用企业应用集成（EAI）等方法实现与企业运营的其他系统的无缝集成。同时应采用数据仓库技术、数据挖掘技术、Web 技术等实现企业快速、正确的决策和经营。主流的 CRM 软件系统的特性有以下几点。

1. 灵活的工作流管理

提供的工作流模块具有功能强大、使用灵活、操作简单等特点，它不但可以定义修改工作流程，而且可以监控工作的流转情况和重定义流程，同时，还可对流程的运转进行在线日志管理以便查询和进行工作效率评价。

2. 功能齐全的客户智能分析

有专门的业务智能模块，它包括市场智能、销售智能和客户智能三大模块，以客户智能为重点，注重分析客户的消费行为和生命周期，为企业及时调整市场方向提供服务。

例如，通过客户价值分析，可以找到对运营商最具价值的客户，针对这些客户进行个性化的服务，保持客户，提高客户满意度。通过客户行为分析，可对客户行为进行清晰描绘和分析，了解每个客户对各类业务的贡献，帮助运营商更有针对性地进行服务建议和交叉销售，使运营商的销售更有效率。通过用户流失分析，可以分析客户的流失原因、比率、影响。

3. 完善的应用系统安全技术

具备一套完善的应用系统安全技术，包括系统的多项身份认证技术、权限策略、授权机制、数据加密以及数字签名等技术。这些技术被灵活地应用于 CRM 应用系统和各个模块之中。

4. 与 Microsoft Office 完全兼容并自动转换格式

能与 Microsoft Office 有效兼容，并且提供的客户资料、销售合同、联系概要可自动生成用户选定的 Word 文档或 Excel 表格，提供的所有报表和智能分析结果也可自动地进行 Office 文档转换。

5. 几乎所有应用构架于互联网之上

与客户交互的所有模块都基于互联网，使企业的各种业务运作都可"随时随地"处理。

6. 可扩展性

由于采取 EAI 和数据仓库技术，系统具有很好的可扩展性。

（1）构件化体系结构设计使每个模块具有明确的功能边界和输入输出规范，容易实现即插即用。

（2）开放信息总线可以连接现有的和未来的各子系统，并且保证各子系统之间的数据交换和数据共享。

（3）唯一性数据中心，即数据仓库可以保证数据的一致性和真实性，在此基础上，为其他子系统（如业务受理和呼叫中心等）提供真实可靠的用户信息，便于系统的扩展。

（4）多用户交互渠道集成为业务管理用户提供了多渠道的交互方式，包括网站、电子邮件、电话、多媒体呼叫中心和无线接入等。而且这些交互渠道是相互集成的，保证所有用户在不同的渠道上得到统一的服务，有统一的体验。

二、CRM 软件系统模型

CRM 的实现，可从两个层面进行思考。首先是管理理念问题，其次是向这种新的管理模式提供信息技术的支持。其中，管理理念的问题是 CRM 成功的必要条件，这个问题解决不好，CRM 就失去了基础。而没有信息技术的支持，CRM 工作的效率将难以保证，管理理念的贯彻也失去了落脚点。因此，一个完备的 CRM 软件系统，应该从两个层面进行考虑：①从管理层面来看，企业需要运用 CRM 中所体现的思想，推行管理机制、管理模式和业务流程的变革；②从技术层面来看，企业通过部署 CRM 应用系统，实现新的管理模式和管理方法。这两个层面相辅相成，互相作用。管理的变革是 CRM 系统发挥作用的基础，而 CRM 系统则是支撑管理模式和管理方法变革的利器。一个企业要想真正让 CRM 应用到实处，必须从这两个层面进行变革创新，缺一不可。在 CRM 中，CRM 软件系统就是集成了先进的管理思想和最新信息技术成果，通过业务流程与组织上的深度变革，帮助企业最终实现以客户为中心的管理模式。因此，可以说，CRM 软件是实现以客户为中心的管理模式的重要手段。

目前主流的 CRM 软件系统的一般模型比较客观地反映了 CRM 最重要的一些特性，如图 4-1所示。模型阐明了目标客户、主要过程以及功能之间的相互关系。CRM 的主要过程是对营销、销售和服务这三部分业务流程的信息化。首先，在市场营销过程中，通过对客户和市场的细分，确定目标客户群，制定营销战略和营销计划。其次，销售的任务是执行营销计划，包括发现潜在客户、信息沟通、推销产品和服务、收集信息等，目标是建立销售订单，实现销售额。最后，在客户购买了企业提供的产品和服务后，还需对客户提供进一步的服务与支持，这主要是客户服务部门的工作。产品开发和质量管理过程分别处于 CRM 过程的两端，由 CRM 提供必要的支持。

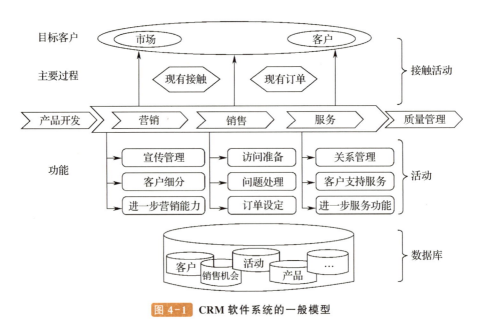

图 4-1 CRM 软件系统的一般模型

在 CRM 软件系统中，各种渠道的集成是非常重要的。CRM 的管理思想要求企业真正以客户为导向，满足客户多样化和个性化的需求。而要充分了解客户不断变化的需求，必然要求企业与客户之间有双向的沟通，因此拥有丰富多样的营销渠道是实现良好沟通的必要条件。

CRM改变了企业前台业务运作方式，各部门间可以信息共享，密切合作。位于模型中央的共享数据库作为所有CRM过程的转换接口，可以全方位地提供客户和市场信息。过去，前台各部门从自身角度去掌握企业数据，业务割裂。而对于CRM模型来说，建立一个相互之间联系紧密的数据库是最基本的条件。这个共享的数据库也被称为所有重要信息的"闭环"（Closed-loop）。由于CRM系统不仅要使相关流程实现优化和自动化，而且必须在各流程中建立统一的规则，以保证所有活动在完全相同的理解下进行。这一全方位的视角和"闭环"形成了一个关于客户以及企业组织本身的一体化蓝图，其透明性更有利于与客户之间的有效沟通。这一模型直接指出了面向客户的目标，可作为构建CRM系统核心功能的指导。

第二节　CRM软件系统中的接触活动及业务功能

根据CRM系统的一般模型，可以将CRM软件系统划分为接触活动、业务功能及数据库三个组成部分。下面主要介绍其接触活动和业务功能，有关CRM数据库的内容详见第九章。

一、接触活动

CRM软件应当能使客户以各种方式与企业接触，典型的方式有呼叫中心，E-mail，电话、传真，Web访问以及其他营销渠道，如金融中介或经纪人等，如图4-2所示。企业必须协调这些沟通渠道，保证客户能够采取其认为方便或偏好的形式随时与企业交流，并且保证来自不同渠道的信息完整、准确和一致。今天，互联网已经成为企业与外界沟通的重要工具，特别是电子商务的迅速发展，促使CRM软件与互联网进一步紧密结合，发展成为基于互联网的应用模式。

图 4-2　CRM软件系统的业务功能及其关系

在客户交互周期中的客户接触参与阶段，CRM软件系统主要包含以下内容：

（1）营销分析。它包括市场调查、营销计划、领导分析以及活动计划和最优化，并提供市场分析结果和客户特征，使营销过程更具计划性，达到最佳效果。

（2）活动管理。它保证完整营销活动的传送，包括计划、内容发展、客户界定、市场分工和联络。

（3）电话营销。它通过各种渠道推动潜在客户的产生，包含名单目录管理，最好能找到一个企业的多个联系人。

（4）电子营销。它保证互联网上个性化的实时的、大量的营销活动的实施和执行。先制定确切、有吸引力的目标组，然后通过为客户定制内容和产品来进行进一步的交互。

（5）潜在客户管理。通过潜在客户资格以及从销售机会到机会管理的跟踪和传递中发展潜在客户。

二、业务功能

企业中每个部门必须能够通过上述接触方式与客户进行沟通，而市场营销、销售和服务部门与客户的接触和交流最为频繁，因此，CRM软件主要应对这些部门予以支持。

然而，并不是所有的CRM软件产品都能覆盖所有的功能范围。一般地，一个软件最多能够支持两至三种功能，如市场营销和销售。因此，在软件评价中，功能范围可以作为决定性的评判依据。

CRM软件系统的业务功能通常包括市场管理、销售管理、客户服务和支持三个组成部分。市场管理的主要任务是：通过对市场和客户信息的统计和分析，发现市场机会，确定目标客户群和营销组合，科学地制定出市场和产品策略；为市场人员提供制定预算、计划，以及执行和控制的工具，不断完善市场计划；同时，还可管理各类市场活动（如广告、会议、展览、促销等），对市场活动进行跟踪、分析和总结，以便改进工作。

销售管理部分则是销售人员通过各种销售方式，如电话销售、移动销售、远程销售、电子商务等，方便及时地获得有关生产、库存、定价和订单处理的信息。所有与销售有关的信息都存储在共享数据库中，销售人员可随时补充或及时获取，企业也不会由于某位销售人员的离去而使销售活动受阻。另外，借助信息技术，销售部门还能自动跟踪多个复杂的销售线路，提高工作效率。

客户服务和支持部分具有两大功能，即服务和支持。一方面，通过CTI支持的呼叫中心，为客户提供每周$7 \times 24h$不间断服务，并将客户的各种信息存入共享的数据库以及时满足客户需求。另一方面，技术人员对客户的使用情况进行跟踪，为客户提供个性化服务，并且对服务合同进行管理。

三、CRM软件的核心功能

CRM软件的核心功能包括客户管理、联系人管理、时间管理、潜在客户管理、销售管理、电话营销、营销管理、客户服务等，有的软件还包括了呼叫中心、合作伙伴关系管理、知识管理、商业智能、电子商务等。下面一一介绍这些功能。

（1）客户管理。其主要功能包括：客户基本信息、与此客户相关的基本活动和活动历史的管理；联系人的选择；订单的输入和跟踪；建议书和销售合同的生成。

（2）联系人管理。其主要功能包括：联系人概况的记录、存储和检索；跟踪同客户的联系，如时间、类型、简单的描述、任务等，并可以把相关的文件作为附件；客户内部机构的设置概况。

（3）时间管理。其主要功能包括：日历；设计约会、活动计划，有冲突时系统会提示；进行事件安排，如预办事项、约会、会议、电话、电子邮件、传真；备忘录；安排团队事件；查看团队中其他人的安排，以免发生冲突；把事件的安排通知相关的人；任务表；预告/提示；记事本；电子邮件；传真。

（4）潜在客户管理。其主要功能包括：业务线索的记录、升级和分配；销售机会的升级和分配；潜在客户的跟踪。

（5）销售管理。其主要功能包括：组织和浏览销售信息，如客户、业务描述、联系人、时间、销售阶段、业务额、可能结束时间等；产生各销售业务的阶段报告，并给出业务所处阶段、还需的时间、成功的可能性、历史销售状况评价等信息；对销售业务予以战术、策略上的支持；对地域（省市、邮编、地区、行业、相关客户、联系人等）进行维护；把销售人员归入某一地域并授权；地域的重新设置；根据利润、领域、优先级、时间、状态等标准，用户可定制关于将要进行的活动、业务、客户、联系人、约会等方面的报告；提供类似 BBS（电子公告栏系统，又称网络论坛）的功能，用户可把销售秘诀贴在系统上，还可以进行某一方面销售技能的查询；销售费用管理；销售佣金管理。

（6）电话营销。其主要功能包括：电话本；生成电话列表，并将它们与客户、联系人和业务建立关联；把电话号码分配到销售人员手中；记录电话细节，并安排回电；电话营销内容草稿；电话录音，同时给出书写器，用户可作记录；电话统计和报告；自动拨号。

（7）营销管理。其主要功能包括：产品和价格配置器；在进行营销活动（如广告、电子邮件、研讨会、网站、展览会等）时，能获得预先定制的信息支持；将营销活动与业务、客户、联系人建立关联；显示任务完成进度；提供类似 BBS 的功能，可张贴、查找、更新营销资料，从而实现营销文件、分析报告等的共享；跟踪特定事件；安排新事件，如研讨会、会议等，并加入合同、客户和销售代表等信息；信函书写、批量邮件发送，并与合同、客户、联系人和业务等建立关联；邮件合并；生成标签和信封。

（8）客户服务。其主要功能包括：服务项目的快速录入；服务项目的安排、调度和重新分配；事件的升级；搜索和跟踪与某一业务相关的事件；生成事件报告；服务协议和合同的拟订；订单管理和跟踪；问题及其解决方法的数据库。

（9）呼叫中心。其主要功能包括：呼入呼出电话处理；互联网回呼；呼叫中心运行管理；软电话；电话转移；路由选择；报表统计分析；管理分析工具；通过传真、电话、电子邮件、打印机等自动进行资料发送；呼入呼出调度管理。

（10）合作伙伴关系管理。其主要功能包括：对公司数据库信息设置存取权限，合作伙伴通过标准的 Web 浏览器以密码登录的方式对客户信息、公司数据库、与渠道活动相关的文档进行存取和更新；合作伙伴可以方便地存取与销售、渠道有关的销售机会信息；合作伙伴通过 Web 浏览器使用销售管理工具和销售机会管理工具，如销售方法、销售流程等，并使用预定义和自定义的报告；产品和价格配置器。

（11）知识管理。其主要功能包括：在站点上显示个性化信息；把一些文件作为附件贴到联系人、客户、事件概况等上面；文档管理；对竞争对手的 Web 站点进行监测，如果发现变化的话，会向用户报告；根据用户定义的关键词对 Web 站点的变化进行监视。

（12）商业智能。商业智能是指利用数据挖掘、知识发现等技术分析，挖掘结构化的、面向特定领域的、存储于数据仓库内的信息，以帮助用户认清发展趋势、识别数据模式、获取智能决策支持、得出结论。商业智能的范围包括客户智能、产品智能、服务智能和竞争者智能等。在 CRM 系统中，商业智能主要是指客户智能。利用客户智能，可以收集和分析市场、销售、服务和整个企业的各类信息，对客户进行全方位的了解，从而理顺企业资源与客户需求之间的关系，增强客户的满意度和忠诚度，实现获取新客户、支持交叉销售、保持和挽留老客户、发现重点客户、支持面向特定客户的个性化服务等目标，提高盈利能力。

商业智能的主要功能包括：预定义查询和报告；用户定制查询和报告；可看到查询和报告的 SQL[○]代码；以报告或图表形式查看潜在客户和业务可能带来的收入；通过预定义的图表工具进行潜在客户和业务的传递途径分析；将数据转移到第三方的预测和计划工具上；柱状图和饼图工具；系统运行状态显示器；能力预警。在企业的信息技术基础设施中，以数据仓库为核心的商业智能可以将大量信息转换成可利用的数据，并允许决策者从企业过去的经验记录中查找适用于当前情况的模式，通过这一方法决策者可以更好地预测未来。

（13）电子商务。其主要功能包括：个性化界面和服务；网站内容管理；店面管理；订单和业务处理；销售空间拓展；客户自助服务；网站运行情况的分析和报告。

第三节　CRM 软件系统的技术功能及要求

CRM 系统除了上述业务功能外，在技术上还需要实现其特有的一些功能。赫尔维茨矩阵（Hurwitz Group）给出了 CRM 的六个主要的技术功能，包括信息分析能力、对客户互动渠道进行集成的能力、支持网络应用的能力、建设集中的客户信息仓库的能力、对工作流进行集成的能力、与 ERP 功能集成的能力。

○　Structured Query Language，结构化查询语言。

一、信息分析能力

尽管 CRM 的主要目标是提高同客户沟通的自动化程度，并改进业务流程，但强有力的商业情报和分析能力对 CRM 也是很重要的。CRM 系统有大量关于现有客户和潜在客户的信息，企业应该充分利用这些信息，对其进行分析，使得决策者所掌握的信息更全面，从而能更及时地做出决策。良好的商业情报解决方案应能使 CRM 和 ERP 协同工作，这样企业就能把利润创造过程和费用联系起来。

二、对客户互动渠道进行集成的能力

对多渠道进行集成与对 CRM 解决方案的功能部件的集成是同等重要的。不管客户是通过 Web 与企业联系，或是与携带有 Web 功能的便携式计算机的销售人员联系，还是与呼叫中心代理联系，与客户的互动都应该是无缝的、统一的、高效的。如前所述，统一的渠道还能带来内外部效率的提高。

三、支持网络应用的能力

在支持企业内外的互动和业务处理方面，Web 的作用越来越大，这使得 CRM 的网络功能越来越重要。以网络为基础的功能对一些应用（如网络自主服务、自主销售）是很重要的。一方面，网络作为电子商务渠道来讲很重要；另一方面，从基础结构的角度来讲，网络也很重要。为了使客户和企业员工都能方便地应用 CRM，企业需要提供标准化的网络浏览器，用户只需很少的训练或不需训练就能使用系统。另外，业务逻辑和数据维护是集中化的，这减少了系统的配置、维持和更新的工作量，就基于互联网的系统的配置费用来讲，也可以节省很多。

四、建设集中的客户信息仓库的能力

CRM 解决方案采用集中化的信息库，这样所有与客户接触的员工都可获得实时的客户信息，而且可以使各业务部门和功能模块间的信息统一起来。

五、对工作流进行集成的能力

工作流是指把相关文档和工作规则自动化地（不需人的干预）安排给负责特定业务流程中的特定步骤的人。CRM 解决方案应该具有很强的功能，为跨部门的工作提供支持，使这些工作能动态地、无缝地完成。

六、与 ERP 功能集成的能力

CRM 要与 ERP 在财务、制造、库存、分销、物流和人力资源等环节连接起来，从而提供一个闭环的客户互动循环。这种集成不仅包括低水平的数据同步，而且还应包括业务流程的集成，这样才能在各系统间维持业务规则的完整性，工作流才能在系统间流动。这两者的集成还使得企业能在系统间收集商业情报。

CRM 软件与其他标准软件类似，主要应当遵循以下几点原则：

（1）易转换——适应性及强大的参数设置功能。

（2）在已有的 IT 环境下，对所定义的各个部分具有强大的一体化功能。

（3）有强大的数据复制及同步功能。

（4）独立于开发平台（与核心部分是 C++ 还是 Java 编写无关）。

（5）通过 COM/COBRA 以及 EJB 等构成一体化结构，以及以网页为基础的组合结构。

（6）界面友好。

（7）关联 DBMS[⊖] 以及通常的开发环境（C++，Java）。

目前，CRM 标准软件系统在技术上仍不够成熟。根据弗雷斯特研究公司的报告估计，目前只有 10% 的标准软件产品在引入前不需作相应的调整，30% 的产品则必须进行全面的修改，这导致引入成本非常高，而且这些产品以后可能仍不能与现实相适应。软件厂商正试图通过向客户提供通用的开发工具、公共开放的接口以及对大型数据模型和组成结构的详细文档来改变上述现状。

CRM 的主要目的就在于在适当的时间通过适当的渠道将合适的产品提供给合适的客户。通过 CRM 软件系统的应用，企业提高了前台业务的运作效率。客户信息可以从中央数据库完整地获取，而不依赖于销售渠道产品及客户分析结果以及产品销售、地区销售等的预测，能够非常容易且实时地得到利用；企业可以通过 CRM 软件系统来对销售进行管理，能在有很多决策部门的大型组织中实现复杂的销售过程；CRM 软件还能简化识别目标客户的工作，加强与目标客户的联系；能够更为合理地分配营销资源，提高反馈率，并加强宣传的作用，从而减少市场营销成本。

总之，CRM 软件系统支持营销、销售和服务过程，使得企业对客户和所谓的"闭环"过程有一个全方位的了解。其作用是由业务功能和技术功能两方面共同决定和完成的。

第四节　CRM 软件系统的发展

进入 21 世纪，随着全球经济一体化进程的加快和竞争的加剧，企业已逐步由传统的以产品和规模为中心的粗放式经营管理模式向以客户为中心、服务至上、实现客户价值和企业利润最大化的集约化经营管理模式转变，良好的客户关系是企业求得生存与发展的重要资源。企业为获得满意的客户关系，在开发、实施 CRM 项目时，都不断吸收新

⊖　DataBase Management System，数据库管理系统。

的理念和技术，让企业可以最大限度地提高客户满意度及忠诚度。

一　CRM 软件系统采用新技术的趋势

目前先进的 CRM 软件系统采用浏览器/服务器（B/S）模式和云计算技术，在产品开发过程中采用了以下的先进技术：电子商务平台 Websphere、Weblogic 等 Java、EJB、XML 技术，组件化技术、中间件技术、分布式对象技术，动态工作流定制与监控技术，数据仓库技术，CTI 智能电子邮件与因特网集成技术，多种数据库接口的设计技术、开放的数据接口技术，网络安全技术、电子签名及身份认证技术，COM/COBRA 技术。因此，这一节重点从技术角度来谈一下 CRM 应用的几个潮流。

（一）采用云计算技术

把企业 CRM 系统迁移到"云"中是一个非常重要的趋势。云计算的出现，为 CRM 满足各种需求提供了可能，使其不管在业务成本上还是业务敏捷性上都得到了极大的满足，并开创了新的商业模式和市场机会。可以说，云计算将催生 CRM 产业发生一系列新的变革，CRM 服务提供商将突破传统 CRM 产品理念的局限，积极地向 SaaS（软件即服务或软件运营服务）、在线托管、SNS（社会性网络服务）等新的领域扩展。而在线 CRM 是基于互联网模式、专为中小企业量身打造的在线营销管理、销售管理、整合客户关系生命周期管理的工具。对于大多数企业来说，云计算的最大好处就是它可以根据不同需要定制差异化解决方案，企业据此可以更灵活地部署 CRM 应用。

（二）采用先进的软件体系结构

企业级软件系统的体系结构经历了三个发展阶段：从主机/终端（H/T）体系结构，到客户机/服务器（C/S）体系结构，再到浏览器/服务器（B/S）体系结构。

早期的软件大多采用 H/T 体系结构，直到 20 世纪 90 年代大都变为两层的 C/S 体系结构。它将复杂的网络应用的用户交互界面（GUI）和业务应用处理与数据库访问以及处理相分离，服务器与客户机之间通过消息传递机制进行对话，由客户机发出请求给服务器，服务器进行相应的处理后经传递机制送回客户机，是应用开发简单且具有较多强大功能的前台开发工具。应用处理留在客户机，使得在处理复杂应用时客户机应用程序仍显肥胖，限制了对业务处理逻辑变化适应和扩展能力，当访问数据量增大、业务处理复杂时，客户机与后台数据库服务器数据交换频繁，易造成网络"瓶颈"。

为解决这类问题，出现了采用三层式程序架构（3 Tier Client/Server）的趋势，它将大量数据库 I/O 的动作集中于 App Server⊖，有效降低 WAN 的数据传输量，客户端不必安装数据库中间件，可简化系统的安装部署。业务逻辑层（Business Logic）集中于 App Server，如要修改，仅更新服务器端的组件即可，易于维护。当前端使用者数量增

⊖　运行 Java 企业组件的平台，它构成了应用软件的主要运行环境。

加时，可扩充 App Server 的数量。

Internet/Intranet 技术的不断发展，尤其是基于 Web 的信息发布和检索技术，导致了整个应用系统的体系结构从 C/S 的主从结构向灵活的多级分布结构的重大演变，使其在当今以 Web 技术为核心的信息网络的应用中拥有了更新的内涵，这就是 B/S 体系结构。

目前 CRM 系统软件架构的发展潮流之一就是采用 J2EE⊖ 体系结构。J2EE 体系框架把绝大部分的应用逻辑和数据处理都集中在应用服务器上（应用服务层可以由几台或几十台机器组成，采用负载均衡理论，对应用逻辑进行分解），这种结构提高了系统的处理效率，降低了系统的维护成本（当业务逻辑层发生改变时，只需要维护应用服务器上的逻辑构件），保证了数据的安全和完整统一，同时还简化了体系结构设计和应用开发，具有良好的可扩展性，可满足各种需求，可自由选择应用服务器、开发工具、组件，并提供了灵活可靠的安全模型。J2EE 体系结构如图 4-3 所示。

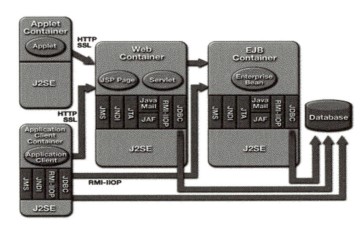

图 4-3 J2EE 体系结构

（三）采用分布式技术

由于目前企业都呈现跨地域的特点，CRM 系统除采用 B/S 架构外，另一技术潮流是采用分布式数据库，提供分布式数据库的数据复制和同步功能，以降低网络传输负荷。

另外也可采用远程访问技术，实现跨地域存取。如采用 Microsoft Windows 2000 Server 的"终端服务"功能。"终端服务"的结构为传统的两层或三层式 C/S 结构提供一项重大的改革。采用"终端服务"后，所有客户端应用程序的执行、数据处理及资料储存都会在服务器上执行，通过终端机仿真便可让同质的应用程序在异质的桌面硬件上执行。

（四）采用参数化的设定理念

为了提高 CRM 系统适应能力，引入参数化的设定理念成为趋势，使系统能满足不

⊖ Java 2 Platform Enterprise Edition，即 Java 2 平台企业版。

同企业的多样化管理需求。即在产品设计之初，将企业流程的可能改变预留在系统的功能中，然后再运用系统参数的设定来决定程序的流程。如此一来，流程变更时便不需改程序，只需更改参数的设置。

（五）提供方便的工作流管理与监控

CRM 系统的另一个技术潮流是系统提供方便的工作流管理与监控。企业的业务流程因业务的差异和业务参与部门的不同往往非常复杂，而业务部门组织机构的调整、人员权限的调整和业务管理流程等的调整，都会对 CRM 系统的流程产生影响。传统的系统应对这些变化的手段往往是对系统的源代码进行修改，不仅降低了响应的及时性，而且增加了用户对开发商的依赖性。将工作流管理的先进技术引入系统后，能实现工作流程的灵活定制和管理。

用户可以通过工作流管理模块，方便地定制工单的流转方向、流转时限，查阅人员的权限，部门和业务流程的变更可以轻松实现。CRM 系统同时提供了工作流的每一个节点的动态监控、报警的设置和管理。通过工作流监控功能，企业能随时跟踪监控系统中各业务的整个流程，并设置业务处理的时限警戒线。

如果有一个灵活的工作流程处理机制内建在 CRM 系统中，处理上述流程间的自动化工作，将可以把 CRM 系统的应用效益带入另一个崭新的天地。

（六）融入现代呼叫中心和门户技术

CRM 系统的另一个技术潮流是融入现代呼叫中心技术，提供电话、电子邮件、传真、WAP、Web、PDA、面对面沟通等各种各样与客户互动的灵活接入方式，并能根据呼叫接入的不同提供多种的路由算法和基于经验的智能路由等功能。

通过实施 CRM 系统，企业客户可以按自己的交流方式偏好来与企业交流，企业也可依客户交流方式偏好来与客户互动，并使得企业市场、销售和服务部门建立起与客户互动的统一的沟通界面，从而强化沟通效果。

集成门户（Portal）技术，以及交互式语音应答（IVR）系统和 CTI 中间件等呼叫中心技术，可实现客户门户（Customer Portal）、合作伙伴门户（Partner Portal）和员工门户（Employee Portal）的集成，并能为客户、合作伙伴和员工提供灵活的 IVR 服务，实现了呼叫中心 CTI 控制的全部功能，如语音导航、查询、语音信箱、传真、外拨等基础的业务服务，支持语音、传真、短信、互联网等多媒体的统一接入，具有混合排队、智能路由、负载均衡的先进体系结构设计，并结合先进的语音处理技术，提供 7×24 小时的不间断服务，能随时应答用户的呼叫并提供相应服务。

（七）采用 BI 技术

目前流行的 CRM 整体解决方案不但完成客户的数据采集、业务处理的流程化等运营型 CRM 的管理功能，而且将数据仓库的相关技术引入，能够进行客户相关数据分析和营销、销售和服务的部门级辅助决策支持，并能为高层领导提供企业全局的辅助决策支持，实现了运营与分析的闭环互动。

　　CRM 运营系统通过多种渠道与客户互动，通过市场营销、销售和服务等业务流程的管理，将客户的各种背景信息、偏好、行为习惯、交易数据、信用状况等信息收集并整合在一起，再将这些运营数据和外来的市场数据经过整合和变换，装载进数据仓库。

　　CRM 分析系统运用联机分析处理和数据挖掘等技术来从数据仓库中分析和提取相关规律、模型和趋势，让客户信息和知识在整个企业内得到有效的流转和共享，并进一步转化为企业的战略规划、科学决策和各业务流程的辅助支持，用于提高在所有渠道上同客户交互的有效性和针对性，把适合的产品和服务，通过适合的渠道，在适当的时候，提供给合适的客户，从而实现企业利润的最大化。

　　此外，CRM 系统不是一个孤立的系统，还需要扩大与企业各种电子商务应用的交互，通过 XML、Business API（应用程序编程接口）和组件等技术或采用集成的 EAI 解决方案，实现 CRM 系统与 ERP、SCM、电子商务等系统的整合和数据共享与交互。

二、CRM 软件系统应用模式的趋势

（一）模块细化

　　客户关系管理模块 + 互动触点构成发展新模式。"客户为中心"理念的愈加深入及 CRM 市场的愈发成熟，客户生命周期管理势必进一步细化，并向互动价值链延展，除获客外，客户体验等客户维系模块成新的管理聚焦点。粗放营销时代结束，获客难的问题越发显著。营销、客服板块日益被重视，精细化深耕各个模块成为新趋势。此外，云计算、大数据、物联网等新兴技术赋能形成多样化触点，实现触点维度的又一细化，在不久的将来，6G 技术、虚拟互动等或成主流。纵向的细化带动 CRM 内部结构的优化重组，数据赋能、智能化营销已是大势所趋（如图 4-4 所示）。

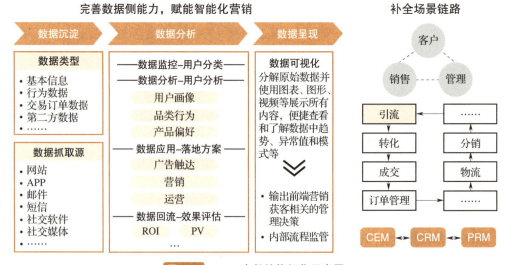

图 4-4 CRM 内部结构细化示意图

（二）差异化服务不同类型企业成 CRM 竞争新壁垒

首先，不同规模企业在资源、抗风险能力、业务成熟度方面存在显著差异，因此对 CRM 的应用需求有不同侧重：小微企业首选部署门槛低的 CRM 产品；中型企业追求定制化，大型企业则注重功能集成。其次，行业属性及业务模式的影响下，处于不同垂类领域的企业对 CRM 的选型需求也不尽相同。需求催生供给，粗放的纯通用型 CRM 已很难满足越来越多企业对于精细化运营的需要。需要针对不同规模企业及不同行业企业提供特色化产品或解决方案，构筑自身服务壁垒。如图 4-5 所示。

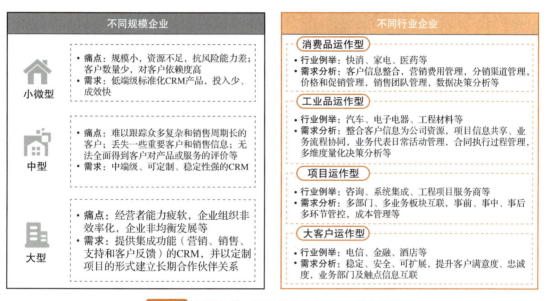

图 4-5 不同规模、不同行业企业 CRM 需求差异

（三）　CRM 功能拓展与外部集成

随着技术的发展和"数字一代"消费者的崛起，越来越多企业意识到数智化建设的必要性。线上线下的持续融合则进一步带给企业研发、物流、营销、服务等全场景的一体化挑战。为实现端到端的信息流、业务流、资金流、票据流全面打通，企业对业务系统的闭环能力提出了进一步需求。在此需求背景下，CRM 功能拓展是大势所趋。功能拓展的外部路径则是一体化，完成与其他数据应用、内部管理系统和各类客户互动触点之间的互联互通，实现 $1+1>2$ 的能力聚合，消除数据孤岛、业务孤岛，支撑企业规模化增长。

（四）　CRM 从工具型向能力型转变

为提升营销获客效率，填补业务部门间的信息断层，CRM 必然从工具型向能力型转变。营销能力从健全数据底座，到增加流量入口，再到提高线索质量，通过数据化的方式更好地管理并且优化线索。连接外部客户和内部管理的场景链路会进一步延伸，CRM 的能力覆盖面愈加拓展，如向前与客户体验管理（CEM）融合，向后与伙伴关系管理（PRM）融合等。

第五节　CRM 软件系统的云计算技术运营模式

在数字化的今天，企业和客户建立关系的"触点"不再局限于传统的线下拜访，客户体验前移并贯穿于获客、培育、成交、实施的全流程，如何建立长期且持续的客户关系，在生命周期的每个触点优化客户满意度，从而正向影响客户心智，达成续约及增购，是这个时代带给 SaaS 企业的挑战和契机。云计算的发展和普及，以及云计算的低成本实施费用为这些企业应用 CRM 带来了前所未有的契机，八百客、XTools、Salesforce 等都开发了基于云技术的 CRM。这里我们重点介绍微软云计算的三种运营模式，为企业部署 CRM 系统提供参考。

第一种模式：微软出资搭建，客户付费享用。微软正在全球范围内包括中国搭建统一的公共云服务平台，同时向各类企业、社会组织和个人消费者等客户提供云服务，如图 4-6 所示。

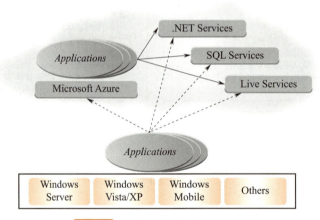

图 4-6　微软云计算结构示意图

例如，微软向最终使用者提供的 Online Services 和 Windows Live 等服务，对使用这种运营模式的客户而言，经济实惠、快速便捷、安全可靠。

第二种模式：合伙出资搭建，共同管理运营。这种模式将微软云计算技术和软件研发企业管理进行有力结合，为软件研发企业提供持续发展的技术平台。即在云计算平台中共同构建开发环境，共同承担软件在开发和测试过程中所产生的工作负载，集中管理资源，并针对需求，动态地分配资源，使开发与测试环境能够充分满足软件开发项目的需求，如图 4-7 所示。

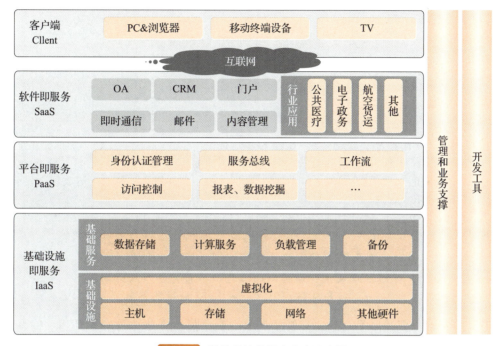

图 4-7 微软云计算解决方案示意图

对于这种模式，合作伙伴可基于 Microsoft Azure 平台开发 CRM、ERP 等各种云计算应用，并在 Microsoft Azure 平台上共同管理运营，为最终使用者提供服务。或者将微软构建的私有云计算平台中的 Business Productivity Online Suite（BPOS）产品，交由合作伙伴托管运营，其 BPOS 产品主要包括 Exchange Online、SharePoint Online、Office Communications Online 和 Live、Meeting Online 等服务。

第三种模式：客户自建。客户可以选择微软的云计算解决方案构建自己的云计算平台。微软可以为用户提供包括产品、技术、平台和运维管理在内的全面支持。

用户在实际的应用中可以根据自身的企业管理水平和 IT 应用水平自由组合选择适合自己的云计算 CRM 软件系统，从而达到最佳应用 CRM 的效果。目前业界存在两种方式部署 CRM 软件系统，一是企业自建 CRM 软件系统，二是直接购买成熟的 CRM 软件系统。两种方式各有利弊，而云计算商业模式的出现使得鱼与熊掌可以兼得。依托云计算架构的平台，企业提供了呼叫中心、电子邮件、传真、在线客户反馈、社区、自助网站等多种客户服务方式，可有效满足客户的不同服务需求。

综上所述，CRM 使用云平台有两大理由：一是便于开发，二是便于与其他广泛应用程序集成。云计算 CRM 软件系统的出现使得今后企业在部署 CRM 时变得轻松自如，云计算模式以其灵活、便宜的收费，简便的操作和可定制的个性化的流程将自建 CRM 产品的方便灵活与买入 CRM 产品的成熟完善集于一身，同时还可节约大量 IT 成本。云计算 CRM 软件系统真正做到了以人为本，让企业的流程重新回归以人为中心的管理，使企业得到更好更快的发展。

练习题四

一、关键概念

1. 接触活动   2. 时间管理   3. 客户智能分析

4. 电话营销   5. 电子营销   6. 商业智能

二、选择题 （1～4题为单选题，5～8题为多选题）

1. （   ）保证完整营销活动的传送，包括计划、内容发展、客户界定、市场分工和联络。

    A. 电话营销   B. 电子营销   C. 活动管理   D. 潜在客户管理

2. CRM 软件系统的业务功能中（   ）通过对市场和客户信息的统计和分析，发现市场机会，确定目标客户群和营销组合，科学地制定出市场和产品策略，并为市场人员提供制定预算、计划，以及执行和控制的工具，不断完善市场计划等。

    A. 市场管理   B. 销售管理   C. 客户服务和支持   D. 业务管理

3. CRM 软件的核心功能中（   ）的作用是：客户基本信息、与此客户相关的基本活动和活动历史的管理、联系人的选择；订单的输入和跟踪；建议书和销售合同的生成。

    A. 客户管理   B. 联系人管理   C. 时间管理   D. 潜在客户管理

4. 为了增加 CRM 软件系统的变化适应力，技术方面的另一个好的潮流是引入（   ）的设定理念，使系统能满足不同企业的管理多样化的需求。

    A. 分布式技术   B. 参数化

    C. 工作流管理   D. 呼叫中心和门户技术

5. 一个优秀的 CRM 软件系统能够很好地处理客户的数据，应该具有（   ）的功能。

    A. 平台   B. 接触   C. 运营   D. 商业智能

6. CRM 软件系统的一般模型比较客观地反映了 CRM 最重要的一些特性，模型阐明了（   ）之间的相互关系。

    A. 目标客户   B. 主要过程   C. 功能   D. 活动

7. CRM 软件应当能使客户以各种方式与企业接触，典型的方式有（   ）。

    A. 呼叫中心   B. 传真   C. 电子邮件   D. 互联网

8. 在 CRM 软件评价中，（   ）功能范围可以作为决定性的评判依据。

    A. 销售管理模块   B. 市场营销模块   C. 数据库模块   D. 服务支持模块

三、简答题

1. 接触活动包括哪些内容？

2. CRM 软件有哪些核心功能？

3. 简述 CRM 软件系统的技术功能。

4. CRM 目前应用什么样的体系结构？它们各自的优势如何？

5. 阐述 CRM 软件发展的趋势。

6. 如何为你所了解的企业选择 CRM 软件？

案例分析

CRM 软件在研发、生产、销售和营收中的应用

客户关系管理系统（CRM）作为当今企业管理领域的一项重要工具，旨在通过高效管理企业与客户之间的互动，来提升客户满意度和忠诚度，进而驱动业务增长。CRM 就像企业的一个超级助手，帮助企业记住每一位客户的喜好、购买历史和交流记录等。它能让企业更懂客户，更好地管理客户关系，通过集中管理这些信息来提供更精准的服务，从而让客户更满意，也更可能继续选择企业的产品或服务。简单来说，就是在售前争取更多客户，售中高效跟进客户，售后维护和巩固客户。图 4-8 为 CRM 在研发、生产、销售和营收中的应用示意图。

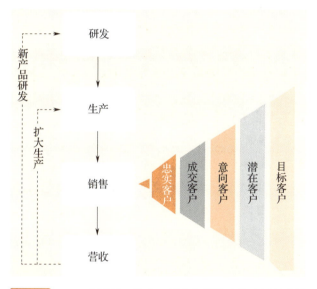

图 4-8 CRM 在研发、生产、销售和营收中的应用示意图

1. 数字化：高效管理大量数据

CRM 系统的核心特点之一是其出色的数字化能力。这意味着企业可以将所有的客户信息与沟通活动数字化存储和处理，摆脱传统纸张的束缚，使数据分析、存取和共享变得既快速又高效。通过数字化，CRM 系统能够轻松整合各种数据源，如社交媒体、电子邮件、电话记录、客户反馈等，构建出全面的客户视图。这样，企业就能更好地了解客户需求，准确预测市场动向，并制定出更为精准的营销策略。

2. 集成化：数据互联打破信息孤岛

一方面，CRM 系统可以将分散在各个部门之间的信息进行集中处理和保存，客户信息不会再因为销售工作习惯的不同而混乱、不一致，也不会在每次要找信息的时候，表格

满天飞,有了 CRM 系统,企业能够高效实现数据的统一管理。这种集中化的信息处理机制不仅提高了数据的统一性,还极大地简化了数据分析和决策制定过程。通过打破信息孤岛,CRM 系统使得跨部门的协作变得更加便捷,确保了信息在企业内部的自由流动,从而加强了组织的整体协同。另一方面,现代 CRM 系统正越来越多地与企业的其他系统(如 ERP、OA 等)及第三方应用(如微信、钉钉等)实现集成。企业在其他系统软件中的数据不用再另外找人手动输入,而是可以一键导入,实现数据互联,大大减少了人工错误,增强了业务流程的连贯性。

3. 一体化:提升效率的全面解决方案

CRM 软件通过将销售、市场营销和客户服务等多个功能集成到一个平台中,涵盖销售过程中的所有核心业务,实现了业务流程的一体化。因此,在 CRM 系统的帮助下,企业可以减少软件间的切换,确保所有团队成员都能够访问一致、实时的信息,从而提高整体的工作效率和客户服务质量。

4. 行业化:满足差异化需求

众所周知,不同类型的 CRM 客户群有着截然不同的需求。一些企业可能重视业务流程管理,而其他企业则可能更侧重于数据挖掘和决策支持。即便在同一行业内,由于产品特性、规模大小、发展阶段及销售模式等因素的差异,也会产生营销策略的不同。因此,"标准化""通用化"的 CRM 系统往往难以满足这些高层次和高质量的需求,越来越多针对性强的 CRM 系统被开发出来,受到用户的广泛欢迎。

5. 智能化:实现降本增效

CRM 系统在未来全球趋势中,智能化是确定的发展方向。由于 CRM 存储了客户的全部数据,这些数据成为 CRM 软件助力商业从信息化到数字化再到智能化转变的关键。通过智能化,CRM 不仅能够提高效率,还能够实现成本的降低,为企业带来更大的效益。

(资料来源:制造业老简,https://www.sohu.com/a/759576959_121453371/2024 - 2 - 27)

案例思考题

1. 客户关系管理系统是什么?有哪些特点?

2. 通过这个案例,你认为企业如何选择好适合自己业务需要的 CRM 软件?

第五章
客户关系管理应用系统的分类及功能

05

学习目标

1. 了解 CRM 应用系统的分类。
2. 掌握理解运营型 CRM 系统的概念、功能，了解其产生的原因、使用目的和使用人员。
3. 掌握理解分析型 CRM 系统的概念、功能，了解其技术、组成与运作。
4. 掌握理解协作型 CRM 系统的概念、功能，了解其特点和组成。
5. 了解 CRM 应用系统对企业的作用和应用实施效果。

客户关系管理（CRM）的理念固然非常重要，但如果没有 CRM 应用系统的问世，这些理念充其量也只是现代营销学的一两个营销论点而已，被大家"热炒"的机会不会太大。据统计，目前全球范围内，声称已开发出自己的 CRM 应用系统套装软件的公司共有 600 多家，在国内大约有 30 家，估计以后还会更多。其各种功能特点和各种各样的模块名称就像一个杂货店货架上的各色商品，设计过或用过 CRM 应用系统的人可能还能够认识和理解，但大多数人则很难理解。按照目前市场上流行的功能分类方法，美国美塔集团（Meta Group）把 CRM 应用系统分为运营型（Operational）、分析型（Analytical）和协作型（Collaborative）三类。这种分类使我们对 CRM 应用系统有个总体的把握，可以帮助我们理解 CRM 的业务功能领域。下面将对它们分别进行阐述。

第一节　运营型 CRM 系统

运营型 CRM（Operational CRM）系统也称"前台"CRM，它包括与客户直接发生接触的各个方面。可将这些互动看成客户"接触点"。接触点可以是"输入"（Input）接触，如打给公司客户热线的电话；也可以是"输出"（Output）接触，如业务员的电话销售或电子邮件促销。如今市场上的 CRM 产品，可主要归入运营型 CRM 系统。运营型 CRM 系统的主要应用目的是使企业直接面对客户的相关部门在日常工作中能够共享客户资源，减少信息流动滞留点，以统一的视图面对客户。典型的企业直接面对客户的部门大致包括销售部、客户服务部、市场营销部、呼叫中心，以及企业的客户信用部（收款或催账）。

企业部门的划分方式是基于企业内部的人力、物力资源的分配需要，目的是使各部门各司其职，明确工作目标。CRM 应用系统的设计是基于这种组织结构而形成的。运营型 CRM 系统，也被称作营运型 CRM 或操作型 CRM 系统，它建立在这样一种概念上：客户管理在企业成功方面起着重要的作用，它要求所有业务流程的流线化和自动化，包括经由多渠道的客户"接触点"的整合、前台和后台运营之间的平滑的相互连接和整合。它的设计目的是让这些部门的业务人员在日常的工作中能够共享客户资源，减少信息流动滞留点，从而力争把一个企业变成单一的"虚拟个人"，让客户感觉企业是一个绝对的整体，并不会因为和企业不同的人打交道而感到有交流上的不同感受，从而大大减少业务人员在与客户接触过程中产生的种种麻烦和挫折。运营型 CRM 系统可以确保与客户的持续交流，并使其合理化，但这并不意味着它能提供最优服务。

一、运营型 CRM 系统产生的原因

运营型 CRM 系统的设计主要是基于以下两点。

（1）在互联网时代，由于联系越来越方便，客户的耐心指数大大下降。在与客户打交道时，无论采用电话、电子邮件或其他方式，迟缓、拖拉的办事方式都会使企业很快发生客户流失。

（2）由于信息的高度畅通，客户很容易从多种渠道获得多个产品的信息，对供应商的选择余地很大。对企业来说，保持老客户变得越来越难。

运营型 CRM 系统主要用于针对企业的销售（业务部门）、市场营销（决策部门）、客户服务和支持（银行客户中心）等与客户有关的部门，使企业业务处理流程的自动化程度和效率更高，从而全面提高企业同客户的交流能力。利用运营型 CRM 系统可以实现企业的自动销售管理、时间管理、工作流的配置与管理、业务信息交换等功能；还可将企业的市场、销售、咨询、服务、支持全部集成起来，并与企业的管理与运营紧密结合在一起，形成一个以市场为导向，以客户服务为中心，工作流程驱动、分析与跟踪控制的高效市场营销环境，还可以提高企业的市场反应速度、应变能力和市场竞争力。通过企业 CRM 应用系统，将来自企业核心业务系统的客户交易数据和来自其他客户渠道的客户资料信息和服务信息有效地集成在一起，建立统一的客户信息中心。

二、运营型 CRM 系统的主要功能

CRM 初期是偏重于对企业的前台管理的业务流程（包括市场、销售、服务等方面）进行重新规划和调整，以最佳的工作方法来获得最好的效果。无论是销售自动化（SFA），还是利用呼叫中心的交互式客户关怀，都比较注重流程的管理，如销售过程的管理、代理商的管理、员工的管理、服务请求的回复管理等。在 CRM 从无到有的过程中，运营型 CRM 系统对许多企业及整个软件产业起到了非常重要的作用。它使得销售自动化、市场营销及客户服务这些前台不同部门能够进行统一的自动化运作，以利于企业决策层进行全方位思考。

运营型 CRM 系统主要解决了客户资源问题，围绕客户信息进行了各个部门的协同工作，其中最重要的是解决了以下问题：① 如何收集客户信息？② 谁来收集客户信息？③ 收集什么样的客户信息？④ 与某个客户相关的所有信息是否整合过？⑤ 企业前台管理的每个部门是否都建立起以客户为中心的理念？⑥ 对不同的客户是否能够提供不同的服务？

运营型 CRM 系统使企业在网络环境中能够以电子化方式完成从市场、销售到服务的全部商务过程。它主要包括以下五个组件，分别实现各自功能。

1. 销售套件

销售套件为企业管理销售业务的全过程提供丰富强大的功能，包括销售信息管理、销售过程定制、销售过程监控、销售预测、销售信息分析等。运营型 CRM 销售套件将成为销售人员关注客户、把握机会、完成销售的有力工具，并可以帮助其提高销售能力。运营型 CRM 销售套件对企业的典型作用在于帮助企业管理跟踪从销售机会产生到结束各销售阶段的全程信息和动作。

2. 营销套件

营销套件为企业自始至终掌握市场营销活动的运作提供便利。它提供从市场营销活动信息管理、计划预算、项目追踪、成本明细、回应管理、效果评估等功能，帮助企业管理者清楚了解所有市场营销活动的成效与投资回报。

3. 服务套件

服务套件帮助企业以最低的成本为客户提供周到、及时、准确的服务。它提供包括服务请求及投诉的创建、分配、解决、跟踪、反馈、回访等相关服务环节的闭环处理模式，从而帮助企业留住老客户、发展新客户。

4. 电子商务套件

运营型 CRM 电子商务套件是让企业商务过程"E"化的前台（Front Office），它可以帮助企业将门户站点、各种商务渠道集成在一起，开拓新的销售渠道及商务处理方式。

5. 平台

运营型 CRM 平台是产品的基础核心平台，能实现产品的基础数据维护、安全控制、动态配置与工作流定制等功能。

根据上述的分析可看出，运营型 CRM 系统最适合于制造业、零售业。另外保险行业也比较适合选择运营型 CRM 系统，这是因为保险企业的用户数据太多，而且分散在大量的业务员手中，很难进行系统管理。解决好数据的共享问题是其应用的关键，随着移动通信技术的日益完善，应用前景是被看好的。

三、应用运营型 CRM 系统的主要目的

应用运营型 CRM 系统的主要目的是加强和客户之间的联系和交流，通过有效的运作，运营型 CRM 系统将来自销售部门、市场营销部门、客户服务部门、技术支持部门

等多个部门的信息加以汇总加工，形成企业的客户信息中心。

运营型 CRM 系统为客户提供一个统一的客户接触平台，只要客户与企业发生联系，企业就可以借助这个平台实现该信息的内部共享，其中包括客户的个人信息、客户的通话状况、客户的缴费情况、与客户发生过的接触以及处理结果等。总之，企业内部任何一个部门如有需要，都可以迅速获得不同部门对同一客户要求的处理情况，使企业在与客户接触时，不会因不了解情况而引起客户的不满。运营型 CRM 系统提供给客户多种接触渠道，包括呼叫中心、多个分支机构、网络链接等，让客户能以最便捷的方式（电话、面谈或上网）获取企业信息、选择便捷的购买和交付方式、寻求技术支持和服务、反馈消费意见和期望。国外有些厂商提供的这类系统还具有 SFA 的功能，能跟踪营销活动中与客户的各种联系，根据事先安排的时间提醒应该进行的活动，提醒客户的生日或爱好，甚至跟踪与客户所在企业有关的新闻报道等。

四、运营型 CRM 系统的使用人员

运营型 CRM 系统是 CRM 软件中最基本的应用模块，它为以下几种人员提供便利，从而大大提高企业的效益。

（1）销售人员。销售自动化要求销售人员及时提供客户的详细信息，业务内容涉及订单管理、发票管理及销售机会管理等。

（2）营销人员。营销自动化是运营型 CRM 系统的主要模块，其中的营销活动管理工具可用于计划、设计并执行各种营销活动，寻找潜在客户并将他们自动集中到数据库中通过自动派活功能分配给营销人员。

（3）现场服务人员。运营型 CRM 系统使服务自动化，包括自动派活工具、设备管理服务合同及保质期管理、维修管理等。

从以上应用领域可以看出，运营型 CRM 系统的应用模块在功能上与 ERP 相似，如仓库管理、采购管理等，都是提高员工工作效率的一种应用工具。与分析型 CRM 系统相比，虽然在销售服务和营销模块中具有一定的数据统计分析能力，但它是浅层次的，与以数据仓库、数据挖掘为基础的分析型 CRM 系统是有区别的。另外运营型 CRM 系统不包含呼叫中心等员工同客户共同进行交互活动的应用，与协作型 CRM 系统也有一定的区别。

第二节　分析型 CRM 系统

分析型 CRM（Analytical CRM）系统，也称为"后台"或"战略"型 CRM 系统，是指理解发生在前台的客户活动。它主要是通过分析运营型 CRM 系统中获得的各种数据，为企业的经营、决策提供可靠的量化依据。分析型 CRM 系统需要用到许多先进的数据管理和数据分析工具，如数据仓库、OLAP 和数据挖掘等。

如果说运营型与协作型 CRM 系统是企业的臂膀，那么分析型 CRM 就是企业的大脑。企业通过前台销售自动化、营销自动化及客户服务与支持协同运作积累了大量的客户信息资源，分析型 CRM 系统的作用就是让这些资源发挥作用。具备分析能力的数据仓库能够通过建立客户的全景观图并与这些客户保持持续的沟通来帮助企业获得额外的市场竞争力，分析的目的在于得出结论，因此分析型 CRM 系统的核心在于让企业真正地了解客户。

同运营型 CRM 系统不同，分析型 CRM 系统不需要直接同客户打交道，而是从运营型 CRM 系统应用所产生的大量交易数据中提取有价值的各种信息，通过 80/20 分析、销售情况分析等一系列的分析方法或挖掘工具，对将来的趋势做出必要的预测或寻找某种商业规律，是一种企业决策支持工具。分析型 CRM 目前在银行业、保险业以及零售业中应用较广，企业可以利用这种系统挖掘出重要的决策信息。

一、分析型 CRM 系统的技术

分析型 CRM 系统的设计主要利用数据仓库、数据挖掘等计算机技术，对客户关系进行深度分析。通过运用数据挖掘、OLAP、交互查询和报表等手段，了解客户的终身价值、信用风险和购买趋势等，并将交易操作所累积的大量数据过滤、抽取，放到数据仓库，再利用数据挖掘技术建立各种行为预测模型，最后以图表等形式发布企业各种关键绩效指标（Key Performance Indicators，KPI）以及客户市场细分情况，达到成功决策的目的。

分析型 CRM 系统注重对数据进行复杂的分析、处理和加工，以及对客户行为进行分析，并从中获得有价值的信息。例如，在电信行业中，分析经常打漫游电话的人群的特征：年龄在 30 岁左右、月收入在 5000 元以上的女性是不是长途电话消费主体；她们的通话习惯时段是从几点到几点；周末的长途漫游消费是否有明显不同于其他时间的特征等。

二、分析型 CRM 系统主要功能

分析型 CRM 系统主要是分析运营型 CRM 系统和原有业务系统中获得的各种数据，进而为企业的经营、决策提供支持。一个正确的分析型 CRM 系统应包括大量交叉功能数据，这些数据通常存储在数据库中，不同来源的企业数据将会有助于业务分析。具体地说，分析型 CRM 系统应该具有以下几个方面的功能。

1. 促销管理

促销管理的功能可以让 CRM 系统对所进行的销售活动相关信息进行存储和管理，将客户所发生的交易与互动事件转化为有意义、高获利的销售商机。例如，当接触管理模块检测到重大事件时，即刻启动特别设计的销售活动计划，针对该事件所涉及的客户提供适用的产品或者服务，这种功能又被称作实时事件注入。

2. 个性化和标准化

个性化和标准化是 CRM 的目标之一，为了使客户得到真正的优良服务，企业应该采取各种手段满足客户的个性化需求，同时达到服务的标准化。例如，销售人员可以用鼠标点击方式建立和编辑个性化的电子邮件模版，以纯文本、HTML 或其他适当的格式向客户发送促销信息。更重要的是，销售人员可以利用复杂的获利能力评估规则、条件与公式为不同的客户创建更具亲和力的沟通方式。每个营销人员每天应当处理多少个目标客户？每隔多长时间应该对客户进行一次例行联络？各类销售方式对各类客户的有效程度如何？对于这些问题，分析型 CRM 系统的标准化功能都可以提供答案，帮助企业建立最优的处理模式。优化功能还可以基于消息的优先级别和采取行动所需资源的就绪状况来指导和帮助营销人员提高工作效率。

3. 客户分析和建模

客户分析功能应该是使 CRM 应用系统具有某些对数据分析的智能化的功能，这些功能让销售人员可以完整、方便地了解客户的概貌信息，通过分析与查询，掌握特定细分市场的客户行为、购买模式、属性以及人口统计资料等信息，为销售活动的展开提供方向性的指导。此外，销售人员可以通过客户行为分析功能追踪销售活动的执行过程，从而了解这类活动的内容和随之传达的信息对客户所造成的实际影响。一个良好的分析型 CRM 软件应该有能力让销售人员通过轻松的鼠标点击即可锁定特定客户群、建立新的细分市场。

客户建模功能主要依据客户的历史资料和交易模式等影响未来购买倾向的信息来构造预测模型。例如，根据客户的促销活动回应率、利润贡献率、流失可能性和风险值等信息，为每一位客户赋予适当的分值。从技术方面看，客户建模主要是通过信息分析或者数据挖掘（Data Mining）等方法获得。另外，机器学习（Machine Learning）和神经网络（Neural Network）也是重要的客户建模方法。客户建模的结果可以构成一个完备的规则库。例如，银行客户如果有大笔存款进入账户，则应考虑向其推荐股票或者基金等收益更高的投资项目。客户建模功能可以使企业充分利用分析型 CRM 的知识处理能力，帮助企业建立成熟有效的统计模型，准确识别和预测有价值的客户沟通机会。一旦这种模型得以建立，企业就可以对每一个客户进行价值评估，并在适当的时机以适当的方式与这个客户进行沟通，从而创造更多的盈利机会。

4. 客户沟通

客户沟通的功能和上面的几个功能也是有联系的，对上述的功能起到配合的作用。当这个客户的某个行为触发了某个规则，企业就会得到提示，启动相应的沟通活动。客户沟通功能可以集成来自企业各个层次的各种信息，包括客户分析和客户建模的结果，针对不同部门的不同产品，帮助企业规划和实施高度整合的销售活动。

分析型 CRM 系统所需要的核心技术通常包括数据仓库、数据挖掘、OLAP 和决策结果展现几个方面。

三、 应用分析型 CRM 系统的主要目的

分析型 CRM 系统首先要收集两方面的信息：一方面是企业和客户的交易信息，另一方面是企业的外部相关信息。把这两种重要的信息融合起来，组成企业数据仓库，就可作为 CRM 运作的基础。

分析型 CRM 系统重在分析客户数据，使企业更为清晰地了解自己客户的类型，把握不同类型客户的准确需求，从而发挥最大潜力来挖掘客户和更好地服务于客户。建立良好的客户关系，最理想的状况是集成覆盖整个企业的 CRM 系统，即用运营型 CRM 系统提供多种接触手段，用分析型 CRM 系统提供的数据深入了解客户，达到对不同客户区别对待的目的。而区别对待后的反馈数据又可以被运营型 CRM 系统再收集，从而循环往复，不断优化客户关系。不过在近一段时间内，两种不同类型的 CRM 系统会继续独自发展，原因在于不同类型 CRM 系统的技术完全不同，供应商往往只精于其中一个部分，同时出于对建立 CRM 风险和投资的考虑，企业也乐于先部分投入进行实验。

企业都希望把大容量的销售、服务、市场以及业务数据进行整合，将完整的和可靠的数据转化为有用的、可靠的信息，再将信息转化为知识，进一步为整个企业提供战略上和战术上的商业决策，为客户服务和新产品的研发提供更准确的依据，提高企业的竞争力，使企业能够把有限的资源集中服务于所选择的有效益的客户群，同这些客户保持长期和有效益的关系。分析型 CRM 系统能使这一切成为可能，它是一种处理大容量的客户数据的方法。为了获得可靠的信息支持策略和做出商业决策，为了给客户提供更好的服务，以赢得客户的忠诚，首先必须了解客户的贡献率。分析型 CRM 系统能够通过客户的各种背景数据和其过去交易行为数据，建立合适的客户终身价值模型，并按照客户的终身价值对客户进行分类，预测其未来的趋势，了解每类客户能为企业带来多少效益，从而向不同类型的客户提供其最需要的服务和产品，使企业能够优化利用有限的资源，集中服务于所挑选的客户群。

通过和客户的沟通，企业可以发现更多的商机，这也是 CRM 需要达到的目的之一。根据客户与企业之间发生的貌似偶然的交互活动，企业可以迅速发现客户的潜在需求并做出适当的反应。客户沟通功能支持销售人员设计和实施潜在客户销售、单一步骤销售、多步骤销售和周期性销售四种不同类型的销售活动。

"以客户为中心"策略的一个关键步骤是收集足够的客户背景信息和行为信息，并对客户进行细分。分析型 CRM 系统的销售、服务、市场、电子商务以及业务平台等功能可将客户的各种信息按照分析的要求有机地整合起来，为数据分析提供准确的数据源；将客户的背景数据、生活方式方面的信息，与客户行为信息相结合，通过建立合适的模型，对不同群体的客户采用针对性和有效的互动交流。市场将分析的结果信息反馈给销售系统，销售系统可通过呼叫中心对特定的客户进行特殊的服务或者提供交叉销售，以满足客户的需求。

四、分析型 CRM 系统的组成与运作

基于分析型 CRM 系统的特点，可以推测出分析型 CRM 系统的构建首先需要一个信息收集的部分，然后还要有信息管理、信息处理（加工）和信息利用这些部分。分析型 CRM 系统的组成如图 5-1 所示。

图 5-1 分析型 CRM 系统的组成

这几个部分的运作，有助于分析型 CRM 系统在这些问题上做出正确的评价，便于决策者们决策和分析者们得出正确的认识：

① 哪些活动可以赢得更多更好的客户？

② 最优秀的客户有哪些？

③ 如何达到最好的宣传效果和宣传业绩？

④ 哪些客户是我们需要投入精力来挽留的？

这就如著名的 CRM 专家史蒂芬·罗伯特森（Stephen Robertson）曾经说过的："我们认为，分析型 CRM 系统有两个核心作用：第一，使用准确、易用的报表工具来分析和理解有关客户的数据；第二，在这些数据的基础上来定制产品、服务以及相应的交互方式，从而以合适的方式、在合适的时间并通过合适的渠道满足客户的需求。"

如果将上面 CRM 应用系统的组成具体化，结合企业的实践活动，可以把图 5-1 改为图 5-2 这种更为直接的形式。

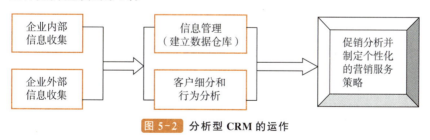

图 5-2 分析型 CRM 的运作

分析型 CRM 系统应用大量交易数据进行 80/20 分析、销售情况分析，从而可以对将来的市场趋势做出预测，适合有大量客户的金融、电信、证券行业。由 BI 供应商提供的 CRM 主要是分析型 CRM，同时又能同运营型 CRM 进行平滑的集成和协同工作。BI 供应商提供的 CRM 系统通常包含的分析和应用主要有客户群体分类分析和行为分析、客户效益分析和预测、客户背景分析、客户满意度分析、交叉销售、产品及服务使用分析、客户信用分析、客户流失分析、欺诈发现、市场分类分析、市场竞争分析、客户服务中心优化等。

第三节　协作型 CRM 系统

一、协作型 CRM 系统的特点

协作型 CRM（Collaborative CRM）系统是指企业直接与客户互动（通常通过网络）的一种状态，它能实现全方位地为客户交互服务和收集客户信息，形成与多种客户交流的渠道。协作型 CRM 系统强调的是交互性，它借助多元化、多渠道的沟通工具，让企业内部各部门同客户一起完成某项活动，其英文 Collaborative 的意思是两个以上的人同时做某项工作。按照这个理解，协作型 CRM 系统就是能够让企业客户服务人员同客户一起完成某项活动。例如，技术人员通过电话指导客户修理设备，因为这个修理的活动同时有员工和客户共同参与，因此他们是协作的。而前面的营运型应用和分析型应用都是企业员工自己单方面的业务活动，在进行某项活动时，客户并未参与其中。

协作型 CRM 系统将更大程度地实现全方位地为客户交互服务和收集客户信息，实现多种客户交流渠道如呼叫中心、面对面交流、Internet/Web、电子邮件/传真等的集成，使各种渠道融会贯通，以保证企业和客户都能得到完整、准确和一致的信息。

显然，协作型 CRM 系统的设计有其本身的特点。由于员工和客户一起完成某项任务，就有一个尽量快的时间特点，有时间紧迫感，因为，员工和客户都希望快一点解决问题。这种速度需要就要求 CRM 系统必须能够帮助员工快速、准确地记录客户的请求内容以及快速找到问题的答案。换句话说，对特定协作业务，协作型 CRM 系统必须有知识量丰富和智能查询等特点；同时，员工本身也必须经验丰富。如果问题无法在线解决，协作型 CRM 系统还必须由智能路由对请求进行升级处理，员工必须及时进行任务转发。

二、协作型 CRM 系统的主要作用和功能

协作型 CRM 系统主要做协同工作，适应于那些侧重服务和客户沟通频繁的企业，它不拘行业，适合于任何需要通过多种渠道和客户接触、沟通的企业。协作型 CRM 系统强调的是交互性，它借助多元化、多渠道的沟通工具，让企业内部各部门同客户一起完成某项活动。

协作型 CRM 系统的主要作用是对各种沟通渠道的整合和协调各个部门之间的联系，其处理流程为：先利用运营功能从客户的各种"接触点"将客户的背景数据和行为数据收集并整合在一起，这些运营数据和外来的市场数据经过整合和变换，装载进数据仓库。然后，运用在线分析和数据挖掘等技术从数据中分析和提取相关规律、模式或趋势。最后，利用相应的动态报表系统和企业信息系统使有关客户的信息和知识在整个企业内得到有效的流转和共享。这些信息和知识将转化为企业的战略和战术行动，用于提高在所

有渠道上同客户交互的有效性和针对性，把合适的产品和服务，通过合适的渠道，在适当的时候，提供给适当的客户。

协作型 CRM 系统将实现全方位地为客户交互服务和收集客户信息，实现多种客户交流方式（如呼叫中心、面对面交流、Internet/Web、电子邮件/传真等）的集成，使各种方式相互交融，以保证企业和客户都能得到完整、准确和一致的信息。协作型 CRM 系统的主要功能有以下几点：

（1）电话接口。能提供与世界先进水平的电话系统集成的接口；主要支持 Dialogic、Lucent 等 CTI 中间件。

（2）电子邮件和传真接口。能与电子邮件和传真集成，接收和发送电子邮件和传真；能自动产生电子邮件以确认信息接收等。

（3）网上互动交流。进一步加强与网络服务器的集成以支持互动浏览、个性化网页、站点调查等功能。

（4）呼出功能。支持通过电话进行销售、市场推广，有预知拨号、持续拨号和预先拨号等功能。

三、协作型 CRM 系统的组成

协作型 CRM 系统是一种综合性的 CRM 解决方式，它将多渠道的交流方式融为一体，同时采用了先进的电子技术，保证了客户关系项目的实施和运作。

协作型 CRM 系统包括了呼叫中心、互联网、电子邮件、传真等多种内容。在协作型 CRM 中，客户和企业可以通过多种方式进行交互的前端应用。这种协作型平台的作用是交换信息和服务。借助多渠道协作以及 IVR 和 CTI 技术，客户能够在任何时间从任何地点通过自己方便的渠道了解相应的产品和服务。不仅如此，各机构还可以利用这种交互方式收集客户和潜在客户的信息。

现在很多 CRM 公司都提供了协作型 CRM 的解决方案。例如，四川省先创科技有限公司就提供了这样的解决方案，其组成模型如图 5-3 所示。

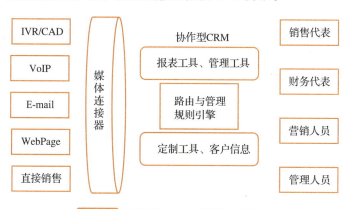

图 5-3 协作型 CRM 系统的组成模型

CRM 协作型系统由媒体连接器、路由与管理规则引擎和桌面应用组成，外在的表现形式是移动桌面、Web 接入和呼叫中心接入。

移动桌面是真正的移动桌面，它不需要网络的支持，只要有便携式计算机，就可以帮助用户离线采集数据，在需要数据同步时，则与企业的 CRM 数据库连接，实现数据装载或从系统获取数据。

Web 接入服务，使得企业的客户信息采集、客户自助服务和代理商管理等许多业务功能在互联网上实现。Web 上产生的数据都将集成到企业的 CRM 数据库中。

呼叫中心接入服务的一系列 CTI 组件也为集成第三方厂商的 CTI 应用提供了接口，使得用户在实现协作型功能上有更多的选择。

协作型 CRM 系统目前主要有呼叫中心、客户多渠道联络中心、帮助台（Help Desk）以及自助服务帮助导航、向员工解释特定网页等内容。具有多媒体多渠道整合能力的客户联络中心是今后协作型 CRM 系统的主要发展趋势。

由于 CRM 领域的应用开发速度很快，有些名词的产生和消失也很快，所以很难将自助服务、客户信息门户、网上商店等归到哪一类。从客户操作来看，这是一个运营型应用，只不过操作者从企业员工变为客户。但自助服务中又包含了同客户协作方面的内容，如客户可以点击"帮助"菜单进入网上交谈等。因此，希望读者不要把这些当成一个严肃的理论来理解，应该与它们的产生背景联系起来理解。

第四节　三类 CRM 应用系统的定位与关系

本书按 CRM 应用系统的功能和应用范围把 CRM 分为了三类，但在实际运用过程或完整的解决方案中，往往是把它们集成起来使用。

一、应用系统的功能定位

值得指出的是，上述三类 CRM 应用系统的分类是由美国的一个研究机构美塔集团（Meta Group）提出来的，它与 CRM 系统供应商没有直接的关系，它侧重于功能的分类。实际上，各种 CRM 产品并没有严格区分为操作型、分析型、协作型，而是多种 CRM 应用贯穿其中。三种应用系统功能定位如图 5-4 所示。

客户与企业的互动，就需要把分析型 CRM 系统与接触点结合在一起。如网站的客户先通过运营型系统获知客户要了解什么信息，运营型系统就把客户的要求传递给数据仓库，通过数据仓库来拿这些信息，然后返回客户界面，再到客户。运营型 CRM 系统管理接触点，适应于通过 Web 与客户联系；而数据仓库不管理接触点，适用于分析和决策。一个强大的 CRM 解决方案应该是把接触点的运营型 CRM 和分析型 CRM 系统的后

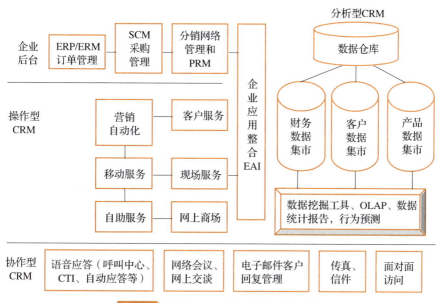

图 5-4 三类 CRM 应用系统的功能定位

台数据仓库相结合。这也就产生了协作型 CRM 系统。而后端和前端走向融合的关键点在于系统是开放的，只有开放的系统才能把各自的优点结合起来。

协作型 CRM 系统与客户交互共同完成任务，为业务管理用户提供多渠道的交互方式，包括网站、电子邮件、电话、多媒体呼叫中心和无线接入。并且这些交互方式是相互集成的，保证所有客户在不同的渠道上得到统一的服务，有统一的体验，也使企业的各种业务运作都可"随时随地"处理。

二、应用系统之间的关系

在 CRM 实际项目的运作中，运营型、协作型、分析型是相互补充的关系，如图 5-5 所示。如果把 CRM 比作一个完整的人，那么运营型 CRM 系统是 CRM 的四肢，协作型 CRM 系统则是各个感觉器官，而分析型 CRM 系统就是 CRM 的大脑和心脏。

图 5-5 三种不同类型 CRM 应用系统之间的关系

目前运营型 CRM 系统占据了 CRM 产品市场大部分的份额。运营型 CRM 解决方案虽然能够基本保证企业业务流程的自动化处理、企业与客户间沟通以及相互协作等问题，但是随着客户信息的日趋复杂，它已难以满足企业进一步的需要，在现有 CRM 解决方案基础上扩展强大的业务智能和分析能力就显得尤为重要。因此，分析型、协作型 CRM 系统毫无疑问将成为今后市场需求的热门产品。

练习题五

一、关键概念

1. 运营型 CRM 系统　　　　2. 分析型 CRM 系统　　　　3. 协作型 CRM 系统

4. 接触点　　　　　　　　5. 服务套件　　　　　　　6. 电子商务套件

二、选择题（1～7 题为单选题，8～9 题为多选题）

1. （　　）CRM 系统的主要应用目的是为企业直接面对客户的相关部门在日常工作中能够共享客户资源，减少信息流动滞留点，以一种统一的视图面对客户。

　　A. 运营型　　　　　　B. 分析型　　　　　　C. 协作型　　　　　　D. 上述都不正确

2. （　　）CRM 系统主要用于针对企业的销售（业务部门）、市场营销（决策部门）、客户服务和支持（银行客户中心）等同客户有关的部门，使企业业务处理流程的自动化程度和效率更高，从而全面提高企业同客户的交流能力。

　　A. 运营型　　　　　　B. 分析型　　　　　　C. 协作型　　　　　　D. 上述都不正确

3. （　　）CRM 系统需要用到许多先进的数据管理和数据分析工具，如数据仓库、OLAP 和数据挖掘等。

　　A. 运营型　　　　　　B. 分析型　　　　　　C. 协作型　　　　　　D. 上述都不正确

4. 分析型 CRM 系统的功能中（　　）的功能是可以集成来自企业各个层次的各种信息，包括客户分析和客户建模的结果，针对不同部门的不同产品，帮助企业规划和实施高度整合的销售活动。

　　A. 促销管理　　　　　　　　　　　B. 个性化和标准化

　　C. 客户分析和建模　　　　　　　　D. 客户沟通

5. （　　）CRM 系统将更大程度地实现全方位地为客户交互服务和收集客户信息，实现多种客户交流渠道如呼叫中心、面对面交流、互联网/Web、电子邮件/传真等的集成，使各种渠道融会贯通，以保证企业和客户都能得到完整、准确和一致的信息。

　　A. 运营型　　　　　　B. 分析型　　　　　　C. 协作型　　　　　　D. 上述都不正确

6. （　　）不是协作型 CRM 系统的特点。

　　A. 有时间紧迫感　　　　　　　　　B. 系统协作功能强

　　C. 对系统和员工要求高　　　　　　D. 可以对请求进行升级处理

7. 协作型 CRM 系统的主要功能有（　　）。

　　A. 电话接口　　　　　　　　　　　B. 电子邮件和传真接口

　　C. 网上互动交流　　　　　　　　　D. 呼出功能

8. 协作型的 CRM 系统包括了（　　）等多种内容。

　　A. 呼叫中心　　　　B. 互联网　　　　C. 电子邮件　　　　D. 传真

9. 协作型的 CRM 包括了（　　）等多种内容。

　　A. 呼叫中心　　　　B. Internet　　　　C. E-mail　　　　D. Fax

三、简答题

1. 运营型 CRM 系统的关注点是什么？
2. 分析型 CRM 系统的关注点是什么？
3. 运营型 CRM 与分析型 CRM 之间的关系是什么？
4. 阐述运营型、协作型、分析型 CRM 系统的关系。

案例 分析

深度解析 CRM 系统在七大行业的应用案例

CRM 系统是企业在销售、营销、服务等活动中管理客户的综合解决方案。随着市场经济的发展，越来越多的人开始认识到 CRM 系统的重要性，尤其在如今日益激烈的竞争环境中。在企业追求利润最大化的同时，如何从产品中获取利润成为一个关键问题。随着智能化生产水平的提高，商品之间的价值差距变得越来越小，企业开始转向以客户体验为出发点，寻求新的突破点。

客户体验是一种主观印象，存在于商品销售和客户使用的各个环节中，体现为客户与品牌的互动。优秀的客户体验有助于企业树立正面品牌形象，增强市场竞争力，并推动企业不断改进和创新产品与服务。CRM 系统在维护客户体验方面发展迅速。即使是小型企业也开始投资 CRM 客户关系管理系统，希望通过提升客户响应速度、个性化服务和自动化管理等方面，增加客户满意度，抓住新的机遇。尽管 CRM 软件可以应用于所有行业，但其使用方法和具体收益因行业而异。以下是七个行业重要的 CRM 系统案例。

一、汽车行业 CRM

汽车行业的 CRM 系统又可细分为针对制造商的 CRM 系统与针对分销商的 CRM 系统。随着制造商重获品牌控制权，直销模式成了汽车行业的一项重大创新。如果制造商能全方位地了解客户，就不用再完全依赖于经销商。与此同时，面向汽车经销商的 CRM 系统可以帮助广大经销商更好地了解客户，开展极具针对性的营销，为整体客户关系增值。汽车行业的 CRM 系统带来了无数新机遇。企业可以引进汽车共享和租用等新的所有权模式；为品牌打造二手车全球市场；提供零件和服务组合套餐，利用科技帮助客户选择他们真正需要的功能。

二、消费品行业 CRM

市场竞争的激烈促使消费品行业不断开发和创新自己的产品，成功的企业始终注重为消费者提供多样化的选择，包括消费者想要的商品、偏好的购物渠道、愿意支付的价格，以及最终做决定所需的信息。借助面向包装消费品行业的现代 CRM 系统，企业可以深入地了解当前的客户行为，以及未来的客户偏好。该系统可提供实时信息，使企业能够更高效地抢占货架空间，快速应对市场变化。同时，CRM 系统还能为企业提供重要信息，帮助他们制定关键战略决策。借助实时的数据洞察，消费品企业能够在激烈的市场中做到灵活应变。

三、时尚行业 CRM

时尚行业的企业如何使用 CRM 系统？首先，他们利用物联网（IoT）功能了解货架空置情况，以便及时补货。其次，他们借助 CRM 工具来收集有关客户偏好和购买模式的数据。然后，他们确定客户喜好的变化趋势，在整个企业内扩展机器学习功能，分析数据，利用人工智能（AI）精准预测"下一个爆款"。他们可以针对客户个人喜好提供相应的产品，从而打造个性化的独特客户体验，并使用聊天机器人和语音技术为每位客户提供优质的服务。紧跟时尚潮流，始终精准地提供客户所需的产品，这是时尚行业客户体验的真正意义。如此一来，企业就可以提高品牌忠诚度，减少降价情况以及缺货造成的收入损失。

四、保险行业 CRM

客户体验在保险行业占据了重要地位，调查显示，超过一半的客户愿意为额外服务多付保费。借助面向保险行业的 CRM 系统，企业能够获得所需的洞察，专注于提供对客户最重要的服务。保险行业 CRM 系统的专业划分程度更高，保险企业需要针对租赁、产权、汽车、生活、旅游和活动等保险类别，为客户量身定制专属的保险服务。CRM 系统还应支持客户轻松地比较产品，以及使用自助服务和协作功能进行购买。通过简化购买流程，真正满足客户需求，企业能够减少淘汰的报价申请，提高销量，增加钱包份额。

五、制造业 CRM

制造业 CRM 在如今的 CRM 市场上几乎占据了半壁江山，随着营销模式不断改变，很多制造商开启了直营模式，省去中间商环节，从而进一步提高企业最终利润，然而，对于传统的制造企业来说，如何卖出商品是一个不小的挑战。面向制造商的 CRM 系统可以为企业提供全方位的客户视图，让他们能够根据客户需求配置相应数量、价格合理的解决方案。此外，在制造业 CRM 系统的帮助下，企业能够在整个制造生命周期对客户、渠道合作伙伴和分销商进行管理，为 B2B 客户打造一致且富有吸引力的端到端体验。如今，88% 的 B2B 高管非常重视客户体验，制造商不应该只考虑产品价格和特色。最重要的一点，完成交易不代表客户体验之旅走到了终点。售后市场蕴藏着无限机遇，其规模预计比原始设备制造商（OEM）市场大四到五倍。面向制造业的 CRM 系统能帮助企业深入了解售出产品的整个生产周期，包括支持、维修、安装、升级、检查、扩展、培训和定制，助力企业与第三方竞争对手争夺这些额外的收入源。

六、零售 CRM

在过去的十年内零售行业发生了翻天覆地的变化，新的购物模式促使零售商开始打造富有吸引力且值得大力推荐的个性化体验。面向零售行业的 CRM 系统可收集客户数据，帮助零售商识别和预测潜在的客户需求，并根据基于数据的决策采取行动。除此之外，一些新兴的科技，如机器学习、AI 和物联网技术也融入了 CRM 系统，可用于推动企业与客户的互动。所以，随着新零售模式的兴起，CRM 系统可以帮助零售业的领导者另辟蹊径，打造独特的客户体验，开辟新的收入源。

七、公共事业行业 CRM

客户体验并不仅仅存在于以利润为目的的行业中，随着政府等公共部门"以人为本"的理念逐渐深入，优化公民体验也成为政府和公共事业组织的一项重要议题。为全面提升民众的办事体验，政府部门也在积极引入科技化的手段，如利用 CRM 系统打造数字化服务平台，简化办事流程，提高办事效率，且提高办事流程的透明度，从而进一步提高民众对政府的满意度与信任度。

综合这些 CRM 系统的服务案例来看，如今的智能化 CRM 系统已不仅仅是单纯的客户数据管理软件，它集成了众多新的技术与工具，不仅能够帮助企业收集客户数据，提供数据洞察，还能够推动相关行业的创新，积极优化客户体验，在不断变化的世界中实现快速发展。

（资料来源：https://baijiahao.baidu.com/2023 - 6 - 26）

案例思考题

1. 从功能看，七个行业使用了 CRM 系统的哪些功能？

2. 说说 CRM 系统除降低客户管理成本、减少客户流失外，还能为企业带来哪些好处？

第六章
呼叫中心在客户关系管理中的应用

06

1. 理解和掌握呼叫中心的定义。
2. 初步了解呼叫中心的类型。
3. 了解呼叫中心在 CRM 中的作用。
4. 了解呼叫中心的关键技术。
5. 对呼叫中心的选择、建设和管理的基本知识有一定的认识。
6. 熟悉和理解呼叫中心在 CRM 中的应用。

第一节　呼叫中心及其发展

　　CRM 系统建设中所面临的挑战之一是企业必须可以从深入收集客户数据并加以分类着手，针对客户的需求将信息分类，从而设计出能满足客户需求的产品和服务，并以客户喜爱的方式提供给他们。因此，企业必须利用有效的技术和设备来完成对客户信息的收集工作，通过与客户交流等多种途径收集数据，然后将其按照可用的方式组合在一起，通过数据仓库和挖掘来发现客户的类型和需求方向。在这里，呼叫中心将发挥两方面的作用，一方面它是企业提供的与客户联络、交流的工具，另一方面，它也是分析数据、传递数据等的手段。

一、呼叫中心的认识

　　呼叫中心是一种基于 CTI 技术的综合信息服务系统，由早期的仅以电话和接话人员组成的电话服务热线发展而来。现代呼叫中心本身的含义是一种充分利用通信网和计算机网的多项功能集成，与企业各业务渠道连为一体的完整的综合信息服务系统，能有效、高速地为用户提供多种服务。

　　呼叫中心已不仅在外部为用户加上了一个服务层，也在内部对整个企业的管理、服务、调度起到统一、协调的作用。现代意义上的呼叫中心要具备如下功能：提供每周 7 天、每天 24 小时的不间断服务，允许客户在与业务代表联络时选择语音、IP 电话、电子邮件、传真、IP 传真、文字交谈、视频系统等任何通信方式；能事先了解有关顾客的各种信息，对不同客户安排不同业务代表与之交谈；可以把从客户那里所获得的各种信息、数据全部储存在数据库中，供企业分析和决策；采用现代化的技术和良好的管理系统，随时可以观察到呼叫中心的运行情况和业务代表的工作情况。由此，呼叫中心对外面向客户，对内与整个企业相联系，与整个企业管理、服务、调度、生产、维修结为一体，将不再是"支出中心"，而是既有良好的社会效益，又有好的经济效益的"收入中心"。

IDC 认为，面对竞争压力，公司必须为客户售后服务建立战略计划，因此对各种客户售后服务系统，尤其是对呼叫中心的需求越来越强烈。IDC 把总的呼叫中心服务市场分成三个部分：咨询、系统集成和利用外部资源。利用外部资源是呼叫中心市场中最大的一部分。

二、呼叫中心的发展方向

到目前为止，呼叫中心还在随着通信技术、计算机技术、视频技术的飞速发展而更新换代。纵观现在和未来，呼叫中心发展的主要方向是 Web 型呼叫中心和多媒体呼叫中心。

1. Web 型呼叫中心

呼叫中心与互联网的集成，将极大地改变其运作体系和结构。Web 型呼叫中心将成为未来的主流方向。

用户可以从 Web 网站直接进入呼叫中心，用单击按钮的方式实现与企业有关组织和人员通话，也可使用 IP 电话、文本交互、电子邮件、IP 传真等一切互联网手段和功能。

2. 多媒体呼叫中心

早期呼叫中心主要是基于 CTI 技术，实现语音与数据的集成。但未来人们将更需要具备强大而全面的多媒体功能的呼叫中心。因此，引入视频技术和多媒体技术，将使呼叫中心在功能上发生飞跃。就目前来看，要实现交互式视频通信，对用户端也提出了较高要求，因此多媒体的呼叫中心还需要在未来进一步发展。虽然目前市场上已推出了所谓的多媒体呼叫中心，但还不是真正意义上的多媒体呼叫中心。

第二节　CRM 与呼叫中心的关系

CRM 在发展和实际应用中，不仅运用了各种基于 Web 平台的新技术，而且与传统的工具或渠道密切联系，以实现企业与客户接触渠道的全面整合。CRM 企业不仅看到了网络的潜力，并树立了发展电子商务的信心，而且对利用传统工具弥补目前网络平台和交易中现存的不足也有充分的准备。这也是今天的 CRM 系统中仍然包含了用 IT 技术改进的呼叫中心的主要原因。

呼叫中心可以很好地推进客户与企业的联系，尽管从效率或者成本的角度讲，完全网络化的人机界面操作实现的交易是最迅速也最便宜的，但是，当客户把信任度、消费习惯、运输、付款、售后服务等因素进行通盘权衡的时候，纯网络交易在现在还略显单薄。根据IDC的调查，在线购物中的消费者选定好商品放入购物车以后，最后放弃交易的比例高达70%。据分析，这是因为一般人在购物前需要一些互动的接触。如果有方便的呼叫中心，一方面，可使客户确认网络信息是及时有效的；另一方面，也可为习惯于运用电话工具的顾客提供了方便的联系渠道。已实施CRM系统的亚马逊书店曾发现，消费者在其网页上放弃交易的比例约达60%，由此表明网页作为电子商务交易的媒介是不够的，因此亚马逊书店不单使用网站作为电子商务的媒介，也大力扩充其呼叫中心的规模。从总体上来说，在CRM系统中，呼叫中心对企业发挥的作用包括以下几个方面。

一、呼叫中心是企业与客户联系的重要窗口

呼叫中心是企业为客户提供的一个明确且单一的对话窗口，在与客户联系过程中解决客户的各种问题，同时也避免干扰企业内部作业。如果没有呼叫中心，客户不同性质的问题必须直接寻求企业中不同部门人员的协助，或牵扯许多单位往来奔波。而企业如果任由客户打电话联系企业内各部门，则会干扰到内部人员的作业，并且可能出现人员忙于日常的工作而给予客户不友善的态度或不一致的答案的现象。企业通过呼叫中心可为客户提供产品之外更多的附加价值，如个性化咨询服务等，这将有助于协助客户解决问题。

二、呼叫中心是企业的情报中心

有了呼叫中心，企业与市场更接近。通过呼叫中心，企业可以更敏锐地感受市场的实时变化。呼叫中心可为企业提供以下信息：

（1）收集客户的抱怨与建议，作为改善产品及服务品质的重要依据。

（2）收集客户的基本资料、偏好与关心的议题，建立客户资料数据库，作为分析市场消费倾向的依据。

（3）收集网站上参观人数、客户来电等渠道反映市场动向的数据，提早协调后台活动单位来调整活动规模。例如，如果客户响应比预期更热烈，企业就应该及时考虑能否处理过多的订单或活动，提早准备。

三、呼叫中心是让客户感受到价值的中心

进入竞争激烈的电子商务时代，企业应更专注于创造客户的附加价值，特别是未来的竞争主轴——服务。通过呼叫中心，企业能在产品之外向客户提供更多的附加价值，如个人化咨询服务、24小时不间断电话服务，这些附加价值有助于协助客户在最需要的时候解决问题，提升客户满意程度。

四、呼叫中心能更好地维护客户忠诚度

呼叫中心能更好地维护客户忠诚度，并进一步扩大销售基础，使"成本中心"转变为"利润中心"。优质服务可以提高客户的满意度和忠诚度，促使顾客回头购买更多的产品或服务。优质服务依赖于企业听取和响应顾客需求的能力。从全盘的角度讲，企业面对顾客要有选择地提供个性化服务，就必须借助呼叫中心来完成。呼叫中心搜集并利用相关的个性化客户知识，协助企业了解客户的需求、想法、要求以及客户下一步想做什么。CRM 的呼叫中心意味着通过技术的应用将与客户的交流从简单的活动变为对双方都有用的经验。反过来，这种转换将使企业的业务代表持续提供出类拔萃的客户服务，从而为企业建立起一个战略性竞争优势。

客户的忠诚度往往和售后服务成某种正相关关系，而呼叫中心在快速处理客户的抱怨、协助解决困扰客户的问题并让客户感受贴心服务这些方面承担着重要的责任。另外，还可以通过向特定的客户推荐特定的产品，满足客户的特定需要，来增加销售额。一般地，忠诚的客户会更多地购买，或愿意购买价格高昂的产品，而相对的交易成本却更低。再者，忠诚的客户在无形中充当了企业的宣传大使，向其亲朋好友推荐企业的产品或服务……所有这些，都将有助于把呼叫中心由"成本中心"转变成"利润中心"。

由此可见，呼叫中心通过减少向客户提供所需信息的查询与响应的时间，服务质量得到了提高；减少了每次呼入电话占用的时间，相应地增加了每天处理的客户来电数量，服务数量也得到了提高；无须增加服务人员，提高了服务的水平，同时还提高了业务代表的利用率；客户的请求可以立即得到响应，而且不必重复他们提出的问题，提高了客户对企业的满意度；不仅能增加企业的收入，更重要的是与客户建立起稳定、良好的关系。

第三节 呼叫中心与客户服务

一、呼叫中心概述

呼叫中心可以借鉴数十年来使用的 IVR（交互语音应答）客户自动化交互系统的成功经验。在早期的几年，使用 IVR 主要是为了节约成本或下班后为来电者提供服务。那时，客户周末能在夜间访问他们的信息，并不需要坐席代表。而且，尽管当时是使用不便的按键式界面，IVR 也成为每一个联络中心的战略和呼叫中心客户服务工具所需的组件之一。

今天，帮客户获得信息仍是客户服务战略的关键，呼叫中心技术的普及极大地改变了服务，呼叫中心必须满足客户需要。而且，客户可以选择以多种方式寻求服务，如通过手机、手持设备、互联网电话，当然，还有传统的固定电话。为了保持与客户的联系，呼叫中心服务战略包括 CTI、IVR、网页、聊天、网络电话、呼入、呼出和自动语音识别（ASR）。明智的呼叫中心的发展策略是重视对忠诚客户的服务。忠诚的客户不仅对公司满意，也因公司的热情而支持着该公司。

自动化的客户服务趋势是把重点放在改进技术、增加自动化的使用。例如，通过城市电信、复杂的路由、后端数据库集成等技术就能够提供全面的自助服务。但是，技术不能代表服务，企业的优质服务要通过改进服务质量和提高管理来实现。例如，企业应思考如何为客户提供更优质的服务、如何提供增值服务和面对面的互动、维护忠诚度的服务流程是什么。企业应站在客户的立场上，不断微调，以逐渐改善和提高 IVR 的作用。

个性化可以使客户感觉自己很重要。采用先进的自然语言技术使消费者体验一种新技术。但是，客户是变化无常的，甚至有的忠诚客户的期望也在不断增长。为了保持竞争力，前瞻性的呼叫中心应及时部署先进的解决方案。

呼叫中心的客户服务以客户满意为目标，重点就如何推进通过服务的客户体验，提供丰富的客户服务。为了获得成功，服务策略必须适应客户需求的变化，并进一步提供更好、更新的服务。这意味着迅速部署服务和技术，不断发展应用程序，并保证完美地提供丰富的客户体验。

二、呼叫中心在客户服务过程中存在的一些问题

1. 呼叫中心的服务重形式，不重内容

从功能的角度来看，呼叫中心已具备客户维护、客户关怀、客户保留、客户发展、客户调查等多种业务功能；从接触方式来看，呼叫中心可以通过电话、电子邮件、网站、短信、传真、视频等与客户进行多方面的接触。一个呼叫中心是否优秀，不能简单地从服务项目的多少、技术的先进程度来评价，更重要的是从客户的角度来分析。一方面，呼叫中心运营得好或不好，由客户判断；另一方面，客户一般都有自己的使用偏好和消费习惯，不假思索地为客户提供多样但不具实际意义的服务，并不会有效地提升客户满意度，有时甚至会适得其反。

2. 客服代表的服务水平不高

呼叫中心的客服代表是代表企业与客户接触的一线人员，他们的工作积极性和工作热情直接影响着服务的质量和客户的感知，从而影响企业与客户关系的建立。在现实中，很多客服人员仍是以工作为中心，考虑的首要问题是如何迅速地完成工作，往往忽略了他们服务的对象——客户。此外，客服代表的工作量大，工作内容较为单一，也经常会碰到挫折，但是企业恰恰缺乏有效的激励机制，对客服代表职业生涯发展的投资也很少，

由此产生了客服代表服务质量低、人员流动率高等问题。

3. 缺乏对客户数据信息的挖掘和利用

呼叫中心与客户的每次接触都会产生数据信息记录客户的行为。在这大量信息的背后，是客户对企业产品和服务的真实反映，也是对企业营销状况和市场发展动向的真实反映，这对于企业来说是非常宝贵的。但是，呼叫中心所产生的庞大的客户数据并没有得到有效的挖掘和利用。企业对于数据所反映的深层次问题缺乏系统的分析和研究，这不利于深入发掘客户需求和发现市场机会，企业也就无法提供最令人满意的产品和服务，也不利于实现有效的客户关系管理。

三、呼叫中心客户服务技巧

1. 与客户沟通

有效地与客户沟通，意味着客服代表在与客户互动的过程中处于主动状态，善于发现客户的真正需求，并有效地对客户施加个人的影响力。学习、了解电话服务的特点后，客服人员要通过电话聆听、提问和表达技巧的训练提升与客户沟通的技巧，使客户配合自己完成服务过程。在面对客户过高的期望值时，客服代表要懂得处理客户的反对意见，使其最终接受自己的建议。

2. 正确处理投诉

服务的最大挑战是处理投诉，这也是企业挽留客户的最后一次努力。产生投诉和抱怨的原因一是企业的产品和服务还有许多不完善之处；二是部分客户某种盲目的消费期待；三是市场竞争导致客户对消费信息的错误理解……任何原因的客户投诉都值得企业高度重视。投诉及抱怨的妥善处理，不仅可以平息客户对本次服务的不满，还是化危机为商机、长久留住客户的机会。客服代表要认识到投诉的客户的忠诚度往往高于不投诉的客户，关注客户的情感是化解矛盾的关键，先处理情绪、后处理问题是处理投诉的最佳步骤。

3. 储备丰富的知识

客户服务技巧的养成依赖于不间断的学习，要储备丰富的知识，厚积而薄发。客户服务工作看起来简单，实际学问很多，要研究客户的心理。客户对电话服务的期望值是不一样的，有些想要开通新业务，有些只是想追求心理平衡，有些则是想要通过投诉来获取利益等。要正确分析和评估每个客户的真实想法，这要求客服代表在电话开场的30秒到一分钟内，快速判断并做出回应。客户要求的服务涉及的知识面较宽，因此，客服代表要注意平时知识的学习和积累。

这里要说明的是，服务技巧只能在一定程度上提高客户服务水平，切实提高服务质量的关键是客服代表要真正做到以客户为中心，用心服务。这就需要企业建立起呼叫中心坐席服务人员的激励机制。

第四节　CTI 技术与呼叫中心的分类

一、CTI 技术简介

呼叫中心是基于 CTI 技术的应用系统。那么，CTI 技术的主要内容是什么？它又是如何发展起来的？传统的 CTI 即计算机电话集成技术（Computer Telephony Integration），是在现有的通信交换设备上，综合计算机和电话的功能的更先进的通信系统。现在它之所以受到广泛关注，是因为互联网的飞速发展极大地拓展了 CTI 的应用范围和功能，CTI 已经发展成为计算机电信集成技术（Computer Telecommunition Integration）。它集计算机、电信这两者的优势于一身，将计算机系统良好的用户界面、庞大的数据库、优良的应用软件与通信交换系统的呼叫控制相结合，提供基于呼叫的数据选择、计算机拨号、呼叫监视、智能路由、屏幕管理和语音、数据处理等功能。正因为如此，CTI 被广泛应用于多种通信平台上，也包括呼叫中心。

CTI 的功能主要集中在话务控制与媒介处理两大方面。话务控制的功能有电话的建立及中断、话路的选择及网络界面控制等；媒介处理的功能则主要是话音/传真处理，另外还有 DTMF（双音多频）数字处理等。在技术实现上，CTI 主要集中在呼叫处理和语音处理两个方面。呼叫处理主要实现呼叫或连接。目前有多种呼叫处理算法，一般都能提供一些基本的分析结果，例如：摘挂机（应答、开始和结束呼叫）；呼叫结束的通知（挂机检测）；发送双簧信号；拨字符率；全局音检测（例如，在传真应用中需要检测传真机的标准音，检测是否有传真呼入）等。语音处理是对通过呼叫建立的连接、发送和接收的信息进行处理，主要有语音的存储转发、数据的压缩与解压缩，其他的语音处理功能包括脉冲数字检测、语言识别、语音合成、文语转换（TTS）等。

一个 CTI 应用系统包含应用程序、发展工具、软件平台及资源附加插卡四种主要部件。目前 CTI 的构成可分为两种方式：一种是微型计算机与电话系统综合起来，使用者在微型计算机上操作电话机，获得 CTI 所要求的各种功能，这种方式只是以微型计算机为基础，交换网络与计算机网络并未综合在一起；另一种则是微型计算机与电话间采用客户机/服务器结构，把性能卓越的 CTI 服务器连接到 PBX（程控交换机）上和大型计算机的数据库中或分布式结构的服务器上。许多成熟的硬件与连接标准将有助于这种连接的实现。这种方式所使用的软件较为复杂，但大型的 CTI 系统可降低每个使用者的成本。

CTI 主要分为两类：面向电话的（第一方控制）和面向交换机的（第 H 方控制）。面向电话的 CTI 在单独的计算机上实现了对电话和呼叫的控制。面向交换机的 CTI 实现包括主机和客户机/服务器结构的 LAN 配置，它不仅可以利用到分机的信息和功能，也能利用交换机上可用的信息和动作，面向交换机的 CTI 应用控制电话、呼叫、分组、导引条件和线路。

二、呼叫中心的分类

呼叫中心主要应用于客户服务、市场推广、市场调查和潜在客户挖掘、数据库行销等方面，其商业目的主要在于降低成本和增加收入。呼叫中心主要有以下两种分类方法。

1. 按照企业运用呼叫中心的方法进行分类

一般来说，按照企业运用呼叫中心的方法不同，可以把呼叫中心分为两种不同类型，即自营型呼叫中心和外包型呼叫中心。自营型呼叫中心就是企业为自身发展建立起独立的呼叫中心；而外包型呼叫中心则是企业把呼叫业务外包给专业的呼叫中心服务商。

（1）外包型呼叫中心倍受青睐。近些年，随着经济的不断发展变化，越来越多的企业认识到呼叫中心的重要性。尤其是外包型呼叫中心，更是凭借其独特的优势，为众多企业所青睐。为什么呢？首先看三组统计数字：世界 500 强企业中，有 90% 的企业利用外包呼叫中心从事商务活动；85% 的企业比以前更加重视在市场销售方面应用外包呼叫中心；90% 的企业认为越是利用呼叫中心越能增强竞争力。此外在有关商务活动要选择外包呼叫的调查中，70% 的企业归因于呼叫中心的高效性和经济性；45% 的企业认为使用外包呼叫中心可以使它们集中精力做核心业务。

所以，选择外包型呼叫中心，企业可将重点放在核心能力上，无须花精力提升呼叫中心效益；不必追逐呼叫中心技术的突破即可得到与众不同的呼叫中心效果；外包型呼叫中心可加速企业销售服务的贯彻执行；可保持话量、坐席量的灵活调整而不必担心成本；外包型呼叫中心还可以为企业分担危机和风险。

（2）选择外包型呼叫中心的关键问题。企业在选择外包型呼叫中心时，要把握以下四个关键问题：

1）外包运营商能否在业务过程中，使客户感受到本企业的文化和理念。

2）外包型呼叫中心的技术构成和技术开发、维护能力是否适合业务需要。

3）从侧面了解外包运营商所可能提供的服务水平。

4）了解呼叫中心的内部培训情况。

2. 基于 CTI 技术进行分类

从呼叫中心使用的技术来看，可以将企业呼叫中心的种类分为非 CTI 呼叫中心和 CTI 呼叫中心。

（1）非 CTI 呼叫中心。即单纯地以企业电话交换机或其他具有自动呼叫分配（Automatic Call Distribution，ACD）功能的交换设备为基础，没有与企业的计算机系统集成，换句话说，语音系统同计算机网络系统是分开的。

目前大多数中小型企业都还处于这个阶段，客服代表组成一个呼叫中心小组，利用

PBX/ACD 本身带有的编程预设功能，例如按呼叫先后、呼叫时间段、自动号码识别（ANI）、被拨电话号码识别服务及呼叫等待时长等进行呼叫路由。在通常情况下，ACD可以按小组内分机"闲"与"忙"两种状态将来电引导到第一个不忙的坐席。来电在小组内循环，按预先设置的顺序传到第一个"闲"的代表，如果全部代表都"忙"，客户处于等待期，在此期间，可以播放音乐，希望帮助客户度过"难熬"的等待时间。

由于没有计算机集成，电话功能同计算机的桌面应用程序之间没有联系，坐席代表一般配有 ERP 或其他客户应用的终端，从事客户信息查询或下单工作，并将信息口头反馈给客户，实现双向交流。

在呼叫路由功能方面，由于交换机的路由功能简单，企业也可以安装 IVR 设备添加进一步路由功能。客户可以通过数字按键听从预先录制的声音指示输入路由信息，并由 IVR设备接到特定的分机坐席。当然，由于没有与企业的计算机应用系统集成，这种 IVR 系统还无法进行像电话付款、账目查询等需要计算机应用系统才能执行的智能化业务。

（2）CTI 呼叫中心。呼叫中心使用 CTI 以后，实现了语音和数据的集成，才真正称得上现代意义上的呼叫中心。因此，CTI 呼叫中心是本书研究的重点，后面将进一步介绍组成 CTI 呼叫中心的关键部件及功能。

第五节　呼叫中心的结构与功能

CRM 系统中的呼叫中心首先必须是基于 CTI 技术的应用系统，适合较大规模的客户呼叫以及复杂的呼叫流程。此系统中，运用 CTI 技术提供了足够的呼叫资讯支援功能，例如：屏幕显现来电基本资料（Pop-up Screen）协助呼叫人员立即拥有足够的资讯来处理客户来电；ACD 可平均呼叫人员的话务载重；IVR 运用计算机语音来回答常见的咨询，不需呼叫人员直接服务客户；对话录音提供与客户对话的录音，可用于教育训练及作为纠纷处理的凭据等。

CRM 系统中的呼叫中心还必须与后台业务流程进行整合，与销售流程自动化（SA）、营销自动化（MA）等的结合将有利于快速创建订单及反映客户需求，让客户得到个性化的服务。呼叫中心只有与企业其他部门密切合作，才能完整地满足客户的需求。

一、呼叫中心的基本构件

提到"呼叫中心"的概念，有的公司以为，一个小型的程控交换机加上一些预先设置的语音对答，就是"呼叫中心"。这种情况在进行客户关系管理集成的时候常常发生交流上的误解。从严格意义上来讲，一个完整的呼叫中心解决方案通常由电话网、具有ACD 功能的 PBX、IVR 设备、CTI 服务器、坐席/业务代表、Inbound 来话呼叫处理系统、Outbound 去话呼叫管理系统、数据库服务器与应用服务器、数字录音质检系统、呼叫管理系统等组成，在这里只介绍其主要部件。

1. 电话网

电话网是呼叫中心依托的通信基础设施，它可以根据企业的需要制定不同的路由策略，提供 800 免费呼叫服务，支持虚拟专用网等，提供自动号码识别和被叫号码识别功能。自动号码识别允许呼叫中心的业务代表在收到语音呼叫的同时，在屏幕上看到有关呼叫者的信息，加快呼叫的处理过程。被叫号码识别则允许企业通过一组共用线路处理不同的免费呼叫号码，被叫号码识别还可以将若干号码通过一个公共中继群接入，并根据呼叫方所拨的号码分别处理，可以通过它直接得知用户想要的服务。

2. 具有自动呼叫分配功能的 PBX

PBX 是呼叫中心与外界发生联系的主要通道和桥梁，它对外提供与市话局中继线（一般为 E1 数字中继）的接口，对内提供与坐席代表话机和自动语音应答设备连接的内线接口。PBX 在传统企业中已应用得十分普遍。在这类应用中，PBX 上所连的内线数通常远大于中继线数。这是因为传统企业中的大多数通话是在企业内部进行，对外只需少量的中继线。而呼叫中心的 PBX 则恰恰相反，通常是中继线数目多于内线数，两者的比例一般可达 1.2～1.5。

自动呼叫分配器是一种与 PBX 配套使用（或作为 PBX 的一个部件）、专门为呼叫中心服务的设备。简单地说，自动呼叫分配器是一种电话工作流，主要负责根据一定的分配算法，将用户的呼叫分门别类地分配到适合自己的路线上去，并由后台的坐席人员来处理。自动呼叫分配器的作用就是将外界打来的电话均匀地分配给各个坐席代表，如果来电的数目超过了坐席代表的处理能力，自动呼叫分配器可以将来不及处理的电话放入等待队列，等坐席代表空闲时再将队列中的电话转接过去。呼叫中心总希望充分发挥坐席代表的工作能力，因此往往把中继线数量配得比内线数量更多。这多出的部分，就是由自动呼叫分配器加以缓冲处理的。当然，客户打来的电话如果长时间在排队机中得不到处理，会使客户失去耐心而挂机。因此，自动呼叫分配器的另一项重要任务就是设法减少队列中客户挂机的比例。好的自动呼叫分配器不但能为排队中的客户播放音乐，还能应客户要求播放一些业务宣传广告等，使其成为呼叫中心对外提供服务的又一扇窗口。

自动呼叫分配系统性能的优劣直接影响到呼叫中心的效率和顾客的满意度。自动呼叫分配器成批地处理来电，并将这些来电按规定路由传送给具有类似职责或技能的各级业务代表。IVR 系统实际上是一个"自动的业务代表"。通过 IVR 系统，顾客可以利用音频按键电话或语音输入信息，从该系统中获得预先录制的数字或合成语音信息。先进的 IVR 系统甚至已经具备了语音信箱、互联网和语音识别的能力。

3. CTI 服务器

CTI 技术可使电话与计算机系统实现信息共享，并允许根据呼叫者、呼叫原因、呼叫所处的时间和呼叫中心的通话状况等来选择呼叫路由、启动功能和更新上机数据库。CTI 技术在呼叫中心中的典型应用包括：屏幕弹出功能、协调的语音和数据传送功能、个性融会贯通的呼叫路由功能。例如，为呼叫者接通上一次为其服务的业务代表以及预览功能、预拨功能。

CTI 服务器是一台与 PBX 相连的计算机，它通过接收来自 PBX 的事件/状态消息向 PBX 发送命令，实现计算机对整个呼叫中心的全面管理，是呼叫中心的控制中心。CTI 服务器能够向上提供统一的编程接口，屏蔽 PBX 与计算机间的复杂通信协议，给不同的用户开发应用程序带来方便。

4. IVR 设备

IVR 扮演一个自动话务员的角色，用于繁忙等待或无人值守时，完成各种自动化的任务，减轻话务员负担，提高客户满意度。IVR 可以帮助用户根据菜单提示按不同的键，从而获取不同的服务，也就是说，它可以为用户提供自动语音导航服务。所以，IVR 又称为自动语音应答，它是计算机技术用于呼叫中心的产物。用户通过双音频电话或普通语音（利用 ASR 技术）输入信息，IVR 系统向用户播放预先录制好的语音或合成语音（通过 TTS 技术）自动播出欢迎语和报出坐席人员的编号，回答用户的问题。IVR 还具有语音留言、传真收发等功能。通过 IVR 技术的使用，80%～90% 的呼叫不需要坐席代表的干预就能完成。因此，IVR 设备在呼叫中心尤其是人工坐席代表下班时，发挥着极为重要的作用。

从本质上来看，IVR 设备是由 PC（或工控机）加上相应的电话接口卡、语音处理卡和传真卡构成的。这些专用板卡除了通过计算机主板上的总线进行通信外，通常还要通过一条专门的时分多路（TDM）总线传送数据。由于 IVR 设备中各类板卡的数量较多，加之呼叫中心对 24 小时不间断工作的要求，因此工控机在构成 IVR 平台时占有明显的优势。

5. 呼叫中心坐席

呼叫中心坐席也称作坐席/业务代表（Agent），是呼叫中心几大组成部分中唯一的非设备成分。事实上，人工坐席代表是呼叫中心中最灵活同时也是最宝贵的资源。114、中国移动、中国联通、各银行信用卡等大型服务性企业集团几乎都开通了呼叫中心座席服务。应用呼叫中心的主要垂直行业包括：电信、金融（包括银行、保险、证券及基金）、政府及公共事业（包括工商、税务、城建、劳动保障、政府热线、社区服务、应急系统及电力、自来水和燃气等）、制造业（包括汽车、家电、钢铁、纺织等）、零售和物流（包括邮政）、IT 及电子商务（包括电视购物、互联网、商旅等）、外包以及其他（包括烟草、石化、传媒、医疗卫生、调查统计等）。

Porland 研究公司发布的研究报告表明，客户在使用电话求助时遭遇到的一段非常差劲的呼叫中心经历，极有可能使该顾客不再购买该公司的产品。

该研究报告是对 800 多名美国消费者进行调查后得出的。这些消费者都有因为商品问题与供货公司进行沟通的经历，并且调查所涉及的公司包括几个不同的行业：电信/ISP（互联网服务提供商）行业、消费品零售业、消费者服务/医药行业和旅游/住宿/餐饮业。Porland 研究公司的副总裁布鲁斯·洛克伍德（Bruce Lockwood）提到："一个电话的质量是能否保住顾客的关键"。Porland 公司的分析专家们发现：对公司而言，比较那些有过良好呼叫中心经历的顾客和有过极其差劲相关经历的顾客，他们之间未来继续购买该公司产品的购买意图差异高达 55%。调查显示，虽然有 46%的顾客在第一次与公司沟通时能够解决所遇到的相关问题，但是，顾客平均要在解决问题前经过两三次沟通。有过第二次交涉经历后，顾客的未来购买意图将会从 76%下降到 55%，而这一切都和人工坐席代表对顾客投诉处理不当密切相关。

呼叫中心的某些服务，如业务咨询、信息查询、故障报告和服务投诉等，都通过坐席代表完成。与简单的交互式语言应答（IVR）相比，人工坐席代表可以提供更亲切和周到的服务。例如，在电话营销活动中，坐席人员的服务水平，常常决定着营销活动的成败。

坐席代表的工作设备包括话机（数字话机或专用模拟话机）和配套的耳机、话筒，以及运行 CTI 应用程序的 PC 终端。由于 CTI 服务器实现了对 PBX 的完全控制，坐席代表可以把全部注意力都集中到 CTI 应用程序上。通过 PC 上运行的仿真电话（CTI 应用的一种），坐席代表可以用鼠标和键盘完成电话的接听、挂断、转移、外拨等工作，而不必对话机进行物理上的操作。

6. 数据库服务器与应用服务器

（1）数据库服务器。数据库服务器主要提供系统的数据存储和数据访问等功能。客户基本信息、交互数据、业务资料等都存储在数据库服务器中，以便为坐席人员的服务提供支持，为管理人员的决策提供依据。呼叫中心的数据随时间而累积，数据量往往非常巨大，因而对数据库处理能力的要求相当高。呼叫中心的数据库系统一般采用主流商业数据库系统，如 Oracle、SQL Sever 等。

（2）应用服务器。规模较大的呼叫中心，常常引入应用服务器，将呼叫中心的客户机/服务器两层结构变为客户机/应用服务器/数据库服务器三层计算模式，将界面表示、业务逻辑和数据库处理分别分配到客户端、应用服务器和数据库服务器来实现，以平衡负载，提高呼叫中心的性能。数据库系统一般单独使用一台服务器，对于特别重要的数据资料，要使用双机热备份来确保数据安全。

二、呼叫中心系统结构

呼叫中心主要完成用户接入、服务受理、数据采集及部分信息预处理工作。用户通过电话、传真经由 PSTN（公用电话交换网）接入或者经由 Internet 接入企业呼叫中心进行咨询、查询以及投诉建议等活动。呼叫中心系统的结构因厂家产品不同而有所差异，但区别不是很大。我们这里以"人易"多媒体呼叫中心为例来介绍其系统结构。

图 6-1 所示的是多媒体呼叫中心的一种典型结构。这个方案设计采用了基于 Microsoft Windows DNA 的三层客户机/服务器结构体系。它是目前业界第一种把 Internet、客户机/服务器以及 PC 计算模式集成为一体的网络分布式应用体系结构，能够充分利用集成于 Windows 平台之上的各种功能特性，满足对于用户界面、浏览、各种业务处理及数据存储等现代分布式应用的需求。开发环境是微软 Visual Studio，采用微软的分布式构件对象模式（DCOM）开发中间层组件，并且采用了微软公司的 Web 服务器 IIS 与这些组件紧密结合起来，以保持数据的高度一致性和完整性。

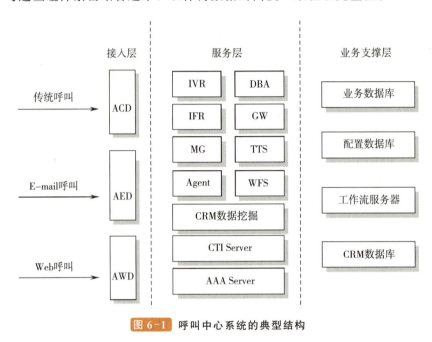

图 6-1 呼叫中心系统的典型结构

一般来讲，呼叫中心系统分为以下三层。

（一）接入层

接入层负责所有用户的接入，包括电话用户、传真用户、计算机用户及特殊终端用户等的接入，实现客户中心与外部系统的连接，并把各种不同的接入方式转化为标准的请求/响应格式。接入层屏蔽了外部接入的不同终端方式，将用户的请求以标准的格式交由业务处理子系统进行处理。

1. 传统电话的接入

用户电话呼入后，由呼叫中心服务（CCS，Call Center Service）根据用户的主被叫信息及历史相关记录等信息对用户的呼叫进行智能路由选择并将最后的路由信息通知 ACD，由 ACD 将用户话路转向最合适的服务提供者。电话接入支持中继线及模拟线接入，支持中国一号信令和七号信令。

2. 传真的接入

在客户服务平台中，传真被明确定义为一种呼叫，由 AFD（传真接收处理）完成传真的接收和排队，在用户输入服务请求类别、回复方式后，AFD 将该传真作为一个呼叫送到 CCS 统一进行处理。

3. 电子邮件的接入

目前，电子邮件已经成为一种用户间交流的重要的方式，也是客户投诉、建议的手段之一。在"交换平台"中，电子邮件也被定义为一种呼叫来处理，由 AED（邮件接收处理）来完成对电子邮件的接收、分拣、电子邮件排队，再送到 CCS 统一进行处理。

4. Web 接入

网上交易已日益普遍并将成为发展的趋势，客户可以在网上查询、咨询各种信息。"人易"邮政客服系统支持用户 Web 方式的接入，并将之作为一个呼叫来处理，由 AWD（浏览接收处理）完成对浏览器的请求的接收、归类、排队，然后送到 CCS 统一进行处理。

（二）服务层

该层是整个系统的核心层，完成呼叫管理、坐席的分配，并实现呼叫质量管理及工作流定义等。各种呼叫接入后，均由其处理后分派给最优的坐席。

该层主要由以下几部分组成：

（1）CCS。CCS（呼叫中心服务）接受来自接入层的多种类型的呼叫并进行处理。

（2）IRS。IRS（智能路由分配器）完成坐席的分配策略，除传统的先进先出、话务策略、技能策略外，还提供用户可编写的路由分配流程来解释，这样可以通过用户自定义流程来完成各种各样的需求。

（3）AMS。所有的坐席都登记在 AMS（坐席管理服务器）上，AMS 完成坐席的注册、撤销、修改、查询的管理。对于外线坐席和 Web 坐席，AMS 还完成呼叫坐席、坐席话路管理等功能。

（4）WFS。WFS（工作流服务器）完成对服务端如多个坐席间的协同工作的定义和调度。非电话呼叫对后端的服务的要求会更高，一般需要定义一个工作流来协同完成对该呼叫的处理。

（三）业务支撑层

业务支撑层也称为数据访问层或者数据支撑层，它包括各种数据源以及数据的访问接口。这些数据源的形式是非常广泛的，有些是本地的物理数据库，有些则是指向远端数据源的接口服务器或者通信应用网关，如 OA（办公自动化）/CRM 接口网关等。

三、呼叫中心的主要功能

呼叫中心应当实现以下功能：

（1）客户认定。客户认定是指与呼叫转移同步完成的相应屏幕弹出技术，确保该客户的账户信息能在多个客服代表之间分享。

（2）电话交互活动效果的最大化。电话交互活动效果的最大化是指来话处理技术与去话处理技术配合使用可以保障与客户交互活动的效果，同时可确保每个坐席人员的时间得到充分利用，因为系统能够自动生成潜在客户名单，并且能够自动拨通他的电话。预置拨号技术则保证了当有人（而不是传真机、调制解调器或答录机）接听电话时，再将电话转接给适当的坐席人员。产品信息与潜在客户详情也通过屏幕提示给坐席人员，同时弹出的还有欢迎词和问候语。

（3）语音数据同步向外转移。语音数据同步向外转移是指与客户的电话连接和客户的详细数据可以在坐席人员之间同步转移共享，使多名坐席人员能够加强合作，共同满足客户的需要。

（4）智能化客户信息分析。智能化客户信息分析是指 CRM 的呼叫中心系统包含智能化分析客户信息模块，能够按照不同客户的具体需要、偏爱和兴趣定制产品和服务信息，并且及时提交给业务人员。客户信息模块及其规则可靠地保证了产品信息定制的高度一致性，减少了系统的维护时间，降低了营销成本，并保证企业对每次客户联系都能够进行妥善、完美和满意的处理，通过具体分析客户和产品信息，能够制定出针对具体客户的、优化的产品推荐决定，及时抓住潜在的业务机会。

（5）系统二次开发功能。系统二次开发功能是指在模块化的系统结构上提供开放、灵活的接口，运营者可根据需求灵活修改业务或生成新业务，从而达到全面服务用户、满足用户的目的。在实现上，系统提供灵活、方便、易于使用与开发的业务生成（开发）工具，为技术人员提供方便的业务生成手段和业务基本模式。系统提供针对不同技术水平的开发工具，IT 业技术实力强的用户可以通过购买平台及开发工具，灵活实现对各种业务的二次开发。

四、呼叫业务流程简介

典型的呼入、呼出业务的工作流程可用图 6-2 和图 6-3 表示。

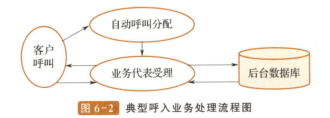

图 6-2 典型呼入业务处理流程图

当客户通过呼叫中心向公司呼叫时，即由自动呼叫分配进行排队分配，引至相应的业务代表处，业务代表根据客户的相关问题进行答复，或进入数据库（如产品规格、价格、故障处理等数据库）查询并找到问题答案，向客户提供答复，根据对客户的反馈情况进行进一步处理。如果是新产生的问题和解决问题的方法，则存入数据库；如果客户得到满意答复，则服务结束；如客户所提问题牵涉其他部门，则等待处理后再回复给客户，直至问题解决，相关信息记录在案。

呼出业务流程如图 6-3 所示，业务代表根据预先安排，在客户数据库中调出符合要求的待访问客户名单，通过去话呼叫管理系统，或直接通过电子邮件等方式联系客户，联系上后，从客户中获取相关信息，进行分类整理，存入相应数据库。

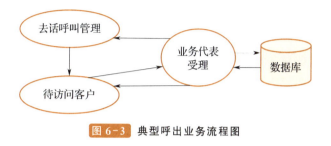

图 6-3 典型呼出业务流程图

第六节　呼叫中心的选择、建设和管理

一、如何选择呼叫中心

企业可以根据用户数量、平均呼叫次数以及企业性质、业务收入等方面的不同，选择不同的系统。系统的大小一般按提供多少个业务代表坐席区分。

1. 大型呼叫中心

这种呼叫中心有超过 100 个坐席代表，有的多达上千个，一般配置庞大，投资很高。它至少需要有足够容量的大型交换机、ACD、IVR、CTI 系统、呼叫管理系统、业务代表坐席和终端、数据仓库或数据库等。

2. 中型呼叫中心

这种呼叫中心的坐席代表在 50～100 个。据专业数据统计公司预测，中型呼叫中心需求量最大，因此不少呼叫中心软、硬件开发商对准这一目标进行开发。这种系统结构相对简单，投资也少，容易被中、小企业所接受。目前我国的一些公司呼叫中心多属于此种类型，它可以省掉大型交换机的投资，而利用 PBX 与 CTI 服务器和业务代表坐席直接相连，业务代表坐席同时与应用服务器相连，客户资料也存在应用服务器中，可实时地将接入电话的客户姓名自动地在计算机屏幕上弹出。CTI 服务器一般由 CTI 硬件开发商的板、卡和 PC 组成，其扩容和增加功能也比较方便，成本也低，因此是一种投资小、见效快、升级灵活的系统。因此，这种系统市场情况最好，需求量呈直线上升，开发这种系统的厂商最多。当然，企业选择这一系统的开发商时，要全面考察它的开发历史、经验和已完成系统的功能、可靠性等，以免选购到配置水平低、质量差的系统而蒙受损失。

3. 小型呼叫中心

这种呼叫中心的坐席数目在 50 个以下。这种系统结构与第二种类似，不过几个主要部分如 PBX（也可用板卡代替）、CTI 服务器（主要板卡线数可选择低一些的）、业务代表坐席、应用服务器（数据库大小）在数量上均作相应减少，它主要适合业务量不太大的中小型企业。选择这种系统，需要注意它的可扩展性，因为随着企业发展，呼叫业务量会迅速增加，如果无法平滑扩展，会造成一次投资全部报废的损失。

呼叫中心作为企业对客户的统一接触点，既能让客户感受到企业的价值，又有助于企业收集市场情报、积累客户资料，从而为客户提供定制的个性化的产品和服务，以维护客户忠诚度，扩大销售，实现企业的盈利目的。企业应积极推进呼叫中心在客户关系管理过程中的广泛应用。

二、呼叫中心的建设模式

企业建立自己的呼叫中心系统，可以有两种模式：独建模式与外包模式。

1. 独建模式

独建模式是指由企业自己购买硬件设备，并编写有关的业务流程软件，直接为自己的客户服务。该种模式能够提供较大的灵活性，而且能够及时地了解用户的各种反馈信息。但是对于许多企业来说，建设呼叫中心的投资事小，建成后保障中心正常运转需要投入的人力、物力、财力等却令它们望而止步，此时，企业可以通过呼叫中心运营商采用外包模式来建设呼叫中心。

在建立具体的呼叫中心系统时，主要有两种实现技术可供参考：基于交换机方式和基于计算机方式。这两种方式的区别主要在语音接续的前端处理上，交换机方式由交换机设备完成前端的语音接续，即用户的电话接入；计算机方式由计算机通过语音处理板卡，完成对用户接入呼叫的控制。前者处理能力较大，性能稳定，适于构建规模超过 100 个坐席以上的、比较大的呼叫中心系统，但同时成本也较高，一般的企业无法承担；后者的处理规模较小，性能不太稳定，适于构建规模较小的系统，其优点是成本低廉、设计灵活。

2. 外包模式

外包模式中，首先要有一个独立的呼叫中心业务运营商，他们自己建立相当规模的呼叫中心，采用向企业出租构造在物理呼叫中心上的虚拟呼叫中心的服务手段，使得每个租用服务的企业拥有一个能够提供企业独特的接入服务、个性化的客户服务，能够将呼叫中心的资源与企业的资源组合到一起的，有足够手段保证服务质量的，能够向企业和运营商提供完整的商业智能的客户服务平台。这样，企业就可以将自己的有关业务需求直接建立在这种业务运营商的基础之上，不用自己添置单独的硬件设备，仅需提供有关的专用服务信息，而由呼叫中心业务运营商为自己的客户提供服务。

虚拟呼叫中心利用智能化网络技术，可同时为多个中小企业服务，各个中小公司的坐席代表特别是资深的专家，可在公司、实验室工作，而用虚拟网络与中心相连，随时接受那些对公司极为重要的来自中心的询问。这种系统具有大型数据库或数据仓库，它可以为每一个"入网"的中小公司提供分析和决策支持，当然中心运营商要保证各公司之间信息的绝对保密和安全，以使任何一个公司不因采用共同呼叫中心而泄密。

3. 外包模式为中小企业带来的利益

（1）节省企业在招募 IT 人才和建设 IT 系统时的大笔投资。一般来讲，中小企业聘请高级 IT 人才的愿望很难实现。呼叫中心外包服务商可以聘用专门人才集中管理设备和应用系统，中小企业不必增聘专门人才，这样一来，中小企业可以以较小的投资建立自己的呼叫中心系统，提升自身的竞争能力。

（2）降低企业的培训成本。呼叫中心外包服务商可以提供经过严格、专业培训的业务代表，并能为企业提供统一的技术培训教材，提供在线技术培训，因而可以大大降低企业的业务代表成本和其他人员教育成本。

（3）提高企业的运作效率。通过呼叫中心外包服务，企业可以真正将精力放在自身的核心业务上面，避免对 IT 系统软件和硬件系统的日常维护，有助于提高企业的业务运作效率。

（4）减轻了应用系统的后续维修与升级问题。企业可以根据公司业务发展的需要再添置新的应用服务，也不用担心应用系统捆绑在哪个平台上。这些问题全部交给外包供应商的专业人员。

（5）外包服务能为企业提供更好的环境。一个中小企业在建设呼叫中心系统时，出于规模和投资考虑，可能不会采取备份等安全措施，也不会采用更先进的技术，而外包服务商有可能使企业享受最优秀的专业化信息服务。

（6）外包服务的收费模式非常灵活，减轻了中小企业的资金负担。企业呼叫中心系统建设的各种方式中，外包模式投资回报率最高，同时风险最低。

三、呼叫中心的建设步骤

构建一个呼叫中心系统，要考虑的因素很多：经费问题、业务的处理能力、有关人员的培训等。在国外建立一个呼叫中心系统成本较高的部分常常是人工坐席的工资，与推销人员一样，一个好的人工坐席能够为企业带来更多的效益和利润。

1. 明确建设目标

为什么要建立呼叫中心，是为客户提供综合服务，还是直接销售产品；目标客户的分布情况如何，计划投资多少等；对这些问题都要事先有一个完整的方案。应根据企业发展战略确定呼叫中心的目标，使呼叫中心成为企业战略的一个组成部分。此外，还应成立一个专门的小组，负责项目的具体实施。

2. 确定业务需求及流程

企业应用呼叫中心，不是简单地在现有业务流程上增加一个技术层。成功的呼叫中心应该将技术改造和业务流程的重新设计紧密结合，根据目标来改造业务流程，或者建立新的业务流程。

最好先建立起呼叫中心的系统模型，分析基于 CTI 的应用应如何转变现有商业模式以及这种转变对公司的影响。模型应包括相关的资源，如人员、系统、供应商和商业需求及应用等。

3. 设备选型

设备选型需要平衡多种因素，如系统的先进性和满足现有需要的矛盾，即平衡长期和短期需求；平衡价格和系统性能/品牌；平衡系统的可用性和复杂性；如何集成已有的产品以保护过去的投资（建立新系统还是改造旧系统）等。例如，呼叫中心目前已发展到基于 Web 的多媒体客户联系中心阶段，而国内对基于 Web 的呼叫中心的需求还不是很强，所以选择呼叫中心设备时，应根据企业的实际需要，做到既能满足现有的传统服务需要，又能满足系统将来的升级和扩展。例如，在呼叫中心建设初期，可根据实际需要先选择几个必需的功能模块，而后根据需要添加新的功能组件和模块。

4. 建设实施

呼叫中心的建设阶段主要包括：综合布线、系统安装、业务系统开发、调试、试运行和验收。由于呼叫中心要和企业的业务紧密结合，集成商需要根据需求调整系统的操作流程和界面，也要建立与企业的其他数据库和应用服务器的连接。在建设过程中，可能要根据具体情况调整目标（更改需求）。用户有可能提出新的要求，集成商可能会遇到难以解决的问题，系统建设时间越长，出现的问题就越多。这就需要厂商和用户双方合作，控制系统的建设时间。

5. 招募和培训人员

呼叫中心需要的人员一般包括维护人员、业务代表、班组管理人员、质检人员和主管人员。招聘员工时，可以采用专用的呼叫中心招聘软件，帮助挑选出合格的人员，由招聘负责人对员工的声音、接听电话的技巧、个人素质、语言能力和与他人交往的能力等多方面进行评估。为了能尽快地胜任工作，招聘的人员还需要参加相关的专业呼叫中心培训。通过培训和培训后的考核，掌握各种职业技能。一般的培训时间是 15～20 天。

6. 运营管理

国内外大量的实践表明，完善的呼叫中心培训、绩效考核、管理运作有助于充分拓展和发挥其技术优势，可有效地提高客户满意度和对产品的忠诚度。例如，在日常的运营中，通过呼叫中心的呼叫监视和评估系统，评估呼叫效果，发现业务代表存在的问题，帮助他们改进技能，提高服务水平。通过培训可以不断提高个人能力和职业技能，学习新的知识，以便能在工作中更高效、更容易地处理客户问题，减轻工作压力，这对留住员工、提高员工的工作积极性非常重要。通过媒体宣传，可以引导客户如何使用客户服务中心系统，提高客户服务中心的使用效率和知名度。

四、建设呼叫中心的一些关键问题

当 CRM 被引入整个企业时，呼叫中心的建设也会遇到各种各样的挑战。呼叫中心的建设取决于以下几个因素：能否完整设计出客户联系过程；能否与企业内部其他系统实现集成；能否分步骤有计划地推进系统建设。

首先，设计出完整的客户联系过程，是呼叫中心能否建设成功的首要因素。因此企业必须了解各部门的客户群数量，判断是否应该将客户转移到销售部门或是否允许该部门处理这个客户，了解客户联系过程的时间和成本。对过程的描述越详细，问题就越能更好地处理。理解处理过程后，可以计算出采用呼叫中心处理客户交互的花费和收益比。此外，客户联系过程是一个整体，包括销售收入、市场和客户满意度等是一个持续的业务过程。因此所有的客户交互最好由一个管理者主要负责，要明确责任和权利，并将客户联系与销售、市场和服务部门结合在一起。应记住，对于客户来说，他的"体验"是整体的，并不存在销售、市场和服务的区别。只有完整设计出客户联系的过程，才能提高建设的成本收益比。

其次，在呼叫中心建设中还应当注意，实现其与业务流程的综合和与其他信息系统的集成是关键所在。呼叫中心一定要与销售、市场等业务流程结合在一起，而不应当仅仅应用于服务部门。无论是通过网络、电话还是与销售人员面对面交谈，一个客户可以选择不同的交流方式与企业发生联系。但是这些联系反映到企业的信息系统中，应该在同一个顾客账户之下，成为连贯的记录。这样，当客户打电话来询问他通过网络输入的订单时，电话业务代表可以立刻从弹出的电脑屏幕上看到他的订单号码、内容、价格等，从而立刻对这个客户的信息有所了解，可以马上提供有针对性的服务。企业在考虑整合的 CRM 解决方案的时候，一定要明确呼叫中心的信息系统是否与原有的客户信息系统相兼容，甚至是否可以直接利用原有的客户信息系统。如果原本没有信息系统，则可以直接选择市场上的呼叫中心软件包，从一开始就保证现场销售、电话销售和网络销售的后台数据库是资源共享的。

最后，企业在建设呼叫中心活动时会发现，建立一个能真正为己所用的系统是困难的，往往需要不断改进，而建立呼叫中心更有其特别的复杂性。对此，许多成功的案例告诉我们，采取分步实施的方法会减少建设中遇到的困难，可保证企业需求功能的实现。一般而言，分步建设呼叫中心应当参照以下步骤进行：① 了解呼叫中心方案的提供厂商和 CTI 应用；② 分析自身业务需求；③ 结合业务流程分析，进行技术改造和方案的修改；④ 咨询专家意见，确立企业要创建的呼叫中心模型；⑤ 考虑需要的通信等技术方案和系统的可扩展结构。⑥ 制定进度方案，按阶段实施建设方案。

五、呼叫中心的运营管理

很多企业认为一个呼叫中心只要具备 PBX、服务器和终端、ACD、CTI 以及人工坐席等基本组成部分便可投入运作，没有考虑到呼叫中心在企业经营中的地位、使命及其相应的绩效评估、日常的运营管理方法。客户呼叫中心作为一种先进的管理理念和技术被引入中国以来，已经成为越来越多企业的选择，各种先进的技术设备如 CTI 等也被广泛地使用。技术的不断改进，为客户管理中心的发展做出了巨大的贡献，但是客户管理中心的发展仅仅靠技术先进是远远不够的，客户呼叫中心作为一种管理方法和解决方案，对它的管理也需要不断探索。实施客户呼叫中心的意义在于降低企业成本、增加企业利润、提供客户满意的服务。对于客户呼叫中心来说，只有运营管理到位了，才能挖掘更大的应用空间。在国外，现在通常用 KPI 管理方法对客户呼叫中心的运营管理进行评价。

实施 KPI 管理，客户呼叫中心的目的是设定明确的服务指针，使员工清楚知道公司和客户对服务水平和质量的要求；加强管理阶层和前线员工对服务素质的承诺和责任；让管理层客观地评估运作的表现，而不是靠主观的感觉判断；利用客观的数据分析问题并采取纠正及预防措施；减低运作成本。引入 KPI 管理的好处可让呼叫中心的管理层更客观和有效地评估呼叫中心管理人员的表现，整体管理素质和运营的效益。同时，呼叫中心管理人员和一线人员也有一个明确的目标作为参照。

KPI 指标可以大体分为两个方面：对外和对内。对外主要是服务水平和客户满意度，对内则主要是呼叫中心的成本效益，如表 6-1 和表 6-2 所示。

表 6-1　KPI 对外的指标

KPI 指标	评价参考数值
服务水平	服务水平≥98%
失话率	失话率≤2%
平均处理呼叫时间	45s
投诉率	投诉率≤0.1%

表 6-2　KPI 对内的指标

KPI 指标	评价参考数值
客户满意度	按实际情况评价
客服代表工作满意度	按实际情况评价
话务成本	按实际情况评价
话务收益	按实际情况评价
预算工作量与实际工作量的偏差	按实际情况评价
预算工作人员与实际工作人员的偏差	按实际情况评价

目前还缺乏对呼叫中心运营进行系统考核的有效方法，美国普渡大学琼·安顿教授提出了 23 个与呼叫中心运营相关的数字化规范指标，这些指标对我国呼叫中心的管理是一个有益的参考，有兴趣的读者可参阅相关资料。

第七节　呼叫中心的解决方案

一、HP 公司的呼叫中心解决方案

HP 公司的呼叫中心技术经过多年的发展已经比较成熟。目前，HP 公司咨询事业部所提供的 e@Call Center 全面解决方案则以其先进的技术和丰富的实施经验赢得了用户的好评。

所谓 e@Call Center，就是指基于 Internet 实现的呼叫中心。相比传统的呼叫中心，它拥有包括电子邮件、传真、Web 聊天在内的多种交互沟通方式。而 HP 咨询所提供的 e@Call Center 全面解决方案更是应用了多种先进技术，它将企业的电话基础结构与数据基础结构结合在一起，实现了对客户呼叫的无缝处理，并使呼叫中心成为高效的管理工具。

HP e@Call Center 包括一个服务器及相应的管理软件、坐席软件、决策管理系统软件，以及应用设计器等主要部件。

1. HP e@Call Center 资源管理器

HP e@Call Center 资源管理器采用了全面交互管理解决方案，能够对进入呼叫中心的语音呼叫、电子邮件、Web 联系和传真通信等所有类型的多媒体交互进行路由、通告、告警和提升。同时，它还提供了一整套综合的历史报告、决策支持、管理和资源分配工具，能够不间断地监控呼叫中心和统计信息。

2. 坐席软件

坐席软件采用了可视多媒体队列和呼叫者预览功能，用户姓名、用户的呼叫理由以及用户所采用的交互方式都可形象化地显示在坐席工作站的队列中。一旦坐席代表选择某个用户，一个窗口就会弹出，在保持用户在线的同时，坐席代表可以预览数据库信息，包括用户账号的重要程度、优先级别、排队时间的长短、以前与该用户交流的代理姓名，以及与业务相关的其他信息。

3. 决策管理系统

决策管理（Decision Manager）系统是呼叫中心的报告系统，为呼叫中心管理人员提供了有关用户交互过程每个步骤的记录。通过它，可以看出交互如何得到有效处理、资源如何部署，以便提高呼叫中心的效率。

4. 应用设计器

HP e@Call Center 应用设计器基于图形用户界面（GUI）环境，便于使用者开发和定制商业程序自动化呼叫流程。

5. 电子邮件管理应用

HP e@Call Center 的电子邮件管理应用具有一个统一的机制，可以让电子邮件优先，并可将电子邮件信息升级到联系中心内所有的用户交互流中，使呼叫中心的管理人员能够获取详细介绍所有往来电子邮件活动的报告。

6. Web 交互管理应用

HP e@Call Center 使用户可以通过 Web 聊天、浏览、Web 回呼及其他各种形式的 Web 合作，预定公司呼叫中心的代理人。这些 Web 交互与呼叫中心的交互无缝混合，使代理程序可以同时处理电子邮件、Web 回呼、语音呼入和呼出、语音邮件以及传真交互。

HP e@Call Center 应用灵活，具有多种配置方案，具备比较全面的业务功能，并提供了客户关系管理方面的功能，适合中小企业采用。

二、3COM 公司的中小企业呼叫中心解决方案

2002 年，3COM 公司推出了一种使企业可以更快、更有效地为客户提供服务的解决方案——NBX 呼叫中心。NBX 呼叫中心解决方案综合了"统一网络"，即语音、数据和视频融合的技术，与 3COM 公司的网络电话解决方案协同工作，满足了企业希望得到既便宜又先进的呼叫中心的需求。

NBX 呼叫中心与 3COM 公司的 NBX100 通信系统和 Superstack3NBX 网络电话解决方案配合工作，使小型企业、远程办公室、分支机构办公室和公司各部门可以快速可靠地进行呼叫处理。这种应用是为拥有 25 个坐席以下的呼叫中心设计的，简化了呼叫处理流程和呼叫管理，有助于改善用户的使用并提高工作效率。

NBX 呼叫中心解决方案提供多种级别的接入与管理。它的坐席控制能力使呼叫坐席更容易接入该系统，从而对各个呼叫进行排队和管理。它的监督功能使被指定的用户可以管理呼叫分配、进行实时显示、估计各坐席的通话时间，并监控线路和坐席的可用性。它的管理功能使管理人员可以查看已登录的坐席，定义队列和工作，根据占线时间对呼叫中心进行升级。

3COM 公司的呼叫中心解决方案有如下特点：

（1）安装、应用和管理简单。首先，NBX 呼叫中心解决方案的安装非常迅速简单。用户可以在几天内安装好系统并处理呼叫。其次，NBX 呼叫中心解决方案很容易使用和管理，可以实时监控坐席、线路、队列和呼叫状态。拖放式分配能力使管理人员可以更好地管理输入流，防止呼叫被抛弃。

（2）实时报告和告警能力强。3COM 的 NBX 呼叫中心提供可靠的实时报告和警告能力，这有助于管理高话务量的呼叫中心。报告功能使管理人员可以获得关于呼叫处理、管理和生产率的实时信息。

（3）方便远程用户。利用 NBX 呼叫中心解决方案，企业能够在任何地方建立远程营业点，并且能保证话音质量和客户服务。

此外，NBX 呼叫中心可以对多达 100 个队列进行智能的呼叫分配，其支持能力可扩展到能支持 25 个坐席、2 个监督员和 1 个系统管理员与数据库管理员，其应用还包括自动话务员、IVR 和 CTI。

3COM 公司的呼叫中心解决方案面向中小企业，把先进的数据和语音功能融于一体，具有较好的性价比，在安装、使用和管理方面做到尽量简化，以适应中小企业技术力量不足的实际情况。

三、IBM 的呼叫中心解决方案

IBM 呼叫中心解决方案也是比较先进的客户呼叫中心解决方案之一，它集成了计算机、网络、电话等多种系统的功能。同时也是 IBM CRM 系统的重要组成部分，其主要特点是将企业面向客户及合作伙伴的界面大大扩充，使服务提供的范畴不再受制于业务点的地理分布与办公时间，客户及合作伙伴可随时随地通过电话与企业联系，进行查询、订购、投诉等各项服务，它主要包括客户服务、技术支持、销售分销商支持、各种方式的营销，以及抱怨、投诉处理。IBM 的呼叫中心与 Internet 的集成，乃至与电子商务的集成，为企业最先进的 CRM 系统的建设铺平了道路。

练习题六

一、关键概念

1. 呼叫中心　　　　2. CTI 技术　　　　3. IVR　　　　4. ACD

5. 外包模式呼叫中心　　6. KPI

二、选择题 （1～5 题为单选题，6～11 题为多选题）

1. （　　）不是呼叫中心在客户服务过程中存在的问题。

　　A. 呼叫中心的服务重形式，不重内容

　　B. 客服代表的服务水平不高

　　C. 缺乏对客户数据信息的挖掘和利用

　　D. 呼叫中心的技术设备不先进

2. （　　）是呼叫中心几大组成部分中唯一的非设备成分。

　　A. ACD　　　　　B. IVR　　　　　C. 坐席/业务代表　　　　　D. CTI

3. 客户服务追求的目标是（　　）。

　　A. 多卖产品　　　B. 发展新客户　　　C. 开发老客户　　　　　D. 客户满意

4. （　　）就是企业为自身发展建立起独立的呼叫中心。

    A. 外包型呼叫中心   B. 自营型呼叫中心

    C. 开放型呼叫中心   D. 封闭型呼叫中心

5. （　　）是单纯地以企业电话交换机或其他具有 ACD 功能的交换设备为基础，没有与企业的计算机系统集成。

    A. CTI 呼叫中心   B. 非 CTI 呼叫中心

    C. Web 型呼叫中心   D. 多媒体呼叫中心

6. 呼叫中心为企业与客户的联系创造了一个互动窗口。企业可以通过呼叫中心为客户提供涵盖业务售前、售中、售后的各项服务，在服务和细节中显示企业的诚意和关怀，让客户更好地感受到企业为其创造的价值。这些功能和作用说明呼叫中心（　　）。

    A. 是企业与客户联系的重要窗口   B. 是企业的情报中心

    C. 是让客户感受到价值的中心   D. 能更好地维护客户忠诚度

7. 呼叫中心系统主要由（　　）组成。

    A. 电话网   B. 具有 ACD 功能的 PBX

    C. IVR 设备   D. CTI 服务器

8. 呼叫中心的发展方向是（　　）。

    A. Web 型呼叫中心   B. 多媒体呼叫中心

    C. 与无线通信 3G 平台结合   D. 多用户

9. 呼叫中心系统的典型结构，从逻辑上分为（　　）三个层次。

    A. 接入层   B. 服务层   C. 数据层   D. 业务支撑层

10. 呼叫中心应当实现的功能有（　　）。

    A. 客户认定   B. 语音数据同步向外转移

    C. 智能化顾客信息分析   D. 客户服务与客户支持

11. KPI 可以分为对内和对外两个方面，对外主要是面向服务水平和客户满意度，对内则主要是面向呼叫中心的成本效益，下面选项中（　　）是对外指标。

    A. 客户满意度   B. 话务收益   C. 服务水平   D. 失话率

三、简答题

1. 说说呼叫中心发展的主要方向。

2. 呼叫中心在 CRM 中的地位是什么？你是如何理解的？

3. 根据呼叫中心采用的技术来划分，呼叫中心可分为哪几种类型？

4. 呼叫中心有哪些基本部件？

5. 简要叙述 CRM 与呼叫中心的关系。

6. 选择外包呼叫中心有哪些关键问题？

7. 呼叫中心包括哪些关键技术？如何理解这些技术的发展趋势？

8. 呼叫中心在 CRM 系统中的作用主要体现在哪些方面？

9. 何谓呼叫中心外包模式？为什么会出现呼叫中心的外包模式？

10. 如何选择呼叫中心？企业应该如何选择呼叫中心的外包运营商？

11. 阐述呼叫中心的建设步骤。

12. 简要叙述呼叫中心的主要功能。

13. 企业如何实现呼叫中心的有效管理？

14. 比较 HP 公司、3COM 公司、IBM 公司的呼叫中心解决方案。

案例分析

银行行业应用呼叫中心系统可以提升客户体验

在高度竞争且日益数字化的金融市场中，银行行业面临着前所未有的挑战与机遇。为了保持竞争力，银行不仅需要提供安全、可靠的金融服务，还必须确保客户体验达到最高标准。呼叫中心系统，集成了先进的通信技术和智能化服务功能，为银行提供了一个高效、集中化的客户服务平台。通过这一平台，银行能够快速响应客户需求，处理咨询、投诉、交易等多种服务请求，从而确保客户体验始终保持在最优水平。呼叫中心系统，作为银行与客户之间沟通的重要桥梁，其在提升客户体验方面的作用不容忽视。下面将深入探讨银行行业应用呼叫中心系统如何提升客户体验，以及这一策略背后的关键要素。

1. 多渠道接入与整合

在现代社会，客户期望能够随时随地、通过自己偏好的方式与银行进行交互。呼叫中心系统支持电话、在线聊天、电子邮件、社交媒体等多种沟通渠道，使客户能够轻松接入并获得所需的服务。这种多渠道接入的能力，不仅提高了客户的便利性，还增强了银行的可达性和响应速度，从而显著提升了客户体验。

2. 个性化服务与定制化解决方案

呼叫中心系统能够存储和分析客户的个人信息和历史记录，使银行在与客户交互时能够迅速了解他们的需求和偏好。基于这些信息，银行可以为客户提供个性化的服务和定制化的金融解决方案，如推荐符合其财务状况和风险承受能力的投资产品。这种个性化的服务方式，不仅增强了客户的满意度和忠诚度，还提高了银行的销售转化率和市场份额。

3. 高效响应与问题解决

呼叫中心系统通过智能路由、自动语音导航等功能，能够快速识别并处理客户的咨询和投诉。系统能够根据客户的请求类型和问题复杂度，自动分配至最合适的坐席或部门进行处理，从而确保客户问题得到及时、有效的解决。这种高效的响应机制，不仅提升了客户的满意度和信任度，还降低了银行的运营成本和时间成本。

4. 智能化服务与自助服务选项

随着人工智能技术的不断发展，呼叫中心系统正逐渐融入更多的智能化服务元素。例如，通过自然语言处理和机器学习技术，系统能够理解并回答客户的复杂问题，提供准确的金融信息和建议。此外，系统还提供自助服务选项，如自助查询账户余额、交易记录等，使客户能够随时随地获取所需信息，无须等待人工坐席的协助。这种智能化的服务方式，不仅提高了服务效率和准确性，还增强了客户的自助能力和满意度。

5. 数据洞察与持续优化

呼叫中心系统能够实时记录和分析客户的通话数据、行为模式和需求趋势。这些数据洞察为银行提供了宝贵的市场信息和决策支持。银行可以根据这些数据制定更有效的营销策略、优化服务流程、改进产品设计等，从而不断提升客户体验。这种基于数据的持续优化策略，使银行能够不断适应市场变化和客户需求的演变，保持竞争优势。

许多银行已经成功应用了呼叫中心系统，并取得了显著的成效。例如，某大型商业银行通过引入先进的呼叫中心系统，实现了多渠道接入与整合，使客户能够随时随地通过自己偏好的方式与银行进行交互。同时，该系统还提供了个性化服务和定制化解决方案，根据客户的财务状况和风险承受能力推荐合适的投资产品。此外，该系统还通过智能路由和自动语音导航功能，快速响应并处理客户的咨询和投诉，提高了服务效率和客户满意度。最终，该银行成功提升了客户体验，增强了客户的忠诚度和信任度，为银行的长期发展奠定了坚实的基础。

随着技术的不断进步和应用场景的不断拓展，呼叫中心系统将在银行行业中发挥更加重要的作用。未来，呼叫中心系统将更加注重智能化、个性化和自助服务的发展。通过自然语言处理、情感计算等先进技术，系统将能够更深入地理解客户需求和偏好，提供更加精准和个性化的服务。同时，随着 5G、物联网等新技术的普及，呼叫中心系统还将拓展更多的应用场景和服务模式，如虚拟助手、智能客服等，为客户提供更加便捷、高效和智能的金融服务体验。

（资料来源：智能科技，https://www.udesk.cn/2025-02-19）

案例思考题

1. 呼叫中心提升客户体验的要素有哪些？
2. 作为银行客户服务人员如何运用呼叫中心系统提升客户体验和客户满意度？

第七章
客户关系管理系统的功能与结构设计

07

1. 掌握和理解客户关系管理系统的设计理念——有效的客户数据识别、采集和使用。

2. 了解客户关系管理系统的体系结构。

3. 掌握和理解客户关系管理系统的功能结构及各个子系统的功能结构。

4. 理解客户关系管理系统及子系统的业务流程。

5. 掌握客户关系管理系统的技术结构及网络结构。

6. 了解 eCRM 的内涵、应用及实施。

第一节　CRM 系统设计的基础——客户数据

数据是客户关系管理的基础，因此，CRM 系统的设计离不开客户数据的收集和有效利用。利用客户数据的前提是对客户数据进行有效的识别，并采集到足够数量的高质量客户数据。

一、客户数据的识别

传统上认为客户数据就是客户的个人资料。事实上，仅有客户的个人资料或公司资料是远远不够的。通常根据数据的形式和来源可将客户数据分为客户描述性数据、市场促销性数据和客户交易数据三类。

（一）客户描述性数据

客户描述性数据即通常所说的客户数据，用于描述客户的详细信息。对于个人客户，客户描述性数据通常包括客户的姓名、性别、出生日期、联系方式、工作类型、收入状况等基本信息，以及客户的消费习惯（如消费周期、特殊偏好、对个别产品品牌忠诚度等），对服务的要求及满意程度，对促销活动的态度及反应等客户行为信息，还包括客户的信用度、信用卡账号、会员卡账号等与消费相关的信用信息。对于企业客户，客户描述性数据通常包括企业的名称、地理位置、经营类型、主要联系方式、主要联系人信息、公司规模、运营状况等基本信息，以及客户与本企业的交易方式、支付方式、信用额度、交易总额、交易频率等行为信息。

（二）市场促销性数据

市场促销性数据体现的是企业对客户进行的活动，以及活动中产生的客户数据。市场促销性数据包括：市场营销人员的广告语、展览会的产品宣传单、报刊的宣传报道、电话直销消息、邮寄促销信件及电子邮件等；销售人员现场推销时对客户的承诺和进行的产品展示；服务支持人员在服务过程中所提的各种建议；分销商们对客户的宣传与承诺；用户产品使用情况调查；其他任何以企业名义向客户传递的"消息"。

（三）客户交易数据

企业与客户交易过程中产生的一切数据均为客户交易数据。企业与客户的完整交易过程包括交易前、交易中和交易后三个阶段。其中，交易前的客户交易数据包括客户的咨询信息、客户对产品的关注或浏览企业网站获得的信息等。交易中的客户交易数据包括交易时间、交易的产品种类和产品数量、交易金额、支付方式等。交易后的客户交易数据即售后服务的内容、客户对服务的要求及满意程度、客户要求退换的商品等信息。针对频繁交易的客户，交易数据应该包括客户历史购买记录、投诉信件、服务请求、访问公司网站（次数和行为）、产品询问电话、填写各种调查表、发送电子邮件、对企业提出的建议和要求等。

二、数据的有效采集

数据采集是 CRM 系统设计的又一重要步骤。CRM 系统的优势在于能够利用大量的客户数据发现重点客户和潜在客户，保留老客户和吸引新客户，并提高自身的竞争能力。因此，采集大量有效的客户数据是有效实施客户关系管理的必要前提。

（一）CRM 中数据采集的基本步骤

（1）定义商业问题（Define Business Problem）。每一个 CRM 应用程序都有一个或多个商业目标，为此，应建立恰当的模型。

（2）建立营销数据库（Build Marketing Database）。从第二步到第四步是数据准备的核心。数据准备和模型建立可能反复进行，数据准备阶段会占用全部数据采集过程 50%～90% 的时间。

（3）研究数据（Explore Data）。在建立良好的预测模型之前，企业必须理解使用的数据的含义。通过聚集各种数据摘要（如平均值、标准偏离）等数据研究，可以为多维数据建立交叉表格。图像化和可视化工具是数据准备中所必需的。

（4）为建模准备数据（Prepare Data for Modeling）。这是建立模型之前的数据准备的最后一步。这一步中有四个主要的部分：①为建立模型选择变量；②从原始数据中构建新的预测依据；③从数据中选取一个子集或标本来建立模型；④转换变量，使选定用来建立模型的运算法则一致。

（5）建立模型（Build Model）。数据采集模型的建立，最重要的就是模型建立是一个迭代的过程。分析可供选择的模型，从中找到最有助于解决商业问题的模型。

（6）评价模型（Evaluate Model）。评价模型的方法中最可取的评价基准是收益或投资回报率，即评价模型为企业带来的收益的绝对数量或收益与成本的相对比率。

（7）展开模型获得结果（Deploy Model and Results）：将数据采集运用到CRM方案中。

（二）数据采集的主要途径

目前，客户数据采集的主要途径有以下几个方面：

（1）企业与用户的交易记录。

（2）现场问卷。

（3）电话或传真。

（4）Web网页或电子邮件。

选择数据采集方法时应根据客户类型、客户特征等选择实施最方便、效果最明显的采集方法。

三、客户数据的使用层次

按照对客户数据的有效使用程度可将数据的使用分为三个层次。

（1）温饱型。只对客户数据略微加工整合，然后向企业员工、客户或伙伴多渠道发送。这个阶段的CRM应用可以被认为是一种典型的客户信息管理系统。

（2）预测型。这一层次的客户数据利用过程中，数据的主要利用者是企业内部的营销和销售人员，目的是从客户数据中找寻出客户的行为规律，从而提高销售成功率。预测型的数据使用比温饱型的数据使用提高了一个层次，数据的作用不只限于查询，还能够提供数据背后的知识。

（3）流程型。这是一种更高级的数据利用方式，其高级之处在于这种数据使用过程的"动态性"。每个数据片段都被贯穿在一个流程的各个活动，被即时添加、即时利用，实现动态的自动化利用过程。

第二节　CRM系统的体系结构与功能结构

一、CRM系统的体系结构

CRM系统应能实现对客户销售、市场、支持和服务的全面管理；能完成对客户基本数据的记录、跟踪；能完成对客户订单的流程追踪；能完成对客户市场的划分和趋势研究；能完成客户服务数据的分析；并能在一定程度上实现业务流程的自动化。此外，进行数据挖掘和在线联机分析以提供决策支持也是 CRM 系统的功能之一。从总体上来说，整个 CRM 系统可分为三个层次：界面层、功能层和支持层。相关情况如图 7-1 所示。

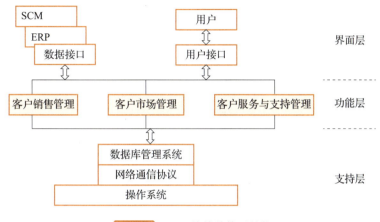

图 7-1　CRM 的简单体系结构

（1）界面层。界面层是 CRM 系统同用户或客户进行交互、获取或输出信息的接口。通过提供直观的、简便易用的界面，用户或客户可以方便地提出要求，得到所需要的信息。

（2）功能层。功能层由执行 CRM 基本功能的各个子系统构成。这些分系统包括客户销售管理子系统、客户市场管理子系统、客户服务与支持管理子系统。各分系统包含若干业务，这些业务可构成业务层，业务层之间是有顺序的、并列的。

（3）支持层。支持层则是指 CRM 系统所用到的数据库管理系统、网络通信协议、操作系统等，是保证整个 CRM 系统正常运作的基础。

二、CRM 系统的功能结构

CRM 系统一般由客户销售管理子系统、客户市场管理子系统、客户服务与支持管理子系统、数据库及支撑平台子系统等构成。

（一）CRM 系统的总体功能结构

CRM 系统的功能可以归纳为三个方面：对销售、营销和客户服务三部分业务流程的信息化；与客户交互方式（如电话、传真、网络、电子邮件等）的集成和自动化处理；对前面两个部分获取的信息进行加工处理，产生商业智能，为企业的发展战略和经营决策提供支持。因此，CRM 系统可以分为：与企业业务运营紧密相关的运营型 CRM；以数据仓库和数据挖掘为基础，实现客户数据分析的分析型 CRM；以及基于客户联系中心、建立在统一接入平台上的协作型 CRM。

（二）客户销售管理子系统的功能

客户销售管理子系统可以快速获取和管理日常销售信息，从机会受理、对联系人的跟踪，到预测和察看最新的渠道信息，能够为提高销售人员工作效率提供流畅、直观的工作流功能，同时也保证了每个客户和每个销售机会在销售小组成员之间能进行充分的沟通。另外，销售经理也能有效地协调和监督整个销售过程，从而保证销售取得最大的成功。客户销售管理子系统的功能结构如图7-2所示。

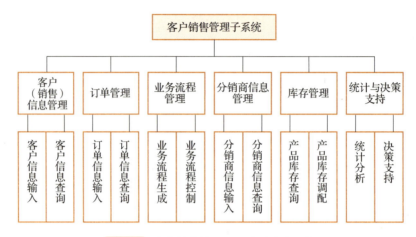

图7-2 客户销售管理子系统的功能结构

客户销售管理子系统一般包含客户（销售）信息管理、订单管理、业务流程管理、分销商信息管理、库存管理、统计与决策支持等功能模块。

客户（销售）信息管理模块负责收集客户销售的相关资料，帮助用户准确把握客户情况，提高销售效率与质量。

订单管理模块可处理客户订单，执行报价、订货单创建、联系与账户管理等业务，并提供对订单的全方位查询。

业务流程管理模块通过在各业务部门间按照业务规则传递相关数据和信息，帮助用户管理其销售运作，保证销售订单的顺利完成。

分销商信息管理模块、库存管理模块等能为用户提供各种功能，支持销售活动。

统计与决策支持模块通过对销售数据的多方面统计、查询，提供用户所需的信息，为决策提供帮助。

（三）客户市场管理子系统的功能

客户市场管理子系统能够提供完整的客户活动、事件、潜在客户和数据库管理，从而使寻找潜在客户工作的效率更高，更加合理。用户可以从任何一个地点快速获取所有关于市场销售活动、事件和潜在客户的信息，并对客户进行高度专业化的细分。

客户市场管理子系统一般包含客户（市场营销）信息管理、营销活动管理、市场资料管理、统计与决策支持等功能模块。

客户（市场营销）信息管理模块负责收集客户的一般资料，跟踪客户资料变更，挖掘潜在客户。营销活动管理模块使市场营销部门有能力执行和管理通过多种渠道进行的多个市场营销活动，同时还能对活动的有效性进行实时跟踪。市场资料管理模块记录通过多种渠道获得的市场信息，收集竞争对手的资料，如调研报告、经济分析报告、产品信息等，为各部门提供市场统计分析与决策参考。

客户市场管理子系统的功能结构如图7-3所示。

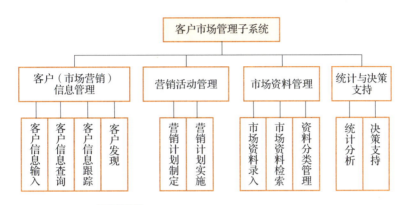

图 7-3　客户市场管理子系统的功能结构

（四）客户服务与支持管理子系统的功能

客户服务与支持管理子系统能够将客户支持人员与现场销售和市场紧密地集成在一起，可以为用户提供定制的"桌面"，可以综合所有关键客户信息，并管理日常的客户服务活动和任务，从而在解决客户问题时可以快速、高效地存取关键的客户信息。

客户服务与支持管理子系统一般包含客户（服务）信息管理、服务合同管理、服务档案管理、统计与决策支持等功能模块。

客户（服务）信息管理模块收集与客户服务相关的资料，可实现现场服务派遣、客户数据管理、客户产品生命周期管理、支持人员档案和地域管理等业务功能。此外，通过与ERP系统的集成，可为后勤、部件管理、采购、质量管理、成本跟踪、财务管理等提供必需的数据。

服务合同管理模块通过帮助用户创建和管理客户服务合同，确保客户能获得应有的服务水平和质量；跟踪保修单和合同的续订日期，通过事件功能表（即根据合同制定的定期的客户拜访、产品维护日程）安排预防性的维护行动。

服务档案管理模块使用户能够对客户的问题及解决方案进行日志式的记录，包括联系人管理、动态客户档案、任务管理以及解决关键问题的方案等，从而提高检索问题答案或解决方案的响应速度和质量。

统计与决策支持模块能对客户服务资料进行分析和处理，使企业既能根据客户的特点提供服务，又能对客户的价值进行评估，从而使客户的满意度和企业盈利得到提升。

此外，客户服务与支持管理子系统还可与CTI软件相结合，为客户提供更快速、便捷的支持与服务。

客户服务与支持管理子系统的功能结构如图7-4所示。

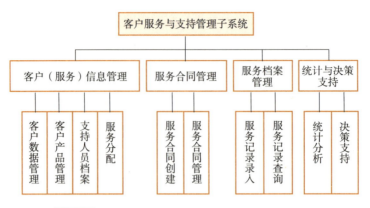

图 7-4　客户服务与支持管理子系统的功能结构图

（五）数据库及支撑平台子系统功能

CRM 系统的数据库及支撑平台子系统主要是为其余各子系统提供一个性能良好、使用可靠、开放的和易于扩充的支撑环境。

随着计算机硬件技术、软件技术、Internet 技术的迅猛发展以及新一代企业级计算机网络系统的建立，用户对数据库软件的新要求使得数据库分布式应用技术进入了一个全新的发展阶段。

CRM 系统的数据库及支撑平台子系统的功能结构，如图 7-5 所示。

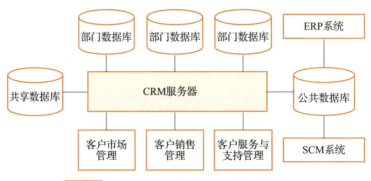

图 7-5　数据库及支撑平台子系统的功能结构图

第三节　CRM 业务流程分析与设计

一　基于面向对象技术的客户驱动设计思想

客户驱动是指 CRM 中的一切活动都是围绕客户而不是围绕产品或订单进行的。CRM 系统虽然也对产品或订单进行管理，但系统中的信息是以客户作为关键信息的，通过分析客户所处的业务环节，执行此时相应的操作。

利用面向对象技术，把企业流程逐步细化，可以将业务数据结构和处理方法封装，成为子业务，彻底同界面层和功能层分开（与"类"的概念比较类似），且业务层各子业务相互间也完全独立，相互关系放在功能层。例如，将销售过程中的订单执行划分为订单确认（发送订单信息给相关部门，确认反馈信息）、订单跟踪（制定计划时间表、检查订单完成度）、订单完成（发货票据生成、收货确认）等子业务。

CRM 业务流程主要包括客户市场营销、客户销售、客户服务与支持。

二、客户市场营销业务流程的分析与设计

客户市场营销业务流程，如图 7-6 所示。它主要涉及客户管理、市场管理、客户服务与支持管理三个方面，包括市场信息处理、竞争者调研、潜在客户分析、客户信息追踪、营销活动管理等环节。

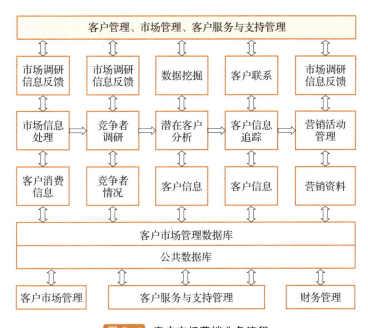

图 7-6　客户市场营销业务流程

市场信息处理通过市场调研、销售及服务反馈等渠道获取关于区域、类型、容量、喜好、趋势等市场信息，并对这些信息加以管理分析。其存取的数据一般包括数量、地点、购买力、购买倾向或其他用户自定义的标准。竞争者调研则是通过类似的方式来获得关于竞争者的情报，并在此基础上对自己的市场推广、销售、支持与服务乃至整个企业战略决策进行调整，以提高自己的竞争力。客户信息跟踪则指与所有已发生业务关系的客户保持联系，及时更新客户数据。

三、客户销售业务流程的分析与设计

客户销售业务流程，如图 7-7 所示。它涉及搜寻客户、签订合同（协议）、订单跟踪、收账检查、用户回访及反馈等环节。搜寻客户环节主要是根据已有的客户资料及潜在客户信息来确认客户、联系客户，所要获取的信息包括当前市场资料、客户基本资料、客户历史记录等。签订合同（协议）环节是销售人员与客户达成协议后进行合同的制定及订单的创建，所要获取的信息包括产品数据、库存数据、生产能力等。订单跟踪涉及从传送订单至生产部门、制定订单计划时间表、开票、发车等整个订单完成过程。收账检查、用户回访及反馈则是整个客户销售业务流程的结尾工作，主要是检查订单账款的回收情况，拜访客户，了解客户对订单执行的满意程度，并开始新一轮的业务。

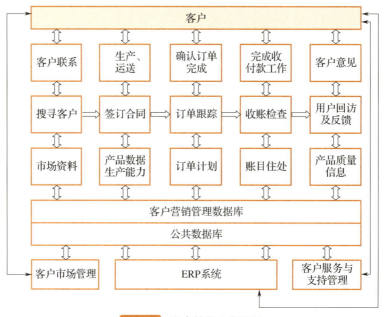

图 7-7 客户销售业务流程

四、客户服务与支持业务流程的分析与设计

客户服务与支持的业务流程，如图 7-8 所示。从客户联系开始，包括客户服务处理、客户服务记录、成本分析等，主要是处理客户的各种问题，提供相应的支持与服务。

客户联系接收各种渠道过来的客户需求（电话、传真、网络等），并将这些需求与客户的资料联系起来，即输入客户信息、客户需求，就能调出相应的客户资料。客户服务处理则根据该客户的地域、需求、级别等因素，通过已有的记录或案例，寻找对应的客户支持部门或技术部门，力求以最高的效率解决客户问题；或者通过与客户签订服务合约，提高服务质量，加强与客户的联系。客户服务记录将各部门对客户需求的分析、解决方案及最终结果记录下来。

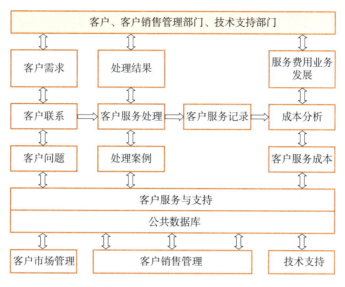

图 7-8　客户服务与支持的业务流程

第四节　CRM系统的技术结构

一、企业应用集成和业务流程自动化

企业应用集成（Enterprise Application Integration，EAI）就是指将企业内部不同的、相互之间相对独立的软件集成起来。集成不影响应用软件本身。

EAI通过建立底层架构来联系横贯整个企业的异构系统、应用、数据源等。

EAI追求建立一个灵活、标准的企业应用底层架构，以有效连接新的基于IT的商业应用系统。这个架构允许企业中的应用系统实时地、无缝地互相通信，以保证对供应商、客户做出快速响应，确保在激烈的竞争中立于不败之地。

业务流程自动化（Business Process Automation，BPA）是指对商业运作中的关键问题和信息进行实时的分析，动态地完成对商业流程的重组。业务流程自动化充分利用了通过Internet功能获得的速度和内聚能力来持续不断地调整业务流程，以获得最大的利益。业务流程自动化出现以后，将工作流、业务流程和决策工具加入企业商业模型中，使得企业能够与合作伙伴及客户对复杂的商业流程进行定义，实现自动化和互动的管理，这种业务流程上的改进和多个系统间的应用集成增强了企业的客户服务能力，受到了越来越多企业的重视。

二、CRM 系统的技术层次架构

CRM 系统是基于数据核心层、业务逻辑层、接入层三层平台进行设计的。三层的内容如图 7-9 所示。

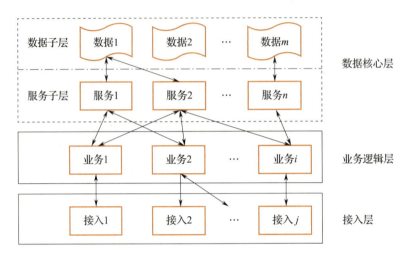

图 7-9 CRM 系统的技术层次架构

（一）数据核心层

CRM 在数据管理上采用数据仓库技术，通过信息总线集成业务管理、服务管理、网络管理、网元管理各层次的应用中所包含的客户数据、业务规则数据和产品数据等信息，建造以客户服务为中心的数据管理中心，满足企业各类应用系统对数据统一管理、集中控制、共享的需要。在此数据仓库基础上建立面向各种应用的数据集市，通过数据访问、查询、报表、数据挖掘、联机分析处理、决策支持等技术完成市场及销售分析、客户分类分析、客户价值分析等辅助客户关系管理的应用。

（二）业务逻辑层

业务逻辑层是 CRM 的处理、控制调度中心，主要针对业务交易需求，调用原子服务构件形成业务函数构件。业务函数构件结合接入设备要求、业务流程流转要求和服务群组分布要求，实现企业应用集成和业务流程自动化的集成，从而形成一个业务运营支撑平台。

（三）接入层

接入层是 CRM 的交互层。在客户交互层面上，系统是一个可运行在多种电子商务平台、多种操作系统平台上，支持多种用户访问方式的用户界面。针对不同行业、不同层次的客户需求，接入层可提供以 CRM 为核心的企业 CRM 整体解决方案。在与其他系统之间的数据交互上，可以通过接入层的任务调度，通过 EAI 和 BPA 实现实时和非实时的交互管理。

三、CRM系统的技术逻辑结构

CRM借助互联网技术来协助企业实现CRM的目标。CRM的技术逻辑结构主要包括三个层次：用户接口（User Interface），服务器组（Server Group），数据管理（Data Management）。各层次的内容如图7-10所示。

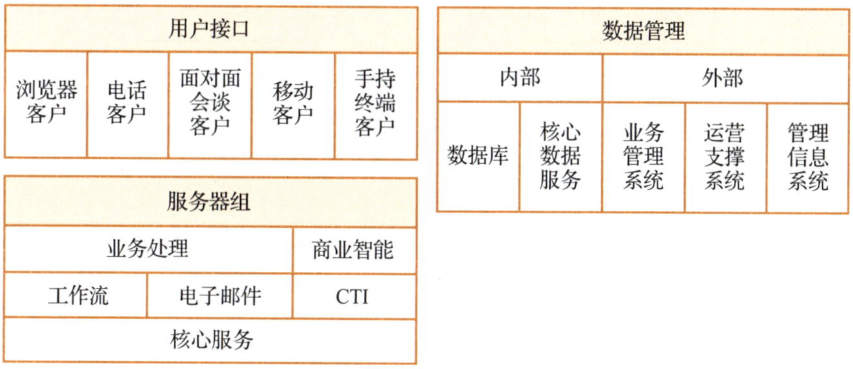

用户接口				
浏览器客户	电话客户	面对面会谈客户	移动客户	手持终端客户

数据管理				
内部		外部		
数据库	核心数据服务	业务管理系统	运营支撑系统	管理信息系统

服务器组		
业务处理		商业智能
工作流	电子邮件	CTI
核心服务		

图 7-10 CRM 技术逻辑结构

用户接口用于为用户提供连接方式。通常，根据连接方式不同，可将用户分为浏览器客户、电话客户、面对面会谈客户、移动客户及手持终端客户等。

服务器组的主要作用是业务处理，包括处理工作流和电子邮件等。服务器组的功能还包括核心业务的处理，如数据库连接、访问数据库、响应用户接口的命令等。

数据管理分为内部管理和外部管理两部分。内部管理包括数据库和核心数据服务两部分，外部管理包括业务管理系统、运营支撑系统和管理信息系统三部分。

第五节 CRM系统的网络结构

CRM系统是建立在互联网或内部网等Web技术基础之上的。根据企业的具体环境，CRM系统的网络体系通常采用客户机/服务器模式和浏览器/服务器模式的结合。CRM系统的网络结构图，如图7-11所示。

一、客户机/服务器结构

客户机/服务器结构把数据库系统放在远程的服务器上，而在客户机上安装客户端软件。C/S软件一般采用两层结构，它由两部分构成：前端是客户机，后端是服务器。

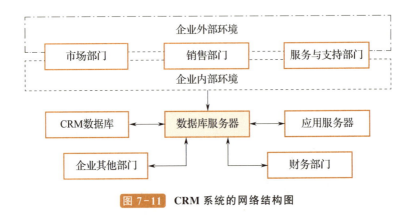

图 7-11 CRM 系统的网络结构图

二、浏览器/服务器结构

浏览器/服务器结构就是只安装维护一个服务器，而客户端采用通用浏览器运行软件。它是随着互联网技术的兴起，对 C/S 结构的一种变化和改进。它主要利用不断成熟的 Web 浏览器技术，综合运用了多种 Script 语言（VBScript、JavaScript 等）和 ActiveX 技术，是一种全新的软件系统构造技术。

B/S 三层体系结构是在数据管理层和用户界面层增加了一层结构，称为中间件（Middleware）。三层结构是伴随着中间件技术的成熟而兴起的，核心概念是利用中间件将应用层分为表示层、业务逻辑层和数据存储层三个不同的处理层次。

在这种结构下，主要事务逻辑都是在服务器端实现的，用户界面完全通过浏览器调用。但它需要经常下载和上传数据，网络负担重。更重要的是，该结构中的应用必须基于 Java 或 HTML（超文本标记语言），原有的应用程序必须进行二次开发。

三、传统 C/S 模式与 B/S 模式的综合应用

A/S（Application/Serving）计算模式既承袭了 C/S 结构的软件资源和用户经验，又进一步发挥了 B/S 结构的集中管控优势。它通过设置应用服务器（组），将关键性的业务软件集中安装并进行发布，客户端可完全在服务器上执行所需的应用程序。

第六节 CRM 系统设计与开发实例

一、基于互联网的客户关系管理系统 eCRM 的分析与设计

目前企业的信息化中都把基于互联网平台和电子商务战略下的 CRM 系统称为"电子客户关系管理"或"eCRM"（electronic CRM）。从实践看来，"eCRM"的含义不仅

包含着对网络与电子技术的充分倚重，更体现了 eCRM 作为企业竞争制胜的整体性解决方案的扩展，必然会成为扩展的客户关系管理系统（extensive CRM）。

（一）eCRM 的内涵

eCRM 是 CRM 系统的电子化扩展，是 CRM 系统与网络技术深入结合的产物。

1. eCRM 电子化的含义

从应用系统的角度来界定"eCRM"的内涵，它应当是一种以网络为中心、全面沟通客户关系渠道和业务功能，实现客户关系同步化的方案。先进的 CRM 系统必须借助互联网工具和平台，实现与各种客户关系、渠道关系的同步化、精确化，符合并支持电子商务的发展战略，最终成为电子商务实现的基本推动力量。电子化的"e"，是 CRM 发展中基本的、原始性的战略。

在不断发展的电子商务和网络经济时代，唯一能把企业与竞争对手区分开来的不是技术，也不是产品，而是与客户的关系——企业除非和客户建立了良好的关系，否则在网络经济的激烈竞争中是不可能取胜的。举例来说，今天服务业的竞争已日趋白热化，如果一家厂商开发出了一种非常好的业务品种，那么可以断定用不了多久，众多竞争对手就会仿效它推出类似的甚至更优惠的业务。即服务业的竞争优势将不首先体现在业务的独一无二，而在于这家企业是否非常了解自己的客户、是否与客户建立了稳定的关系、是否能利用这一点为其目标客户提供最周到、最适合的服务——竞争对手却做不到这一点。

但是，随着 CRM 在大客户群和大服务量的企业中的应用，与客户互动的人工渠道由于传统交流方式的局限而出现了瓶颈。事实上，由于电子商务的主渠道是网络交易，因此每个电子邮件、网页上的每次点击、自助设备上的每次交易或查询，对于企业来说都是弥足珍贵的潜在信息资源，都可以用来服务客户或发现客户，但要想达到这一目的，企业必须将在所有接触点上产生的大量信息数据化、合理化，必须把所有的数据转变成用于建立客户关系的知识。电子商务将产生海量数据，企业最大的资源，就是以电子形式存在着的客户信息、数据、知识。在这样的背景下，如果不时时凸显其"e"特征和应用中的电子商务战略性眼光，CRM 的理论和实践都会被现实迅速遗弃。

2. 对 eCRM 全面扩展化的理解

"eCRM"能够由内到外为企业提供自助服务系统，可以自动地处理客户的服务要求，实现"任务替代"，即原本由人工渠道提供的服务可以通过自助功能模块来处理，不仅节省了人力、降低了运营成本，使企业可将人力资源集中于更具有挑战性和更高价值的业务中；由外到内带来的低成本优势，满足了客户的实质性需求，自助服务提高了响应速度和服务的有效性，会增进客户的满意程度，进而帮助企业扩大市场份额、提高获利的能力。但也正因如此，企业的 CRM 才从简单的前端业务，演化为影响企业全面发展与盈利能力的根本性任务。CRM 的"e"化，就不仅仅是电子化"electronic"，而体现为全面扩展化"extensive"。

从应用系统的角度来界定"eCRM"的内涵，它应当是一种以网络为中心沟通客户关系渠道和业务功能，实现客户关系同步化的方案，它将集中解决企业亟需回答的问题；创造并充实动态的客户交互环境；产生覆盖全面渠道的自动客户回应能力；整合全线的业务功能并实时协调运营；专为拓展和提高客户交互水平，并将其转化为客户知识的客户关系技术；将 CRM 的运行划分为执行型和处理型两类，前者执行系统管理和战略实现功能，后者是适合各类客户使用的支持和决策工具。

除此之外，"eCRM"也因扩展到企业前后台全部业务层面，而具有了一个更为重要的使命：支持与开发电子商务。eCRM 系统不仅要能提供与电子商务的对接口，还全面支持和开发电子商务。eCRM 系统中包含的整套电子化解决方案，要能够支持电子商务的销售方式如 B2B 以及 B2C 交易；可以满足企业开展一对一营销及电子商店的需求；在支付方面，要支持并提高互联网和客户机/服务器应用的能力；在客户服务方面，eCRM 的自助式客户支持应用软件可使客户在线提交服务请求，并与交流中心链接，营造一种闭环客户支持环境等；越来越多的组件要建立在 Web 浏览器，以适应快速发展的电子商务对数据不断进行实时访问的要求。

（二）eCRM 的应用领域

eCRM 的应用大致可分为以下几个领域。

1. 电子营销（e-Marketing）

它是指通过互联网渠道所进行的营销手段，如电子邮件、SMS、在线客户引导、客户资料、网上目录以及网页个性化引擎等。

2. 电子销售（e-Sales）

它是指通过电子商务（e-Commerce）、电子购物（e-Shopping）、客户定制型商品配置以及定价系统等，提升客户购买体验。

3. 电子服务（e-Service）

它是指能在互联网上为客户提供帮助服务的自助软件。这种软件越来越多地体现出了尖端的人工智能和分析功能，如电子邮件自动回复功能、基于原因的事件识别功能、FAQ（常见问题问答）。

（三）eCRM 系统的逻辑体系架构设计

实际上，eCRM 具有两面性。从企业角度看，eCRM 被期望为企业管理好客户历史资料，建立统一的客户视图，最终为企业带来收益；而从客户角度而言，客户重视 CRM 所提供的接触点，期望能够获得更好的客户体验。因此，系统结构要能反映企业和客户两个方面的需求。

eCRM 系统应能实现对客户销售、市场、支持和服务的全面管理，能实现客户基本数据的记录、跟踪，客户订单的流程追踪，客户市场的划分和趋势研究，以及客户支持服务情况的分析，并能在一定程度上实现业务流程的自动化。此外，进行数据挖掘和在线联机分析以提供决策支持也是 eCRM 的功能。

eCRM 系统的逻辑体系架构设计是在图 7-1 基础上的拓宽，其逻辑体系架构可分为三个层次：界面层、功能层和支持层（见图 7-12）。

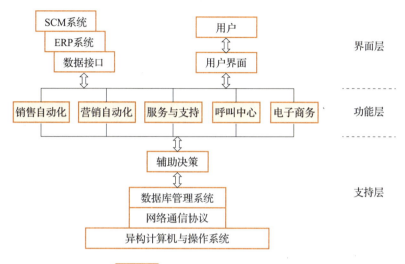

图 7-12 eCRM 的逻辑体系架构图

界面层是 eCRM 系统同用户或客户进行交互、获取或输出信息的接口。通过提供直观的、简便易用的界面，用户或客户可以方便地提出要求、得到所需的信息。

功能层由执行 eCRM 基本功能的各个子系统构成，各子系统又包含若干业务，这些业务可构成业务层，业务层之间既有顺序的，又有并列的。这些子系统包括销售自动化子系统、营销自动化子系统、服务与支持子系统等。

支持层则是指 eCRM 系统所用到的数据库管理系统、网络通信协议、异构计算机与操作系统等，是保证整个 CRM 系统正常运作的基础。

（四）eCRM 系统设计的几个关键问题

总之，通用模块完善、支持灵活组配、基于 Web 的应用、支持和开发电子商务等，只有达到以上要求并以电子化和扩展化双重功能为主导的 eCRM 才是市场的发展方向，这也决定了"eCRM"将注重以下几个方面。

1. 保持与客户交互的同步

为了使各种企业级的面向客户的部门能自如协调、系统能同步化运转，从而实现一个连贯的、掌握客户关系全程的 CRM 大系统，在企业的 CRM 系统应用中，实现对客户完整的、实时的交互和信息的同步传递、共享至为关键。在互联网平台和电子商务背景下，如果以传统的客户观点或关系管理的思路来应对，将限制客户与企业的每一次互动。如果决策者只看到电话中心的记录，而对来自网络上的客户需求视而不见，就可能失去与目标市场建立密切关系的极好的机会；如果企业管理信息系统在客户档案、工作进程和数据的传递和共享方面不能同步，只根据一小部分客户数据或者是有限范围内的分析，都无法在未来互动中形成整体关系的观念；同时，企业内部导向的、基于工作任务的、记录事件的能力并不有助于它在电子商务中与客户形成个性化的、全方位的关系。所以，成功的 CRM 系统必须注重使客户信息、数据同步化，这需要网络的技术应用来保障，每一次与客户的互动都能从对客户的全面了解开始，而当企业经营转向电子商务或客户转向网上渠道时，CRM 不会因为信息缺陷而导致企业再次落伍。

事实上，提高客户信息系统的同步性，就要求 CRM 系统在支持传统的客户沟通渠道或支持基于网络的客户方面，既有所侧重，又相互兼容，面向客户的沟通渠道及功能模块的沟通应用要达到同步化。这也是在目前对网络经济和电子商务模式尚未完全认识清楚的阶段，我们所能采取的最为稳妥、可能导致最小损失的前瞻性要求和措施。

2. 强化互联网在 CRM 中的核心地位

从更广的意义上来讲，CRM 只是通过明确的规则和优化的工作流程帮助公司控制员工与客户的互动，但互联网将交流和达成交易的权力（或方便、自由）更多地移向客户一端，企业将不得不给予客户对于双方关系的更多控制权，例如以客户需要的服务的类型、客户需要的信息等来架构交互的方式。尽管 CRM 应用系统的产生应归功于网络技术的发展，但在企业对互联网的应用，及在互联网上运营的电子商务方面，在对 CRM 的关注、理解方面，并不能认为 CRM 已经就基于互联网的销售和售后服务渠道进行实时的、个性化的营销，做好了充分的部署。互联网观念和技术必须处于 CRM 系统的中心，只有真正基于互联网平台的 CRM 产品，在构建其客户机/服务器应用的根本技术上，才能够支持未来企业全面电子化运营的需要。

3. 重视数据挖掘

数据挖掘就是从一个数据库中自动地发现相关模式，利用统计学和机器学习技术创建预测客户行为的模型，通俗来讲就是从大量的数据中挖掘出有用的信息。而数据挖掘的目的是提高市场决策能力、检测异常模式、在过去的经验基础上预言未来趋势等。启动一个数据挖掘应用的步骤主要有以下几点：

（1）鉴别商业问题（即定义问题、用户、数据），如开辟新产品的市场、为现存的产品和服务定价、了解客户流失的原因等。

（2）使用数据挖掘技术将数据转换成可以采取行动的信息（数据清洗、数据组织、组织数据字典等）。

（3）根据信息采取行动。在采取行动的过程中，各个不同的企业、不同的部门采取的行动应该是各不相同的。不要一下子把面铺得很广，建议采取一种循序渐进的方法。

（4）衡量结果，并发布和维护。

（五）eCRM 为企业带来效益

eCRM 的这些优势提高了客户满意程度，进而帮助企业扩大市场份额、提高获利能力。eCRM 为企业带来效益具体表现为以下几个方面：

（1）提供即时有效的客户服务，增强客户忠诚度与企业知名度。eCRM 建立了统一的联络中心，可以在客户要求服务的第一时间提供服务，在目前要求速度与服务品质的 e 世代，更可以加强客户对企业的满意度，进而提升客户忠诚度。

（2）统一服务平台可节省人力、物力，提高服务效率。由统一客户服务中心，设立统一标准问题库和统一客户服务号码，利用问题分组及话务分配，随时让客户找到适合回答问题的服务人员，得到满意的答复。客户服务人员之间也可以利用统一联络中心的电子公告板交流信息。

（3）利用电话行销主动对外销售，挖掘客户的潜在价值增加收益。eCRM 使得企业内部的客户资料可以共享，利用 eCRM 的 PTP（Product To Product，产品关联性）与 PTC（Product To Customer，产品与客户关联性）分析，对不同需求的客户进行分组，找到特定产品的目标客户群。

（4）部门间可即时沟通以提高工作效率，整合企业客户关系管理及内部资源管理系统，降低管理成本。

（5）减少网上客户流失率。eCRM 可以提供即时、多样化的服务，例如即时捕捉网页上客户要求服务的信息，将客户浏览网页的记录提供给服务专员。还可让客户选择其最方便的联络渠道，例如，服务专员可通过 PSTN 或网络电话，并可借由视频对话，与客户同步浏览网页；可以与客户共用应用软件，同时提供文字、语音、视频等多媒体的在线即时服务功能，与客户进行互动或网上交易，以减少网上客户流失率。

二、基于数据仓库的银行 CRM 系统设计

CRM 系统为企业提供了一个收集、分析和挖掘利用各种信息的工具，为企业在知识经济时代从容地面对客户提供了科学的手段。但是如何发掘并利用客户数据，使其应用于管理、决策支持等实际工作中去，是众多企业面临的问题。数据仓库、数据挖掘、商务智能是当今数据资源挖掘、利用的几种先进技术，其中数据仓库技术对商业银行具有重要作用，在数据仓库的基础上建立 CRM，是企业挖掘客户资源、发展业务的重要措施。

（一）数据仓库技术

数据仓库技术是一种管理技术，它能够将分布在企业网络中不同站点的商业数据集成到一起，为决策者提供各种类型的、有效的数据分析，起到决策支持的作用。一个数据仓库的结构模型，如图 7-13 所示。信息源是指为数据仓库提供最底层数据的运作数据库系统及外部数据，它不仅包括常见的数据库，也包括文件、HTML 文件、遗留系统等。包装器负责把信息从原信息源的数据格式转换成数据仓库系统使用的数据格式和数据模型，而监控器负责自动监测信息源发生的变化，并把这些变化上报给集成器。集成器将从运作数据库中提取的数据经过过滤、转换、计算、合并、综合等操作，集成到数据仓库中。数据仓库存储已经按企业级视图转换的数据，供分析处理用。根据不同的分

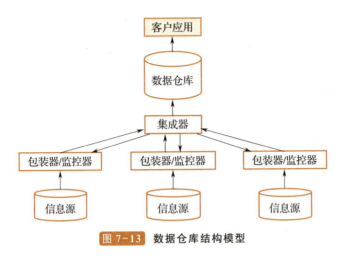

图 7-13 数据仓库结构模型

析要求，数据按不同的综合程度存储。数据仓库中还应存储元数据，其中记录了数据的结构和数据仓库的变化，以支持数据仓库的开发和使用。客户应用供用户对数据仓库中的数据进行访问查询，并以直观的图表展示分析结果。

（二）CRM 系统结构与功能设计

CRM 具有两面性。从企业角度看，CRM 被期望为企业管理好客户历史资料，建立统一的客户视图，最终为企业带来收益；而从客户角度而言，客户重视 CRM 所提供的接触点，期望能够获得更好的客户体验。因此，系统结构要能反应这两个方面的需求。

1. CRM 系统架构模型

从应用的层面上来讲，CRM 系统通常分为三种：运营型、分析型和协作型。如本书第五章中介绍的那样，不同类型的 CRM 系统有不同的侧重点和技术特点，但无论准备实现哪一类 CRM 系统，其系统都可采取图 7-14 的架构。

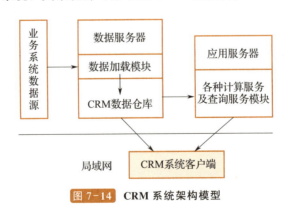

图 7-14 CRM 系统架构模型

考虑到 CRM 系统的复杂性，系统采用三重结构建立，即客户机/应用服务器/数据服务器（Client/Application Server/Data Server）。客户端是一个胖终端，它将完成除公共计算以外的大量工作，以减轻应用服务器的压力。此外，应用服务器和数据服务器虽然在逻辑上是两台机器，但在物理上完全可以由一台服务器承担，根据数据量的大小，服务器可以使用 HP、SUN、IBM 等公司的服务器。

2. 应用程序结构

对网络技术的充分利用是 CRM 系统的一大特点。互联网把客户和合作伙伴的关系管理流程提高到一个新的水平，但同时基于网络的应用会在一定程度上增加成本，这往往是因为基于网络的应用程序缺少交互性。为达到网络平衡，CRM 系统提供了三种应用程序结构：

（1）网上型。对于网络的出现，采用客户机/服务器程序的销售商的第一反应是如何打开他们现有的产品通往互联网的通道。实现这个目标最直接的方法就是将应用程序连接到主页上。这种结构被称为网上应用程序结构，它适用于在已有客户机/服务器结构的应用程序上实现 CRM 系统。

（2）浏览器增强型。浏览器增强应用程序利用动态 HTML 等技术可以实现更多的功能，使界面更丰富。

（3）网络增强型。在某些情况下，动态 HTML 技术不能满足应用程序的要求，需要借助操作系统和虚拟机功能，这些应用采用了 Java 等技术。

当然，上述这些技术仍不能完全满足 CRM 的所有用户，随着网络技术的迅猛发展，新一代的网络应用程序将产生。CRM 系统主要面向企业客户提供从呼叫中心建设、咨询、培训到企业内部客户关系管理集成的全方位整体解决方案。这个方案先进的在线文本交谈、实时真人个性化服务、浏览同步、网络电话（VoIP）等技术，将有助于企业在竞争日益激烈的市场上提供电话与互联网互动的全天候不间断客户服务，从而有效地帮助企业提高整体竞争力，提高客户满意度，同时降低客户服务成本。

3. 系统功能设计

争取和稳定客户必须要有可靠的数据和科学、有效的信息支持。因此，CRM 首先要有集中、准确且面向主题的数据，在数据仓库的基础上，更好地了解、分析客户，提供准确而有效的服务，从而实现以客户为中心的客户关系管理。以银行业为例，其 CRM 系统的主要功能如图 7-15 所示。

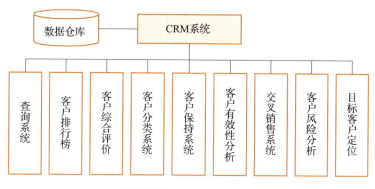

图 7-15　系统功能设计图

4. 系统结构设计

严格地说，CRM 应该是跨业务、跨部门的。理由很简单：同一个客户很有可能与多个部门的多项业务发生关系，而一个完整的 CRM 系统应该能够掌握客户的所有动向。然而，在实际情况中，根据实际情况和业务需求的轻重缓急，往往需要先建立起某些业务的 CRM，必须使不同业务的 CRM 系统之间信息共享，即应该使用一个统一的"CRM 数据仓库"。该数据仓库中的数据并不要求在物理上存放在同一地点，而是在存储格式和数据结构上必须有一个统一的规范，以便共享信息。仍以银行业为例，整个 CRM 系统的逻辑结构如图 7-16 所示。

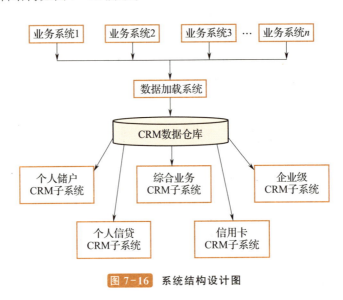

图 7-16 系统结构设计图

（三）开发过程中注意的几个问题

以银行业为例，CRM 的实施过程中将注重以下几个方面。

1. 进行数据清理工作

进行数据清理工作就是将现有业务系统中有关客户的账号数据，加到中央市场客户信息库，建立以客户为中心的数据仓库基础环境。在市场客户信息建立之后，银行的业务部门对客户有统一的视图，以客户为单位分析银行的业务情况，掌握客户数、客户与银行业务往来的情况、客户的基本分类、了解客户的基本需求，或其他和客户有关的复杂的查询与报表，如趋势分析、聚类分析结果等。

2. 建立分销渠道的分析和管理

把客户与银行分销渠道的所有历史交易明细数据，包括柜台、ATM、信用卡、汇款、转账等，加载到中央市场客户信息库。在了解客户、渠道、产品或服务的业务收入后，需要建立所有客户的每一个账号的利润评测模型，以便了解每一位客户对银行的总利润贡献度。要建立利润评测模型，需要收入和成本的确定金额，因此需要加载会计系统的财务数据到中央数据库。建立了利润评测模型，银行就可以依照组织、客户和产品三种维度分析利润贡献度。

3. 优化客户关系，保持与客户交互的同步

接下来就是银行在什么时间主动地与客户建立更好的关系，即客户关系优化。银行需要将账号每天发生的交易明细数据，以实时或定时方式加载到中央数据仓库系统，核对客户行为的变化。当有上述变化时，马上生成事件，然后银行业务部门利用客户的购买倾向模型、渠道喜好模型、利润贡献度模型、信用和风险评测模型等，主动地与客户沟通并进行交叉销售，以实现留住客户和增加利润的目标。

4. 风险评估和管理

风险评估和管理是实现数据仓库最困难的工作。它主要利用各种数学模型进行分析，模拟风险和利润间的关系。银行的主要业务是对资产和负债通过风险（经营成本）管理，增加股东的价值。与资产和负债有关的业务系统的交易数据要加载到中央数据仓库。然后，依照不同的期间，以数学模型分析模拟、计算、利率敏感性资产和负债之间的缺口，以获知银行在不同期间资本比率、资产负债结构、资金情况和净利息收入和变化。当本阶段完成之后，银行已经完全实现了以客户为中心的、个性化服务的数据仓库决策支持系统，可以在高利润、低风险客户需求的前提下，实现银行收益的最大化。可以看出，在提供信息服务和防范金融风险中，数据仓库等信息技术将起重要作用。

练习题七

一、关键概念

1. 客户数据	2. 市场促销性数据	3. 客户交易数据
4. 客户驱动	5. 企业应用集成	6. 业务流程自动化
7. 业务逻辑层	8. B/S 模式	9. eCRM
10. e-Service		

二、选择题（1～6题为单选题，7～10题为多选题）

1.（　　）是客户关系管理必不可少的前提保障，因此，CRM 系统的设计离不开客户数据的收集和有效利用。

  A. 数据　　　　　　　B. 管理　　　　　　　C. 技术　　　　　　　D. 客户

2.（　　）体现的是企业对客户进行的活动，以及活动中产生的客户数据。

  A. 客户描述性数据　　　　　　　　B. 市场促销性数据

  C. 生产经营数据　　　　　　　　　D. 客户交易数据

3. 对于（　　）客户数据，其主要利用者是企业内部营销和销售人员，目的是从客户数据中找寻出客户的行为规律，从而提高销售成功率。这种类型的数据在客户数据使用

过程中属于中等层次。

  A. 温饱型   B. 预测型   C. 流程型   D. 上述答案都不正确

4.（ ）由执行 CRM 基本功能的各个系统构成，各分系统包含若干业务，这些业务可构成业务层，业务层之间又是有顺序的、并列的。

  A. 界面层   B. 功能层   C. 支持层   D. 上述答案都不正确

5.（ ）不属于客户交互方式的集成和自动化处理。

  A. 电话、传真   B. 客户面谈   C. 网络   D. 电子邮件

6.（ ）能够提供完整的客户活动、事件、潜在客户和数据库管理，从而使寻找潜在客户的工作效率更高、更加合理化。可以从任何一个地点快速获取所有关于市场行销活动、事件和潜在客户的信息。

  A. 客户销售管理子系统   B. 客户市场管理子系统

  C. 客户服务与支持管理子系统   D. 数据库及支撑平台子系统

7. 通常根据数据的形式和来源可将客户数据分为（ ）三类。

  A. 客户描述性数据   B. 市场促销性数据   C. 生产经营数据   D. 客户交易数据

8. 客户数据采集的主要途径有（ ）。

  A. 企业与用户的交易记录   B. 现场问卷

  C. 电话或传真   D. Web 网页或电子邮件

9. CRM 系统的功能之一是对（ ）三部分业务流程的信息化。

  A. 销售   B. 营销   C. 客户服务   D. 客户管理

10. eCRM 可应用到（ ）几个领域。

  A. 电子营销   B. 电子销售   C. 电子合同   D. 电子服务

三、简答题

1. 简述客户数据的三种类型。

2. 数据采集的步骤有哪些？

3. 客户关系管理系统的功能结构有哪些？简述各子系统的功能结构。

4. 简述基于面向对象技术的客户驱动设计思想。

5. 简述 CRM 系统的技术层次架构。

6. C/S 结构与 B/S 结构各自有何优缺点？

案例分析

客户关系管理系统的五大功能模块

  随着企业规模扩大和业务复杂度提升，中大型企业对于客户关系管理系统的需求已远超基础的客户信息管理。一个成熟的客户关系管理系统不仅需要支撑销售、市场、服务等核心业务，还需具备高扩展性、数据整合能力及智能化支持。中大型企业客户关系

管理系统的核心价值在于通过数据驱动实现客户全生命周期价值最大化。选择系统时，需重点关注其能否打破部门壁垒、支撑业务增长，并具备随着企业战略调整而灵活迭代的能力。选用的客户关系管理系统必须具备的五大核心功能模块包括：营销管理模块、客户管理模块、商机管理模块、服务管理模块、数据分析模块，涵盖LTC（从线索到现金的企业运营管理思想）的完整业务流程。

1. 营销管理模块

营销管理模块在客户关系管理系统中扮演着极为重要的先锋角色，不仅协助企业进行深入的市场分析和客户行为研究，还为企业提供了精准的市场定位。通过该功能模块，企业能够实时监控各个营销渠道的效果，全面掌握不同渠道的营销成果。此外，基于各渠道营销活动的详尽数据，企业能够对每个渠道的转化情况进行深入分析，从而为后续的营销策略优化提供有力支持。因此，企业可以更加精准地调整营销策略，以提升客户满意度和增强市场竞争力。

2. 客户管理模块

客户管理模块作为客户关系管理系统的核心基石，支撑着商机跟进、合同管理等一系列关键业务流程。该模块不仅记录客户的基础信息，如电话号码、电子邮箱、生日及个人偏好，还涵盖客户行为数据，包括对产品的关注程度、客户评价及潜在风险问题。通过对这些信息的深入整合，企业能够在行业、地域等不同维度上构建精准的客户画像，从而实施个性化的产品推广策略。通过对客户信息的精细化管理，不仅提升了客户满意度和忠诚度，同时显著提高了赢单率。

3. 商机管理模块

商机管理模块涵盖了从潜在客户开发到最终签署合同的关键动作。该模块通过在线跟踪商机，确保业务人员能够实时监控商机的动态和健康状况，从而显著提升信息流通的透明度。此外，该模块通过标准化的销售流程，将经过验证的最佳销售实践融入销售环节，以规范市场人员的工作行为。这种标准化流程不仅为销售人员在各个阶段的操作提供了明确的指导，还确保了销售活动的连贯性与效率，从而有助于提高商机转化率和整体销售业绩。

4. 服务管理模块

服务管理模块旨在对现有客户的后续服务跟进进行在线管理，通过及时监控客户的使用情况，以优化服务质量并提升客户满意度。该模块涵盖服务工单管理、满意度回访等核心功能，通过在线工单的创建、分配及处理，显著提高服务响应速度与效率。这不仅增强了客户对企业服务的信任，也有助于巩固客户关系。

5. 数据分析模块

数据分析模块作为客户关系管理系统中的信息汇总和提炼工具，为企业的规划和决策提供了重要支持。该模块主要涵盖商机、客户、销售人员及内部产品的综合分析，从而满足企业对商机分布、转化率、客户群体画像、销售人员行为及产品销售情况等多个维度的分析需求。通过深入分析这些数据，企业能够准确识别优质客户，合理配置销售资源，以优化产品推介策略，从而提升产品销售率。

（资料来源：金现代，https://crm. jxdinfo. com/2024－09－12）

案例思考题

1. 本案例中的客户关系管理体系包含五个功能模块，你认为哪些功能模块是必不可少的，哪些最有成效？

2. 在客户关系管理系统中，为什么商机管理模块实施有助于提高整体销售业绩？

第八章
客户关系管理项目的
实施与控制

08

学习目标

1. 能正确理解实施 CRM 项目的战略思想。
2. 理解和掌握 CRM 系统实施的目标与原则。
3. 理解 CRM 实施的步骤和系统实施的方法论。
4. 掌握理解三阶段实施方法、五阶段实施方法、六阶段实施方法的基本概念和思路。
5. 了解 CRM 项目绩效评估的重要性，掌握其评价的主要内容。
6. 了解企业成功实施 CRM 的条件和 CRM 实施失败的因素。

客户关系管理（CRM）项目的实施应该从两个层面进行考虑：其一，从管理层面来看，企业需要运用 CRM 中所体现的思想来推行管理机制、管理模式和业务流程的变革；其二，从技术层面来看，企业建立 CRM 系统，以实现新的管理模式和管理方法。这两个方面相辅相成，互相作用。管理的变革是 CRM 系统发挥作用的基础，而 CRM 系统则是支撑管理模式和管理方法变革的利器。一个企业要想真正让 CRM 应用到实处，必须从这两个层面进行变革创新，并对 CRM 系统进行项目管理。

第一节　实施 CRM 项目的战略思想

CRM 项目不只是一套系统、一套软件，而是涉及企业经营战略、业务流程、绩效考核、人员组织等方面变革的工程，因此需要讲究战略。尤其是涉及人的变动和培训引导，只有战略正确才能有效地推动企业的 CRM 项目部署，而不是简单的安装培训。

CRM 系统的选择和实施是一项复杂的系统工程，实施中遇到的困难是多方面的。这是因为 CRM 系统的选择和实施作为企业级经营管理改革，是一个复杂、系统的工程，将涉及整体规划（Strategy）、创意（Creative）、技术集成（Solution Integrated）、内部管理（Contents Management）等多方面的工作。在目前市场竞争激烈、客户关系日益重要的环境下，企业要在短期内建立并实施一套高效的 CRM 系统，必然会遇到来自业务流程重组和组织再造、企业资源配置等各个方面的问题。或者说，企业如果没有十分强大的研发能力和智囊机构，而自己从头开始分析、研究、规划和开发，显然会被各方面的难题所困扰。

实施战略作为整体性的框架，与期望目标紧密相关，它取决于客户需求、IT 系统和基础结构，以及经营组织。企业应当树立具体问题具体分析和内部问题要挖根源的方法和观念，同时以充分的勇气和信心迎接来自企业内部和外部的挑战，才可能取得成功。

一、重视业务流程的优化与重构

实施 CRM 项目的企业要专注于流程的研究、优化和重构，要建立长期战略，分步实施。企业级的解决方案必须首先专注于业务流程，要去研究企业现有的营销、销售和服务的策略和模式，发现不足并找出改进的方法。对流程进行审视，找出是哪些环节阻碍了企业业务能力的提高，发现问题并加以解决，而且在项目实施后，将前后情况相比较，看是否有所改观，可以对 CRM 的效果做出真实的评价。有的企业在项目开展之初就把大部分注意力放在技术上，这往往是错误的开始。因为技术始终只是促进因素，本身不可能提供解决方案。技术应当灵活运用，要根据业务流程中存在的问题来选择合适的技术，而不是调整流程来适应技术要求。此外，在项目规划时，设计比较长远的规划（如 3～5 年的远景设计）很重要。那些成功的 CRM 项目通常把企业远景划分成几个可操作的阶段，通过流程分析，从一些需求迫切的领域着手，每次解决几个领域的问题，稳妥而效果明显。期望"毕其功于一役"的愿望是好的，但这样给企业带来的冲击太强，工程投入过大，往往欲速则不达。

二、遵循专业化、社会化和开放式的运作思路

企业应当清醒地认识到，实施 CRM 项目必须遵循专业化、社会化和开放式的运作思路。成功的 CRM 项目实施案例表明，企业与已有成熟产品和成功案例的专业电子商务解决方案提供商深入合作，或者聘请专业的企业解决方案咨询公司进行咨询和研究，然后由各方从整体上、从发展的观点和长远的角度提出 CRM 全面解决方案，并协助企业实施，成功的可能性会大大增加，实施的速度也会有明显的改观。或者，有的企业可以尝试采用客户关系管理"外包"的方式，建立开放的客户服务平台，把客户关系管理交给社会力量，由专业的组织机构对本企业的客户关系管理进行专业化的运作，对企业、客户都有利。这是因为，一方面，CRM 解决方案所具有的一些标准特征，使其显得十分灵活，但传统系统间数据的不兼容是现存技术的典型难点，克服地理区域和组织上的障碍是许多企业无法独自完成的。另一方面，完整的 CRM 解决方案的成功执行要求具有相当宽度和深度的技术和智力资源，然而，大多数企业不仅缺乏技术资源，在进行计划设计和执行 CRM 方案或创建广域 CRM 环境时，也缺乏了解商业流程和策略的专家。

三、实施 CRM 项目要加强对渠道和应用子系统的集成

企业实施 CRM 项目时要着力加强对渠道和应用子系统的集成、整合工作。其一，对客户互动渠道进行集成与 CRM 解决方案的功能部件的集成是同等重要的。不管客户

是通过 Web 与企业联系，或是与呼叫中心代理联系，企业与客户的互动都应该是无缝的、统一的、高效的。其二，要注重对工作流进行集成。工作流是指把相关工作规则自动地安排给负责特定业务流程中的特定步骤的人员，CRM 解决方案应该具有很强地为跨部门工作提供支持的功能，使这些工作流动态地、无缝地完成。其三，要实现与 ERP 等应用系统的集成。CRM 要与财务、制造、库存、物流和人力资源等系统连接起来，从而提供一个闭环的客户互动循环。其四，CRM 系统自身各个部分的集成和整合对 CRM 项目的成功也很重要。CRM 系统的效率和有效性的获得有一个过程，依次是：终端用户效率的提高——终端用户有效性的提高——团队有效性的提高——企业有效性的提高——企业间有效性的提高。

此外，还有一个重要的方面，就是 CRM 系统一定要加强支持网络应用的能力。由于快速发展的电子商务要求不断地对数据进行实时访问，应用系统越来越多地建立在 Web 浏览器上，这都给现在的 CRM 系统施加了压力。在支持企业内外的互动和业务处理方面，Web 的作用越来越大，使得 CRM 的网络功能越来越重要。一方面，网络作为电子商务渠道的便利性不言而喻，而为了使客户和企业员工都能方便地应用 CRM 系统，需要提供标准化的网络浏览器，使得用户只需很少的培训或不培训就能使用系统；另一方面，从基础结构的角度来讲，网络应用体系下，业务逻辑和数据维护的集中化，减少了系统的配置、维持和更新的工作量。

第二节　CRM 系统实施的目标与原则

客户关系管理作为新兴的管理理念，和软件同样重要的是实施。CRM 系统作为管理软件的一个子集，和别的管理软件有着密切的关系，而且都体现了一定的管理理念，对于 CRM 而言，它侧重于企业前台的销售市场的资源整合，中心在客户。

一　系统实施的目标

实施是利用 CRM 软件中蕴涵的管理思想、流程和方法来为企业进行管理规划，将通用的 CRM 软件按照企业特点进行个性化应用，是一个协助企业从现有管理模式逐步接近并达到目标的过程。在实施过程中，咨询顾问将详细了解企业的运营、管理状况，企业管理者也将更深入地理解 CRM 软件中包含的管理思想、流程和规范，在此基础上共同确立适应企业本身特点的 CRM 应用模式，并将之固化于软件之中。

CRM 系统实施的一般过程，如图 8-1 所示。实施的成果即在企业内部完成传播和推进"以客户为中心"的管理思想，并将这一思想落实在企业具体的工作环节中，实现企业客户关系管理能力及全面竞争能力的提升。

图 8-1 CRM 系统实施一般过程

　　CRM 系统的实施在一定程度上改变了企业对市场及客户的看法。过去，企业把发展新客户看作扩大市场的关键因素。现在，企业不但要重视新客户的发展，更要注重对原有客户的保持和潜力发掘。通过对客户交往的全面记录与分析，不断加深对客户需要的认识，开发现有客户存在的购买潜力，达到提高销售额、增加利润、提高客户满意度、降低市场销售成本的目标。

　　（1）提高销售额。利用 CRM 系统提供的多渠道的客户信息，确切了解客户的需求，增加销售成功的概率，进而提高销售收入。

　　（2）增加利润。由于对客户有更多了解，业务人员能够抓住客户的兴趣点，有效进行销售，避免价格战，从而提高销售利润。

　　（3）提高客户满意度。CRM 系统提供给客户多种形式的沟通渠道，同时又确保各类沟通方式中数据的一致性与连贯性。利用这些数据，销售部门可以对客户要求做出迅速而正确的反应，让客户在对购买产品满意的同时，也愿意保持与企业的有效沟通关系。

　　（4）降低市场销售成本。由于对客户进行了具体甄别和群组分类，并对其特性进行分析，市场推广和销售策略的制定与执行不再盲目，节省时间和资金。

二、系统实施的原则

　　实施原则是保障实施目标达成的重要手段。本书在总结大量实施案例经验的基础上，确立了以下三条基本实施原则。

（一）实施的推动力是企业内部的革新需求

　　信息技术的迅猛发展，将原来信息不对称的状况大大改变。客户对厂商的影响力逐步增强，越来越多的企业领导者发现，要让今天的和未来的客户满意，必须将企业与客户的距离拉近，必须充分、深刻地了解现有和潜在客户，必须从客户的需求出发设计企业的产品、服务甚至运营流程。

　　实施 CRM 系统会带来企业内外的改变。企业应用 CRM 系统，不仅仅是信息部门或销售部门内部的事情，而应当是整个企业在高层管理者的直接参与指导下的多方协同。只有企业内部的高层管理者承担起项目负责人的角色，才能让 CRM 系统的实施顺利地开展，才能完成多方面的转变。高层参与的程度与企业变革程度的关系，如图 8-2 所示。

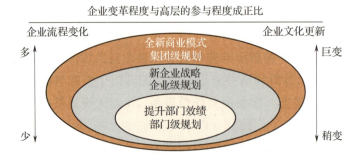

图 8-2　高层参与的程度与企业变革程度的关系

良好的 CRM 系统实施方法是从上到下的。也就是说，在企业内部高层的支持和直接参与下，实施小组制定出 CRM 目标、客户价值分类的依据，并动员相关部门为整个项目投入精力和资源，实现内部和外部的转变，最后才能达到客户和企业双赢的效果。整个过程如图 8-3 所示。

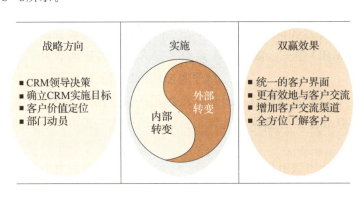

图 8-3　CRM 系统从上到下的实施过程

（二）实施 CRM 系统，目标必须明确

将"以客户为中心"的 CRM 管理理念贯彻到各个客户接触点之后，企业的绩效应当有较大的提高。各种绩效衡量指标的提高对于企业管理来说都很重要，在实施 CRM 系统之前，项目决策人需要根据企业本身的管理现状，将最需要解决的问题和最期望获得的改变排出优先顺序，以此来确定实施目标。确立实施目标之后，企业应对现状进行调查，确立量化指标。例如，实施目标定义为"提高销售业绩"，那么可以测量的指标包括（但不仅限于）：现有的销售周期有多少天；现有的销售成功率（潜在客户转为正式客户的比率）是多少；在销售人员需要（潜在）客户信息时，是否能够及时地获得最新资料；销售人员离开时，企业是否能够保留客户信息；销售人员对成单的估计精确率大约为多少；是否因人而异等。

实施结束，系统启用了一段时间之后，企业应以同样的量化指标来衡量实施的效果，并把效果通知到每个实施小组成员，逐步增强企业上下对 CRM 的理解，便于确立下一个改进目标和实施计划。

（三）实施 CRM 系统不仅仅是安装软件

在企业高层的参与下确立了 CRM 实施目标之后，在软件实施小组的配合下，企业将开始流程优化和技术更新。整个转变如图 8-4 所示。

图 8-4　企业实施 CRM 项目过程中的转变

其中，流程优化能否成功，将直接关系到实施的成败。在开始实施的时候，有两种情况是比较常见的：一种情况是企业内部的流程没有形成明确化、规范化的步骤及文档，企业运作主要通过惯例和领导直接指示的方式进行；另一种情况是企业内部已经具备规范的流程，但是整个流程是围绕着产品和内部管理来设计的，忽略了如何对客户更亲切、让客户更方便以及给客户更好的感受。这两种情况都需要企业内部的 CRM 项目负责人和实施小组紧密配合，根据 CRM 系统功能和特点，进行符合 CRM 战略目标的流程再造。

第三节　CRM 项目实施的步骤与方法论

一、CRM 项目实施的步骤

CRM 系统可以帮助企业实现销售、营销和客户服务等业务环节的自动化，并对这些环节进行管理和有效的整合。其实施步骤如下：

（1）拟订 CRM 战略目标。企业在实行客户关系管理之前，首先必须明确目标，其次才是如何实现这一目标，并策划实现的步骤和方法。惠普咨询的做法是根据客户的目标要求，调用相关的商业战略专家和行业专家，采取 Work-shop 的工作方式，并依据自身以往的经验及行业标准来协助企业拟订战略目标。定义目标之后，双方还需一起分析找出目标和企业现状之间的差距。这一个分析过程需要排除干扰客观地进行。

（2）确定阶段目标和实施路线。客户关系管理作为一个复杂的系统工程，其实施并非一蹴而就，它需要分阶段来实施。它需要就客户满意的一系列问题，定期向销售、营销和客户服务等部门进行了解并认真研究，在每一部门内部确认客户关系管理的主要目标，进行需求调查分析，从而确定最佳的客户关系管理实施目标，确定实施路线，提供解决方案所需要的技术支持。

（3）分析组织结构。目前商业模式发展的大趋势是从"以产品为中心"转移到"以客户为中心"。要想完成这样的转移，企业的组织结构就需要进行相应的调整。以惠普公司为例，它将按产品线划分的组织结构重组为按客户划分的组织结构。此外，企业也可根据自己的情况按客户行业、客户所在区域等划分组织结构。

在"以客户为中心"这一根本原则的指导下，确定要增加哪些机构、合并哪些机构，然后再与客户共同分析每个组织单位的业务流程。以销售流程为例，需要分析从销售机会到正式获得订单要经过怎样的流程以及需要哪些部门的参与。在销售机会分析中，既要分析企业销售机会的来源（是企业的网站、电话、销售代表，还是常规分销渠道），同时也要分析各种来源在销售中所占的比例。

（4）设计客户关系管理架构。对于每个实施 CRM 项目的企业，CRM 功能的实现需要结合企业的业务流程细化为不同的功能模块，然后设计相应的 CRM 架构，包括确定要选用哪些软硬件产品，这些产品要具有哪些功能等。

（5）评估实施效果。效果可以从是否帮助企业实现了管理观念、结构、过程的转变，是否实现企业业务往来的渠道畅通有序，能否对市场活动进行新的规划和评估，能否拥有对市场活动的分析等几方面来衡量。其详细内容见本章后续内容。

二、CRM 项目实施的方法论

在讨论实施方法论之前，先讨论实施战略的重要性。实施战略作为整体性的框架，是实施战术安排的基础和方向。在实施战略中还有一个重要的方面，就是软件厂商或服务商与客户的实施关系，即推与拉的战略。拉式战略意味着公司在必要的专家支持下自己实施系统；推式战略意味着外部的咨询顾问以最高管理层的名义实施系统，并在项目结束时向最终用户解释。目前比较流行的是推式战略。如果采取这种战略，人员对系统有抵触心理，经验越少，推进时间越长。

本书提倡拉式战略，因为咨询顾问对公司的了解和公司对系统的了解都不深，需要尽可能多的沟通和协调。

实施 CRM，必须考虑 CRM 的系统性。系统是指由相互联系、相互作用的若干要素组成的、具有特定功能的有机整体。CRM 项目的主体——CRM 系统具有一般系统的共性。

1. 系统的特性

（1）整体性。这是指系统元素与部件、元素之间、部件之间的相互关系要局部服从全局，追求系统最优。一个系统至少由两个或更多的可以相互区别的要素或子系统所组成，它是这些要素和子系统的集合。作为集合的整体系统的功能要比所有子系统的功能总和还大。一个系统中即使每个部分并非最完善，但通过综合、协调，仍可以使整个系统具有较好的功能；反之，如果每个部分都追求最好而不考虑整体的利益也可能会使整个系统成为最差的系统。

（2）层次性。这是指系统本身既从属于包含它的一个更大的系统，同时又由若干个子系统构成。任何一个系统都可以逐层分解为若干个子系统，各子系统相对独立，有自己特定的功能，并服从于系统总目标的分目标。如此逐层分解下去便形成了系统的层次结构。由于系统的层次性，人们在实现一个系统时可以采用系统分解的方法，先将系统分解成若干个功能相对独立的子系统，然后再分别实现。

（3）相关性。这是指系统各元素和部件之间相互作用、相互依赖的关系。系统中某一元素的变化会引起或影响其他元素的变化。系统内的各要素相互作用又相互联系，从而决定了整个系统的运行机制。分析这些联系与作用是构筑一个系统的基础。例如，企业的计划子系统、供销子系统、生产子系统和库存管理子系统按照一定的分工各自完成其特定的功能，但彼此又是相互制约的。系统的相关性告诉我们，在实现一个系统的过程中不只要考虑如何将系统分解成若干个子系统，而且还要考虑这些子系统之间的相互制约关系。

（4）目的性。这是指每个系统都有明确的目标。任何一个系统都是为了完成某一特定目标而构造的。系统的目标或功能决定着系统各要素的功能和结构。系统最重要的特性是它的目的性，不能实现系统既定目标的系统没有存在的必要。如果开发出来的信息系统不能达到原定系统目标，那么这个信息系统是失败的。

（5）适应性。这是指系统对于外部环境变化的适应程度。系统要随着外部环境的变化而变化，同时也要利用和创造一个良好的外部环境，与外部环境协调发展。环境是一种更高层次的系统。一个开放性的系统要生存下去，必须适应环境的变化。通过调整或改变内部的要素组成比例、要素之间的关系，甚至要素的组成等，系统与其所处的环境相互交流，相互影响。不能适应环境变化的系统是没有生命力的。

2　CRM项目实施方法的差别性与灵活性相结合

每个厂商的系统都是独特的，有自己的体系架构，有自己的核心价值点，有自己的价值理念，有自己的管理风格，而项目实施所涉及的不仅仅是技术问题，更多的是业务经营范畴的问题。因此，每个厂商的实施方法都是不同的。例如，SAP的过程参考模型、ASAP和Oracle的AIM方法有着迥然不同的风格。甚至同是SAP系统，过程参考模型和ASAP的侧重点也不同，过程参考模型主要应用于规模大、成本高、周期长的大型项目，而ASAP则是SAP的快速实施方法论，适用于中小型项目。

三、三阶段实施方法

美国吉尔·戴奇（Jill Dyche）在《客户关系管理手册》（*CRM Handbook*）中所提出的实施流程包括规划、构建、部署三个主要的项目开发阶段，分为六个步骤，每个步骤都有许多固定的和可变的任务（见图8-5）。

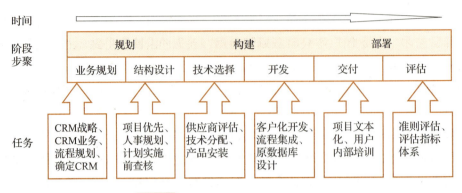

图 8-5 CRM 项目实施的三阶段流程

1. 业务规划

CRM 业务规划包括许多步骤。在规划阶段，最关键的活动是定义 CRM 的整体目标（可能在部门级和企业级的层次上），并描绘出每一种目标需求。对于企业级的 CRM，业务规划包括公司 CRM 战略和相应项目的定义。对于部门级的 CRM，业务规划只是简单地建立一个新的 CRM 应用软件的界面。

但是无论项目的大小，业务规划阶段都应当包括一个以战略文件或业务规划的形式所确定的高层次 CRM 企业目标的文档材料。这种文件会影响 CRM 是否能在开发初期获取企业高层的一致同意。这对于需求导向的开发非常有用，并且在 CRM 项目实施后可以作为一种检验其结果的标准。

2. 结构设计

规划 CRM 的结构和设计是一个满足 CRM 项目需求的过程。在实施这一步的过程中，企业主管和项目经理往往感到难度很大，这打破了他们直接通过技术选择就可以获得一个奇迹的期望。尽管结构设计这一步很艰难，但很值得。这一步确认了 CRM 产品将支持的企业流程，它列举了特定的"需要执行"和"怎样执行"的功能，最终提供一个有关 CRM 系统在组织和不同技术上发挥作用的崭新思路。

在这一步的最后应当可以回答以下两个问题：①我们所拥有的技术和流程在何处受到 CRM 的影响？②为了让 CRM 系统有效运作，我们需要补充哪些现在不具备的功能？

3. 技术选择

CRM 技术选择的工作，有时像选择一个不用定制的产品那样容易，而有时要对不同 CRM 系统集成商进行综合评估。如果在结构设计期间已经取得一致的意见，理解了 CRM 对现有系统和新功能需求的影响，就应当根据现有的 IT 环境来对各种备选 CRM 产品进行排序和优选。

4. 开发

开发包括根据特定的产品特征构建和定制 CRM 产品。但是 CRM 开发不能只依靠程序员，因为除了编写代码，还要运用所选择的 CRM 产品来集成业务流程。

业务集成是指将选择好的 CRM 技术集成到业务流程中。相反的是，如果让业务流程来适应 CRM 产品的特性，引起流程的改变，这样实际上会淡化流程的作用，直至不再最优。实现流程集成，要确保认可的业务流程得到用户的测试。不仅要让业务流程运作，还要通过技术特征来进一步"精练"业务流程。换句话说，应当充分利用技术能力来改善"以客户为中心"的企业业务流程。

在开发期间"精练"业务流程，通常使用反复原型法：程序员不断地与最终用户沟通，使得用户能够在 CRM 项目实施期间监管产品开发，而不是最后才去测试 CRM 产品的功能。最终，用户对 CRM 功能的反馈和期望的变化如果能够明确地提出，这就能确保最终的功能与需求保持一致，最大限度地满足用户的期望。

当然，大多数技术开发设计工作还包括数据库设计、数据清理与集成，以及与公司其他系统的集成。集成这一步很容易被低估，因为 CRM 系统可能需要从其他系统上流进和流出数据。这些系统包括电话路由系统、销售自动化系统、呼叫中心系统等。

5. 交付

交付这一步经常被忽视。交付会影响公司的 IT 基础设施，它是将所需求的 CRM 软件系统交付给最终用户的过程。

CRM 软件系统交付首先必须做的事是对用户进行深入的培训，还要提供在线帮助或使用用户向导、工作助手和其他文档，来激励用户最大限度地利用 CRM 系统的功能。

6. 评估

当根据 CRM 系统所要实现的功能来评估效能时，就到达了 CRM 评估这一步。这一步是开发周期中的最后一步。如果在创建 CRM 业务规划时设立了成功标准，通过将这些标准与实际的结果相对比，就可以确定项目成功度，并逐步补充和完善标准。

每一个 CRM 项目实施都应当备好一个优化的流程，这样可以提前计划好项目各阶段的具体任务、资源占用情况以及完成时间，可以消除项目实施中的盲目性、无序性和无标准性。

四、五阶段实施方法

此实施方法适合于以下情况：一般企业本身没有能力独立开发信息系统，所以往往选择一个适合自身情况且功能强大的软件产品，并挑选一个合适的软件供应商或咨询公司帮助实施；或者委托企业外部软件公司承包开发。

第一阶段：咨询公司提供咨询，与用户进行规划、探索、定义目标。

第二阶段：解决方案的设计，实现用户业务流程的重组。

第三阶段：客户化和交互开发的过程，其中包括软件配置与开发。

第四阶段：测试与培训。

第五阶段：运行。

以上所有的实施环节都基于一个强大的项目管理能力与资源，这样才能保证项目的顺利运行。

五、六阶段实施方法

此实施方法适合于企业有一定的信息系统开发能力的情况，即选择一个适合自身情况而且功能强大的软件产品，自己实施。

为了达到实施目标、保障实施效果，在六阶段实施方法中，可通过向咨询顾问学习经验，辅以标准的规范文档，合理地组织人员和资源，为成功完成 CRM 项目提供切实的保障。整个实施方法具有很强的专业性、规范性、操作性，能够充分保证实施的质量。该方法的全过程如图 8-6 所示。

图 8-6 六阶段实施方法的过程

第一阶段：理念导入

理念导入主要包括组建实施小组、确定人员和时间、项目动员和 CRM 理念培训。其中 CRM 理念培训是实施中的重要价值点。要让企业上下深入理解"以客户为中心"的管理方式，将客户而非产品放在企业核心竞争力的位置上。企业要能够真正应用好 CRM 系统，必须首先从理念上了解、接受和认识这一点。例如，"人易"CRM 系统的"体验式培训"，介绍了大量国内外的真实案例，以启发式教学的方法，剖析新经济与传统经济的主要区别，在案例讨论中让企业上下各级人员了解 CRM 对现代企业的重要性，以及可以从哪些方面来加强和提升客户关系。

第二阶段：业务梳理

业务梳理是系统实施的重要步骤和控制实施周期的关键。通过流程分析，咨询顾问可以了解企业的经营状况及工作方式，提炼出市场、销售、服务中各环节的关键控制点，暴露出隐藏的问题。同时，咨询顾问可充分发挥"第三方"的优势，提出个性化的实施建议，并对实施中可能出现的阻力做充分准备，是进行下一步工作的基础。

第三阶段：流程固化

流程固化的重点是在调整和优化原有工作流程的基础上，建立基于 CRM 系统的、规范的、科学的、以客户为中心的企业运营流程。在方案设计过程中，咨询顾问应运用在相关行业的成功实施经验，根据在业务梳理过程中总结的有关信息，重新进行流程规划调整。

第四阶段：系统部署

系统部署主要完成正式启用系统前的数据准备工作。在系统部署过程中，咨询顾问应根据方案设计中规定的企业运营流程、工作传递关系、企业组织结构以及企业经营产品的特点等将基础数据录入或导入到系统，指导企业建立协调统一的信息标准（或参照 ISO 标准）。系统部署由咨询顾问和企业内部的 CRM 项目负责人共同完成，确保知识传递。

第五阶段：应用培训

通过培训，企业员工能够很快熟悉系统，了解自身工作在系统中的角色及如何利用系统提高工作效率，使系统尽快投入实际工作中，解决现有的问题，使工作更协调。

第六阶段：业务上线

这一阶段将原有模式切换至 CRM 系统，系统正式启用。这一阶段的任务包括：应用广度、应用频率、应用规模评估；应用深度、应用功能、流程优化评估；应用效果（数据整合度、流程完整性、效率提升、销售提升、客户满意度、客户忠诚度）评估。

六、客户关系管理项目实施过程中应注意的问题

（一）应重视相关的需求分析和必要的咨询

对于大多数公司来说，与现代企业经营理念进行对照，传统的企业经营理念在客户关系管理方面都会存在不足：

（1）由于缺乏有效、及时的记录，企业无法全面了解曾经与公司产生了业务关系的客户，更难掌握这些客户的行业分布、静态信息（如客户档案、联系人信息）、动态信息（如商业关系、需求特征、中期购买计划）等。

（2）由于没有对业务人员的业务行为进行完整的监控，业务主管对业务人员所做的具体工作没有清晰的了解，对于已流失或正在流失的"商业机会"也缺乏察觉。

（3）技术人员在实际解决问题时的一系列宝贵方案和经验，不能在公司内部有效共享，甚至造成信息最终流失。

（4）对于每天都不断产生的销售、服务事件没有或缺少质和量的概念。

（5）由于对客户缺少应有的了解，不能将客户进行价值分级（如特别客户、一般客户等），从而不能有针对性地主动关怀客户，发掘客户价值。

所以，在 CRM 实施之前，应该从这些方面入手进行全面分析，从相关需求、业务流程、业务规范、实施动因等方面进行必要的咨询，为规范业务、理顺内外关系及顺利实施 CRM 打下良好的基础。

（二）合理的规划

首先要明确的是，CRM 不仅仅是一个软件系统，它隐含了一个数据结构模型和一个信息技术平台。对于企业来说，CRM 是一个实现利润最大化的有力工具，所以不应该将 CRM 看作信息系统建设的目的，而应该将其作为一种实现全面客户信息管理的手段。合理规划 CRM 应做到：①分析、研究如何将 CRM 的实施与企业的中长期战略结

合起来；②设计适合于企业持续发展所需的 CRM 信息系统框架；③分析、研究 CRM项目的实施能够为企业带来多大的改善；④分析现有的流程和组织机构是否适应 CRM系统；⑤设计适应于公司发展的 CRM 业务流程和组织机构；⑥预计各应用阶段的困难，理顺各种关系，确定较为详细的实施计划。

通过合理的规划为进一步选择适合企业情况的方案及软件供应商提供客观的资料和必要的技术储备，以保证 CRM 项目的成功实施。

（三）方案及软件供应商的选择

面对大多数国内企业实施 ERP 成功率低这样的情况，在 CRM 方案及软件供应商选择上，必须走适合国情、适合企业自身情况的道路，在方案及软件供应商选择上应重点考虑以下几个问题：

（1）商品化的软件功能模块多、适用范围广，这就要求企业从自身情况出发，选择不同的功能模块来满足当前和今后发展的需求。在考虑系统开放性和各种预留接口的同时，软件的可用部分比率取决于软件对企业的适应程度，而不是以进口或国产来区分。

（2）任何商品化软件都不能完全适应于企业的需求，都要进行相应的用户化和二次开发工作，只是修改量有所不同。所以商品化软件应提供必要的开发工具，并能根据企业的人员素质较好地完成"知识转移"，培养出自己的维护人员和开发队伍。

（3）依据性价比考虑软件的性能、功能、技术平台、售后服务和技术支持，并考察软件商的信誉及人员稳定性。

（4）商品化软件必须提供齐全的文档，如用户手册、不同层次的培训教材及用户指南。

（5）进行必要的投资效益分析，包括资金利用率、投资回收期，也要充分考虑实施周期和可能出现的困难，避免实施时间过长而影响效益的实现。

（四）引入有效的评估及监督机制

（1）必要性。信息系统建设是一项投资大、周期长、风险高、知识密集的系统工程，为避免在系统建设过程中管理跟不上、协调不力、实施缺乏规范而加大风险，就必须有一个合理的管理运行机制，对工程进行全程控制。这是比技术、人才更为重要的因素，也是提高成功率的重要手段。

（2）监理依据。由于信息系统建设的实际情况较为复杂，技术更新更快，标准规范常常滞后，因此，既需要监督约束又需要合作协调。通过监理能对一些相互联系的行为进行协调，避免抵触，使其顺畅。

（3）基本任务。评估与监督的基本任务是对系统建设进行质量控制，包括前期的可行性研究、咨询、招标等工作，以及在工程进度控制、实施过程中存在的问题等方面的工作。监理工作使系统的关键指标在工程实施过程中得到全面监测，当这些指标出现偏差时相关问题能够得到及时、有效的纠正，使系统的整体水平得到保障。

第四节　CRM 项目的绩效评估

绩效是当今社会任何企业或组织在各种工作中都十分看重的问题。企业绩效的取得不仅意味着收益、利润和成绩的增加，也意味着成本的减少、费用的压缩，乃至企业运营效率的提高等。衡量项目的绩效时不仅要注重绝对量的考评，更要注重运用相对比率变化。绩效评价的两大方面，一是经营资源投入的回报，二是资源投入回报的效率，即成果必须与效率结合起来考评。

一、实施 CRM 项目绩效评估的重要性

互联网的兴起被许多人看作交易权力从企业转向消费者的开始，因为对于企业而言，互联网使客户倒向竞争对手变得十分容易。所以企业努力提高自身的认识和工作力度来满足客户的需要。可以说，如果没有互联网的发展，或者说如果人们不相信它将会带来方方面面的彻底改变，那么现在也许就不会有为数众多的企业在讨论和实施 CRM 项目。企业不惜巨大的投入，出资建设 CRM 系统以期能解决它所面临的问题。那么最后的问题就是，CRM 系统建设到底有没有取得应有的效果和成绩？

绩效管理包括了从设定目标到考虑达成目标的方法手段，再到对预估目标的修正、最终目标的考核等一系列问题。绩效评价关系到企业对 CRM 项目实施的结论，并关系到 CRM 系统在企业运营的前景，如是否需要修改、完善等一系列后续问题。

CRM 系统将为企业带来长期的、可量化的真正收益。理想的 CRM 项目可以使客户愿意与企业完成更多交易。

令人感到困惑的是，一些传统企业似乎比新型高技术企业更多地认识到 CRM 的重要作用。在国外，对 CRM 投资最多的是银行等金融服务企业。一些银行在 CRM 上的研究和投入走在最前面，主要是因为它们更看重这一行业的商品化特性，以及面向长期客户的巨大的交叉销售机会。银行和电信等有中长期商业运作策略的传统企业尤其希望采用 CRM 来实现企业的长远规划。而高新技术企业往往没有在客户问题上进行大的投入。

企业需要结合预测和历史指标为 CRM 项目评估制定一个综合平衡的投资收益率。不仅要把包括收益、市场份额、新产品收益及其他传统财务指标的历史指数作为衡量标准，而且要考虑到对未来的预测性指标，包括客户份额、收益组合、客户满意度以及花在客户身上的时间和客户对产品计划的参与等。在绩效评估中，既要将企业实施 CRM 项目后实际取得的成果与过去的水平进行比较，还要对预期的未来可能实现的成果进行相对分析。只有综合考虑了历史与未来，才有可能对企业 CRM 项目的绩效有一个基本的判断。

绩效评估还有一个积极的作用，就是促进企业内部进一步推广 CRM。绩效评估让企业内部人员，尤其是决策层，切切实实地看到 CRM 的作用，可以赢得他们对 CRM 项目的更大支持，使企业内部人员能够更自觉地利用 CRM 系统，使企业获得最大的投资回报。

二、CRM 项目绩效模型的构建

CRM 项目对企业的影响较为复杂，应寻求一种将各种指标结合起来，进行综合评估的方法。下面介绍运用模型进行综合评估的步骤，关于具体的数学模型则不多作涉及，有兴趣的读者可参阅相关的专业资料。

1. 对 CRM 系统进行综合评估的步骤

（1）选择评估系统价值的各种指标，包括定性指标、定量指标。

（2）对各指标进行量化、标准化处理。在 CRM 绩效评价指标体系中，由于各个指标的量纲、经济意义、表现形式以及对总目标的作用方向不同，不具有直接可比性，因此必须在对其进行无量纲处理和指标价值量化后，才能计算综合评价结果。

（3）指标数据获取。获取数据的方法包括统计问卷调查（部分主观指标）、普查、实测（如测定网站访问量等）。CRM 系统在运行与维护过程中不断地发生变化，因此采集指标数据不是一项一次性的工作，数据采集和系统评估应定期进行，或在系统有较大改进后进行。系统绩效评价的第一次数据采集一般安排在系统开发完成并投入运行一段时间，进入相对稳定状态后。

（4）通过建立的数学模型进行处理、分析（其中包括确定矩阵的最大特征值和特征向量、确定各指标的权重等处理过程）。指标权重是每个指标在整个体系中的相对重要性的数量表示。权重确定合理与否对综合评估结果和评估质量将产生决定性影响。常采用层次分析法（AHP）确定各指标的权重。

（5）最后给出一个综合的、合理的、全面的评价结果。

2. CRM 项目绩效评估中可能存在的问题

（1）在系统建设前，没有明确"通过系统的建立，需要达到哪些具体的量化目标"，以及没有定义好"CRM 系统成功的标准"，这样会导致在 CRM 项目绩效评估时失去"标杆"，从而难以评估系统的真实绩效。

（2）软件厂商、企业都不愿"自报家底"。一方面，软件厂商不愿向公众"暴露"失败的案例，我们看到的、听到的往往都是一些成功的案例；另一方面，企业的信息化建设往往与负责项目领导的业绩挂钩，而且企业也会考虑到公众形象等问题，因此也不太愿意说出问题的真实情况。

（3）由谁来完成项目评估也是个问题，软件厂商可能不公正，而企业客户又可能没有科学、系统的方法。

（4）评估容易带有片面性，忽视对隐性收益、对人的能力和意识提高的评估等。

三、CRM 项目评估的主要内容

项目评估的目的在于发现以后开展项目的最佳方式。在许多情况下，这些评估是非正式的。如果项目的结果并不令人满意，但项目又非常重要，那么就有必要进行正式的评估。一个十分成功项目的正式评估也可以为未来改进项目业绩提供有效的方法。

由于项目评估不像企业中的生产经营工作评估那样标准化，所以评估的主观性强。由于必须考虑外部因素对业绩的影响，项目评估与市场活动的评估很相似。

项目评估主要注重以下两个方面。

1. 成本超支

当实际成本超过预算成本时，就是发生了成本超支。这意味着实际成本过高或预算成本太低。如果较高的成本产生于项目范围的变化或不可控因素，那么问题的解释便是成本低估，而不是实际成本过高。

分析成本时的一般错误是假定预算成本是标准的成本。但即使在最好的情况下，成本预算是以预算准备时获得的信息为基础得出的结论。这些信息不可能完全是项目会遇到的真实情况；另外，预算数字是由人提出的，它在一定程度上是以判断和假设为基础的，因此不可能完全准确。

2. 事后认识

在事后认识中，经常会发现决策失误的情况。然而，当时的决策可能是完全合理的，因为决策者当时可能没有全部信息。这也可能是由于没有重视某个特定问题，或其他个人因素造成；或者报告书里没有提供相关资料。这种情况可能暗示管理不善。

过程评估可能会显示在项目过程中进行的检查不够，或没有以这些检查为基础及时采取行动。

另外，评估也可能会导致规则或手续的变更。它可能会发现阻碍项目进展的规则或其他不足。作为评估的一部分，项目人员应该积极提出对过程改进的建议。

四、CRM 项目投资回报的预测

当各个企业开始认真地考虑投资 CRM 项目时，管理者通常会意识到应用这一项目需要大量的资金，这笔资金的数目可能会让人望而生畏。然而，一旦 CRM 系统得以成功应用，各家公司将从中得到巨大的收益。由于现在全球经济增长继续呈现下降趋势，各家公司在进行商业和技术投资时都加强了对投资的审查，CRM 项目也不例外。

尽管当前的经济形势在不断恶化，那些已经在公司范围内制定了自己客户关系管理战略的公司仍然可以继续实施自己的战略。只要这种战略实施步骤得当，就可以获得投资回报。随着客户关系管理战略的实施，公司所获利润将增加，以弥补前期投资与长期收入回报之间的鸿沟。通常情况下，尽管投资不会立刻见效，但正确应用 CRM 系统的回报是可以预期的,然而如果一个公司没能正确认识到自己应该做的事,在外部经济环境的冲击中盲目应用最先进的 CRM 软件和 CRM 系统,能否实现预期的投资回报将是一个未知数。

要想克服这个问题,在购买 CRM 软件之前,各个公司必须对自己的客户关系管理业务进行分析,对公司接受这一系统的能力进行评估。这种事先的分析将减少客户关系管理计划被取消的可能,并且有助于公司选择合适的 CRM 软件和系统,即使是在严峻的经济环境中,也可以使公司在 3~9 个月之内得到投资回报。

如果一个公司已经开始涉足客户关系管理,但是没有制定出适当的计划来实现投资回报,也没有对这一系统的应用将带来的收益进行分析,那么它就应该返回初始阶段(并不意味着计划的撤销),实施下面这十个步骤。这十个步骤的实施将为公司预测并实现投资回报进行恰当的定位。

1. 确定商业运作需要的成本和能够带来的收益

一个公司要想取得业务上的进展,必须首先明确商业运作需要的成本和投资能够带来的收益。这包括销售、市场、客户服务与支持所需要的成本和能够从中获得的收益。此外,公司还需要明确一个基准,不断用这个基准去衡量实际情况,以确保商业运作能够按照计划进行。

2. 制定切实可行的目标

要制定出切实可行的目标,公司必须将自己的预测同自己的商业目标、客户服务标准进行比较,并且要把这些因素放到整个经济大环境中同其他竞争者进行比较。这种比较要小心谨慎,因为每一个竞争对手都很可能有不同的战略。商业目标的确定应该采用对未来的期望值的形式,如"在未来的 12 个月内使销售增长 30%"。

3. 为计划的每一部分确定目标

为整个计划的每一部分都确定一个目标,这其中包括活动计划、开始和结束日期、每一部分的成本以及可以衡量的结果。有一点十分重要,那就是每一个目标都是可以实现的,并且可以检验计划是否顺利实施。

4. 明确公司范围内的活动应进行的必要改变

一旦确定了明确的目标,为实现这些目标,公司就可以确定市场、销售以及服务活动要进行的改变。了解了这一点,公司就能够明确自己应用 CRM 系统的战略和策略,并具体到每一个职能要求,通过销售、市场和客户服务与支持这三个客户关系管理的中心来实现这些要求。同时公司必须意识到并不是所有的要求都能够得到技术保障,事实也不应该是这样。因此,应该估计到随着与技术手段的结合,很多人工操作的过程将得到简化,但是简化并不意味着技术能够完全代替一切。

5. 确定功能需求和结构需求

功能需求的确定涉及整个公司的各个部门,包括信息、财务、销售和市场部门,以及终端用户。关键的步骤是明确系统的功能并对它们进行优先排序,以最好地开展预期的市场、销售和服务活动。明确随之而来的结构需求主要是信息部门的责任，使每一个步骤的实行都能够适应公司的 CRM 整体战略。这些需求都应该建立在对未来公司的结构战略、可行技术以及与公司其他系统需求的了解之上。

6. 计算拥有所有权的全部投资

在完成了上述几个步骤之后，公司应该开始对实现客户关系管理战略所需要的全部资金成本有一个全面的了解。这应该具体到客户关系管理的每一个主要方面。

计算拥有所有权的全部投资（TCO）时不仅应该考虑到技术投资（如硬件和软件），还要考虑到人员和过程本身的投资。人员投资包括对公司内部人员进行教育和技术培训所需要的费用。过程本身所需要的投资也必须包括在拥有所有权的全部投资之中，如改变管理和知识转移所需要的资金。

7. 对计划的投资回报进行预测

在以上步骤的基础之上，公司可以对投资回报进行初步计算。要想预测出整个计划能够带来的投资回报，必须对客户关系管理的每一个主要方面单独进行预测，然后将预测结果综合到一起。为了谨慎起见，这一步骤最好在公司财政部门的帮助下进行，并且要考虑到每个销售商的不同产品，因为这些销售商在销售产品的时候并不总是以用户的具体情况为依据的。除此之外，他们提供的产品介绍可能会太过空泛。许多投资回报模型都没有包括适用于某一特定公司的、考虑到人员和过程本身所需成本的、详细的拥有所有权所需要的全部资金成本，对收益的预测也仅仅是广泛地建立在平均值的基础之上，并不一定对每一个公司都适用。

8. 执行引导功能并对其进行衡量

引导功能的执行是为了使计划中的各项系统功能得到贯彻实施。这一系统功能能够使未来公司范围内 CRM 计划的实施顺利进行，帮助公司实现应用 CRM 系统的目标。在严峻的经济环境中，要想尽快得到投资回报，各个公司不应该借助于那些所谓的"大项目"，而应该首先把目光投向小项目。然后，在经济开始复苏之后，再转向那些稍大一些的、能够带来长期投资回报的项目。

那些有过成功经验的公司在实践中开发出了一套衡量系统，这种系统能够捕捉计算成本和收益所需要的信息。这些系统应该被应用到成本和收益的重新计算当中，因为随着计划不断向前实施，成本和收益需要根据实际情况进行重新计算。这适用于所有的 CRM 计划。衡量系统能够提供即时的财务分析，确保 CRM 计划实施的效率。如果一个公司不能在收入状况改进的基础上计算出投资成本和回报，它就无法实现应用 CRM 系统想要得到的投资回报。

9. 对战略进行调整并制定计划

CRM 计划的管理者应该将引导执行的结果在系统的展示中体现出来。如果无法做到这一点，就应该对系统功能和人员培训进行调整。引导执行的期限取决于项目小组对实现投资回报的自信程度。

10. 实现投资回报

当整个公司的所有员工都经过了全面的培训，已经有足够的能力胜任公司新的市场、销售和服务需要，CRM 系统的应用就将会得到回报。在大多数公司中，为了确保得到投资回报，整个公司的行为方式必须改变。单纯的技术本身并不能为公司带来效益，即使是在系统已经开始运行之后，新的市场、销售和服务活动已经使公司实现目标的情况下，CRM 计划仍然有可能破产。系统的高采用率可以使投资回报尽快得以实现。经济工具不应该仅仅被应用到 CRM 计划的设计和调整中，还应该被应用到系统的开发、执行和展示过程当中，尤其重要的是要应用到正在进行的操作当中。随着操作状况的改变，这些工具应该及时升级。

第五节　企业成功实施 CRM 项目的条件

企业任何一项信息化工作都不是一蹴而就的，它要承受来自各方面的压力，如人事压力、财务压力、开发失败的风险等。企业实施 CRM 项目也不例外。要成功实施 CRM，就必须创造条件。通过对国内外成功的 CRM 项目实施案例的分析研究，发现它们有一些共同的特点。这里把这些共同点归纳为成功实施 CRM 项目的几个条件。

一、高层领导的支持

如果缺少了高层领导的支持，前期的研究、规划也许会完成，一些小流程的重新设计也许会完成，购买技术和设备也许会完成，但 CRM 项目的实施很难完成。CRM 更多是关于营销、销售和服务的优化，而不仅仅是营销、销售和服务的自动化。当 CRM 涉及跨业务部门的业务时，高层领导的支持更是必需的。一般来讲，成功的 CRM 项目都有一个行政上的项目支持者。

二、要专注于流程

企业要实施 CRM 项目，注意力应该放在流程上而不是技术上。因此，实施 CRM 项目的第一项工作是研究企业现有流程，并寻找改进方法。有一些项目小组一开始就把注意力放在技术上，这是错误的。实际上，好的项目小组应该专注于流程，因为技术只是促进因素，它本身不是解决方案。因此，好的项目小组开展工作后的第一件事就是花时间去研究现有的营销、销售和服务流程，并找出改进方法。

（1）发现现有流程中的问题。为了这一点，项目小组应该事先分析公司是怎样营销、销售和服务的，顾客在哪种情况下、什么时候会购买公司的产品或服务。一方面，在公司内部要和营销、销售和服务部门的人员开展深度访谈，了解他们做些什么、为了做好并不断改善工作需要哪些条件、信息；另一方面，从公司外部了解用户认为存在的问题。

项目小组应该了解和研究顾客购买产品的过程，如顾客如何对各种产品进行评估、选择厂商，并对流程进行审视，找出是哪些环节阻碍了潜在的顾客购买产品，如对顾客需求的响应速度过慢、给出的建议不完全、售后服务不良等。

（2）分析原因，解决问题。找出了流程中的问题后，分析其原因，如为什么从发现潜在客户到向其提供服务之间要有很长时间，为什么销售人员不能获得关键的客户支持数据等。还要分析这些问题继续存在所造成的损害。

通过这些工作，项目小组确定了要解决的问题，而且可以在项目实施后，把原来的状况与当前的状况相比较，看是否有所改观。

三、技术的灵活运用

在那些成功的 CRM 项目中，技术的选择总是与要改善的特定问题紧密相关。如果在一个企业中，销售人员或服务工程师在现场工作时很难与总部取得联系，这个企业很可能选择机会管理功能；如果企业处理订单时的出错率很高，很可能选择配置器功能；如果销售管理部门想减少新销售员熟悉业务所需的时间，这个企业应该选择营销百科全书功能。应该根据业务流程中存在的问题来选择合适的技术，而不是调整流程来适应技术要求。

虽然很多企业的 CRM 项目的实施是从单个部门（如营销、现场销售或客户服务）开始的，但在选择技术时要重视其灵活性和可扩展性，以满足未来的扩展需要。因为企业要把所有用户集中到一个系统中，使得每个员工都能得到完成工作所需的客户信息，所以项目初期选择的技术要比初期所需要的技术复杂，这样才能满足未来成长的需要。

四、组织良好的团队

CRM 项目的实施队伍必须在以下三个方面具有较强的能力：

（1）系统的客户化和集成化。不论企业选择了哪种解决方案，一定程度的客户化工作都是必需的。作为一个新兴的事物，大部分 CRM 产品都应用了最新的技术。应该根据企业的工作流程对 CRM 工具进行修改，这关系到系统能否获得最终用户的接受。系统的集成也很重要，尤其对那些打算支持移动用户的企业。

（2）对 IT 部门的要求。这包括合理设计网络的大小、对用户计算机桌面工具的提供和支持、数据同步化策略等。

（3）改变工作方式。实施小组应具有改变管理方式的技能，并提供计算机桌面帮助。这两点对于帮助用户适应和接受新的业务流程是很重要的。

对那些最成功的项目的调查显示，它们对上述三个方面都非常重视。对这三个方面进行评估后，如果发现某一个环节比较薄弱，就应该从别的部门、咨询公司等寻找新的人员加入小组，充实这一方面的力量，从而保证小组能实施复杂的 CRM 项目。

五、分步实施

在 CRM 项目规划时，具有 3～5 年的远景规划很重要，但那些成功的 CRM 项目通常把这个远景规划划分成几个可操作的阶段。通过流程分析，可以识别业务流程重组的一些可以着手的领域，确定实施优先等级，每次只解决几个领域。

例如，一个计算机公司在当前的订单生成流程的改造中，CRM 项目识别了 42 个可以进行流线化的流程步骤。但该公司并没有让这 42 个地方一次改变，而是挑选了三个潜在回报最大的步骤首先进行重组。

这样只需几个月就能教会用户使用 CRM 系统的工具。通过使用新系统和改造后的流程，销售人员在系统投入使用后的四个月内将销售周期缩短了 25%，仅仅这部分的回报就已经超过了软硬件和客户化所花的费用。

六、系统的整合

系统各个部分的整合对 CRM 的成功很重要。

实践证明，为了获得用户对项目的支持，CRM 小组首先要解决终端用户问题，初始重点是营销、销售和服务流程所存在的问题。如果用户对计算机不熟悉，CRM 项目小组首先要提高用户个人的效率，使用户熟悉计算机和网络。CRM 项目在整合提高的过程中，关键在于准确地评估企业当前状况，然后以此为出发点，一步一步地开始建设。

七、重视咨询公司的作用

CRM 项目作为一项大型的企业管理软件项目，实施难度大。国内企业在 IT 建设上缺乏经验及业务人才，导致项目实施具备较大的风险。因此，成功的 CRM 项目实施离不开专业的咨询公司的参与。

围绕着 CRM 项目的实施，咨询公司、外包公司、培训公司蓬勃地发展起来。特别是咨询公司，很多世界级的大咨询公司，如德勤、普华永道等都已开始提供 CRM 咨询。由于 CRM 项目的实施本质是管理的实施和对流程的重组，所以在 CRM 项目中必须有专业的管理咨询公司的参与。通常的项目中，咨询费用可以占到 30% 以上。

专业的咨询公司拥有一支具备多方面综合能力及丰富经验的咨询顾问队伍，有实力的咨询公司一般还拥有一套较为完善的项目实施方法论及多年积累起来的项目实施案例库与知识库。这些都是一般的企业所不具备的，是 CRM 项目成功实施的有力保证。

根据产业分工细化原则，专业化发展有利于发挥各自的优势。软件厂商在开发软件方面占据优势，在软件产品激烈竞争的市场中，可以集中精力不断改进和完善自己的产品。咨询公司则在项目实施方面占有优势，可以不断改进软件实施方法，积累在各行业实施管理软件的经验，提高软件实施成功率。咨询公司作为 CRM 厂商与应用企业之间的桥梁，不仅对厂商在推出软件产品之后的进一步发展起推动作用，而且对于 CRM 产品能够在企业成功应用，从而实现企业管理规范化与现代化，也是非常必要的。另外，咨询顾问一般会站在第三方的立场，保持自身的公正性，在协助企业进行产品选型时本着公正与客观的原则，从企业实际需求的立场完成 CRM 产品的选型工作。

在 CRM 项目实施过程中，专业咨询顾问人员的主要工作内容包括：准确把握和描述企业应用需求；为企业制定合理的技术解决方案；辅助企业选择合适的应用软件；辅助软件在企业的安装、调试和系统集成；对企业原有业务流程进行重组，制定规范合理的新的业务流程；结合软件功能和新的业务流程，组织软件实施；组织用户培训；负责应用软件系统在企业正常运转；根据应用软件，为企业编制衡量管理绩效的数据监控体系和内部管理报表体系；为企业编制决策数据体系和决策数据分析方法；辅助企业建立计算机信息系统的管理制度；负责系统正常运行后的运行审查等。

第六节　导致 CRM 项目实施失败的因素

CRM 虽然能给企业带来许多好处，但从目前来看，项目实施的成功率也有待提高。对国内外实施 CRM 项目的调查分析表明，影响 CRM 项目成功实施的因素主要有认识、人、数据、管理、软件和硬件等。因此，实施 CRM 项目应对这些可能导致失败因素进行全面的研究，结合国情和企业特点，针对每一因素进行分析和总结，制定相应的对策和工作准则。

一、缺乏管理

CRM 是一种新型的企业销售管理模式和方法，企业每个使用计算机系统的人员都必须遵循统一的原则和规范，决不允许各行其是。因此，必须在模拟运行的基础上，结合本企业的具体情况，制定出一套行之有效的管理制度。

二、数据不准确

无论在系统的试运行阶段，还是正式运行阶段，数据的整理与录入都是实施的难点。有人说企业信息系统的工作量是"三分技术，七分组织，十二分数据"，这一点都不过分。

企业的数据包括两类。一类是基础的项目数据，又称静态数据，如组织机构数据、产品结构数据等；另一类是动态数据，如机会、合同、营销方案等。对这些数据的采集、编码、录入都应该有明确的、严格的规定。

CRM 是现代化的管理方法，使用高度精密的电子计算机作为工具。在整个实施过程中贯穿着"严"、"细"的基本要求，特别是对 CRM 需要的有关数据的准确率都有较高的明确要求。

三、导致 CRM 项目失败的其他原因

1. CRM 项目在启动时无战略规划

很多企业在实施项目的时候都声明"我们今年要实施 CRM 项目"，其实这不是战略。一个 CRM 战略需要很清晰地界定客户对企业的认识和判断、明确企业如何维护好与客户的联系过程，在这个过程中同样需要明确如何制定计划实现这样的目标。

2. CRM 战略与企业战略不吻合

不要认为 CRM 项目是一个孤立的项目或者解决方案，CRM 战略不能与企业整体战略脱钩。如何发展和提升客户关系是企业的生命线，客户必须成为整个企业战略经营的核心。

3. CRM 工具选择不当

目前市场上有很多 CRM 工具可以选择。这些工具是特定的程序，一开始或许会产生很多好的效果。随着系统的发展和需求的不断增多，CRM 工具也应不断发展，为客户提供更多的功能。企业在实施 CRM 项目前应当对 CRM 工具和企业的需求进行评估，从而得到更贴近自己需求的产品。并非所有的人是用同样的方法、同样的业务流程来服务客户，另外，管理客户的优先级也是不相同的。

4. CRM 项目没有考虑客户体验，没有客户参与

如果在 CRM 项目的生命周期中，在某一阶段客户可以得到很好的服务体验，而在有些阶段客户会很反感，这样的投资就不应该认同。企业与客户接触的所有过程中都要为客户提供富有知识性的、高质量的服务。在快速实施 CRM 解决方案的时候很容易忘记那些在企业外部的人。实际上，应该和客户进行广泛交流，发现他们真正需要的服务。如何更好地满足他们的需求？如何与客户合作获得真正的成功？其他供应商是怎样做的？这些都是需要考虑的。

5. CRM 项目没有设定目标

对于一种新的流程，很重要的一点就是期望业务得到改善。如果不期望执行力得到提高，不去衡量，不去管理，企业管理水平是不会得到提升的。所以应该设定期望值，及时测量、提供反馈、促进提高，并寻找持续改善的方法。

6. 把 CRM 项目当作一时的行为

CRM 项目启动后，不要认为万事大吉了，这仅仅是项目的开始。CRM 项目是对组

织的革命性变革，会带来很多挑战，例如，企业中可能会有很多反对变化的员工，在整个过程中会产生很多抵触。因此，要做好中长期打算，从处理过程中获得新数据，细化战略，建立新目标，制定能实现目标的计划。

7. 认为拥有了客户，便拥有了以客户为中心的文化

企业与竞争对手之间的产品和价格已相差无几，也没有了地理区域的限制，因此质量和服务成了品牌、忠诚度和购买底线之后的驱动力。企业应多从外部看看再做决定，测量、跟踪、分析客户服务行为，从客户处寻求输入和反馈。"客户第一"的文化应该贯穿到整个组织中，对每一个员工进行严格要求。

8. 没有中层管理者和员工的充分参与

在 CRM 应用中，每一个员工都会感受到一些根本的变化，项目实施时应让所有的员工参与进来，创造关注客户的良好氛围，提供更多的培训机会，让员工知道自己的角色和自己应该适应的变化。一定要调动员工的积极性，使大家更好地服务客户，使企业更成功。

9. 调整 CRM 解决方案来适应现有的业务流程

随着新的流程的启用，效益会逐步显现。应用新的 CRM 工具可以把信息、速度、集成进行协调整合，降低运营成本，提升服务质量。企业要充分利用 CRM 产生的收入、服务等。

10. 尽量一次完善"全面的 CRM"

想尽快地、一次地改变整个组织并让它正常运行是很困难的。每个组织都有自己的特性，都需要时间适应新的变化。应该在组织中先执行高优先级部分，然后循序渐进，且每一步的调整应在可控范围之内。

练习题八

一、关键概念

1. 拉式战略　　2. 推式战略　　3. 三阶段实施方法

4. 流程固化　　5. 业务上线　　6. 事后认识

二、选择题（1～6题为单选题，7～10题为多选题）

1. CRM 项目的实施应该从两个层面进行考虑，从（　　）来看，企业需要运用 CRM 中所体现的思想来推行管理机制、管理模式和业务流程的变革。

    A. 领导层面　　　　B. 管理层面　　　　C. 技术层面　　　　D. 应用层面

2. （　　）不是 CRM 系统实施的目标。

    A. 提高销售额　　　　B. 提高生产量　　　　C. 增加利润　　　　D. 提高客户满意度

3. （　　）不是 CRM 系统实施的原则。

    A. 实施的推动力是企业内部的革新需求　　　B. 调查和分析软件的性价比

    C. 实施 CRM 系统，目标必须明确　　　　D. 实施 CRM 系统不仅仅是安装软件

4. CRM 系统作为一个软件系统具有一般系统的共性。（　　）是指系统本身既从属于包含它的一个更大的系统，同时又由若干个子系统构成。

    A. 目的性　　　　　　B. 整体性　　　　　　C. 层次性　　　　　　D. 相关性

5. （　　）适合于企业有一定信息系统开发能力的情况，即选择一个适合自身情况而且功能强大的软件产品，自己实施。

    A. 三阶段实施方法　　　　　　　　　　B. 五阶段实施方法

    C. 六阶段实施方法　　　　　　　　　　D. 九阶段实施方法

6. （　　）主要包括组建实施小组、确定人员和时间、项目动员和 CRM 理念培训。

    A. 理念导入　　　　　B. 业务梳理　　　　　C. 流程固化　　　　　D. 应用培训

7. CRM 系统的选择和实施是一项复杂的系统工程，涉及（　　）等多个方面的工作。

    A. 整体规划　　　　　B. 创意　　　　　　　C. 技术集成　　　　　D. 内容管理

8. 企业应当清醒地认识到，实施 CRM 项目必须遵循（　　）的运作思路。

    A. 专业化　　　　　　B. 社会化　　　　　　C. 开放式　　　　　　D. 个性化

9. 美国吉尔·戴奇（Jill Dyche）所提出的三阶段实施流程包括（　　）主要的项目开发阶段。

    A. 规划　　　　　　　B. 设计　　　　　　　C. 构建　　　　　　　D. 部署

10. CRM 项目评估主要注重（　　）。

    A. 指标设计　　　　　B. 成本超支　　　　　C. 事后认识　　　　　D. 投资回报

三、简答题

1. 简要说明实施 CRM 项目的战略。

2. 说一说 CRM 系统实施的目标与原则。

3. 简述 CRM 系统的实施步骤。

4. 简述三阶段实施方法、五阶段实施方法、六阶段实施方法的步骤。

5. 阐述企业成功实施 CRM 项目的条件。

6. 导致 CRM 项目失败的因素有哪些？

案例分析

京东如何运用客户关系管理

    京东发布了 2021 年第四季度及全年财报。作为核心业务的京东零售依然是京东增长最有力的引擎，得益于线上线下零售业务的多元发力，全年净收入与活跃购买用户持续增长。在这些数字的背后，也是每一个合作伙伴高质量的成长，而这与一个叫京东启明星的 CEM 项目有关。

    在互联网、快消零售等企业内部，"体验管理"正在成为一个重要的职能板块，连带着 CEM 产品也迎来了空前的关注。但目前大多数企业面临着众多挑战和痛点：传统调研流程长、用户画像不够立体、数据来源单一等。对此，时任京东集团副总裁、京东零售技术与数据中心数据与智能部负责人包勇军表示，企业以往也并非不重视用户研究，但问题是缺乏一个有效的渠道和工具。

一、数据驱动的体验管理

关于京东启明星的故事可以从家居行业说起。随着类似取暖器、马桶等家居产品进入市场，制造环节所占价值量日渐变小，由研发、设计、品牌等创造的价值量占比越来越大。目前，国内一个不可忽视的现象是，产品被赋予外在意义的同时，往往忽视了其本质功能。贝恩咨询的研究发现，80%的企业认为他们为客户提供了优质的体验，但只有8%的客户认为他们获得了美好的体验。导致这种认知差距的原因，就是企业拍脑袋的想法与实际情况相去甚远。于是，京东启明星通过洞察"消费者的声音"，给了品牌运营一个新的视角和思路。

（1）提升认知。只有把握客户明确的需求，才能有的放矢精准处理。在京东零售3C家电事业群阳光看来，家居产品上的参数虽能标明产品属性，却无法和消费感知匹配。他发现，过去几年，取暖器品类的净推荐值（NPS）持续处于低位，去年使用京东启明星进行体验诊断后，才发现"噪声大"是退货的主要原因。而这个因素过去一直未被发掘，与用户使用场景有关。从反馈的结果来看，用户常在睡眠场景使用取暖器，对噪音的感知相对其他场景更敏感。之所以能挖掘到用户原生场景的痛点，是因为相比传统调研冰冷的数字，京东启明星采集了京东上评论、客服、调研、问答等二十多种文本数据，结合京东成熟的语义分析技术，与近30个品类行业专家的经验沉淀，能够精准定位用户体验的影响因素与改进点。京东启明星产品架构表明：如何让AI真正"听懂"用户所言，背后的科技能力不容小觑。业内认为自然语言理解是比AlphaGo下围棋更难的问题，因为语言的空间是无限大的，一句话的表达是千变万化的，相对来说，围棋产生的行动空间就变小了。京东零售NLP技术做的，就是先对用户表达特点的充分理解，同时叠加对行业及业务的专业知识，然后基于知识图谱不断改进预训练模型，最后用高精度的NLP和智能建模分析，在短时间内明确用户需求，以及需求的前因后果。基于此，取暖器品类在准确的方向上优化后，成功将退货率降低了22%。精准定位用户体验的影响因素和改进点。

（2）双向沟通。消费体验的反馈，不仅让品牌更了解自己的目标用户，也在考验企业内部解决问题的能力。

（3）以用户为中心。这不光是理念的问题，还是一个组织力的问题。京东启明星的差异化优势，是能把不同部门对应的不同客户所反馈的声音，精准传达到一套流程机制里，帮助提升企业的组织力。

（4）决策依据。将"用户体验"变成"数据运营规则化"，并向企业经营深度渗透。在京东包勇军看来，用规则化的方式指导企业的用户体验管理，是更高效的一个决策。

二、持续进阶的商业闭环

与京东零售的几位负责人交流下来，能明显感觉到"长期"这个词的回归。因为体验经济这件事，并非提供单一的产品或者单次的服务，而是贯穿整个消费生命周期、消费全链路的长期服务。无论是新消费、旧消费，品牌走向"基业长青"，都需要基于长期主义，来直面激烈的市场竞争。而在真实的消费场景中，去研究消费者的需求和反馈，本质就在于与消费需求"同频共振"。

某种程度上，京东零售作为品牌和用户之间的桥梁，推出京东启明星，也是对用户行为意识的一次纵向深挖。可以发现每一次消费里，其实都藏着用户想要的生活方式。因此品牌对于用户价值的理解，虽然非显性，都可以通过产品功能、包装形象以及广告语等一系列具体的外在表现，呈现给用户。在和京东零售几位负责人的聊天过程中也得知，京东启明星目前正在迅速迭代自身的产品力，在体验管理、用户挽留、商机挖掘外，正在探索通过广告营销和品牌咨询的能力，来帮助品牌在进行用户体验管理时，以触点驱动转变为价值引领。而作为京东零售的用户，既可以分享与种草，也同时监督和批评，在行使消费者权利的同时，也在帮助共创未来品牌。从这一点看，京东零售正在带领着这个看似传统却历久弥新的零售行业，与千千万万用户一起奔向诗与远方。

站在泛零售的视角，京东启明星所做的不仅仅是改变了商品的售卖，而是基于京东零售在基础设施上长此以往的时间和金钱投入，用大数据、供应链、云计算、人工智能等数智化能力，让整个生产、销售、服务等全链条，进行数智化升级和实战成本效率体验的提升。打通了从用户体验的反馈、数据的收集、体验的分析，到后续的企业治理和效果评估的一个完整链路，让品牌和商家可以低门槛实现以用户为中心的全链路改善，从而实现销量的确定性增长。

（资料来源：https://www.zhouxiaohui.cn/article/2022-11-2）

案例思考题

1. 面对激烈的零售市场竞争，京东公司寻求什么新方法来维持原有的市场份额？
2. 京东采用启明星软件前后用户有何区别？
3. 京东启明星实施后，公司有哪些收获？

第九章
客户关系管理中的
数据技术

09

学习目标

1. 掌握和理解数据仓库的概念以及数据仓库与数据库的区别。
2. 理解元数据、数据粒度、数据分割的概念。
3. 了解数据仓库的一般结构。
4. 掌握和理解数据挖掘的概念及常用方法。
5. 理解客户关系管理中数据挖掘的流程及应用。
6. 了解 OLAP 的概念，以及 ROLAP、MOLAP 以及 HOLAP 之间的联系及区别。

第一节　数据仓库概述

随着 CRM 的应用，企业拥有了越来越多的客户数据。如何有效地使用这些数据，并从中得到有价值的知识来支持企业经营决策，已成为 CRM 亟待解决的一个问题。

目前的情况是，企业建立了企业级数据库，各部门针对自己关心的问题，又在企业级数据库中抽取相关的数据组成部门级数据库。随着数据的逐层抽取，数据访问变得错综复杂；针对同一问题抽取的数据内容也不尽相同，所以得到的结论也会产生差异甚至矛盾。可见，传统的关系型数据库无法满足分析数据、支持决策的需求，这导致了数据仓库的产生。

一、数据仓库的概念

著名的数据仓库专家威廉·英蒙（W. H. Inmon）在《数据仓库》（*Building the Data Warehouse*）一书中给出数据仓库的权威定义是：数据仓库（Data Warehouse）是一个面向主题的（Subject Oriented）、集成的（Integrated）、非易失的（Non-volatile）、随时间变化的（Time Variant）数据集合，用于支持管理决策。

该定义指出了数据仓库的四个特性：

（1）面向主题的特性。在数据仓库中，所有的数据都是围绕一定的主题进行组织的。在关系数据库，针对同一主题的数据分布在相关的各个数据表中；而在数据仓库中，针对同一主题的数据存放在同一数据表中。

（2）集成性。数据仓库中的数据都是经过清洗、过滤、转换的。它们有统一的格式、表示方式、代码含义，用相同的单位表示，消除了源数据中结构、表示方式、含义的不一致，因此，数据仓库中的数据具有集成性。

（3）非易失性。对于支持决策，历史数据是非常重要的。数据仓库中的数据一旦写入，几乎就不再更改了，除非数据有错误。数据仓库中进行的主要操作只是数据追加。因此，数据仓库中的数据相对是稳定的，是非易失的。

（4）动态性。数据仓库中的数据只增不删，所以它记录了从开始使用数据仓库起的所有数据。它能反映企业各个时期的信息，也可以说它反映的是企业随时间动态变化的数据。

数据仓库的四个特性也从各自的角度反映了数据仓库支持决策分析的本质特征。

二、数据库与数据仓库的区别

数据仓库与传统数据库在许多方面有很大的差异。通过对数据仓库和数据库的对比也更易理解数据仓库的含义。表9-1体现了数据仓库和数据库的区别。

表 9-1 数据仓库和数据库的区别

特性	数据库	数据仓库
数据	当前数据	历史数据
面向	业务操作	数据分析
存取	读写操作	多为只读
使用频率	高	较低
数据访问量	少	多
要求的响应时间	较短	可以很长
关注	数据输入	信息输出

三、CRM 的技术核心是数据仓库

NCR 公司（纽约证券交易所股票代码为 NCR）是全球关系管理技术（Relationship Technology）解决方案领导供应商，为全球零售、金融、传讯、制造、旅游、交通及保安等客户提供服务。NCR 公司的关系管理技术解决方案包括能确保数据保密的 Teradata 数据仓库、客户关系管理（CRM）应用软件、商店自动化系统和自动柜员机（ATM）等。在与消费者相关的交易处理业务方面，NCR 公司拥有超过 118 年的丰富经验，并与各行各业用户携手，共同实现将交易资料转换为客户关系的理念。一个企业理解客户、影响客户的捷径是通过不断地获得与客户相关的信息，来提高客户的满意度、持久度，进而提高盈利。一方面，基于实施 CRM 能为企业带来巨大收益，众企业纷纷投下巨资实施 CRM；另一方面，权威机构的研究发现，在实施 CRM 的企业当中有 30% 都没有成功，没有取得实施前规划中的效益。为什么会有如此多的企业陷入这一困境？分析其原因发现，这些企业没有提供详细的交易数据。完整的 CRM 应是数据仓库与客户交互的渠道和企业的经营战略的结合。CRM 通过对客户关系数据进行深入、细致的收集和分类，并采用数据仓库领域的分析技术，形成客户的统一视图，准确地了解用户行为，从而根据其特点提供"一对一"的个性化的服务。可见，数据仓库是 CRM 的一个核心技术。

四、数据仓库的结构

在数据仓库中，元数据起着十分重要的作用，因此，本节将详细介绍元数据在数据仓库体系结构中的重要地位。

（一）数据仓库的一般结构

数据仓库的一般结构可以用图 9-1 来表示。由于数据库和数据仓库应用的出发点不同，因此数据仓库与业务数据库系统是相互独立的，但是数据仓库又同业务数据库密切相关。

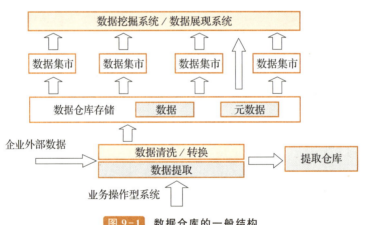

图 9-1 数据仓库的一般结构

从图 9-1 中可以看到，数据仓库是将业务操作型系统提取出来，辅以企业外部数据，将这些数据经过清洗和转换，存储在数据仓库中。数据仓库中不只存储业务数据，还存储记录数据信息的元数据。数据仓库中还可以抽取部门型数据仓库，即数据集市。数据最终传送给数据挖掘系统或数据展现系统，以供数据分析或展现给用户。通过数据仓库的一般结构图可以看出，数据仓库不是简单地对数据进行存储，而是对数据进行"再组织"。

（二）元数据在数据仓库中的重要地位

元数据（Metadata）是关于数据的数据。元数据包括数据仓库的结构，数据存储信息，数据提取、清洗和转换的规则，数据存取和检索的索引和配置等数据信息。外部数据也要存入数据仓库，外部数据的元数据应包括数据进入仓库的时间、内容描述、数据来源、归属类别、索引、物理存储位置、文件大小、相关引用、清理时间等信息。数据仓库会建立专门的元数据库存放元数据。基于元数据的重要作用，元数据应当持久存放。

元数据管理的主要任务有两个方面：一是负责存储和维护元数据库中的元数据；二是负责数据仓库建模工具、数据获取工具、前端工具之间的消息传递，协调各模块和工具之间的工作。

元数据库保证了数据仓库数据的一致性和准确性，为企业进行数据质量管理提供了数据依据。

另外，元数据库还支持强大的查询和报表生成工具，用户使用报表工具可以查询元数据库，从元数据库获得重要的决策支持信息。

五、数据仓库中的两个重要概念

在数据仓库中涉及两个非常重要的概念，即数据粒度和数据分割。

（一）数据粒度

数据粒度有两种形式。第一种形式的数据粒度是面向 OLAP（联机分析处理）的。粒度的大小反映了数据仓库中数据的综合程度。粒度越小，数据越详细，数据量也就越大（见表 9-2）。

表 9-2　数据粒度的相关指标

粒度级别	综合程度	数据量	数据细节（详细度）
高	高	小	低
低	低	大	高

数据粒度的选择是数据仓库设计中最重要的一个工作。在数据仓库中，确定数据粒度要考虑数据仓库要接受的分析类型、可接受的数据最低粒度、能存储的数据量。由于数据仓库中进行的数据分析比较复杂，有不同的要求，一般数据仓库都选择多重粒度的结构。

第二种形式的数据粒度是面向数据挖掘的，它反映的是抽样率。在进行数据挖掘时，如果数据量很大，执行挖掘算法的代价太大，所以一般从数据中抽取样本进行挖掘。这就需要规定一个抽样率。抽样率的确定取决于源数据量的大小和数据挖掘的具体要求。一般来说，源数据量越大，抽样率就越低。样本数据库的抽取按照数据的重要程度不同进行，利用样本数据库采集重要数据进行分析既可提高分析效率，又有助于抓住主要因素和主要矛盾。

（二）数据分割

数据分割就是指将大量数据分成独立的、较小的单元进行存储，以提高数据处理效率。在逻辑模型设计后，必须进行数据分割才能为物理实施提供依据。在进行分割时要考虑以下几个方面：数据量、数据对象、粒度划分策略。

常见的数据分割有以下几种形式：

（1）垂直分割。把一个表垂直分成两部分。这种类型的分割有助于把很多列分成两个独立的表，这两个表之间通过一个关键字段相关联。

（2）水平分割。把表按行分成两部分。这种类型的分割被用来存储与用户联系紧密的本地重要数据，从而减少网络查询。

（3）图解分割。经由多个分布系统把一个图分解成两部分。可以从指定的服务器或在多个服务器之间建立连接而得到一个表所需要的全部数据。这种类型的分割被用来把小的、静止的表从不稳定的、越变越大的表中分割出来。

确定数据粒度以及根据数据粒度进行数据分割都是设计数据仓库时十分重要的环节，是成功地建设数据仓库的必要保证。

第二节　客户关系管理中的客户数据仓库

一、客户关系管理数据仓库的功能

数据仓库在客户关系管理中起着重要的作用。首先，数据仓库将客户行为数据和其他相关的客户数据进行集成，为市场分析提供依据。其次，数据仓库将对客户行为的分析以 OLAP、报表等形式传递给市场专家。市场专家利用这些分析结果，制定准确、有效的市场策略。同时，利用数据挖掘技术，发现增加销售、保持客户和发展潜在客户的方法，并将这些分析结果转化为市场机会。最后，数据仓库将客户的市场机会的反应行为，集中到数据仓库中，作为评价市场策略的依据。

在客户关系管理中，数据仓库主要有以下几方面功能：

（1）保留客户。目前公司都面临着客户流失问题，保留客户也就成了市场竞争的一个重要内容。在客户中，并不是所有的客户都有保留价值，因此要通过数据仓库中的数据分析出最具价值的客户，并针对这些客户制定相应的客户保留政策。

（2）降低管理成本。对于企业来说，管理大量的客户数据也是一项工作量庞大的工作，数据仓库的应用使数据的统一、规范管理成为可能，同时提供了快速、准确的查询工具。这可以大大降低企业的管理成本。

（3）分析利润的增长。数据仓库不但记录当前数据，还记录了大量的历史数据。可以通过历史趋势发现产品销售与客户关系管理的关系以及利润增长与客户关系管理的关系。分析利润增长的最终目的还是为了促进利润增长。

（4）增强竞争优势。数据仓库的应用使得企业有更强的市场适应能力。企业通过历史数据分析市场变化趋势，特别是客户需求的变化趋势，可以及时改变产品性能以适应客户需要，这有助于抢占先机，巩固并增强企业的竞争优势。

（5）性能评估。根据客户行为分析，企业可以准确地制定市场策略和市场活动。然而，这些市场活动是否能够达到预定的目标，是评价改进市场策略的重要依据。同样，重点客户的发现过程，也需要对其性能进行分析，在此基础上修改重点客户发现过程。这些性能评估都建立在客户对市场反馈的基础上。

三、CRM 客户数据仓库的系统结构

在 CRM 项目中实现数据仓库系统，是 CRM 系统成败的关键之一。在 CRM 系统中，客户数据仓库的系统结构如图 9-2 所示。

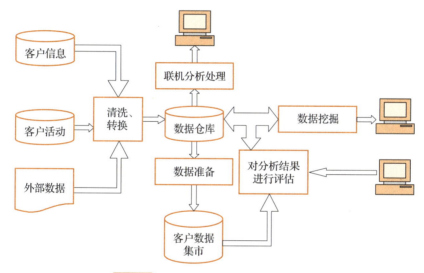

图 9-2 CRM 客户数据仓库的系统结构

数据主要有四个方面的来源：客户信息、客户行为、生产系统和其他相关数据。这些数据通过抽取、转换和装载，形成数据仓库，并通过 OLAP 和报表，将客户的整体行为分析和企业运营分析等传递给数据仓库用户。

在数据仓库中，利用数据仓库的 ETL（Extraction Transformation Loading，数据提取、转换、加载）工具，针对行为分组和寻找重点客户的需要，产生相应的数据集市。最后，将分析的结果与数据仓库结合起来，将分析与性能评价等传递给 CRM 用户。监控和调度系统负责调度行为分组系统和重点客户发现系统的运行更新。

虽然数据仓库与 CRM 密不可分，但是 CRM 除了市场分析之外，还有销售和服务等方面的功能。不同的企业应该根据自己的实际情况，选择实现销售、服务和市场的策略。但无论如何，对于客户量巨大、市场策略对企业影响较大的企业，CRM 要以数据仓库为核心。

三、客户数据仓库的建设要求

在建立和维护 CRM 系统的过程中，客户数据仓库占有重要的地位。在企业中，客户数据可能存在于订单处理、客户支持、营销、销售、查询系统等各个环节或部门，产生这些数据的系统是专门为特定的业务设计的，并拥有关于客户的部分信息。客户数据仓库的建立可把这些信息集成起来。在客户数据仓库的建设过程中通常有以下几点需要注意。

（一）客户数据的集成

客户数据仓库需要把企业内外的客户数据集成起来，从不同信息源中对客户进行分析、识别，并寻找这些客户间的相互关系。例如，有一些客户可能有亲属关系。就客户数据集成来讲，企业需要对客户进行匹配和合并。因此，在客户数据仓库的建设过程中要求数据仓库具有集成客户数据信息的功能。

（二）确保客户信息的准确性

由于获取客户信息有多种渠道和方式，客户信息的质量很难得到保证。因此，在客户提供的信息中迅速整理出高质量的信息也是对客户数据仓库建设的一项基本要求。具体的方法是，可以把来自各个信息源的信息进行解析，分成更小的信息片断，如把姓名分成姓和名，把地址分成路名、路号、单位名称等。由于客户在提供信息时很难保证信息的真实性，而且客户的移动电话号码、家庭住址、工作单位等信息也可能经常发生变化，因此，利用有效的工具来保证客户信息的准确性也是对客户数据仓库提出的一项较高的要求。

（三）数据及时更新

客户数据仓库的记录并不是即时添加的，而是成批加入的，因此数据的同步更新问题也是对客户数据仓库的一个挑战。这主要是基于两个方面的原因：数据仓库所利用的信息源中的历史数据经过一段时间后可能被擦掉；在每次更新时，都重新进行客户记录匹配和重新建立数据仓库的做法工作量太大，不可行。比较合理的做法是，在保留已有数据的基础上，在每次更新时都加入新的数据。

四、数据仓库建设的基本步骤

数据仓库的建立是一个复杂的、逐步完成的过程。数据仓库的模型设计包括企业模型设计、概念模型设计、逻辑模型设计、物理模型设计四个过程。

（一）企业模型设计

企业模型是指将企业中各个角度的数据需求综合并抽象得到的数据模型。企业模型对于企业来说是非常重要的，特别是对于大企业，通过企业模型可以了解企业各个部门、各个层次的工作人员对数据的需求，这为数据仓库的建立提供了前提和基础。

建立企业模型首先要搜集企业内部各方面人员对数据需求情况的资料。当所有的数据收集好以后，用 E-R 图或面向对象的方法将收集到的信息抽象成 E-R 模型或对象模型。

1. E-R 模型

E-R 模型是由实体和实体间的关系构成的。实体间的关系分为一对一的关系、一对多的关系和多对多关系。将有关系的实体用线连接，并标注实体间的关系类型及具体关系内容（例如，客户和商品的关系是购买，关系类型是多对多的关系），就形成了 E-R 模型。

2. 对象模型

对象模型采用的是面向对象的方法。面向对象的方法首先要确定模型中需要的类。类不只是一个实体名称，而是由类的名称、类的属性和类的动作组成的。其中，类的属性和类的动作都可以是多个。类之间的关系也有三种，分别是继承、包容和关联。

企业模型的设计是数据仓库模型设计的第一步，它为数据仓库的设计提供一个全面、整体的认识。

（二）概念模型设计

概念模型设计包括两个方面：一是确定主题及主题所涉及的对象，二是进行技术准备工作。

数据仓库是面向主题的，因此，主题的选取是模型设计中极为重要的一个工作。主题的选取是由数据仓库开发人员和企业用户共同完成的，因为主题选择既要考虑管理者最关心、最需要的问题，又要考虑技术实现的难易问题，同时还要考虑收益、风险、投资回报率等问题。

技术准备工作则要估计数据仓库中的数据量，据此选择适合的软件和硬件。同时，技术人员的培训也属于一项技术准备工作。

在概念模型设计完成后，还要对模型进行评审。在对概念模型评审时，要考虑概念模型包含的主题能否全面地体现用户决策分析所需要的信息、主题域的划分是否合理等问题。如果评审中发现了新的问题则需对模型进行修正。

（三）逻辑模型设计

数据仓库的逻辑模型设计包括分析主题域、划分粒度层次、确定数据分割策略、定义关系模式、定义数据抽取模型等过程。

1. 分析主题域

数据仓库的设计一般是先建立若干个主题，然后逐步循环增加主题。因此，在概念模型确定的多个基本主题域中，还要选择最先建立的主题域。例如，对于 CRM 系统中的数据仓库，"客户"主题域自然是应当最先建立的，同时，"销售"主题域可以根据需要程度选择同时建立或稍后再建。主题域的选择在很大程度上决定了数据仓库的逻辑模型。因为主题域包含了一个主题中的全部数据表、属性、记录。

2. 划分粒度层次

数据粒度的划分是数据仓库逻辑设计的一个重要问题。因为数据粒度的划分决定了数据仓库中的数据存储量和查询方法。确定粒度的级别要考虑以下几个因素：分析类型，可接受的最低粒度，可存储的数据量。分析类型体现了数据分析的细致程度。如果粒度的层次定义得过高，则无法进行一些细致的数据分析，因此，粒度的划分应满足分析类型的最低要求。对于数据量大的数据通常选择多粒度层次。应该用较低粒度保存近期数据，而用较高粒度保存过去的数据。同时，粒度的划分还要考虑估计的数据仓库可存储的数据量。

3. 确定数据分割策略

数据分割就是将大量数据分成独立的、较小的单元进行存储，以提高数据处理效率。在逻辑模型设计阶段完成数据分割才能为物理实施提供依据。在进行分割时要考虑数据量、数据对象、粒度划分策略。

4. 定义关系模式

无论数据仓库以怎样的数据模型组织数据，最终还是以各种表来完成的。在数据粒度和数据分割策略确定之后，将数据分割后得到的表按表之间的关系组织构成的模型即关系模型。它体现的是数据分割后的结果。

5. 定义数据抽取模型

数据抽取模型包括数据抽取处理过程、数据源表、数据源抽取条件与连接表、数据抽取过程的排序与聚集表、数据抽取的目标列与源数据列对应关系表等。数据抽取模型详细描述了数据抽取的源数据、规则、排列方式等全部信息，反映了数据抽取的全过程及数据源与数据仓库的对应关系。

逻辑模型设计结束后同样需要进行评审。对逻辑模型的评审包括：主题域是否符合用户支持决策的需求；数据粒度划分和数据分割策略是否合适；关系模式是否满足关系第三范式；数据抽取模型是否正确反映了数据源与数据仓库的对应关系等。

（四）物理模型设计

物理模型的设计包括以下几个方面。

1. 确定数据结构的类型

在数据仓库中包含了细节数据、概括数据、外部数据、多维数据、存档数据等多种数据类型。因此，必须确定合理的数据结构类型。一般来说将数据存储结构进行分层，最低层为细节数据，然后是较具体的概括数据，更高一层是高度概括的数据。

2. 确定索引策略

数据仓库中的数据变动很小，所以可以设计索引结构来提高数据访问速度。虽然对各个数据建立专门的索引相当复杂，但建立后不需要过多地维护，因此还是可行的。

3. 确定数据存放位置

数据存放时，一般根据数据的重要性、使用频率、对响应时间的要求等指标将数据分类并存入不同的介质。

4. 优化存储分配

在数据仓库的物理模型设计中，需要确定不同的存储分配方式。数据可以集中在一台服务器上也可以分散在多个服务器上。存储分配优化主要解决数据块大小、缓冲区单元大小等问题。

物理模型的评审主要是确定物理模型的性能、数据完整性、系统可用性、用户满意度等。

以上为数据仓库的企业模型、概念模型、逻辑模型和物理模型的设计。在数据仓库的设计过程中，完成了四项模型设计，最后一个过程是数据装载接口设计。数据装载接口设计包含了接口的设计和接口程序编程和调试。

第三节　数据挖掘技术

数据挖掘是一种数据分析技术，是通过分析数据发现数据内部的信息和知识的过程，也是客户关系管理中必不可少的数据处理技术之一。随着数据仓库的广泛应用，数据挖掘的应用领域也越来越广泛。本节将详细介绍数据挖掘的技术与方法，以及数据挖掘与客户关系管理的密切关系。

一、数据挖掘的概念

数据挖掘（Data Mining，DM）是指从大量的、不完全的、有噪声的、模糊的、随机的实际应用数据中提取人们感兴趣的知识，这些知识是隐含的、事先未知的、潜在有用的信息。

数据挖掘定义首先强调了数据挖掘的基础是大量数据，所以数据挖掘应该具有高效处理大量数据的能力。这也是目前数据挖掘技术的一个难题，一些算法在小数据集上效果很好，但数据量增加到一定程度，算法的实现就会代价过大、效率太低甚至无法实现。另外，数据挖掘处理的数据特点往往是不完全的、有噪声的、模糊的和随机的。

数据挖掘是一个交叉学科，它涉及多个学科的思想和方法，如数据库系统、数理统计学、人工智能、可视化和信息科学等。

确切地讲，数据挖掘是一种决策支持过程，它主要基于人工智能、机器学习、统计学等技术，高度自动化地分析企业原有的数据，进行归纳性的推理，从中挖掘出潜在的模式，预测客户的行为，帮助企业的决策者调整市场策略，减少风险，做出正确的决策。作为分析型工具，OLAP 和 DM 在数据仓库系统中占有相当重要的地位，但它们的应用范围和侧重点是不同的，OLAP 是一种验证型的分析工具，而 DM 是一种挖掘型的分析工具。

DM 的技术基础是人工智能。人工智能是以自动机为手段，通过模拟人类宏观、外显的思维行为，从而高效率地解决事实世界问题的科学和技术。可以看出，人工智能的目标非常高，除了复杂的算法外，还需要特定的系统，甚至还需要特定的机器。但 DM 仅仅利用了人工智能中一些已经成熟的算法和技术。

下面讲述数据挖掘的几种常用方法。

1. 人工神经网络

人工神经网络（Artificial Neural Networks）方法模拟人脑神经元结构，以 MP 模型和 Hebb 学习规则为基础。它主要有以下三种神经网络模型：

（1）前馈式网络。它以感知机、反向传播模型、函数型网络为代表，可用于预测、模式识别等方面。

（2）反馈式网络。它以 Hopeld 的离散模型和连续模型为代表，分别用于联想记忆和优化计算。

（3）自组织网络。它以 ART 模型、Koholon 模型为代表，用于聚类分析等方面。神经网络的知识体现在网络连接的权值上，是一个分布式矩阵结构；神经网络的学习体现在神经网络权值的逐步计算上（包括反复迭代或累加计算）。

2. 遗传算法

遗传算法（Genetic Algorithms）是模拟生物进化过程的算法，由三个基本算子（或过程）组成：

（1）繁殖（选择）。它是指从一个旧种群（父代）选出生命力强的个体，产生新种群（后代）的过程。

（2）交叉（重组）。它是指选择两个不同的个体（染色体）的部分（基因）进行交换，形成新个体的过程。

（3）变异（突变）。它是指对某些个体的某些基因进行变异（0 变 1，或 1 变 0），形成新个体的过程。

这种遗传算法可起到产生优良后代的作用。这些后代需满足适应值，经过若干代的遗传，将得到满足要求的后代（即问题的解）。遗传算法已在优化计算的分类机器学习方面发挥了显著作用。

3. 决策树方法

决策树（Decision Trees）方法是指利用信息论中的互信息（信息增益）寻找数据库中具有最大信息量的属性字段，建立决策树的一个节点，再根据该属性字段的不同取值建立树的分支，在每个分支子集中重复建立树的下层节点和分支的过程。国际上最早的也是最有影响的决策树方法是 Quiulan 研究的 ID3 方法。ID3 方法在数据库的数据量很大时往往能发挥更好的效果。

决策树方法在现有的数据挖掘产品中有较为广泛的应用，如 Business Object 公司在它的 OLAP 产品中新增加的一个数据挖掘的模块 Business Miner，就采用了一种称为 GINI 的决策树方法。

在数据挖掘和知识发现中应用的人工智能技术还有邻近搜索方法（Nearest Neighbor-method）、集合论的粗集（Rough Set）方法、规则推理（Rule Induction）方法、模糊逻辑（Fuzzy Logic）方法、公式发现方法等。

二、数据挖掘的分类

从数据分析角度出发，数据挖掘可以分为两种类型：描述型数据挖掘和预测型数据挖掘。描述型数据挖掘是指以简洁、概述的方式表达数据中存在的一些有意义的性质。预测型数据挖掘是指通过对所提供数据集应用特定方法分析所获得的一个或一组数据模型，并将该模型用于预测未来新数据的有关性质。描述型数据挖掘包含关联分析、序列分析、聚类分析等方法。而预测型数据挖掘包含分类和统计回归等方法，常用的预测模型包括决策树、神经网络、线性回归等。

1. 描述型数据挖掘

数据库通常包含大量细节性数据，然而用户却常常想要得到简洁的概要性总结。这样的数据摘要能够提供一类数据的整体情况描述，或与其他类别数据相比较的有关情况的整体描述。此外用户通常希望能轻松、灵活地获得从不同角度和分析细度对数据所进行的描述。

描述型数据挖掘又称为概念描述，它是数据挖掘中的一个重要组成部分。数据库中数据及对象在基本概念层次包含了许多细节性的数据信息。例如，在商场销售数据库的商品信息数据中，就包含了许多诸如商品编号、商品名称、商品生产厂家等低层次信息，对这类大量的数据进行更高层次抽象以提供一个概要性描述是十分重要的。

常用的描述性挖掘算法包括：关联规则、序列分析和聚类分析等。其中，关联规则用于描述数据库中记录事件的关联程度，如用户如果购买产品 A 就会购买产品 B 的概率。关联规则的描述有助于帮助发现有趣的规则，并借此提高产品销售量，或者提供更合理的服务，提高客户的满意度。序列分析过程类似于关联规则，但它的重点是通过事件发生的顺序分析事件的因果关系。而聚类分析是将数据进行自然聚集，得到按自身特征划分的集合的过程。聚类分析的结果是对划分后每组数据特征的描述，用于帮助用户更加了解所拥有数据集合的结构和数据间的相互联系。

2. 预测型数据挖掘

预测型数据挖掘是通过分析已知的历史数据，对未来做出预测的挖掘方法。预测型数据挖掘的目的是根据现有的数据集及已知度量去推测求知度量，例如，预测一个特定的客户属于哪个类别或会具有哪种行为，或预测一个特定变量在未来某个时间的可能值等。

预测型数据挖掘的工作方法是首先分析现有数据集并建立预测模型。其中，用于建立预测模型的数据称为训练集，它是历史数据的一部分。训练集也可以通过收集现实数据获得。

在进行预测型数据挖掘后，还需要利用检验集合对模型进行评估，以判定模型的准确程度，进而调整预测模型。因此，通常会将现有的数据集合成两个部分，训练集和检验集，分别用于建立模型和模型评估。

三、数据挖掘的分析方法

每一种数据挖掘方法都有多种算法来实现。现在有越来越多的人在从事数据挖掘算法的研究。如果没有挖掘算法将数据挖掘原理加以实现，那么，所提出的所有方法和思想都将变得没有意义。下面针对几种方法及其涉及的数据挖掘算法进行详细的说明。

1. 关联分析

了解关联规则挖掘首先要了解两个概念，即支持度和置信度。对于关联规则 A⇒B（如果 A 那么 B），支持度反映的是有足够多的数据可能支持这一规则，置信度反映的是这一规则的可信程度。

支持度和置信度的定义如下：

支持度　　　　　　　$\text{Support}(A \Rightarrow B) = P(A \cup B)$

置信度　　　　　　　$\text{Confidence}(A \Rightarrow B) = P(B \mid A)$

具有较高置信度和支持度的规则称为强规则。关联规则挖掘就是寻找强规则的过程。关联规则可以是单维的也可以是多维的，可以是单层的也可以是多层的，可以是布尔的也可以是量化的。下面介绍一种典型的关联规则挖掘算法——Apriori 算法。

Apriori 算法是一个关于单维、单层、布尔规则的方法，因此它也是关联规则挖掘中形式最简单的方法。Apriori 算法是一个逐层迭代寻找频繁集的方法，它的性质是频繁项集的所有非空子集必须是频繁的。

下面用一个简单实例介绍 Apriori 算法的实现方法。表 9-3 是一个事务数据，"ID"表示顾客号，"购买商品"表示顾客一次购买的商品名称。规定最小支持度为 60%，最小置信度为 80%。

表 9-3　事务数据

ID	购买商品
1	{K, A, D, B}
2	{D, A, C, E, B}
3	{C, A, B, E}
4	{B, A, D}

第一步：扫描每条记录，对每个项（即每种商品）出现的次数计数。

第二步：根据最小支持度确定频繁项集 L_1。

第三步：L_1 与 L_1 连接，得到候选项集。扫描记录，对候选集中候选项计算支持度。根据最小支持度得到频繁项集 L_2。

第四步：L_2 与 L_2 连接，得到候选项集。根据 Apriori 算法的性质去掉不符合条件的候选项，即有不频繁子集的项。然后扫描记录，对候选集中剩余候选项计算支持度。根据最小支持度得到频繁项集 L_3。

第五步：继续重复上述动作，直到所得频繁项集 L_n 为空，则频繁项集 L_n-1 即为频繁项集。

根据表 9-3 中的事务数据进行 Apriori 算法，过程如图 9-3 所示。

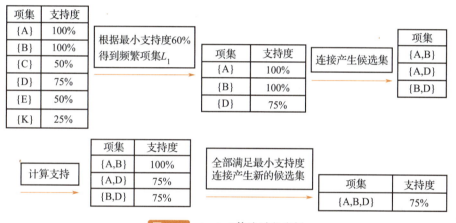

图 9-3　Apriori 算法过程实例

最终得到一个频繁项集 ｛A，B，D｝。这就是用 Apriori 算法寻找频繁项集的过程。但关联规则挖掘的最终目的是找到强规则。列出最终得到的频繁项集 ｛A，B，D｝可产生的关联规则，计算规则的置信度，如表 9-4 所示。

表 9-4　关联规则的置信度

规则	置信度
A∩B ⇒D	75%
A∩D ⇒B	100%
B∩D ⇒A	100%
A ⇒B∩D	75%
B ⇒A∩D	75%
D ⇒A∩B	100%

根据最小置信度 80% 可得到三个强规则 A∩D ⇒B、B∩D ⇒A 和 D ⇒A∩B。至此，完成了一个简单的关联规则挖掘。

关联规则挖掘不仅可以处理单维、单层的简单模式，还可以进行多维规则、多层规则的挖掘，或者基于约束的挖掘等复杂挖掘。关联规则可以发现数据库中不同商品的联系，进而反映顾客的购买习惯。关联规则是一种目前应用十分广泛的方法。

2. 序列模式分析

序列模式分析（Sequential Pattern Analysis）和关联分析法相似，其目的也是挖掘出数据间的联系，但序列模式分析的侧重点在于分析数据间的前后（因果）关系。以一个零售商的例子说明，如果数据挖掘系统在分析时按客户号而不是按交易号分组，并进一步将每组按时间分类，就得到表 9-5。在进行序列模式分析时，同样也需要由用户输入最小置信度和最小支持度。在本例中，最小置信度是 0.5，最小支持度也是 0.5。规定"先购买了商品 X 的客户后购买商品 Y"的置信度为 C，支持度为 S。则：

$$C = \frac{先购买商品 X 再购买商品 Y 的组数}{先购买了商品 X 的组数}$$

$$S = \frac{先购买商品 X 再购买商品 Y 的组数}{总组数}$$

表 9-5　按时间分类表

客户号	日期	商品号	数量
甲	3/4/2010	A	14
		B	3
	4/4/2010	C	11
乙	5/6/2010	C	2
		B	3
		D	13
	8/6/2010	B	10
		D	12

以组（同一客户）为基准，并且在 Item1 和 Item2 之间保持时间顺序关系，则可以得出一个最简单的序列规则（见表 9-6）。

表 9-6　序列规则

Item1	Item2	置信度 C	置信度 S
A	B	1	0.5
B	C	0.5	0.5
A，B	C	0.5	0.5
B	B	0.5	0.5
B	D	0.5	0.5
B	B，D	0.5	0.5
B，C，D	B，D	0.5	0.5

运用序列模式分析这些记录，零售商则可以发现客户潜在的购物模式，例如客户在购买微波炉前最常购买何种商品。如果将序列模式分析法用于股市分析，则可能发现如下的规律：在 5 天的交易日中，如果 X 股最多只上涨 10%，Y 股的涨幅在 10%～20% 之间，那么 Z 股在下星期上涨的概率为 0.68。在医疗保险行业，该方法也同样具有非常好的效果。保险公司利用序列模式分析法可以预测用户投保后最常采用的医疗措施，从而识别可能的欺诈行为。

3. 分类分析

预测型模型以通过数据库中的某些数据得到另外的数据为目标，若预测的变量是离散的（如批准或者否决一项贷款），这类问题就称为分类（Classification）；如果预测的变量是连续的（如预测盈亏情况），这类问题就称为回归（Regression）。

数据挖掘广泛使用的方法有决策树、神经网络、径向基础函数（Radial Basis Functions）等。基于债务水平、收入水平和工作情况，可对给定用户进行信用风险分析。分类分析（Classification Analysis）通过判断以上属性与已知训练数据中风险程度的关系给出预测结果。决策树是一种常见且有用的预测模型。表 9-7 是一个可用于判断信用风险的训练集。客户的债务情况、收入情况、工作类型及信用风险被收集其中。图 9-4 显示了一个由表 9-7 中的原始数据生成的决策树。

表 9-7　原始数据

客户编号	债务情况（Debt）	收入情况	工作类型（Employment Type）	信用风险（Credit Risk）
1	High	High	Self-employed	Bad
2	High	High	Salaried	Bad
3	High	Low	Salaried	Bad
4	Low	Low	Salaried	Good
5	Low	Low	Self-employed	Bad
6	Low	High	Self-employed	Good
7	Low	High	Salaried	Good

图 9-4　决策树

在这个普通例子中，一个决策树算法对于信用风险预测来说，最重要的属性是债务情况。因此决策树中的第一个分支点设在债务情况。叶子"Debt = High"包含三条"Credit Risk = Bad"而没有"Credit Risk = Good"的记录。在这个例子中，客户的高负债记录是他的信用风险大的充分条件。"Debt = Low"仍是混合的，其中有三条"Credit Risk = Good"和一条"Credit Risk = Bad"。这种情况下，决策树算法将用"Employment Type"作为第二条判断条件。Employment Type处分支得到两个叶子，它显示申请者有较高的信用风险。当然这只是一个理想状况下的范例，但它演示了决策树如何利用已知的属性进行信用风险预测。事实上，每个信用申请者有远多于此的属性，并且申请者的数量是庞大的。当一个实际问题的规模发展到如此地步时，用人力去寻找判断好坏的标准将非常困难。然而，分类分析可以判断成百个属性、记录百万条数据，以建立描述规则的决策树。

4. 聚类分析

将一组对象的集合分组为由类似的对象组成的多个类的过程称为聚类。分组后得到的相同类中的对象相似，而不同类中的对象相异。聚类分析的应用十分广泛，在商务中，聚类可以通过客户数据将客户信息分组，并对客户的购买模式进行描述；在生物中，聚类可以通过对基因排列的分类，发现特定的基因组合导致怎样的特征或病症。同时，聚类分析也常常作为数据挖掘的第一步，对数据进行预处理，然后用其他算法对得到的类进一步分析。

聚类分析的方法主要有基于划分的方法、基于层次的方法、基于密度的方法、基于网格的方法、基于模型的方法等。还有一些算法是将几种方法结合起来应用的。要进行聚类分析，首先要了解聚类分析方法中涉及的几个概念。

（1）相异度。相异度用以描述两个对象之间的差别。它是通过两个对象的属性值计算的。通常以相异度矩阵来表示：

$$\begin{pmatrix} 0 & & & & \\ d(2,1) & 0 & & & \\ d(3,1) & d(3,2) & 0 & & \\ \vdots & \vdots & \vdots & \vdots & \\ d(n,1) & d(n,2) & \cdots & \cdots & \end{pmatrix}$$

这里$d(i,j)$是对象i和对象j之间相异度的量化表示，通常$d(i,j)>0$，并且$d(i,j)=d(j,i)$，$d(i,i)=0$。

（2）距离。对于数值型数据通常用距离来表示相异度。最常用的距离表示方法是欧几里得距离。它的定义是：

$$距离 = \sqrt{\left| x_{i1}-x_{j1} \right|^2 + \left| x_{i2}-x_{j2} \right|^2 + \cdots + \left| x_{ip} - x_{jp} \right|^2}$$

式中，$i=(x_{i1},x_{i2},\cdots,x_{ip})$和$j=(x_{j1},x_{j2},\cdots,x_{jp})$是两个$p$维的对象。

（3）两个簇间的平均距离。它是两个簇中的对象两两之间的距离的平均值。

下面介绍两种简单的聚类分析算法：基于划分的方法和基于层次的方法。

（1）基于划分的方法。它的代表方法是 K - 平均算法和 K - 中心点法。K - 平均算法的思想如下：输入簇的数目 K 和包含 n 个对象的数据库。

1）任意选择 K 个对象作为初始的簇中心。

2）循环进行 3）、4）。

3）根据簇中对象的平均值，将每个对象（重新）分给最类似的簇。

4）更新簇的平均值，即计算每个簇中对象的平均值。

5）直到不再发生变化。

图 9-5 为 K - 平均算法的过程示例。

图 9-5a 为输入点，以两个星形点为初始的簇中心进行聚集；图 9-5b 为第一次聚类后的结果，图中两个星形点为簇的平均值点；图 9-5c 为以两个簇的平均值点为簇中心进行聚类的结果，至此结果不再变化，算法执行结束。图 9-5c 中标注的两个聚类为结果聚类。

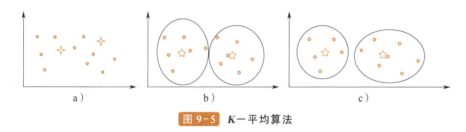

a) 　　　　　　　　　　b) 　　　　　　　　　　c)

图 9-5　K-平均算法

K - 平均算法基于簇中对象的平均值，输出结果是 K 个簇。K - 平均算法的优点是实现简单，易于理解；缺点是如果数据中存在孤立点，会影响聚类质量。

K - 中心点法是对 K - 平均法的一种改进，它是用代表点作为中心点进行聚类，再逐步用非中心点代替中心点找到最优解。当数据量很大时，K - 中心点法的实现代价过高，进而又产生了 CLARA、CLARANS 等改进的划分方法。

（2）基于层次的方法。基于层次的方法分为凝聚的层次聚类和分裂的层次聚类两类。凝聚的层次聚类是指对于给定的数据集合，将每个对象作为一个簇，然后根据某些准则（如平均距离最小准则）将对象一步步合并，直至所有的对象最终合并成一个簇。分裂的层次聚类是指凝聚的层次方法的逆过程，对于给定的数据集合，将所有对象作为一个簇，然后根据某些准则一步步分裂，直至每个对象成为独立的一个簇。图 9-6 是两种层次聚类方法的示例。

基于层次的方法的原理和执行都较为简单，但节点一旦凝聚或分裂就不能取消。因此一步错误的聚集会导致整个聚类结果质量的下降。基于层次的方法也有许多改进算法，如 BIRCH（利用层次方法的平衡迭代归约和聚类）方法、变色龙（Chameleon）算法、CURE（利用代表点聚类）方法、DBSCAN（基于高密度连续区域的密度聚类）方法等。

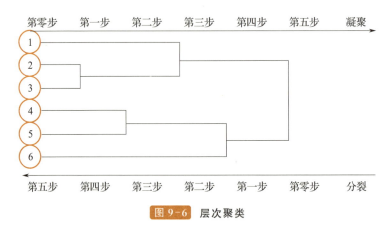

图 9-6 层次聚类

对聚类分析方法的评价需要考虑以下几个方面：算法的可伸缩性，即处理大量数据的能力；处理不同类型属性的能力，数据属性并非都是数值型；处理孤立点的能力，好的聚类算法对孤立点应当是不敏感的；发现聚类形状的能力，聚类得到的簇可以是任意形状的，而有些算法是将簇的形状假设为球状的；处理高维数据的能力；聚类算法的可解释性等。

由于数据的特性不同，在进行聚类分析时应根据算法特点选择合适的聚类算法，没有万能的最优算法。因此，根据需要对现有算法进行改进也是一项挑战。

5. 孤立点分析

孤立点又称为噪声，是数据库中与数据的一般模式不一致的数据对象。孤立点的存在有很多原因，如收集数据的设备出现故障、人工输入时的输入错误、数据传输中的错误等，但数据挖掘前会对数据进行清理、转换，解决数据的错误和不一致，所以孤立点更多时候表现的是一种特殊的、与众不同的对象或模式，这时孤立点的信息就显得十分重要了。如果一味地在算法中将孤立点去掉或忽略，则有可能失去重要的信息。孤立点分析就是专门挖掘这些特殊信息的方法。

孤立点分析主要包括基于统计的孤立点检测、基于距离的孤立点检测等多种方法。基于统计的孤立点检测是运用统计学知识进行假设检验找到孤立点的方法，但数据的分布函数并不总是已知的或可以假设的，而且统计的方法只能用于一个属性，对于多维数据的孤立点分析就不合适了。

孤立点检测的目的是找到特殊的点，进而发现特殊的行为模式，因此被广泛应用于发现信用卡诈骗、电话盗用等诈骗活动。

6. 复杂类型数据的挖掘

数据挖掘的数据可以来自高级数据库。这些高级数据库包括面向对象的数据库、空间数据库、时间和时间序列数据库、文本和多媒体数据库等新的数据库。针对这些高级数据库的数据挖掘称为复杂类型数据的挖掘。

（1）空间数据挖掘。空间数据挖掘是针对空间数据库进行的数据挖掘。空间数据库中存储了大量与空间有关的数据，如地图、医学图像等。对空间数据库的挖掘可以运用空间关联分析、空间聚类、空间分类和空间趋势分析等方法。

（2）多媒体数据库挖掘。多媒体数据库中的存储对象是多媒体对象，如音频数据、视频数据、图像数据等。目前的多媒体数据库挖掘主要是对图像数据的挖掘，主要方法有相似性搜索、多维分析、分类和预测分析以及多媒体数据的关联挖掘等。

（3）文本挖掘技术。目前人们拥有了大量的数据，同时拥有了更多的文本文档，文本文档中要表达的信息更加直观，更加有针对性，因此文本数据挖掘是获得知识的又一重要手段。

文本挖掘可以用于文档管理、邮件管理、市场研究、信息收集等许多方面。

四、常见数据挖掘工具软件介绍

数据挖掘工具主要有两大类：一类是应用于特定领域的专用数据挖掘工具，另一类是应用面较广的通用数据挖掘工具。

专用数据挖掘工具针对某个特定领域的问题提供解决方案。在算法设计方面，充分考虑到数据和需求的特殊性，并进行优化。例如，IBM 公司的 Advanced Scout 系统，针对篮球职业联赛数据，帮助教练优化战术组合等。

通用数据挖掘工具处理常见的数据类型，采用通用的数据挖掘算法，提供较为通用的处理模式，如分类模式、回归模式、时间序列模式、聚类模式、关联模式等。这类系统软件有 IBM 公司的 QUEST 系统、SGI 公司的 MineSet 系统、加拿大 Simon Fraser 大学的 DBMiner 系统、美国 Business Objects 公司的 Business Miner 系统、SAS 公司的 SAS EM（Enterprise Miner）系统等。

SAS EM 在 SAS 数据仓库和数据挖掘方法论的基础之上，采用图形化界面、菜单驱动方式，为用户提供了一个数据挖掘的集成环境，集成了数据获取工具、数据抽样工具、数据筛选工具、数据变量转化工具、数据挖掘数据库、数据挖掘方法等。

常用的数据挖掘软件工具主要有 SAS EM、IBM Intelligent Miner、Oracle Darwin、SPSS Clementine、Unica PRW、SGI MineSet 等。

第四节　数据挖掘技术在客户关系管理中的应用

一、数据挖掘的广泛应用

数据挖掘是一项应用十分广泛的技术。目前，数据挖掘在各行各业都凸显了其在数据分析上的强大优势。

1. 数据挖掘在生物医学中的应用

在生物医学界，数据挖掘的应用可以对 DNA 序列进行相似性搜索和比较，或者运用关联规则找到同时出现的基因序列，这样可以有效地发现相似的基因序列。通过比较和分析找到导致某种病症的特定基因序列。

2. 数据挖掘在电信业中的应用

数据挖掘在电信业中的应用通常有以下几个方面：利用聚类分析或分类方法对客户进行分类；利用关联规则挖掘和序列分析发现特定的电信服务使用模式；通过聚类分析和孤立点挖掘找到电信服务使用中的异常模式（如盗用行为）等。

3. 数据挖掘在金融业的应用

目前金融业中许多系统要求具有客户数据分析、客户个性分析、竞争分析等功能。这些系统越来越多地使用数据挖掘来进行客户关系管理。数据挖掘的使用有助于企业对客户的分析和管理，从而达到保留高价值客户、提高竞争力的目的。例如，客户分类就是一项重要的工作。通过分类与聚类方法将具有相同行为（如储蓄、贷款）的客户分为一组；进而针对不同组的成员提供不同的金融服务、贷款政策等；还可以建立预测模型对客户的贷款偿还能力进行预测，针对不同偿还能力的客户提供不同的贷款额上限。孤立点挖掘在金融业也是十分有用的，它可以帮助发现异常的交易模式，从而发现金融犯罪。

除此之外，数据挖掘在零售业、市场营销、产品设计、军事等许多方面都有重要的应用。

二、CRM 数据挖掘的流程

CRM 中的数据挖掘流程可以分为以下几个步骤。

1. 确定分析和预测目标

这是数据挖掘的第一步。确定分析和预测目标相当于需求分析，主要是明确业务目标。在 CRM 中，数据挖掘的目标通常是找到重点客户，分析客户的购买习惯或购买规则，分析客户诈骗行为等。

2. 建立数据挖掘库

建立数据挖掘库是数据挖掘过程中较为复杂的一步。首先要进行数据收集；完成数据收集后，要对数据进行描述；数据描述之后就要从数据中选取建立和检验数据挖掘模型需要的数据了；接下来要对选择的数据进行数据清理。经过以上几步，将整理后的数据存入数据挖掘库。数据挖掘库中还应包括数据的元数据。

3. 分析数据

分析数据即对数据挖掘库中的数据进行分析，如计算数据的平均值、标准差等统计信息，以便发现数据的分布。对数据有了全面细致的了解以后，就可以针对数据挖掘分析目标选择合适的变量和记录。

4. 建立模型

建立模型是根据模型分析目标，选择合适的方法和算法对数据进行分析，得到一个数据挖掘模型的过程。建立模型时选择正确的方法和算法是必须的，建立模型是一个反复的过程，它需要不断地改进或更换算法以寻找对目标分析作用最明显的模型。改进模型后得到一个最合理、最适用的模型，建立模型的过程也就基本完成了。

5. 模型评估与验证

为了验证模型的有效性，选择最优的模型，一般会将数据集分为两部分，一部分用于建立模型，另一部分则用于测试模型。如果用相同的数据对模型进行建立和测试，可信度就不高了。为了保证模型的有效性和可用性，对模型的测试也是一个反复进行的过程。对模型的评估主要需要考虑模型的准确性、模型的可理解性、模型的性能等几个方面。

6. 模型实施

模型建立并通过验证以后就是具体实施了。模型的实施有两种情况。一种是将数据挖掘模型得到的结果提供给信息需求者或者管理者，以辅助管理者进行决策分析。还有一种情况就是保留模型，以后每当遇到类似问题就用这个模型进行分析，或者将模型用于不同数据集上（这些数据分析需要采用相同的方法）进行分析。

在模型的使用过程中，随着时间及环境的变化，还应对模型进行重新测试，并对模型进行相应的修改。这就是模型维护的过程。

CRM 数据挖掘的结果将对企业客户关系管理决策起到辅助甚至决定的作用。

在 CRM 中，数据挖掘的应用是非常广泛的。CRM 中的客户分类、客户盈利率分析、客户识别与客户保留等功能都需要数据挖掘的应用来实现。下面将分别介绍数据挖掘技术在 CRM 各个功能中的应用。

三、数据挖掘在客户分类中的应用

客户分类是指将所有客户分成不同的类的过程。将客户分类有利于针对不同类型的客户进行客户分析，分别制定客户服务策略。

客户分类可以采用分类的方法，也可以采用聚类的方法。分类的方法是预先给定类别，如将客户分为高价值客户和低价值客户，或者分为长期固定客户和短期偶然客户等。然后确定对分类有影响的因素，将拥有相关属性的客户数据提取出来，选择合适的算法（如决策树、神经网络等）对数据进行处理得到分类规则。经过评估和验证后就可将规则应用到未知类型的客户中，对客户进行分类。聚类的方法则是一种自然聚集的方式，在数据挖掘之前并不知道客户可以分为哪几类，只是根据要求确定分成几类（有些算法需要人为确定输出簇的数目）。将数据聚类以后，再对每个簇中的数据进行分析，归纳出相同簇中客户的相似性或共性。

客户分类可以对客户的消费行为进行分析，也可以对客户的消费心理进行分析。企业可以针对不同行为模式的客户提供不同的产品，针对不同消费心理的客户提供不同的促销手段等。客户分类也是其他客户分析的基础，在分类后的数据中进行挖掘更有针对性，可以得到更有意义的结果。

四、 数据挖掘在客户识别和客户保留中的应用

识别客户是企业发现潜在客户、获取新客户的过程。新客户包括以前没听过或没使用过企业产品的人、以前不需要企业产品的人甚至竞争对手的客户。由于企业掌握的新客户的信息并不多，所以企业应采取一些必要的手段（如广告宣传的同时进行调查问卷或网上调查等）来获取潜在客户的信息，这些信息应该包括地址、年龄、收入范围、职业、受教育程度、购买习惯等。可根据潜在客户的信息分析出哪种类型的人最可能是潜在客户。得到了这样的分析结果，例如分析结果表明大多潜在客户都是年龄在25～35岁之间的外企职员，那在下一步宣传和获取客户阶段就应该有针对性地设计广告和确定宣传地点。同时，还可以根据潜在客户的特点分析企业产品的优势。

客户识别是获取新客户，而客户保留则是留住老客户、防止客户流失的过程。由于企业对老客户的信息掌握得比较详细，而对潜在客户的信息掌握得很少，所以对企业来说，获取一个新客户的成本远比保留一个老客户的成本高得多。而且在目前开放的商业环境下，企业间竞争越来越激烈，客户保留也就成为企业面临的一个重要难题。

在客户保留过程中，首先要对已经流失的客户数据进行分析，找到流失客户的行为模式，同时分析流失原因。例如，一家超市的大量流失客户都居住在同一地区，那么可能的情况是公交车线路的改变使客户选择其他交通更方便的超市，如果住在那个地区的客户足够多，超市就应该增加一辆免费购物班车，这样不但会挽留原有客户还有可能获取新客户；还有可能是那个地区附近新开了一家超市，此时就应该在该地区发布更有吸引力的广告以达到保留客户的目的。

根据已经流失的客户的特点还可以预测现有客户中有流失倾向的客户。对于这些客户，企业应该及时调整服务策略，针对用户分类时得到的用户特点采取相应的措施挽留客户。挽留一个老客户，竞争对手就减少了一个新客户；流失一个客户就为竞争对手送去一个新客户。因此，客户保留是客户关系管理中极为重要的一个部分。

在客户识别和客户保留过程中可以运用关联分析和序列模型分析等方法进行决策分析。

五、 数据挖掘在客户忠诚度分析中的应用

客户忠诚度的提高是企业客户关系管理中的一个重要目标。忠诚度高的客户会不断地购买企业产品或服务，不论产品和服务的质量是不是最好、价格是否有折扣。企业获得一个忠诚客户无疑会大大降低成本（广告成本、折扣成本等），同时会提高企业的竞争力（因为忠诚客户只购买企业的产品而排斥企业竞争对手的产品）。

数据挖掘在客户忠诚度分析中主要是对客户持久性、牢固性和稳定性进行分析。客户持久性反映的是客户在企业连续消费的时间。客户牢固性反映的是客户受各种因素

（如价格、广告宣传等）的影响程度。牢固性高的客户受各种因素的影响较小，始终购买同一企业的商品或服务；而有些顾客只在促销、打折或大规模宣传时才购买该企业的产品或服务，他们的牢固性相对较低。客户稳定性是客户消费周期和频率的表现，每隔一段时间就购买一次该企业产品的客户被认为是稳定的，而那些偶尔购买、购买时间随机的客户被认为是不稳定的。这三个指标综合起来可以反映客户的忠诚度。

对客户持久性、牢固性和稳定性的分析主要是运用时间序列模型中的趋势分析方法。趋势分析包含趋势走向、周期走向与周期变化、季节性走向与变化、不规则的随机走向几个方面的分析。通过趋势分析可以了解客户在过去一段时间的消费周期和消费随时间变化的情况，同时还能预测客户在未来一段时间内的消费趋势。结合数据的分析结果和预测结果就可以判断一个客户的持久性、牢固性和稳定性，继而确定客户的忠诚度。

六、数据挖掘在客户盈利率分析中的应用

客户盈利率是一个定量评价客户价值的指标。它是根据规定的评价尺度，通过对客户数据计算得到一个确定结果的过程，因此客户盈利率的计算并不需要数据挖掘。数据挖掘技术在客户盈利率分析中的应用主要体现在"分析"上。企业可以运用数据挖掘技术预测在不同的市场竞争环境和市场活动环境下客户盈利率的变化。客户盈利率分析的目的是找到那些高价值的客户，并针对这些高价值的客户进行更深层、更细致的客户关系管理。客户盈利率分析中数据挖掘的应用目的是找到最合适的市场环境，使企业的客户盈利率达到最优。

客户盈利率的概念否定了"给企业带来的总收入越高的客户价值越大"的观点。高价值客户是那些企业投入较少成本就可以获得高收益的客户。这个概念同时反映了提高客户忠诚度的重要意义。对于忠诚度高的客户，企业不必花费额外的成本吸引客户，而他们给企业带来的效益是很高的（因为他们不会只选择促销产品，或在产品打折时消费）。因此，客户忠诚度越高，企业的客户盈利率也越高，所以数据挖掘在分析客户忠诚度的过程中也对客户盈利率的提高有一定的影响。

七、数据挖掘在个性化营销中的应用

个性化营销是面向客户的营销，也是客户关系管理的重要组成部分。个性化营销是在客户分类的基础上进行的。针对不同类型的客户，企业可以采用不同的政策和销售方式。例如，企业按照客户对产品的偏好对客户进行分类，得到了几组客户，他们分别对电子产品、食品、服装和生活用品最感兴趣，那么企业可以将相关的广告发到相对应的客户邮箱中，由于客户得到的广告是自己感兴趣的产品宣传，他们不会将广告当成垃圾邮件，也不会产生反感，而且很有可能会去尝试了解这一产品。这不但降低了宣传工作量和宣传成本，而且得到了更好的销售效果。

交叉销售也是个性化营销的一种形式。交叉销售和购物篮分析不同，购物篮分析是对客户已经购买的产品进行分析，找到产品之间的联系。而交叉销售是根据客户已经购买的产品预测他将要或可能需要购买的新产品。数据挖掘技术的应用目标是建立预测模型，找到适合交叉销售的商品。例如，分析发现大多购买了洗衣机的客户在一个月以后会买自动晾衣架，企业可以针对这一发现向正在购买洗衣机的客户顺便介绍自动晾衣架，或者在给客户的服务跟踪调查问卷中附带自动晾衣架的宣传广告。适合交叉销售的产品是在过去的客户购买信息中发现的。可以运用序列模型分析的方法，对备选产品进行数据挖掘。序列模型分析强调的是先后顺序，它的实现原理和关联分析是相同的，也是根据支持度和置信度两个指标分析两个对象的关联性，不同的是关联分析的结果（A⇒B）说明购买了 A 的客户大多也会购买 B，而序列模型分析的结果（A⇒B）说明先购买了 A 的客户在一段时间之后大多会购买 B。可见序列模型分析的结果对交叉销售是具有指导意义的。

通过对 CRM 中数据挖掘应用的介绍可以看出，在 CRM 中的各个方面几乎都用得到数据挖掘技术。CRM 要求对大量的客户数据进行分析和管理，而数据挖掘技术刚好提供了这样一个分析工具。因此，数据挖掘技术的正确应用对 CRM 系统功能的全面实现具有重要的意义。

第五节　联机分析处理技术与客户关系管理

一、联机分析处理的概念

联机分析处理（OLAP）的概念最早是由关系数据库之父德加·科德（Edgar F. Codd）于 1993 年提出的。当时，科德认为联机事务处理（OLTP）已不能满足终端用户对数据库查询分析的需要，SQL 对大量数据库进行的简单查询也不能满足用户分析的需求。用户的决策分析需要对关系数据库进行大量计算才能得到结果，而查询的结果并不能满足决策者提出的需求。因此，科德提出了多维数据分析的概念。

（一）OLAP 的相关概念

OLAP 是指针对某个特定的主题进行联机数据访问、处理和分析，通过直观的方式从多个维度、多种数据综合程度将系统的运营情况展现给使用者。以下为与 OLAP 相关的几个概念。

1. 变量

变量是分析数据时要考察的属性。例如，企业要考察过去一段时间全国各地销售量的情况，这里时间和地理位置都是维度，销售量是变量。

2. 维

用户分析问题的角度或决策分析的出发点构成了数据仓库中的维。例如，在分析销售量的时候，可以从商品种类、时间、地区等几个角度考虑，这个多维数据库就包含产品维、时间维和地理维。

3. 维的层次性

数据仓库中的维是具有层次性的。例如，地理维可以分为地区维、省维，还可以细分为市维、县维等层次。在数据表中，地理维可以用地区维、省维、市维等层次来代替。其中，同一层次的字段具有相同的级别。层次是由上到下逐步细化的。时间维、产品维等所有其他维度也同样具有层次性。

4. 维成员

维成员是维的一个取值，如果维分成了几个层次，那么维成员就是不同维层次取值的组合。

5. 事实

每一个维都取一个维成员，则可得到唯一确定的一个变量值。由各维度的取值和变量值构成事实。

6. 多维数据立方体

多维数据立方体对应的是一个多维数组，在多维数据立方体中可以用（维 1，维 2，维 3，……，维 n，变量值）表示。

（二）多维数据模型上的 OLAP 操作

1. 数据切片

对多维数据集（维 1，维 2，…，维 i，…，维 n，变量值）在维度 i 上选定一个维成员，得到一个 $n-1$ 维多维数据集，称得到的这个 $n-1$ 维多维数据集为原数据集在第 i 维上的数据切片。

图 9-7 表示了一个数据切片动作。在数据立方体上，在地点维上取一个特定取值，得到一个在地点维上的切片。

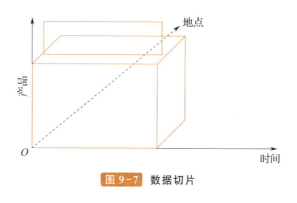

图 9-7 数据切片

2. 数据切块

在多维数据立方体中，确定某些维度的取值范围，得到一个原立方体的子立方体的过程称为数据切块。数据切块与数据切片得到的多维数组都是原多维数据立方体的子集，不同的是，数据切片使多维立方体降低了一个维度，而数据切块得到的多维立方体与原立方体的维数是相同的。

3. 数据钻取

数据钻取也称为数据下钻，是由概括的数据到详细的数据的过程。数据钻取对应维的层次，它是由维的高层次展开到低层次的一个动作。例如我们由"年"数据下钻到"季度"数据，这无疑会增加数据细节和数据量，得到更详细的数据。数据钻取的具体操作参见图9-8中的数据钻取部分。

4. 数据聚集

数据聚集又称为数据上卷，它是数据钻取的逆过程。数据聚集是将详细的数据聚集为较概括的数据，它是一个综合数据的动作。

图9-8显示了一个数据的钻取和聚集的过程。原数据包含时间（年）、产品两个维度，其中产品1、产品2为产品名。钻取过程是按时间下钻，由年数据得到季度数据，数据由原来的两列展为八列。聚集过程是按时间维度上卷，由详细的季度数据精化为年数据。数据聚集和数据钻取为用户提供了从不同层次观察数据的方法。

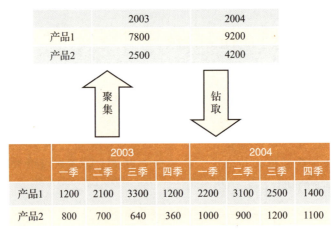

图9-8 数据钻取和数据聚集

5. 数据旋转

数据旋转即变换维度的位置，也就是转动数据的视角，给用户提供一个从不同的角度观察数据的方法。具体方法如图9-9所示。

该图是数据旋转的一个简单示例，只体现了二维表的旋转。当数据是三维或三维以上的多维数据时，数据旋转将更有意义，每进行一次数据旋转就可以从一个新的视角观察数据。

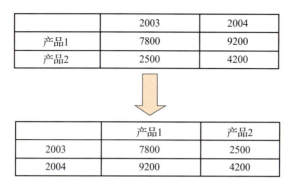

	2003	2004
产品1	7800	9200
产品2	2500	4200

	产品1	产品2
2003	7800	2500
2004	9200	4200

图 9-9 数据旋转

二、OLAP 的数据组织

按照数据组织，可将 OLAP 分为 ROLAP（Relational OLAP）、MOLAP（Multidimensional OLAP）和 HOLAP（Hybrid OLAP）三类。

1. ROLAP

ROLAP 表示基于关系数据库的 OLAP 实现。以关系数据库为核心，以关系型结构进行多维数据的表示和存储，其实现结构如图 9-10 所示。ROLAP 将多维数据库的多维结构划分为两类表：一类是事实表，用来存储数据和维关键字；另一类是维表，即对每个维至少使用一个表来存放维的层次、成员类别等维的描述信息。维表和事实表通过主关键字和外关键字联系在一起，形成了"星形模式"。对于层次复杂的维，为避免冗余数据占用过大的存储空间，可以使用多个表来描述，这种星形模式的扩展称为"雪花模式"。

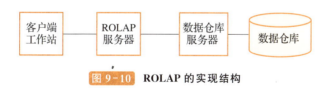

图 9-10 ROLAP 的实现结构

2. MOLAP

MOLAP 表示基于多维数据组织的 OLAP 实现，其实现结构如图 9-11 所示。以多维数据组织方式为核心，也就是说，MOLAP 使用多维数组存储数据。多维数据在存储中将形成"立方块（Cube）"的结构，在 MOLAP 中对"立方块"的"旋转""切块""切片"是产生多维数据报表的主要技术。

图 9-11 MOLAP 的实现结构

由于 MOLAP 采用了新的存储结构，从物理层实现。因此，它又称为物理 OLAP（Physical OLAP）；而 ROLAP 主要通过一些软件工具或中间软件实现，物理层仍采用关系数据库的存储结构，因此称为虚拟 OLAP（Virtual OLAP）。

3. HOLAP

HOLAP 表示基于混合数据组织的 OLAP 实现。HOLAP 方法是结合 ROLAP 和 MOLAP 产生的。它得益于 ROLAP 较大的可伸缩性和 MOLAP 的快速计算。例如，HOLAP 允许将大量详细数据存放在关系数据库表中，而聚集数据保存在分离的 MOLAP 存储中。这种方式具有更好的灵活性。

三、OLAP 技术在客户关系管理中的应用

通过基于数据仓库的 OLAP 和数据挖掘，产生商业智能以支持客户关系管理战略战术的决策，包括客户服务支持、客户市场细分、客户变动分析、交互和垂直销售分析、新客户模型、客户接触最优化、广告分析、信用风险分析、客户生命周期曲线等。

（一）CRM 与 OLAP 的关系

将企业的数据（包括历史数据）转化为知识，帮助企业做出正确的业务经营决策的过程，称为商务智能。商务智能模型的核心构架是数据仓库，其主要功能既包括传统的 OLTP 及统计查询，又包括 OLAP 和决策支持。数据仓库不同于传统的面向事务处理的操作型数据库，它是面向复杂的数据分析的。它使企业的事务操作环境和信息分析环境分离，有效地提供决策支持。CRM 就是基于数据仓库技术的一种典型的商务智能应用，一般包括数据集成、客户分析和面向客户的战略决策三个阶段。OLAP 是针对特定问题的联机数据进行访问与分析的一种技术。OLAP 从数据仓库中的集成数据出发，构建面向分析的多维数据模型，再使用多维分析方法从多个不同角度对多维数据进行分析、比较，为具有明确分析范围和分析要求的用户提供高性能的决策支持，满足用户在多维环境下特定的查询和报表需求。

因此可以说，OLAP 是 CRM 的一个重要技术工具，在现有技术条件下，CRM 软件系统中很多地方都要用到 OLAP。

（二）CRM 中的 OLAP 分析模型

数据仓库为企业的所有决策支持应用提供了一个良好的数据基础，但并不适合直接进行 OLAP 分析，构建在数据仓库基础上的 OLAP 应用需要明确主题，建立多维模型，并根据确定的基础数据表关系填充数据。如果数据不能全从基础数据表中获得即数据仓库不能提供足够的数据支撑，那么可能需要修改分析模型，甚至修正数据仓库的结构和内容。

1. 多维模型的生成

建立多维模型如图 9-12 所示，与促销活动相关的基础数据表关系，如图 9-13 所示，多维模型所需数据全部可以从数据仓库中获得。

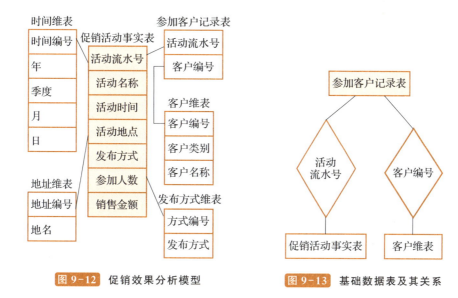

图 9-12 促销效果分析模型   图 9-13 基础数据表及其关系

（1）时间维表、地址维表。几乎所有的多维模型中都需要用到时间维表，且要求基本相同，因此一般建立一个共享时间维表，供各个多维数据模型使用。时间维表有"时间编号""年""季度""月""日"五个属性，它们由独立的填充程序生成。

地址维表有两种做法，一种是做成共享维表，另一种就是根据事实记录表直接抽取数据形成。这里用第二种方法，例如"地址编号"是自动编号字段，"地名"从促销活动事实表的"活动地点"属性中抽取得到。

（2）客户维表。它有"客户编号""客户类别""客户名称"三个属性，在促销活动事实表中没有直接的客户信息，但是可以通过参加客户记录表来与客户维表相连接。

（3）发布方式维表。它有两个属性："方式编号"是自动编号字段；"发布方式"从促销活动事实表的"发布方式"属性抽取得到。

（4）促销活动事实表的建立及填充。促销活动事实表有活动流水号、活动名称、活动时间、活动地点、发布方式、参加人数、销售金额属性。将促销活动事实表和各维表进行连接，再选取相应的属性就可以为促销活动事实表加载数据。

2. 生成 OLAP 立方体

多维模型为 OLAP 做了结构和数据上的准备，但仅仅是维表和事实表的有机组合，它本身并没有进行聚合运算，由于 OLAP 分析的快捷性是建立在大量聚合运算基础上的，因此还需要建立由多维模型的数据聚合而成的多维数据集来进行 OLAP 分析。以 Micro Soft Analysis Services 为例，建立多维数据集（也称 OLAP 立方体）主要包括以下几个步骤：

（1）构建 OLAP 立方体所需维度。维度是根据分析需求和维表的结构建立起来的，维度具有层次结构，每一个维度都有一个称为"所有"层的结构，它是数据在该维上的最高聚合。维度包括时间维度、地点维度、客户维度、发布方式维度。

（2）OLAP 立方体的生成。选取分析需要的度量和维度，再选取 OLAP 立方体的存储形式，就可以进行聚合计算形成 OLAP 立方体。从促销活动事实表中选取"参加人数"和"销售金额"作为度量，再以时间维度、地点维度、客户维度、发布方式维度作为分析维度，进行聚合运算生成 OLAP 立方体。

（3）进行 OLAP 数据展示。对 OLAP 立方体进行 OLAP 操作，其结果可以以多种图表形式展示。

（4）OLAP 分析。对 OLAP 立方体进行 OLAP 分析就可以得到以下信息：① 在各个年度（季、月）进行促销活动的参加人数和销售金额情况；② 在各个地点进行的促销活动的效果；③ 各个类别的客户参加促销活动的积极性；④ 使用各种信息发布方式的效果；⑤ 在某一年中哪一地区的促销活动的效果突出；⑥ 在某一地点各个年度的促销活动效果分别是怎样的；⑦ 某一年中用各种信息发布方式分别吸引到多少客户。

企业决策者通过以上分析结果，就可以做出提高促销效果的决策。

（三）CRM 系统中 OLAP 的设计

目前，CRM 系统大都采用 OLAP 分析工具或者数据挖掘工具。商业中缩短的交易周期、增加的交易成本、新增的商品和物流方式、强大的竞争对手增加了客户关系的复杂性，为了解决客户关系数据的复杂性和增加客户在整个生命周期中的价值，迫切需要实现 OLAP 和 DM 的无缝结合。

CRM 系统可使用 SQL Server 作为数据仓库的支撑平台。为实现 OLAP 的功能，CRM 系统中 OLAP 的系统结构如图 9-14 所示。

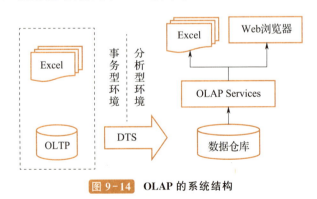

图 9-14 OLAP 的系统结构

CRM 系统的 OLTP 部分生成的数据以及 Excel 等形式的文档作为 OLAP 系统的源数据。系统通过 SQL Server 数据转移服务（Data Transformation Services，DTS）自带的抽取规则或使用 Transact-SQL 脚本语言定义从数据源到数据仓库数据抽取、清洗和转换方法，使用 DTS 提供的包及工作流功能定义各包的执行顺序，使用调度包功能实现对 DTS 包的定时处理。

OLAP 服务器采用 SQL Server Analysis Services 实现分析模型的构建和管理，包括多维数据集的建立、度量值的设置、维度的设计以及对 OLAP 服务器的访问权限控制等。

OLAP 分析数据的显示方法有多种，传统方法之一是通过 Microsoft Query 的"查询向导"，在 Excel 中建立与内网 OLAP 数据库的连接并导入相应的数据。将 Web 技术与 OLAP 结合，拓宽 OLAP 的应用范围，已成为 OLAP 的一个新的发展方向。

在该 CRM 系统里，综合使用 ASP. NET 等技术，实现了一种可在 Web 上显示 OLAP 报表的方法。系统可在客户端 Web 页面上生成复杂的交互式图表，支持用户的拖、放等操作，使用户能灵活地从多角度、多层次、多方面来分析客户情况。

练习题九

一、关键概念

1. 数据仓库　　　　2. 元数据　　　　3. 数据粒度

4. 数据分割　　　　5. 数据挖掘　　　　6. 自组织网络

7. 预测型数据挖掘　　8. 关联分析　　　　9. 聚类分析

10. 空间数据挖掘　　11. 联机分析处理　　12. 切片

13. 数据钻取　　　　14. 数据旋转　　　　15. ROLAP

二、选择题（1～8 题为单选题，9～16 题为多选题）

1. （　　）是指数据仓库中的数据只增不删，所以它记录了从开始使用数据仓库起的所有数据，它能反映企业各个时期的信息，也可以说它反映的是企业随时间动态变化的数据。

　A. 面向主题的特性　　B. 集成性　　　　C. 非易失性　　　D. 动态性

2. 在客户关系管理中，（　　）不是数据仓库的功能。

　A. 保留客户　　　　B. 管理客户　　　　C. 降低管理成本　　D. 分析利润的增长

3. （　　）不是数据仓库逻辑模型设计的内容。

　A. 分析主题域　　　　　　　　B. 划分粒度层次

　C. 确定数据分割策略　　　　　D. 确定主题及主题所涉及的对象

4. 神经网络方法是模拟人脑神经元结构，以 MP 模型和 Hebb 学习规则为基础。下面选项中（　　）不是神经网络的模型。

　A. 前馈式网络　　　B. 反馈式网络　　　C. 自组织网络　　　D. 星形网络

5. （　　）是以简洁、概述的方式表达数据中存在的一些有意义的性质。

　A. 预测型数据挖掘　　　　　　B. 描述型数据挖掘

　C. 文本型挖掘　　　　　　　　D. 知识型挖掘

6. （　　）主要是对图像数据的挖掘，方法有相似性搜索、多维分析、分类和预测分析等。

　A. 空间数据挖掘　　　　　　　B. 多媒体数据库挖掘

　C. 文本挖掘技术　　　　　　　D. 知识挖掘技术

7. 在多维数据立方体中，确定某些维度的取值范围，得到一个原立方体的子立方体的过程称为（　　）。

　A. 切片　　　　　B. 数据切块　　　C. 数据钻取　　　D. 数据旋转

8.（　　）表示基于多维数据组织的 OLAP 实现。

  A. ROLAP　　　　　　　B. MOLAP　　　　　C. HOLAP　　　　　D. OLAP

9.（　　）是数据粒度的相关指标。

  A. 粒度级别　　　　　　B. 综合程度　　　　　C. 数据量　　　　　D. 数据细节

10.常见的数据分割有（　　）几种形式。

  A. 垂直分割　　　　　　B. 水平分割　　　　　C. 图解分割　　　　D. 对角分割

11.在 CRM 系统结构中，数据仓库系统的数据来源有（　　）。

  A. 客户信息　　　　　　B. 客户行为　　　　　C. 外部数据　　　　D. 内部数据

12.在客户数据仓库的建设过程中通常有（　　）几点要求。

  A. 客户数据的集成　　　　　　　　　　B. 确保客户信息的准确性

  C. 数据及时更新　　　　　　　　　　　D. 需要当前数据

13.遗传算法是模拟生物进化过程的算法，由（　　）基本算子（或过程）组成。

  A. 繁殖　　　　　　　　B. 交叉　　　　　　　C. 变异　　　　　　D. 叠加

14.（　　）是预测型数据挖掘模型。

  A. 关联分析　　　　　　B. 决策树　　　　　　C. 神经网络　　　　D. 线性回归

15.在客户识别和客户保留过程中可以运用（　　）等方法进行决策分析。

  A. 关联分析　　　　　　B. 序列模型分析　　　C. 分类分析　　　　D. 神经网络分析

16.数据挖掘在客户忠诚度分析中主要是对客户（　　）进行分析。

  A. 持久性　　　　　　　B. 多样性　　　　　　C. 牢固性　　　　　D. 稳定性

三、简答题

1.数据仓库的定义是什么？分别介绍数据仓库的四个特性。

2.数据仓库模型设计包括哪几个步骤？

3.简述数据挖掘方法的分类及每种方法的内容。

4.CRM 中数据挖掘的应用体现在哪几个方面？

5.举例说明数据切片、切块、聚集、钻取、旋转的过程。

6.简述 ROLAP 与 MOLAP 之间的关系及区别。

案例分析

零售业 CRM 寻求突破口，靠数据挖掘抓住客户

  某商场实行会员积分制度，依据会员的积分卡建立了 CRM 系统，会员可凭积分卡在购物时享受一定的折扣优惠，根据消费金额进行积分，同时每年还可获得一本商场内商户的打折优惠券。

  会员卡搜集的资料主要是会员的个人信息，包括性别、联系方式、居住地址等，同时由于会员在消费时需刷卡才能积分并享受优惠，故所有会员的每一次消费信息包括花费金额、购买时间、所购商品名称、所购商品的促销折扣、享受的总折扣都有记录。但该商场

仅将此资料作为积分兑奖的依据加以利用，同时对长时间未到店的客户进行短信促销推广，这样做实际仅利用了 CRM 数据库中很小的一部分信息，对于海量的会员购物细节信息并没有加以深度利用。

在周边商场不断打折促销的压力下，该商场采用同样的折扣手段进行促销以吸引客户，但效果不佳，商场的营业额出现了增长停滞甚至下跌。商场面对困境决定对客户的数据进行深度发掘，希望能够对商场的会员采取有针对性的促销措施，以避免客户的流失。

一、CRM 是步枪，数据挖掘是弹药

针对这一案例，本尼菲咨询公司数据挖掘高级咨询顾问刘斌认为，传统企业管理的优势通常体现在后台，ERP 系统帮助企业实现了内部商业流程的优化，提高了生产效率。而面对前台变幻莫测的市场时，企业往往缺乏真正有效的工具的帮助，诸如：什么产品最受欢迎、哪些客户偏好购买哪种产品、有多少回头客、什么类型的客户为企业带来现金流、什么类型的客户为企业带来利润、哪些客户较具成长能力、哪些客户有离开的倾向、离开的原因有哪些等，目前大部分企业还只能依靠经验来推测，CRM 系统的应用还仅仅局限在浅层，很多数据并没有被转化为能够帮助客户的知识加以利用，而仅仅是作为一个数据被忽略掉了。

如何有效地利用海量信息，是摆在大多数企业面前的一个重大问题。

大量的调查和行业分析家都明确了这样一个事实，即建立和维持客户关系是取得竞争优势的唯一且最重要的基础，这是网络化经济和电子商务对传统商业模式变革的直接结果。而实现这一目标的有力武器就是数据挖掘。数据挖掘与 CRM 之间的关系类似于枪和弹药的关系，CRM 就是一支步枪，而数据挖掘工具则为这支步枪装备了强力的弹药。这一组合将成为企业赢得市场、取得市场成功的有效助力。

二、数据分析形成会员分类，以便进行精细化营销

那么，怎样才能对用户的数据进行深度挖掘呢？让我们看看这个商场是怎么做的。

第一阶段，首先，这个商场根据客户的消费额和消费频率将客户分级，对消费金额较高的重点客户进行定期电话回访，以保证高端客户稳定。在这个环节中，数据挖掘团队首先对客户的消费额度和消费频率进行平均，再将每一个客户的消费频率和消费额度与平均值相比，得到与平均值有显著差异的客户，通过进一步的电话和短信访问区分出高价值客户和低价值客户。再将高价值客户的消费额与消费频率进行交叉，对高价值客户进一步细分。其次，分析师根据客户的消费频率和购物习惯将客户分类，根据对会员进行的电话访问结果和消费数据的分析，建立了会员的购物模式分类模型，通过聚类分析，将会员归类到各个细分的类别当中，再经过与商场一线人员的实际沟通，对分类结果进一步修正。对每一个新加入的会员经过判别分析后直接归入其所属的类型当中，经过一段时间的观测取得一定量数据后，就可以展开针对性的营销推广活动。即商场根据客户的消费频率和购物习惯将客户分类，建立了会员的购物模式分类模型。

客户在持会员卡进行一定频率的消费后，模型自动判断客户在商场的购物类型和习

惯，将会员细分为价格敏感型、超市购物型、品牌忠诚型、附近居住型等不同的类型。根据差别分析的结果检验，商场发现，价格变化对价格敏感型客户的差别影响程度达到了87.2%，其他类型的客户群体在差别检验中，也显著地体现出了其主要的影响因素。

这一结果首先被应用于针对性的定制营销。商场有针对性地发送了不同的促销信息，如对价格敏感型客户在推送内容上主要以打折促销信息为主，将其习惯在商场购买的商品的相关打折促销信息准确地通过短信发送到其手中。而对于品牌忠诚型客户，则有选择地发送相关品牌的新品上市、价格促销等信息。同时通过与客户的频繁接触，对客户的个人信息进行了定期的维护和更新，使得商场有能力通过邮件递送的方式，将过去需要消费者到店领取的优惠券直接递送到客户手中。即商场通过对 CRM 系统数据采集与分析，对会员进行有针对性的营销。

第二阶段，根据本地客户与商场会员的购物习惯，将本地客户习惯购买的商品的相关信息，根据客户的购物习惯进行共同的促销信息发送，以吸引原本在其他地方购买商品的客户在本商场进行更多的相关产品购买。例如，购买品牌服装的女性客户通常具有较大的化妆品及护肤用品的消费需求，在过去，由于商场面积较大以及商场一贯的高端形象，很多客户是在其他商场购买化妆品和护肤用品的，但经过对客户购物习惯的数据挖掘后，商场对只在商场购买服装的女性客户有针对性地根据其购物的价位推送相关化妆品和护肤用品的广告，同时调整了购物通道的设计，使得客户能够更容易从服装区到达化妆品区域。经过一个月左右的实际检验，商场的化妆品和护肤用品销售额得到了大幅度的增长。

第三阶段，通过前期的努力，以及分析技术和挖掘技术的初步培训，商场强化了自己的客户数据分析团队。以此为基础，商场在不出现大的环境变化的情况下具备了初步的数据挖掘模型改进和维护能力。

（资料来源：刘光强，http：//www.sina.com.cn，2009 - 03 - 11）

案例思考题

1. 在本案例中，数据挖掘技术对商场的客户关系管理和销售有哪些作用？
2. 案例中为什么把数据挖掘与 CRM 之间的关系比喻为枪和弹药的关系？
3. 商场对客户的数据进行深度挖掘为何要分为三个阶段？

第十章
新技术与客户关系管理的发展及应用

1. 了解新技术变革的背景,理解新技术对企业、客户及客户关系管理的作用和影响。

2. 掌握社交化 CRM 与传统 CRM 的区别。

3. 初步掌握大数据在客户关系管理中的作用。

4. 了解人工智能在 CRM 中的应用,理解人工智能对提高客户关系管理功能和作用。

第一节　新技术的革命性影响

一、新技术变革的背景

技术变革伴随着数字社会和网络社会到来,其中,信息和通信技术发挥着根本作用。CRM 革命兴起于 20 世纪 90 年代。21 世纪初,当互联网革命的第二阶段发生时,数字的影响集中在在线企业优先考虑客户关系及其互动和产生增值信息的能力,在线支付和购物频率显著增长。然而,商业中的数字化转型一直持续到今天,仍然与互联网的广泛使用及其生成的数据有关。互联网使用的激增,导致了客户、企业和不同想法之间的新形式的连接。从那时起,世界各地的企业都在新技术变革力量的推动下重新设计业务流程。数字化转型已成为实现竞争优势并使企业与众不同的一种方式,企业的商业模式和组织设计必须进行数字化转型才能得以发展并获得可持续创新。当今社会经历着不断的技术变革,并且涉及各个领域的变化。工业 4.0 技术(如机器学习、物联网(IoT)及大数据和云计算),是由服务-产品-技术解决方案与市场发展之间的一致性形成的先进服务的推动者。

二、新技术对客户关系管理的影响

长期以来,技术一直是通过广播、电视或互联网等大众媒体直接影响消费者决策,变革性技术和数据驱动流程(如人工智能、机器学习、混合和虚拟现实、云计算、物联网、区块链)越来越多地应用于企业的战略设计和业务活动中。在客户关系管理的背景下,这些技术使企业能够更快、更大规模地分析数据并与客户互动。新技术通过提高企业营销策略和活动的效率、有效性、响应能力和个性化来增强现有 CRM 技术的能力。

例如，人工智能和机器学习等新技术的使用可以使企业自动化从不同来源（扫描仪面板、社交媒体和电子商务、传感器、设备、视频/音频、网络、日志文件、事务应用程序、网站等）提取结构化和非结构化数据的过程，清理数据，识别模式以识别有用和适用的数据，并集成各种数据库。

人工智能和机器学习可以通过自动执行常规任务（如数据输入、预测更新、确定呼叫列表等）来改进 CRM 系统。通过帮助 CRM 系统识别行为模式和偏好，他们可以自动化和个性化客户响应、沟通材料、数据收集、报价生成等。随着时间的推移，人工智能和机器学习算法可以加快客户细分、潜在客户定制和营销元素定制。因此，员工可以有效地将时间用于建立关系和参与活动。物联网可以捕获客户数据，从而为 CRM 系统提供丰富的数据库。区块链可以确保 CRM 系统上客户数据的安全性，并允许 CRM 系统直接向客户提供奖励/忠诚度积分和个性化优惠，而无须任何中介。它能够帮助避免数据重复并统一数据条目，以呈现准确和全面的客户视角。由于结合了不同的设备、数据存储和网络连接，以及具有传感器、高计算能力和通信能力，这些技术的运用变得非常复杂。企业可以互补地使用这些系统对数据进行收集（物联网）、存储（云）、提取（大数据分析）和可视化（增强/虚拟/混合现实），以解释结果并从数据中学习（AI）。可以说，每种技术都可以单独创造价值，也可以组合在一起创造价值。

新技术带来的革命性影响可以从企业和客户两个角度分析。

（一）对企业的影响

（1）营销组合元素的个性化。客户对个性化内容的需求大大增加。企业通过更复杂的数据挖掘功能，可以获得有关客户更详细和实时的信息，帮助企业了解现有客户的需求并改善他们的体验。通过了解客户对营销组合变量的个人偏好，结合所有客户的大局观，企业可以开发和提供个性化的产品和沟通材料。在这方面，新时代的技术（如人工智能）使企业能够在正确的时间向正确的客户提供正确的内容。此外，企业可以通过开发细致入微的客户流失模型来减少客户流失，这些模型可以更好地预测客户的未来行为。

（2）帮助企业更好地预测未来趋势。由于更精细的洞察力、更高的自动化程度以及业务功能的更大互联性，企业可以改进其产品开发和增强流程并实现流程优化。对设备和客户活动的精细和实时测量和分析有助于企业预测未来趋势并做出利用这些趋势的决策。智能仓储和智能运输等应用可以实现直观的需求履行、仓库自动化和路线优化，以实现最高效率。机器人、智能代理和聊天机器人的兴起促进了自动化客户服务替代方案的增长，以处理常规查询并提醒人类代表解决更复杂的问题。通过学习每次互动，这些自动化代理可以提供高效的客户服务，降低成本，并提供卓越和一致的服务质量。

（3）推动企业技术创新与服务创新。技术创新是指体现在产品和流程中的技术的任何增量或根本性变化，包括服务和管理等价值活动的变化。数字化与互联网相结合似乎比以前的主流技术具有更大的适用性，因为它可以迅速覆盖更多的人，并且比商品生产行业更深刻地影响服务业。在信息社会中，随着信息成为最有价值的商品，企业业务的数字化和智能化变得不可避免。在数字革命中采取积极立场的企业正在利用新技术来重组客户价值主张，并重塑业务运营流程以使其更具创新性。然而，每个行业都面临着变革的压力，每个组织都需要制订计划。能够应对这一挑战的企业根据客户需求实施新业务来优化物理和数字元素，使组织目标与数字成熟度保持一致。

（4）提高企业运营效率。社交媒体、大数据、区块链、人工智能等新技术共同实现了企业内部业务职能的互联，从而帮助他们以更快的速度运营，并提高生产力和流程效率。企业可以监控其设备的使用情况并主动进行维护，因此新技术在提高生产力、提高效率并降低运营成本方面具有很大的作用。此外，新时代的技术和不断变化的客户偏好导致新商业模式的发展和新参与者的崛起。平台作为首选商业模式的出现以及促进企业与客户直接参与的生态系统的发展，为充当客户和供应商之间的媒介铺平了道路。新时代技术可以简化流程，自动化智能和实时决策，并提高企业预测和满足客户期望的能力，在推动和促进企业设计和部署新的商业战略方面的作用不可小觑。

（5）提供更安全的客户数据管理方法。在网络时代，客户的隐私数据变得非常敏感，任何违规行为都可能对客户和企业造成不堪设想的后果。保护数据的传统方法包括使用集中式服务器、防火墙和加密方法，但这些措施在面对复杂的网络攻击时往往不足以应对。因此，许多企业都渴望通过新技术来创建更加完善的解决方案，增强客户关系管理系统的安全性，以抵御各种可能的网络攻击。

（二）对客户的影响

（1）增强CRM功能易用性。由于企业能力的提高，客户最明显的好处是执行日常任务的便利性和易用性增加。活动的自动化和减少对人为干预的需求使客户的生活更简单、更轻松。物联网设备的连接性为客户提供了便利，单击一个按钮即可远程监控、控制和管理其所有连接的设备。机器人和智能助手的智能和自动化特性可以自动监控和比较价格、推荐回购、做出合理的购买决策，甚至通过机器人代表人类进行交易来改善客户的购物体验。

（2）提高客户选择的灵活性。作为高级分析功能提供的细致入微的见解的直接结果，客户会收到与他们个人相关的产品、通信和信息。客户可以享受更好的客户体验，因为他们可以实时接收有关其设备或活动的主动通信，从而有机会采取特定操作来享受特定的好处。随着业务职能自动化和互联性的提高，客户可以根据个人喜好选择与企业互动的方式和地点，具有更大的灵活性。同时，新时代的技术促进了企业的透明度和可追溯性，并使客户能够根据其价值观与企业是否一致来进行评估和做出决策。

（3）更加多元地表达客户对企业和品牌的看法。从长远来看，当客户收到根据他们的需求和偏好个性化的产品和服务时，他们会更多地与企业互动。他们更倾向于通过购买该企业的产品或消费该企业的服务，以及将企业的产品推荐给其他客户，在社交媒体上建立口碑并提供反馈来直接做出贡献。在当今的数字时代，客户可以直言不讳，并即时地分享他们对品牌和体验的想法和意见。他们期望直观、方便、无摩擦和令人愉悦的无缝体验——所有这些都是通过新时代的技术实现的。

三、新技术驱动下客户关系管理的发展趋势

（一）促进客户价值共创

价值是由企业和客户通过整合他们的资源与能力共同创造的。技术转型的一个主要问题是企业和客户之间的互动质量，以便提供真正有价值的、定制化和全面的解决方案。这种互动的密切性和质量无疑是价值共同创造的关键。Web 2.0 的发展意味着客户访问互联网方式的改变。客户不仅可以搜索和查询信息，还是信息的积极贡献者。他们可以自由地表达自己的评论、观点和情感，参与企业提供的产品或服务开发的所有阶段（设计、生产、测试等），以便与企业品牌互动并共同创造价值。企业通过将有形产品与无形服务相结合来创造新的价值主张，以实现与客户的价值共创，着眼于完整的解决方案。

（二）增值和集成类解决方案将更受欢迎

在新技术越来越普及的情况下，一些标准化、通用型的平台或软件在企业中的部署已经逐渐成熟和稳定。企业将更加倾向于使用增值、集成类的一体化解决方案，并开始尝试利用新技术驱动的 CRM 系统来整合企业的上下游与前后端业务流程，以建立一套集成度更强、运作效率更高的业务体系，实现企业利润的最大化。

（三）平台化和智能化将成为 CRM 发展主流

随着客户关系的发展，仅仅在合作伙伴系统上构建应用程序或数字功能可能不够，因此数字平台思维的需求将越来越大，合作伙伴必须开始开发适合客户系统的数字化、智能化平台。例如，由于客户需求、接入渠道的不断增加，加之人工客服精力有限、人工成本增加。传统人工客服经常面临着运营成本高、客户满意度低的困境。随着ChatGPT 的火热，未来在客服、营销等领域会增加智能化的应用。除此之外，一些大型企业将逐步运用并加强 SaaS、PaaS 等智能化平台的实时交互能力，让实时交互变得更加高效便捷，从而实现前端沟通客户、终端协助人工、后端支持决策的全场景、全链路、端到端、一体化数字运营。

四、新技术在客户关系管理应用中面临的挑战

（一）企业面临的挑战

新技术应用于客户关系管理面临的关键问题不是技术本身，而是如何创造和使用技术来管理影响并将这种积极影响最大化。新时代的技术可以帮助企业获得关键见解，从

而实现快速和以行动为导向的决策。管理人员可以潜在地自动化见解生成过程，并将人力资源和技能重新集中在实施和确保决策过程的有效性上。决定采用新时代技术的企业需要有一个人或团队推动新时代技术与现有技术基础设施的有效整合，并确保整个企业的接受度。这个人的选择和这个团队的组建对于这些新时代技术的顺利实施至关重要。对于企业来说，重要的是投资于员工，确保他们发展技能，监督和完善应用新时代技术以产生洞察力的过程。

根据企业的性质及其经营的行业，选择以特定方式采用某些新时代技术的企业观察到的影响可能与采用相同新时代技术的不同行业中的另一家企业观察到的影响不同。同样，与年轻企业相比，新时代技术对较成熟的企业的影响可能不同。

中小企业对数字技术的采用率仍然较低。中小企业迅速采用新技术、边做边学，创新和优化生产的能力受到其小规模的限制，从而影响它们从新时代的数字技术中获益的能力。由于中小企业可能缺乏对新型数字技术的认知，加上中小企业通常投资资源较少，因此人工智能、区块链等新技术的实现对它们来说仍然是一条遥远的道路。虽然这些数字技术能够改变企业的业务流程，但中小企业可能会在这种新的数字趋势中落后。因此，许多中小企业倾向于从外部市场采购人工智能技术。例如，一些CRM系统在云上，中小企业无须安装软件即可通过互联网访问这些平台。

企业如何与客户保持牢固的直接关系也至关重要。在理想的情况下，企业应该积极与客户互动，同时充分利用第三方平台作为促进者。如果这种互动处理不当，企业可能会发现客户更多地参与中介平台而不是企业本身。

企业应当对新时代技术的投资回报进行合理的衡量。采用新时代技术涉及财务和人力资源投资，同时提供跨流程和部门的好处。然而，过渡到企业与客户长期互惠的关系并不总是那么容易，因为对于许多企业来说，这也是进入未知领域的一步。企业可能会遇到许多关键的问题，例如，如何平衡风险和回报。新时代技术采用的效率和有效性可能需要使用新的指标来评估，以确保这些指标能够捕捉新技术产生的多方面影响。

面对客户的多样化、层次化、个性化需求，如何在海量数据中整合线上、线下数据，形成对客户的独特洞察力，建立全渠道数据平台，拓展营销管理渠道，提高管理效率，将成为将来企业管理人员实现精准营销面临的重要问题。

（二）客户面临的挑战

虽然新时代的技术提供了直观和个性化的客户体验和产品，但这些技术也记录和分析客户做出的每一个行动和决策。客户对与企业共享的数据有一定的控制权，但他们无法清楚地了解其数据的存储、利用和处置方式。

客户在使用基于新时代技术的产品和服务的过程中需要与企业共享他们的个人数据。与此同时，客户数据的隐私和道德问题应当得到重视。客户越来越意识到与企业共享个人数据的弊端。客户愿意在多大程度上允许企业访问他们的个人数据，以便从这些新时代技术的使用中受益，是需要慎重考虑的问题。

在享受标准化服务的同时，客户的个性化需求也容易被忽略。在新技术的驱动下，企业大部分业务会更加自动化、标准化、流程化，这些自动化服务无法完整地理解客户的情绪和体验。因此，客户的情感诉求或其他个性化需求得不到满足，尤其是联系人工支持方面容易受阻，在与企业沟通过程中也可能面临许多技术障碍。

总之，我们希望新时代的技术能够提高 CRM 技术的价值，而不是与现有的 CRM 技术对峙。

第二节　社交化客户关系管理

在现代社会中，利用 CRM 已经成为各大企业营销策略的重要组成部分，因为它有助于了解客户的需求并更好地管理与他们的关系。除了留住现有客户外，CRM 还旨在吸引新客户并降低营销和客户服务成本。对企业而言，社交网络意味着对传统 CRM 领域的挑战。社交网络客户不仅分享私人信息，还使用社交网络搜索产品，或与朋友或其他客户分享推荐经验。从传统 CRM 的角度来看，这意味着从传统的通过销售代表、客户顾问和呼叫中心代理与客户间接接触，转变为与客户直接接触。一方面，社交网络使企业能够了解意见、经验和发展，这可能有助于开发和改进产品。另一方面，企业可以在活动中或出于服务目的与客户直接沟通和互动。因此，许多企业已经开始尝试从社交媒体和其他点对点平台（如国外的 Facebook、Twitter、YouTube，和国内的微博、微信、抖音等）收集数据，以提取洞察力并丰富其现有的 CRM 系统。互联网技术的发展，客户购买方式以及客户行为的改变，促进了传统客户关系管理的变革。社会化客户关系管理是新型的客户关系管理之一，它是一个系统，通过整合销售、服务以及技术等资源，实现企业目标，挖掘客户价值。其主要特点是通过客户分析结果来制定相关管理策略，从而降低风险，促进客户关系管理的平稳发展。

一、社交化客户关系管理的概念

近年来，社交网络发展迅速，互联网客户之间的互动是社交网络的核心。长期以来，互联网技术一直被认为是 CRM 的重要组成部分。社交媒体可视为基于客户关系的内容生产与交换平台，它赋予了客户发布信息和提供线上服务的能力。社交媒体作为一种新兴技术，与现有的 CRM 系统和流程相集成，由此产生了社交化客户关系管理（Social customer relationship management，SCRM）的概念，用于描述这种发展和维护客户关系的新方式。SCRM 是指基于社交媒体展开的，社交媒体是以 Web 2.0 为技术支持，以互动为思想核心，以个人或组织进行内容生产和交换为主要内容，客户彼此之间相互依存并且可以创建、延伸和巩固人际关系网络的一种网络社会组织形态。基于社交媒体的特征，可以看出 SCRM 在互动中进行。SCRM 功能的主要优势之一是企业必须通过社交媒体以更具协作性、透明性和对话性的方式与客户互动。

SCRM 将传统的面向客户的活动（包括流程、系统和技术）与新兴的社交媒体应用相结合，让客户参与协作对话，增强企业与客户的关系。它是一种通过社交媒体吸引客户的商业战略，结合了更具协作性和以网络为中心的方法来管理客户关系，其目标是建立客户信任与忠诚度。社交技术所提供的企业与客户之间的高层次互动，为更有效地与客户互动和共同创造价值提供了一种手段，从而帮助企业更全面地了解客户，并构建一个关系网络。这是因为 SCRM 技术捕捉到了客户关系的网络化、多对多现实，而传统的CRM 技术无法做到这一点。可以说，SCRM 技术所提供的协作活动将客户关系推向了一个吸引人而不是管理人的过程。正是由于社交媒体客户可以便利地参与评价和信息传递，社会公众才普遍愿意利用社交媒体分享信息，并信任那些经由互联网取得联系的同伴，从而使企业与客户之间建立更加牢固的关系。

二、社交化客户关系管理与传统客户关系管理的区别

社交化 CRM 与传统 CRM 的区别可以从以下三个方面来理解。

（一）从企业角度

从传统的 CRM 向 SCRM 转变需要一种新的思维方式。传统 CRM 的目标是销售产品，以实现企业利益，因此 CRM 的开展仅仅是企业的工作内容之一。而 SCRM 将重点从产品交易视角转移到以客户体验为中心，让客户成为品牌体验的共同创造者。通过共同创造价值来加强客户关系，从而将客户关系管理引入社会环境。社交网络技术提供的社交能力与关系信息流程中固有的互动和信息管理能力相结合，可促进与客户共同创造价值。在 SCRM 中，企业的目标是以客户互动为中心展开的，是企业全体员工共同的任务。

（二）从客户角度

在传统的 CRM 中，客户是信息的接收方，而在 SCRM 中，客户往往会被聚集到一个平台，并且掌握着更大的主动权。传统 CRM 的客户数据是静止的，不会自发地增长，通常是企业有意识地进行客户拓展；SCRM 的客户数据是一个动态的持续的变化过程，是一个可以自我扩散的过程。SCRM 能根据网络上的客户数据资料和与之相关的社会特征，梳理出客户在虚拟社会化环境中的关系网络、人脉图谱及对企业的情感，从而将社交媒体数据转变为企业与客户平等协作关系的基础，并根据对客户的全面立体洞察进行反馈，形成以客户为中心的良好循环。

（三）从企业与客户关系的角度

在技术方面，SCRM 旨在实现监控、互动和管理任务的自动化。SCRM 有可能将传

统的"一对多"客户交流转变为与众多客户进行个性化的"一对一"互动。企业可以从社交网络的"客户声音"中提取信息，利用这些知识了解客户需求并量身定制营销活动与服务。传统的 CRM 技术缺乏互动性，通常是单向的信息传递，阻碍了企业在这些网络关系中与客户互动的能力。SCRM 则是基于客户的全渠道双向交互，能够依托社交媒体关注所有的交互影响，提高客户满意度与忠诚度。因此，社交网络有望提供必要的深度互动，让客户参与价值的共同创造，反映客户关系的真正本质，从而促进客户关系管理。

总之，SCRM 扩展了现有的 CRM 概念，并要求企业承担新的责任和任务，以便满足客户的个性化需求而实现社会关系的转变和忠诚。

三、社交化客户关系管理带来的机遇

（一）促进企业与客户的互动

从商业角度来看，社交网络使企业能够更快、更有效地与客户及供应商和员工等其他利益相关者进行互动，从而建立更深厚的关系。企业可以利用社交网络与客户共同创造价值，提升客户体验，从而建立关系。社交媒体通过与客户建立更直接、更个性化的沟通渠道，让企业通过全面的沟通策略来影响客户的购买行为。同时，社交媒体也提供了通过病毒式传播有关产品或服务的体验使客户产生兴趣。企业应主要考虑社交媒体数据在了解客户方面的关键作用，从而制定有效的营销策略。具体来说，深入了解客户状态（包括潜在客户、新客户、现有客户、下降客户和流失客户）是有力的营销。解决满意度、交叉/向上销售和提供忠诚度计划有助于维护现有客户，从而将他们转变为活跃且有价值的客户。除此之外，企业可以通过有针对性的主动保留计划减少流失，留住大部分现有客户。可以建立重新激活计划，以重新吸引客户并防止他们变得不活跃，如重新定位和个性化消息传递。

（二）支持和改变企业的营销管理活动

社交网络支持企业的各种营销活动，如产品展示、品牌建设（尤其是声誉和知名度）、产品促销和客户沟通。社交网络能够支持企业的销售管理和业务开发，并通过产生推荐和创造销售机会、鉴定潜在客户和帮助管理关系来降低客户获取成本。社交网络目前正在支持和改变一系列内部和外部业务流程，因此能够显著提高企业绩效。除此之外，社交网络使企业在管理客户关系方面更加注重精神层面的交流，使企业意识到营销管理活动中构建品牌故事、传递品牌内涵的重要性。

（三）挖掘客户的需求与价值

SCRM 的目标是客户的需求，那么分析客户需求就成为企业的一个工作重点。客户价值及需求分析的一个重要来源就是客户数据，利用大数据从获得的客户个人信息、行为（浏览以及购买）信息以及态度信息等展开具体分析，根据企业的特征，采用恰当的客户价值分类法，分析每类客户的价值，为不同类型的客户提供不同类型的服务。重点客户给予重点关注，提供定制化的服务，积极听取这部分客户的意见，尽企业最大能力维持这部分客户；中间类型的客户要尝试进行转换，通过制造惊喜，取得客户满意，将之转换成忠诚客户；对于最下层的客户，要根据企业实际情况及客户的价值进行适当取舍。

来自社交网络的知识可以利用客户的洞察力丰富现有的市场数据，并最终提高客户互动的覆盖面和有效性。SCRM的大数据分析为客户需求的分析提供了技术，便于为客户提供适当的服务。因此，SCRM能够提高客户对企业或品牌的认同感。企业应当通过其他客户的陈述或分类提高活动的信息质量，并通过采用适当的基于位置的忠诚度和激励机制使互动更加有趣。一方面，企业可以从社交网络中输出或提取客户知识（监控和挖掘）。客户提供的意见、经验、请求等文本内容，其实就是SCRM的"原始数据"。企业可以通过第三方社交平台与潜在客户建立直接联系，以实现最低的投资和实施成本。通过监控社交媒体平台，提取客户的情绪、行为和反应等与营销相关的有用信息。另一方面，企业应将社交网络用作与客户的互动渠道（主动和被动互动）。例如，在社交媒体平台上发布活动信息或回复服务请求。总之，社交网络正在成为客户关系管理的竞争必需品，尤其是在与终端客户接触的行业中。

四、社交化客户关系管理面临的挑战

SCRM已成为许多寻求改善客户体验的企业的核心战略之一。它包括一组流程，允许决策者分析客户数据，以启动高效、以客户为中心且具有成本效益的营销策略。然而，社交化客户关系管理也可能面临着一些挑战。

1. 客户挖掘与转化的挑战

仅将客户吸引到企业内部对于企业持续发展的作用是不够的，更重要的是客户价值的挖掘和客户忠诚的形成。基于社交网络上的客户忠诚，要从建立客户信任感、提供高质量的产品与服务以及聚焦目标客户，建立客户数据库等多个方面开展，客户价值的挖掘以及客户忠诚的转换的因素并不是单一的，不仅包括企业自身的努力，还涉及客户的心理及行为的卷入，涉及因素的复杂性决定了客户转化的困难性。

2. 客户关系维护的挑战

在企业内部，社会化下的客户关系管理是企业上下员工的共同任务，而不仅是某一个部门的单独任务，那么就要提高整个企业内部员工的客户关系管理能力，以及梳理各部门与客户的接触点，使得各部门相互合作，共同致力于客户关系管理。在企业外部，客户的类型由原来的单一个体客户变成现在的个体客户、组织客户、合作商、经销商等多个主体，面对庞大的客户群体，企业与客户之间达到合作共赢的局面相对比较困难，因此，无论是企业内部的沟通还是企业外部的合作，客户关系的维护都是一个挑战。

3. 企业品牌形象管理的挑战

企业必须在整个客户生命周期中保持与客户的互动，并在每次客户与社交媒体平台互动期间自动收集客户数据，将这些数据输入 CRM 系统，从而更有效地促进客户对企业从事的品牌活动的参与。然而，在某些情况下，对于企业来说，社交媒体可能是一个有风险的环境，因为客户变得比以往任何时候都更强大。由于社交媒体的开放性，客户拥有了更多的话语权。他们可以轻松地与彼此交流，表达和传播自己的想法，而企业在这种新兴空间中管理可用信息的权力较小。此外，如果客户对品牌不满意，他们很容易卷入在线投诉，从而引发负面舆论。社交网络中不断升级的讨论可能会对企业形象产生负面影响，而且往往会意外引起企业的注意。这些由客户生成的负面口碑作为一种无声而强大的力量，比正面评论更有说服力，对于企业往往是致命的，因此，企业在社交媒体上的活动应当保持谨慎，并且企业要主动出击，通过分析客户在其社交媒体平台上的声音，积极管理对其业务产生直接影响的负面病毒式活动。

第三节　大数据与客户关系管理

一、大数据的定义与特点

大数据由高德纳公司定义为一种大容量、高速和/或高种类的信息资产，需要经济高效、创新的信息处理形式，以实现增强的洞察力、决策和流程自动化。这些信息资产代表了数字创新最有前途的领域之一，预示着前所未有的经济和社会变革。大数据是一种真正有能力改变客户关系管理的技术，从而为企业提供优于竞争对手的优势。大数据技术允许从客户信息中提取知识，并以有效、安全和可扩展的方式将其转化为真正的商业价值。通过客户信息和大数据，企业能够揭示客户的隐藏知识，将其转化为最大化每个客户商业价值的机会，采取预防措施，提高客户满意度，识别新机会或预测他们的倾向和意图。大数据具有以下特点（5V）：

（1）大容量（Volume）。指庞大的数据规模。

（2）多样性（Variety）。指来自任何渠道的各种类型的数据，如视频、文本和音频，可以是结构化的、半结构化的或非结构化的。

（3）高速性（Velocity）。指数据的生成速度，即数据生成满足需求的速度。

（4）真实性（Veracity）。指数据的质量。大数据来自多个渠道，其中可能包括一些低质量的、虚假的样本。

（5）价值（Value）。指将海量数据转化为实际业务成果的能力。价值密度的高低与数据总量的大小成反比。

在第四次工业革命时代，数据是取得成功的关键，这些数据通常是大型数据集，大多以非结构化形式收集。随着第四次工业革命的引入，企业在过去十年中取得了重大进展。工业 4.0 技术改善了信息共享和供应链可见性。先进的信息和通信技术通过嵌入式大数据分析功能将企业提升到一个新的水平。CRM 系统能够整合和分析客户之间因正式或非正式互动而产生的客户数据。这些综合数据是企业与客户进行有效沟通的真实记录，对于确定客户的实际需求和领导管理决策至关重要。

二、大数据在客户关系管理中的作用

大数据为 CRM 系统带来了新的策略，为客户服务、提高销售业绩等提供了新的措施。有大数据为基础，才有了定制服务和客户的个性化体验。CRM 系统与大数据相结合，能够捕捉和分析更直观的客户数据。CRM 系统可以对这些数据进行获取、存储和分析。最后，这些数据被企业管理者用来加强或转变企业决策，改善企业运营情况。大数据在客户关系管理中的作用主要体现在以下方面。

（1）优化业务流程。大数据分析可以实现更明智的决策，优化企业业务流程，提高运营效率。大数据通常由组织自行提取和处理，使他们能够更深入、更广泛地了解客户的行为及塑造客户的行为。

（2）增加企业对客户的了解。大数据虽然来自不同渠道，但却隐藏着客户的使用习惯和偏好。利用大数据技术，企业可以获得有关客户的关键信息，针对这些信息做出精准客户分析，识别客户潜在的行为模式，高效挖掘新客户，对客户实施有效聚类和分类，从而为客户推荐更个性化、更可能购买的产品或服务。

（3）改善企业与客户的关系。数字服务化倾向于建立更紧密的企业-客户关系，其特点是与客户的共同创造逻辑、对客户的长期承诺和对客户关系的更多投资。大数据分析技术能够帮助企业了解品牌的声誉或客户对特定业务的愿景，更好地响应快速变化的客户需求和偏好，使企业成功转向以客户为中心的战略，建立更加稳固的客户关系。

（4）按需改进产品与服务。大数据分析技术为企业提供了有关其产品的细分与定位的有用知识。通过对社交网络上获得的大数据进行文本挖掘和情感分析，可以提取客户意见，从客户的口碑中了解产品与服务属性，并采取针对性的改进措施，最大限度地根据客户需求定制产品与服务，以提高客户愿景，建立稳定的忠实客户群。此外，价格对客户参与购买活动也有极大的刺激作用。将大数据分析技术运用于 CRM 系统，可以根据市场调查情况对客户能够承受的价格标准进行预测。

（5）提升客户价值。在大数据时代，要提升客户价值，一方面需要将大数据融入精准营销中，增加与客户群的接触点，提升推广的效果；另一方面需要企业多搜集尽可能详尽的数据，对消费群体的消费活动进行综合分析，并以此提出改进产品和服务的策略，进而推出有利于提升客户价值的产品和服务。企业可以利用大数据技术掌握客户参与交易活动的最新动态，维持客户生命周期，吸引客户长期购买企业产品或服务。在客户的整个购买过程中，共同创造体验，开展动态定价和内容开发，增加企业的销售量。

（6）提供有用的市场信息。大数据可以为企业提供资源和能力，以获取有关市场趋势的宝贵信息，这提高了企业了解客户特定需求的有效性。此外，在大数据背景下，企业可以使用实时数据获取即时信息，了解企业的竞争环境并预测未来的市场趋势，从而更加及时地开展其营销活动。此外，在企业的 CRM 战略调整过程中，正确使用大数据能够帮助企业对国际市场新兴问题的复杂性做出响应。

三、　大数据背景下客户关系管理的特点

社交媒体中生成的客户数据往往是非结构化的大数据，与现有 SCRM 流程的集成可以对企业与客户的流程和互动得出更准确的结论。大数据和机器学习技术成为企业用来获得竞争优势的资源。这将取决于新功能的发展，无论是内部整合和响应这些资源生成的信息，还是外部开发新工具，使企业能够收集和分析客户大数据以进行决策和改善客户沟通。在大数据背景下，企业的客户关系管理具有以下特点。

（1）虚拟化。大数据时代，企业利用互联网等数据工具对客户管理呈现出虚拟化的特点。互联网在处理信息时具有其他手段无法达到的量级，其能够在短时间内对庞大的数据进行精准化处理。在客户关系管理中，利用数据处理技术和软件，能够将距离偏远的客户群融合到互联网上，对其提供相应的调研活动，其中包含售后服务体验、产品或者服务体验等系列调查。这个过程能够极大地推进客户对企业及产品和服务的认知，从而增进客户参与度，提升客户黏性。在这个过程中企业与客户利用互联网进行客户关系管理，充分体现出虚拟化的特征，其最大的优势便是使企业能够跨区域、长距离与客户进行有效沟通，解决了委托代理的问题，最大限度地降低沟通成本，提升企业客户关系效果。

（2）低成本。通过将客户关系体系以数字化形式进行处理，相关业务就能以数字化方式解决和落实，与此同时数字化处理能够最大限度地满足各自需求。在管理成本上，互联网使用费用要比传统的管理费用降低很多，采用数据化客户管理体系符合企业降本增效的目标，对于企业提高价值、增加收入有着积极推进作用。

（3）高效率。企业客户管理需要处理大量客户相关信息，而大数据处理手段和技术能够方便快捷地对相关信息进行处理，并获取、提炼有价值的信息，最大限度地提升客户管理效率，提升企业决策科学性。

（4）精准化。利用大数据，企业可以精准定位客户并传递产品信息，最大化营销效益，方便客户购买，增加购物便利性，实现与客户的双向沟通，提高客户总价值。

（5）国际化。大数据使企业能够设计有效的客户关系管理策略，以吸引新客户并进一步使其业务国际化。借助大数据技术开展的客户关系管理，能够实现企业在国际层面与潜在客户的沟通，并通过个性化服务和创建客户中心来提高其服务能力，使得企业与

客户之间的关系具有国际化的特点。在这个网络下，信息的传递与交换是全球性的，能够突破地域限制，实现客户关系国际化。

第四节　区块链与客户关系管理

一　区块链的定义与特点

区块链是一个分布式账本和不可变的数据库，用于安全地传输数据。它被定义为"一种数字、分散和分布式账本，其中交易按时间顺序记录和添加，目的是创建永久和防篡改的记录"。分布式账本技术（DLT）是一个广义术语，描述了在多个站点，国家或机构之间分发信息的所有技术，其中包括区块链。区块链是 Web 3.0 系统的核心构建技术，其独特之处在于点对点（P2P）的交互以及不可变的数据结构和可追溯的记录。与其他技术不同，区块链是一个去中心化的网络，其中参与成员拥有以点对点方式监控区块链网络所有交易的完全权限。它代表了一个无休止地积累的记录列表，这些记录存储在使用密码学原理保护的"块"中。点对点协议则确保区块中所有交易的明确和通用排序，这一过程保证了一致性、去中心化、完整性和可追溯性。

区块链系统的一般工作流程包括五个步骤：发起交易、广播和验证交易、构建新区块、基于共识协议验证新区块以及更新区块链。这些功能共同利用并构建了几种现有技术，如密码学、散列、默克尔树、分布式账本、点对点网络和共识协议。此外，区块链工作流程创新性地将它们集成在一起，使系统能够实现去中心化、不变性、透明度和安全性等高级功能。区块链系统基本上可以分为无许可系统（如比特币）或许可系统（如 Hyperledger Fabric，一个开源的区块链平台）。许可区块链系统能够提供更好的访问控制和治理，这是许多企业应用程序所需要的。

区块链技术具有以下特点。

（1）不可篡改性。区块链的一个重要特征是它们对数据修改的抵抗力。由于具有永久且不可更改的网络，区块链几乎不可能遭到破坏。其系统中的每个节点都有一个数字分类账的副本。当任何交易启动时，节点都会检查其有效性，进行身份验证，并添加到账本中。因此，任何交易的成功实现都依赖于所有主要节点的共识，这使得整个交易过程透明且安全。它允许每个人都看到交易，但不允许更改存储在区块链中的数据，因此消除了公共区块链中损坏的可能性。区块链上的交易不能因为块的链接而被修改或删除。链越长，就越难对以前的区块进行修改，信任水平就越高。

（2）去中心化。区块链上数据的验证、记账、存储、维护和传输等均是基于分布式结构，采用数学和算法的方法而不是中心机构来构建分布式节点之间的信任关系，从而形成非中心化的、可信任的分布式结构。交易参与者可以自证并直接交易，不需要依赖第三方中介机构的信任背书。这种分散的方法允许参与者从网络访问区块链，并使用私钥存储他们复制的信息。区块链通过自动执行合同实现去中介化，使中介机构变得不再必要。

（3）可追溯性。写入的区块内容将备份复制到各节点中，各节点都拥有最新的完整数据库拷贝且所有的记录信息都是公开的，任何人通过公开的接口都可查询区块数据。区块链中的每一笔交易通过链式存储固化到区块数据中，同时通过密码学算法对所有区块的所有交易记录进行叠加式哈希摘要处理，因此可追溯到任何一笔交易历史。

（4）安全性。正是因为区块链具有分散性和不可篡改性，才有了高度的安全性。加密的使用包括实施复杂的算法，相当于一个能够防止未经授权的攻击的防火墙。区块链中的每个信息都经过了哈希处理，隐藏了其实际性质，并为每个数据提供了唯一的标识。在链中，账本中的每个区块都拥有自己的哈希值以及其前一个区块的哈希值，这使得它不可变且很难篡改数据。

与互联网类似，区块链不是一种单一的技术，而是在一系列技术上运行，其中包括互联网作为基础设施，并使用区块链协议来存储交易记录和建立共识规则。区块链可能会减少或消除强大的垄断和中介的影响。除了应用于加密货币之外，区块链还是一种基础技术，在保护商业及政府、医疗保健、内容分发等数据和交易方面具有潜在的应用。

二、区块链在客户关系管理中的应用

区块链技术为客户关系管理引入了一种全新的行业运作模式，并为数据的存储、分析及使用带来新的标准。区块链具有改变当前大数据系统的巨大潜力，通过提供高效的安全功能和网络管理能力，赋能新兴的大数据服务和应用。区块链在客户关系管理中的应用主要有以下方面。

（1）跟踪产品与服务历史数据。客户可以跟踪产品和组件的物流情况，以验证其真实性，并通过区块链提供的透明度来评估企业价值观与自身价值观的一致性。他们可以跟踪企业产品在供应链中的旅程，可以验证智能合约和所有权转让等，让他们更深入地了解企业的产品。今天的客户高度意识到他们消费的产品和服务的来源，这有助于他们与企业及其产品建立更紧密的联系，并形成积极的情绪。从长远来看，这可以鼓励客户更加信任这些品牌并选择购买他们的产品。

（2）建立去中心化的数据存储平台。企业可以利用区块链技术建立一个去中心化的数据云平台，用于存储客户的 CRM 数据，在这个点对点网络中，客户的数据可以分散存储在多个节点中，并通过链上验证来保证其数据资料的安全性。

（3）提供客户忠诚度和奖励计划。企业可以使用区块链来创建个人和自动化的智能合约，这些合同可以使用微型货币直接及时地奖励客户参与度。企业还可以通过可追溯和可验证的方式与他们的品牌客户建立联系，从而增加客户对他们的信任。除了制定个性化的营销策略与客户互动外，区块链技术还掌握着企业直接与客户互动的关键。未来，企业可以修改客户参与品牌的策略，直接与客户实时沟通他们的产品和服务、品牌故事、促销内容、定价优惠等，而不再需要借助媒体或策划企业等中介机构。企业可以验证他们是否真的抓住了他们的受众，并衡量和提高其营销工作的有效性。

三、区块链在客户关系管理中的优点

（1）提高数据安全性。区块链实际上是一个由区块组成的链条，其中每个区块都包含了交易记录，并以加密形式链接到相邻的区块。区块链是去中心化的，并且分布在规则同步的点对点网络中。这使得篡改、欺诈和否认的可能性几乎为零，因为只有通过大量的计算才可以访问整个区块链。在这样一个去中心化和不可更改的分布式账本系统中，客户可以消除数据操纵、篡改和未经授权访问等问题，并且有可能改变数据驱动的营销业务格局，防止广告欺诈。

（2）增加信息透明度。区块链系统能够实现参与跟踪，为客户提供更具透明度的信息。由于产品、物流、合同的可追溯性更高，因此区块链技术的应用可以大大增加客户对企业品牌的信任度。客户也更倾向与他们信任的企业和品牌分享他们的个人信息，交流他们的意见与想法，与企业更深入地互动。

（3）保护客户隐私安全。区块链技术具有更高的数据安全性，可以存储和加密个人信息并进行验证，有助于保护客户的身份，使客户能够更好地控制其个人信息。与传统的集中式系统相比，客户可以在区块链系统中更好地管理自己的数据，并决定谁有权力访问。当客户拥有了对个人数据的完全控制权，企业再也无法轻易操纵或滥用客户的数据。

（4）提高企业运营和交易效率。区块链技术使企业业务流程更加透明，同时缩短交易处理时间，通过执行智能合约直接补偿客户。智能合约自动执行合约，自动强制执行各方之间的协议条款。在传统的交易过程中，需要银行和支付处理机构等中介机构来促进和验证交易。这些第三方的中介机构很可能会造成时间延误，增加交易成本，并引入安全风险。而区块链技术可以通过消除中介机构并为交易提供安全透明的账本来提高交易效率。正是由于不涉及中介机构，企业与客户之间的交易可以更快地进行，并且实现更低的成本。

区块链技术的融合，为企业内部建立强大的数据库提供了良好的解决方案。随着技术的不断发展，区块链在 CRM 领域的潜力只会不断增长。越来越多的企业正在认识到区块链的好处，并已经在其 CRM 系统中实施这项技术。

第五节　人工智能与客户关系管理

一、人工智能的概念

在第四次工业革命中，数据的数量、速度和种类的增加及其处理能力导致新的技术解决方案产生，包括人工智能技术的进步。人工智能（Artificial Intelligence，AI）是指系统正确解释大量数据、从这些数据中学习并利用这些学习来实现特定目标和任务的能力，其技术基础是识别数据模式的能力，即机器学习。人工智能是一个收集有关环境的数据并采取行动实现其目标的程序。它使用计算能力在分析数据、实时监控流程、执行编程任务及分析和模仿情绪时智能地采取行动。人工智能在持续学习和自动化领域运行，充当推动基于数据的分析并实现自动化决策的智能。它可以被广义地理解为一种能够模仿人类并展示"智能"的程序、算法、系统和机器。它以一种被认为是"智能"的方式执行任务。这些智能行动意味着系统可以利用关键技术进行感知、学习、记忆、推理和解决问题，以实现目标导向，并可以达到最佳结果或预期结果。

二、人工智能的功能

人工智能可以在没有人为干预的情况下分析大量数据。其智能来源于自我学习的能力，并通过更新和增加其知识库和能力来不断改进自己。因此，此功能通过使机器像人类一样思考和行动来自动化非常规任务和活动。人工智能分析复杂的数据以识别行为模式和见解，并具有从经验中学习的能力。这使得人工智能能够做出类似于人类的智能决策，并根据先前的经验自动触发响应。通过使用自然语言处理等技术，人工智能可以识别和响应语音命令，从而使机器能够执行类似人类的任务。人工智能是机器人、智能代理和智能助手背后的力量，可以与其他设备和机器交互来控制它们。

人工智能的功能基于以直接和间接两种方式应用的互联技术得以实现。第一个功能是基于自然语言的人与人的交互、图像识别、生物识别和机器学习。人工智能系统利用这些关键技术与环境进行交互。例如，它们通过使用自然语言处理以自然语言进行交流；它们将信息存储在知识表示中并使用这些信息来回答问题和做出决策；它们通过使用机器学习来检测和推断模式。正是因为这一功能，人工智能可以通过执行不需要智力劳动的重复性活动来帮助创造价值。另一个领域是人工智能对大数据的处理和解释，以支持最终由人们做出的决策。人工智能最终将创造想法或解决方案，然后分析其后果。

人工智能的另一个功能是通过收集、分类、查找模式以及促进与客户合作利用的数据的评估和使用来支持数据操作。这些主要是人工智能的信息优势，尽管它们也可以转化为交易、战略和转型效益，因为人工智能使供应商能够更好地了解客户并预测他们的期望，有效销售并改善供应链管理。

在数字时代，企业正在从数据驱动的决策中受益，而基于人工智能的 CRM（AI－CRM）在改善客户管理方面显示出巨大的潜力。AI－CRM 系统对于第四次工业革命时代的企业在各自行业中保持可持续性至关重要。企业越来越多地使用人工智能取代员工。在一线互动中，这种替换从根本上改变了客户和企业之间的相互作用。自动化技术系统将作为服务提供商的自主代理，并将用数字服务交互取代传统的物理或二元的服务交互。尽管人工智能在整合同理心或感觉技能方面进展迅速，但只有在某些情况下，企业才能有效地用它取代员工。事实上，虽然技术擅长执行简单的任务，但它们在检测和管理客户情绪方面仍然受到限制。情绪的阅读仍然是与人类智力和人类知识相关的特征。

三、人工智能在客户关系管理中的应用

（一）人工智能驱动物联网在 CRM 中的作用

由人工智能提供支持的物联网正在极大地改变 CRM 的发展进程。物联网通过互联网处理交互设备，而人工智能使设备能够从他们的数据和经验中学习。物联网允许收集客户的实时数据，能够支持企业或组织实时跟踪客户行为和自动化数据采购、增强态势感知、用于零售和营销的传感器驱动决策分析以及自动监控和回复客户，从而创新 CRM 系统。除此之外，物联网设备还可以触发向客户发出的警报，以响应企业根据某种洞察力发送个性化通信的决定。

（二）聊天机器人与客户互动

基于人工智能的解决方案之一是代理（一种由计算机生成的图形显示实体），可以充当客户助理的角色。它们有对话界面和使用自然语言模拟人类对话的能力。这种机器人使用自然语言处理（NLP）从非结构化输入开发逻辑以进行人工交互。随着人工智能技术的进步，聊天机器人已迅速发展成为一种在销售流程和客户服务中与客户互动的创新方式。聊天机器人是一种支持人工智能的工具，经常在企业或组织中用于促进流程，尤其是与售后和个性化相关的流程。它通过使用自然语言处理来与客户对话，并使用数据库中的信息和知识来响应客户，帮助企业与客户建立身临其境和引人入胜的场景，最后使用机器学习来检测这些对话中的模式并改进与客户的交互过程，改善客户体验。

机器人可以回忆以前的客户互动，并通过链接到社交媒体无缝验证客户数据，因此，它们以人类无法比拟的速度来处理查询工作。在大多数情况下，聊天机器人可以快速将客户引导到他们需要的资源，并回答大量客户问题。机器人还可以将复杂的案例无缝地转移给人工操作员，从而帮助企业关注更高价值的客户。如果它们无法完成客户的请求，问题将转发给销售人员进行进一步的检查。在了解机器人业务过程中存在的问题后，企

业的技术团队将通过强化学习过程（即提供反馈）来增强聊天机器人，以便聊天机器人在与客户的后续互动中能够处理类似的工作。聊天机器人还可以在深度学习模型的帮助下处理视觉数据。因此，它越来越多地用于客户服务中以处理请求或投诉。机器人用于批量处理普通、简单的任务，从而让销售人员能够专注于更复杂的任务。

（三）对话代理提高 CRM 交互能力

对话代理（CA）是人工智能技术非常有前景的应用之一，可以直接影响企业与客户的关系。这些代理可以使用文本或语音界面与人通信。它们与普通聊天机器人不同，因为它们是交互式的，具有学习潜力，并且能够采取实际行动。无论是购买、更改手机计划，还是授予抵押贷款宽限期，对话代理都会影响特定交互的结果。这就是它们成为企业代表的方式，以取代人类员工的某些角色。

最近兴起的 ChatGPT 也有望成为 CRM 系统的应用技术。ChatGPT 是一种基于自然语言处理的 AI 技术，它可以模拟人类对话，并生成自然流畅的回复。它可以分析和理解客户的意图，并根据客户的需求提供个性化的服务。因此，它可以大大改进 CRM，并帮助企业提高客户满意度和忠诚度。利用 ChatGPT，可以实现以下功能。

（1）构建虚拟客服代理。将 CRM 系统接入 ChatGPT，客户可以通过语音或文字与 ChatGPT 对话。当有客户咨询某种产品的价格时，ChatGPT 可以根据 CRM 中已存储的客户档案信息和购买历史记录，方便快速地回答问题。如果客户已经购买了该产品，则 ChatGPT 可以提供一些相关商品或服务的建议，虽然不一定每次都能直接达成交易，但这样的建议可以让客户感受到企业的贴心服务，增加客户对企业的好感度和忠诚度。

（2）提供更好的数据分析和预测。ChatGPT 可以在每次对话中分析客户的需求、购买历史和反馈，将这些数据记录在 CRM 系统中，为企业提供更加精细化的市场和销售策略。

（3）生成自动化营销邮件。ChatGPT 可以分析客户的兴趣和需求，并根据客户的行为生成个性化的营销邮件。这将使客户感到更加受关注，并提高他们的忠诚度。例如，当一个客户持续咨询某种产品的详情或者网上最近的活动时，这意味着他对该产品或品牌非常感兴趣，那么 ChatGPT 可以帮助企业生成更多相关推荐内容。

AI 技术无疑将推动 CRM 的发展。因为 AI 具有使每一项业务都变得更加智能的潜力，它能明显加强企业的 CRM 系统。通过数据学习，AI 帮助企业找到问题的答案，以及预测哪些客户线索最有可能产生积极成果等。无论它的预测是否准确，但显而易见，未来的自动化在 AI－CRM 领域中扮演着更重要的角色。

四、人工智能对客户关系管理的影响和作用

CRM 正在从数据驱动的战略演变为人工智能驱动的战略。如果说大数据分析能够从 CRM 系统中的数据和信息中获取见解，以支持决策，那么 AI 技术则独立生成行动并做出决策。人工智能将对企业的战略制定过程产生颠覆性影响。例如，人工智能可以识

别市场上的未来事件、预估产品需求、实施动态客户策略、优化定位决策、针对特定目标受众定制营销信息等。利用人工智能对客户在网页的浏览行为、交易历史和交易模式及相关的社交媒体内容等信息进行有意义的分析，可以使企业营销人员做出业务决策并潜在地开发创新产品或服务。总之，人工智能将为企业的CRM战略和业务流程创新带来更多可能。具体来说，人工智能对客户关系管理的作用主要有以下几个方面。

（1）增强个性化服务。人工智能技术可以通过为客户提供个性化服务来直接改善客户关系。从长远来看，人工智能驱动的应用程序将从根本上改变客户服务的性质，通过低成本的类人互动为客户提供广泛的个性化服务。人工智能技术下的精准营销，可以在技术上引导消费者的个人信息和偏好，帮助客户节省购物时间和成本，带来更好的服务体验。通过人工智能信息处理，对每条记录进行分类，准确细致地记录和跟踪客户的购买记录，包括购买时间、购买动机、沟通过程、售后反馈等，形成一对一的服务数据，甚至比客户更了解客户，以满足客户对品牌互动日益增长的期望。人工智能技术可以为营销人员提供精准的目标客户群体，即时准确地发现客户需求，提升客户服务水平。人工智能能够帮助企业以更生动的形象出现在公众面前，帮助管理者和营销人员做出更好的决策，降低支出成本，缩短与客户的距离，增加客户互动和创新的技术方法帮助营销达到最佳效果。

（2）预测客户流失与保留客户。人工智能技术将有助于企业赢得回头客，而不仅仅是为每个客户打造独立的体验。人工智能的发展增加了准确预测客户流失的概率。机器学习分类器可用于有效预测哪些客户有流失风险。通过用历史客户数据进行训练，此类模型可以识别流失客户的模式。经过训练的模型能够预测当前客户的未来流失概率。不少企业已经使用神经网络、决策树、回归、支持向量机、朴素贝叶斯和混合方法集成来建立客户流失预测模型。通过这些技术，能够确定即将流失的客户及其流失时间，并预测客户的生命周期价值，帮助企业识别高价值和高风险的客户，以了解他们的需求并改进对他们的服务，例如，创建有针对性的服务和营销优惠活动等，从而防止客户的流失。除此之外，企业可以利用机器学习技术根据购买行为、产品体验和客户关系属性来预测客户忠诚度。通过预测客户转化为增值客户的可能性，估计客户可能转换的价格，并帮助确定哪些客户最有可能重复购买。

（3）优化企业决策。在为企业人员提供决策支持时，人工智能可以显著提高处理特定问题的效率。例如，人工智能能够提高细分和聚类的准确性，包括市场细分、客户聚类和供应商聚类等。同时，人工智能还可以提高企业根据客户信息或客户行为进行预测的准确性。为了使用CRM系统分析数据，人工智能技术可以帮助企业以更加准确、短时耗和更高成本效益的方式进行自动化决策，从而提高企业的绩效水平。通过处理常规分析，允许企业员工管理更复杂的客户交互。此外，对于B2B企业来说，由于其交易周期通常比B2C更长，更复杂，企业能够将更多的工作量转移到机器上（即那些本质上是重复或分析性的任务），从而更有效地管理B2B企业的复杂流程。这使他们能够深入了解客户并响应决策者以尽可能快速、有效地完成销售，因此与 B2C 的企业管理人员相比，B2B 的企业管理人员可以从人工智能技术中收获更多的好处。

（4）智能内容管理。AI 技术对于基于客户活动的品牌推广非常有效，并使营销人员能够跟踪在各个网站上购买特定类别产品（如汽车配件）的客户。企业可以通过为他们提供独家折扣和优惠及通过个性化内容接近他们来挖掘这些潜在客户。使用 AI 技术，企业可以评估企业网站上的每条内容（即文本和视觉数据）、访问其网站的客户，以及收集的有关他们的数据，来定制应当交付给这些客户的内容。此外，企业将能够在适当的时间根据潜在客户在购买周期中的位置为他们提供相关内容。

（5）加强与合作企业的关系管理。合作伙伴是企业的 B 端客户。人工智能的自动化决策和推荐能力有效地开发了企业与合作伙伴的相关业务流程。这样可以更有效地规划与其他企业的合作业务，简化不同的合作伙伴流程以及合作伙伴和供应商之间的知识共享。基于人工智能的解决方案提供定制的合作伙伴服务，通过促进合作伙伴的采用来预测合作伙伴的需求并简化服务。可以访问合作伙伴及其最终客户的大量数据。如果企业在其销售渠道中完全采用人工智能的解决方案，其与合作伙伴互动的实践和流程就会集成到企业的核心业务运营中。基于人工智能开发的客户关系管理系统也可以被视为合作伙伴的知识库，因此在企业和合作伙伴之间，以及合作伙伴之间共享知识至关重要。拥有更新的所需信息的合作企业也可以在动态市场中对不断变化的客户需求做出充分的响应。

五、人工智能给客户关系管理带来的威胁与挑战

（1）人工智能发展带来的大部分威胁来自人们对人工智能技术提供的自动化是否会取代人类的担忧。这往往意味着就业门槛的提高及更多员工的失业。而另一种观点则认为，人工智能虽然能完成员工的一些常规业务，但与此同时也会提升员工的重要性，使员工能够将时间投入到更复杂的创造性工作中，而不仅仅是简单的操作流程。因此，从某种意义上讲，人工智能实际上也为锻炼和提高企业员工的智慧及不可替代性提供了潜在的机会。未来，从事更多有技术壁垒和创新要求的工作可能成为更多人的就业选择。

（2）虽然人工智能集成 CRM 系统的有效实施可以克服技术动荡的不利影响，然而，目前我国人工智能技术水平分布不均，技术开发成本相对较高。主要使用人工智能技术的企业分布在发达地区，人工智能技术尚未得到普遍应用。

（3）使用有偏见的人工智能算法收集和处理客户数据会引起有关隐私问题、缺乏透明度和无效沟通等严重问题。人工智能因其不可预测性、缺乏透明度、人性和低道德规范而加剧了客户对隐私风险的担忧。例如，通过自动电子邮件和人工智能社交媒体营销传播的不相关和侵入性广告可能会引起客户的排斥或不满。如果处理不当，依托人工智能实施的这种无效的营销策略可能会导致严重的企业品牌和声誉损害。因此，营销人员必须重新思考如何在为企业营销设计 AI 解决方案时尽量避免道德问题。企业在收集和

统一所有客户数据时，应遵循保护数据和尊重隐私的原则。只有真正为客户安全着想，才能赢得客户的信任。

（4）聊天机器人也存在无法正确理解客户诉求而提供低质量服务的风险。人类可以以一种聊天机器人永远无法掌握的方式注意到语气和潜台词。而聊天机器人也许无法发现和识别客户发送的上下文的变化，然后做出不正确的判断，导致意想不到的后果。例如，聊天机器人可能会提出不符合客户利益的低质量建议，使企业面临客户流失的风险。这种差异要求聊天机器人和高技能人员之间进行跨职能协作。因此，企业应当对聊天机器人进行服务审核，以尽可能地减少和规避服务质量不佳的情况。

（5）要管理人工智能，需要企业员工的能力和知识与人工智能技术之间的无缝协同作用。AI-CRM 的实施需要各种资源和企业能力的组合，企业必须适应技术变化，否则从长远来看，它们将无法生存。因此，企业必须检查其对第四次工业革命的技术准备情况。技术准备需要几个关键资源的投入，以进一步发展信息和通信技术能力（ICT）。AI-CRM 以信息技术为手段，目的是有效提高企业收益、客户满意度和雇员生产力。AI-CRM 实施质量必须有效，企业员工必须具备实施、维护和微调系统的能力和专业知识，组织的技术能力也必须有助于 AI-CRM 的成功实施。根据基于资源的观点，在员工经验和专业知识的帮助下，通过使用适当的信息处理系统，这些海量数据的可用性可能会激发 AI-CRM 系统的最佳潜力，以提高企业的竞争优势。因此，企业需要为参与 CRM 的员工开展培训，帮助他们提高个人能力和专业水平，确保他们正确使用 AI-CRM 系统，不断优化员工与人工智能之间的协作，改进人工智能的可操控性，从而顺利地整合营销人员的工作和人工智能算法或机器的工作。

练习题十

一、关键概念

1. 社交媒体　　　2. 社交化客户关系管理　　　3. 大数据

4. 区块链　　　　5. 人工智能　　　　　　　　6. 聊天机器

二、选择题（1～7 题为单选题，8～12 题为多选题）

1.（　　）指大数据的质量。由于大数据可以来自于多个渠道，其中可能也包括一些低质量的、虚假的样本。

　　A. 大容量　　　　B. 多样性　　　　C. 高速性　　　　D. 真实性

2.（　　）不是新技术驱动下客户关系管理的发展趋势。

　　A. 使客户关系管理更容易

　　B. 使客户价值共创成为企业重要工作内容

　　C. 增值和集成类解决方案将更受欢迎

　　D. 平台化和智能化将成为 CRM 发展主流

3. 从企业角度看，社交化客户关系管理通过共同创造价值来（　　）。

    A. 获得更多客户　　　　　　　　　　B. 提高客户价值

    C. 提高客户满意度　　　　　　　　　D. 加强客户关系

4. （　　）不是社交化客户关系管理带来的机遇。

    A. 获得客户更容易　　　　　　　　　B. 促进企业与客户的互动

    C. 支持和改变企业的营销管理活动　　D. 挖掘客户的需求与价值

5. （　　）不是大数据在客户关系管理中的作用。

    A. 增加企业对客户的了解　　　　　　B. 增加企业利润

    C. 提升客户价值　　　　　　　　　　D. 提供有用的市场信息

6. 区块链技术特点中（　　）数据的验证、记账、存储、维护和传输等均是基于分布式结构，采用数学和算法的方法而不是中心机构来构建分布式节点之间的信任关系，从而形成非中心化、可信任的分布式结构。

    A. 不可篡改性　　　B. 去中心化　　　C. 可追溯性　　　D. 安全性

7. 人工智能对客户关系管理的影响中（　　）使用户活动的品牌推广非常有效，并使营销人员能够跟踪在各个网站上购买特定类别产品的客户。

    A. 增强个性化服务　　　　　　　　　B. 预测客户流失与保留客户

    C. 优化企业决策　　　　　　　　　　D. 智能内容管理

8. 新技术对企业的影响包括（　　）。

    A. 为客户提供正确的内容　　　　　　B. 帮助企业更好地预测未来趋势

    C. 推动企业技术与服务创新　　　　　D. 提高企业运营效率

9. 新技术对客户的影响包括（　　）。

    A. 提高客户的便利性和易用性　　　　B. 能增强客户体验

    C. 能促进客户与企业互动　　　　　　D. 能提高客户满意度

10. （　　）是社交化客户关系管理带来的挑战。

    A. 客户挖掘与转化　　　　　　　　　B. 客户关系维护

    C. 客户忠诚　　　　　　　　　　　　D. 企业品牌形象管理

11. 大数据背景下客户关系管理的特点包括（　　）。

    A. 虚拟化　　　　　　B. 低成本　　　　　C. 高效率　　　　　　D. 精准化

12. 区块链在客户关系管理中的优点是（　　）。

    A. 提高数据安全性　　　　　　　　　B. 增加信息透明度

    C. 保护客户隐私安全　　　　　　　　D. 提高企业运营和交易效率

三、简答题

1. 新技术对企业有何影响？

2. 简述新技术驱动下客户关系管理的发展趋势。

3. 什么叫社交化客户关系管理？它与传统意义客户关系管理有何区别？

4. 大数据背景下的 CRM 有何特点？

5. 区块链在客户关系管理中有何优点？

6. 人工智能有哪些功能？它对客户关系管理有何影响？

案例 分析

提升迪士尼游客体验与忠诚度的 MagicBand 智能手环

2021 年 3 月 30 日，迪士尼乐园正式宣布为 iPhone 手机和 Apple Watch 推出了"Disney MagicMobile"服务，可在手机中领取虚拟 MagicBand 魔法腕带，之后就可以用手机或手表与园区进行互动。这款能够提升游客游园体验的智能手环设备与迪士尼已经开发了大约 6 年时间的 MyMagic＋服务捆绑在一起，并且已经正式投入使用。MagicBand 是迪士尼专为游客提供的用来验证身份的可穿戴设备，它采用了最新的嵌入式无线射频识别（RFID）与蓝牙技术，操作简洁。MagicBand 拥有耐用、防水、可定制、内置传感器等一系列特点，能与迪士尼乐园内的所有电子传感器进行通信。其主要功能包括：度假村入驻、酒店客房的钥匙、度假村门卡、房间定制钥匙、游乐园排队、迪士尼魔法快车车票、游乐园门票、FastPass、商店结账、餐厅结账、PhotoPass 账号、俱乐部门票、停车场门卡、互动游戏票，以及 XBOX 平台的《迪士尼：无限》（Disney Infinity）账号等。

MagicBand 能够提升游园乐趣，佩戴上它便可以通过彩色的橡胶查看到具体的景点。迪士尼通过 MagicBand 采集的数据涉及方方面面，包括游客在游乐场、酒店、度假村中的各种体验，而这些数据对于迪士尼改进自身的服务有着非常大的指导意义。为了打造一体化的游园体验，迪士尼先后在这个项目上投入 8 亿美元，除了 MagicBand 手环之外，"迪士尼世界"也安放了大量扫描仪和交互式数字触点（如短程和远程传感器技术、信息亭、数字标牌、平板电脑和免费无线上网等）来采集更多的游客数据。迪士尼还为此推出了一项涉及 6 万名员工的大型培训计划。

迪士尼从 MagicBand 中获得的大量游客数据可以帮助其提高运营和用人效率、优化园区内的交通、对商品库存进行实时监控等。此外，他们还可以根据这些数据进行针对性的营销活动，从而提升园区的收入。这些数据包括游客去过的景点、乘坐过的游乐设施、玩过的游戏、使用过的信息亭、购买的食品和商品等，在对这些数据进行梳理和综合分析之后，迪士尼就可以根据游客们的具体喜好为其提供个性化的服务，进而让游客在迪士尼花费更多的时间和金钱。

迪士尼通过 MagicBand 收集精细的客户数据，帮助他们预测游客的需求，预测他们在迪士尼乐园旅程的下一步，并提供个性化的体验。这些数据还有助于迪士尼解决瓶颈问题，为可能遇到不便的游客提供特殊服务，并安排相应的工作人员。更为重要的是，MagicBand 可以记录游客的个人偏好，甚至希望在未来能够模仿迪士尼动画片中的人物与游客进行对话，尽可能增添行程中的乐趣。此外，当游客在迪士尼乐园内的餐厅用餐时，可以直接通过 MagicBand 内记录的饮食偏好自动点餐，让游客可以方便快捷地享受

VIP 服务。例如，迪士尼通过 MagicBand 对游客群进行数字化分析，为游客提供更加个性化和简便的身份验证，改善游客的预约、预付费、照片存储、个性化推荐、路线选择及游乐园导航等服务的体验。

MagicBand 不仅能够帮助迪士尼为游客提供更具针对性的服务，还因为简化了多种支付流程，有效提升了游客的消费欲望。MagicBand 能够与游客的信用卡或者银行卡绑定，在主题公园各大销售商处的支付垫上轻拍腕带就可以完成付款。如果孩子独自或者结伴游玩迪士尼乐园，家长还可以设置购物上限，以避免孩子乱花钱。同时，为了保障游客的信息安全，在使用 MagicBand 的过程中会产生一个随机码，并且只供购买者使用，所以不必担心腕带丢失引起种种问题。此外，在 MagicBand 中还录入了身份证信息，游客完全不用担心遗失或者被盗。虽然迪士尼可以利用采集到的数据向游客提供个性化的服务，但是游客也可以自行选择向迪士尼共享哪些数据，当然也可以要求迪士尼删除与自己有关的数据。此外，家长也可以选择是否将儿童游客的姓名、生日等隐私信息共享给迪士尼的数据系统。

在迪士尼针对 MagicBand 进行的首轮 90 天测试期中，游客的平均支出增长了 8%，游乐园和度假村的收入也增加了 6%，虽然这种变化并不都是 MagicBand 引起的，但至少这款手环设备在一定程度上拉升了迪士尼的业务增长。MagicBand 能够将迪士尼现有的娱乐休闲设施、企业文化、品牌价值与游客联系起来，通过关注游客们的真实体验来帮助迪士尼获得更好的洞察力、创意和改进。相信迪士尼在未来会继续大力推行这种比较新潮前卫且有效的游园方式，在提升园区游乐设施使用效率的同时，改善乐园与游客的关系并创造更多的价值，让游客更加认同迪士尼的品牌，从而成为更加忠诚的迪士尼消费者。

案例思考题

1. 请结合案例讨论，这款 MagicBand 在改善迪士尼与客户的关系中有什么作用？

2. 请结合案例和所学知识分析，为什么迪士尼乐园能够通过 MagicBand 增加营业收入？

3. MagicBand 运用了哪些新技术？要想培养更多忠诚的客户，你认为这款 MagicBand 还应该在哪些方面做出改进？

第十一章
客户关系管理的课程
实习与实践

11

学习目标

1. 能熟练地进行产品档案，客户档案资料输入、编辑、管理等基本操作，能利用客户资料进行商业机会管理。

2. 掌握潜在客户调查的基本思路和步骤。

3. 通过线上视频课程满意度调查及实证分析，能初步掌握客户满意度调查及数据分析的基本思路和方法。

第一节 "奥派"CRM 软件基本操作与使用

"奥派"CRM 软件是南京奥派信息产业股份公司开发的产品，适合中小企业使用。它是一套完全基于 WEB 方案的企业级的客户关系管理教学实验应用系统。其主要实验模块有产品档案管理、客户档案管理、商业机会管理、销售线索管理等功能。这里仅介绍前三个模块的操作过程。

一、账户申请与管理

（一）账户申请

老师、学生如有客户关系管理教学系统软件的试用需求，可在搜索引擎上输入"南京奥派信息产业股份公司"或在地址栏填入公司网址：http://www.allpass.com.cn/，进入公司官网，如图 11-1 所示。

图 11-1 奥派公司官网

进入官网后将光标移动至右侧"联系我们"模块，可以自行选择联系渠道，留下姓名、学校信息及联系方式等，稍后会有工作人员联系，提供 CRM 软件试用服务。

（二）账户管理

申请试用账户后，登录系统点击页面右上角的"我的账户"，标记处有六个按钮，这里重点介绍"登录历史""邮件服务器列表""复制"。

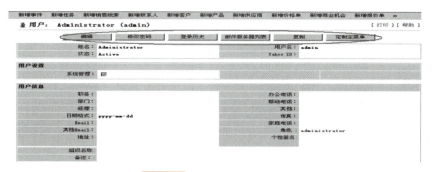

图 11-2 "我的账户"界面

1）点击"登录历史"按钮（图 11-2），出现的是登录过本系统的用户信息，点击"取消"返回上层目录。

2）点击"邮件服务器列表"（图 11-3），表格中是已有的，点击"新增邮件账号"可以添加邮件账号。

图 11-3 "邮件服务器列表"界面

点击"新增邮件账号"（图 11-4），在出现的表单中填写邮件信息，带＊的必须填写，填写完成后点击"保存"按钮，可完成添加邮件账号，点击标记处返回到图 11-3 中的界面，并显示出刚刚添加的账号信息。

图 11-4 "新增邮件账号"界面

3）点击"复制"按钮，此按钮的功能是复制一个和登录用户相同的用户，对其中的内容稍加改动就可以完成一个新用户的添加。在图中的标记处输入用户名和 Email 地址，点击"保存"，就可完成一个用户的添加。其他各项酌情修改。

二、产品档案管理

点击"产品档案"选项卡（图 11-5），出现的页面是产品档案的相关信息，标记 1 处是"查询产品"功能区域，输入要查找的产品信息点击"查找"即可。标记 2 处是"产品列表"区域，在此区域中可以对产品进行编辑和删除。标记 3 处是"产品工具"列表区域，此区域中有"导入产品"和"导出全部产品"两个工具，点击可实现相应的功能。

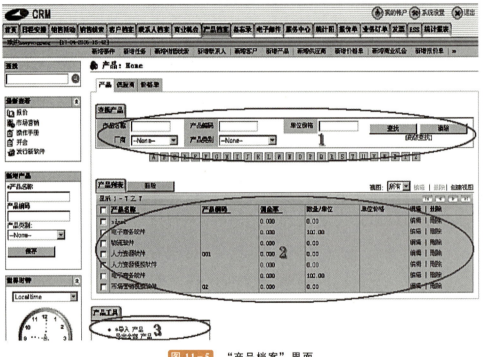

图 11-5 "产品档案"界面

在标记 1 左上角的位置有三个选项卡，我们刚才介绍的是产品选项卡中的内容，接下来我们介绍其他两个选项卡中的内容。点击"供应商"选项卡（图 11-6），在标记 1 处是"查找供应商"功能区域，在此可以查找供应商。标记 2 处是"供应商列表"区域，在此显示了供应商的基本内容和对供应商的编辑和删除功能。那么如何添加供应商呢？在添加供应商之前，要先"添加产品"。（只是为了流程严密，没有实际限制。）

点击子菜单下面的"新增产品"，出现了一个关于产品信息的表单（图 11-7），在这里填入产品的相关信息点击"保存"即可完成产品的添加，带 * 的项是必填的。下面我们就可以添加供应商了。

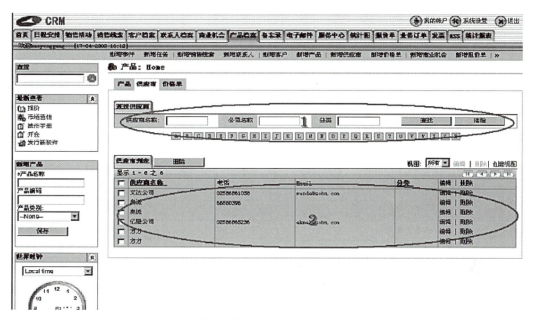

图 11-6　"供应商"界面

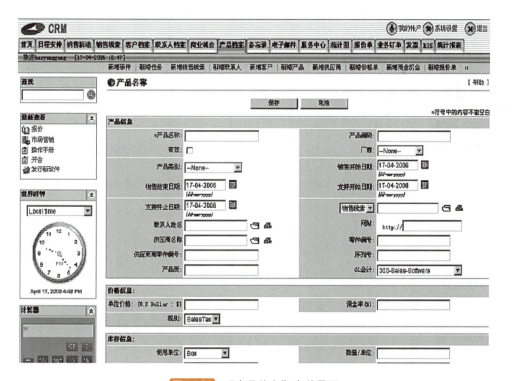

图 11-7　"产品信息"表单界面

点击子菜单下面的"新增供应商"出现了一个关于供应商信息的表单，在这里填入供应商的相关信息，点击保存即可完成供应商的添加（注意：带 * 的项是必须要填写的）。添加完产品以后就可以添加价格单了，具体操作是：点击"新增价格单"，在出现的表单中填入价格单名称和其他信息，点击保存。

保存完成以后出现价格单的编辑页面（图11-8），标记1处是"编辑""复制"和"删除"三个按钮，点击按钮实现其对应的功能。标记2处是为价格单添加产品的按钮，点击"选择产品"按钮。

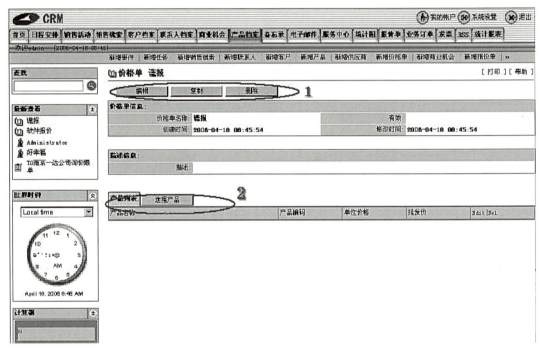

图11-8 "价格单"界面

三、客户档案管理

完成对"产品档案"的设置以后，我们来对"客户档案"进行设置。点击主菜单中的"客户档案"选项卡（图11-9）。标记1处是"客户查找"功能区域，输入要查找的客户信息，点击"查找"按钮即可查找；标记2处是客户列表，此区域中列出了已经添加的客户，也可以对现有的客户进行编辑；标记3处是"客户工具"区域，此区域中提供了"导入客户"和"导出全部客户"两个功能，点击相应的选项，根据提示可以完成相应的操作。接下来，我们介绍如何添加客户。

点击子菜单下面的"新增客户"（图11-10），在出现的表单中填写详细的客户信息，点击保存即可完成对客户的添加。

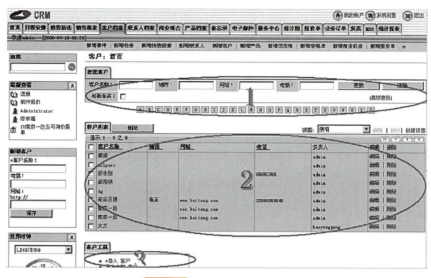

图 11-9　"客户档案"界面

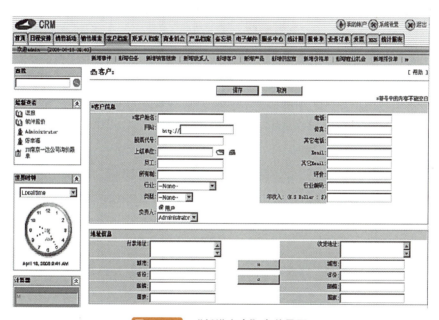

图 11-10　"新增客户"表单界面

点击保存后出现客户信息页面，也就是我们刚刚添加完成的客户信息，在客户信息区域的下方是"新增联系人""新增任务"等选项，在这里可以有针对性地对客户进行设置。

四、商业机会管理

点击"商业机会"选项卡（图 11-11），标记 1 处是"查找商业机会"功能区域，在此输入商业机会相关信息可以对其进行查找；标记 2 处是"商业机会列表"，在此区域中可以对商业机会进行编辑和删除；标记 3 处是"商业机会工具"区域，此区域中有

"导入商业机会"和"导出全部商业机会"两个工具，点击后可根据提示操作实现其功能。下面我们介绍如何新增商业机会。

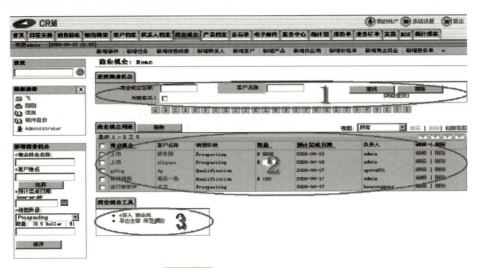

图 11-11　"商业机会"界面

点击子菜单中的"新增商业机会"（图 11-12），在出现的表单中输入信息，这里要注意标记处是客户姓名文本框，点击右边的图标，就出现了客户信息窗口，此窗口中的客户就是我们在前面步骤中添加的客户，然后在要选择的客户上面单击，即可完成客户的选择。需要的信息输入完成点击"保存"，新增商业机会完成了。

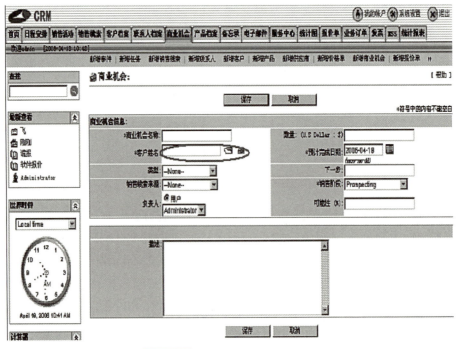

图 11-12　"新增商业机会"界面

第二节 寻找潜在客户调查

潜在客户，是指对某类产品存在需求且具备购买能力的待开发客户，这类客户与企业存在着销售合作机会。经过企业及销售人员的努力，可以把潜在客户转变为现实客户。这个实验，通过寻找潜在客户，既能使学生理解潜在客户的概念，又能使学生深刻理解潜在客户对企业营销和发展的价值。

一、实训目的和要求

1. 实训目的

通过对市场信息的了解和分析，确定目标市场的潜在客户，并通过对客户信息的了解，分析出谁是潜在客户。

2. 实训要求

确定某一企业或产品，进行相应的市场调研并获得客户信息，完成识别潜在客户、掌握寻找潜在客户的基本方法的任务。

二、潜在客户的特征

潜在客户是企业潜在的客户资源，需要满足一定的条件，如"买得起""说了算""用得着"，可以参考"MAN"原则。

买得起（M）。Money 代表"金钱"，这是指客户的购买力。

说了算（A）。Authority 代表购买"决定权"，这是指购买决定权，指购买对象对购买行为有决定、建议或反对的权力。

用得着（N）。Need 代表"需求"，这是指客户有这方面（产品、服务）的需求。不是所有用户都对企业某一产品或服务有需求，有需求的一般是特定群体。

1. 八类潜在客户

是否为企业的潜在客户，可以利用表 11-1 来评判，一般分为八类。

表 11-1　潜在客户评判表

评判标准	购买能力	购买决定权	需求
程度强	M（有）	A（有）	N（大）
程度弱	m（无）	a（无）	n（无）

第一类（M＋A＋N）：是有望客户，理想的销售对象。

第二类（M＋A＋n）：可以接触，配上熟练的销售技术，有成功的希望。

第三类（M＋a＋N）：可以接触，并设法找到具有决定权的人。

第四类（m＋A＋N）：可以接触，需调查其业务状况、信用条件等给予融资。

第五类（m＋a＋N）：可以接触，应长期观察、培养，使之具备另一条件。

第六类（m＋A＋n）：可以接触，应长期观察、培养，使之具备另一条件。

第七类（M＋a＋n）：可以接触，应长期观察、培养，使之具备另一条件。

第八类（m＋a＋n）：非客户，停止接触。

由此可见，潜在客户欠缺了某一条件（如购买力、需求或购买决定权）的情况下，仍然可以开发，只要应用适当的策略，便能使其成为企业的新客户。

2. 准确判断潜在客户购买欲望

判断客户购买欲望的大小，有五个要点：对产品的关心程度、对购入的关心程度、是否符合各项需求、对产品是否信赖、对销售企业是否有良好的印象。

3. 准确判断客户购买能力

判断潜在客户的购买能力，有两个检查要点：信用状况和支付计划。

三、操作步骤

以2~3名同学为一组，扮演企业营销人员开展寻找潜在客户的实训活动。

（一）第一步，分析成为潜在客户的条件

确定企业或产品，根据"MAN"原则，按量身定制、重点关注和循序渐进的原则进行潜在客户的识别。通过分析，具备MAN三个条件的人就是我们要找的潜在客户，当然在营销实践活动中，不要墨守成规，要懂得灵活运用。

（二）第二步，对潜在客户进行市场调查

1. 确定 "新客户开发日"

确定"新客户开发日"，可以设定某日（如每周星期三）为"新客户开发日"。营销人员平时要注意搜集客户资料，到了"新客户开发日"则将所有精力投入开发新客户的工作。

2. 设定开发新经销商的条件

营销人员开发新经销商时，需要得到包括政策在内的多种帮助，区域营销经理可以协调厂家制定一套与经销商沟通的管理模式和签约办法（如规定新客户的发展标准等），以便营销人员开展开发新经销商的工作。

以推销某类商品或服务为例，收集市场基础信息，如表11-2所示。

表11-2　调查市场基础信息表

关于购买者的信息	关于竞争的信息	关于产品或服务的信息
年龄	市场份额	优势
年收入	广告计划	价格

（续）

关于购买者的信息	关于竞争的信息	关于产品或服务的信息
性别	定价策略	服务
职业	分配	设计特点
户主	经营时间	何处卖过
偏爱的媒介		包装
何时购买		怎样使用
怎样购买		每年买多少
购买什么		做何改进
习惯、爱好		价格

3. 潜在客户的评估与选择

在挑选、评估潜在客户之前，营销人员需要先搞清三个问题：①你是否能够满足潜在客户的需求；②在你满足其需求之后，这些潜在客户是否具有提供适当回报的能力；③你所在公司是否具有或能够培养出比其他公司更能满足这些潜在客户需求的能力。

4. 潜在客户的类型

根据购买决定的紧迫性，描述潜在客户在多长时间范围内做出对企业产品或服务的购买决定。分为：渴望型客户（在一个月内能做出购买决定）、有望型客户（在二个月内能做出购买决定）及观望型客户（在三个月内能做出购买决定）。

根据潜在客户可能购买公司产品或服务的数量的多少，将客户分为三类：关键客户，需要营销人员投入更多的时间和精力增加访问频次，增加访问深度；重要客户，应该安排合适的访问频次和内容；一般客户，维持正常的访问频次与内容即可。

5. 寻找潜在客户的常用方法

寻找潜在客户的常用方法有逐户访问、广告搜寻、资料查找、连锁介绍及名人介绍法等。

（1）逐户访问法。指销售人员在特定的区域内，挨门挨户地进行访问以挖掘潜在顾客的方法。这种方法很大程度上取决于营销人员的素质和能力，要持之以恒不放过任何一个有望成交的客户。其优点是范围广、涉及客户多，可借机进行市场调查，了解客户的需求倾向，挖掘潜在客户。其缺点是很盲目，营销人员容易被拒绝，耗费大量的人力和时间，若赠送样品则成本更高。

（2）广告搜寻法。指利用各种广告媒体来寻找顾客的销售方法，又称"广告开拓法"。这种方法的关键是选择针对目标客户的适当媒介，要重视广告的制作效果。其优点是传播速度快、传播范围广，且节约人力、物力和财力。其缺点是目标对象的选择不易掌握，广告费用昂贵，企业难以掌握客户的具体反应。

（3）资料查找法。指推销人员通过查阅各种现有的信息资料来寻找顾客的方法。这种方法的关键点是通过电话号码本、各种专业名册、营业证照的核发机构及报纸杂志等获取潜在客户的信息。其优点是能较快地了解市场容量和准客户的情况，且成本较低。其缺点是商业资料的时效性比较差。

（4）连锁介绍法。连锁介绍法又称为客户引荐法或无限连锁法，是通过老客户的介绍来寻找有可能购买该产品的潜在客户的方法。这是寻找新客户的有效方法，被称为黄金客户开发法。这种方法的关键点是善于使用各种关系取信于现有的客户，可以给现有客户一定的利益，在拜访新客户时，提前摸清新客户的情况。其优点是可以避免推销人员寻找客户的盲目性，成功率比较高，信息比较准确，能够增强说服力。其缺点是事先难以制订完整的推销访问计划，推销人员常常处于被动地位。

（5）名人介绍法。名人介绍法又称中心开花法、中心人物法、中心辐射法，是指推销人员在某一特定的推销范围内，取得一些具有影响力的中心人物的信任，然后在这些中心人物的影响和协助下，把该范围内的个人或组织发展成为推销人员的准顾客的方法。利用名人介绍法寻找顾客，关键是取得"中心人物"的信任和合作。一般来说，核心人物或组织往往在公众中具有很大的影响力和很高的社会地位，他们常常是消费者领袖。这种方法的优点是省时省力，能有效扩大产品影响；缺点是将成交的希望寄托在"中心人物"某一个人身上，风险比较大，如选错中心人物会得不偿失，就有可能弄巧成拙，既耗时间又费精力，最后往往贻误营销时机，且恰当的人选难以寻找。

（三）第三步，了解当前客户信息

了解客户信息就是要多接触客户，这样有助于营销人员寻找潜在客户。首先，想了解客户的需求，提问题是最直接、最简便有效的方式。通过提问可以准确而有效地了解客户的真正需求，为客户提供所需要的产品。其次，通过观察来了解客户的需求。要想说服客户，就必须了解客户当前的需要，然后着重从这一层次的需要出发，晓之以理，动之以情。在与客户沟通的过程中，通过观察客户的非语言行为了解其需要、欲望、观点和想法。最后，在与客户进行沟通时，必须集中精力，认真倾听客户的回答，站在对方的角度尽力去理解对方所说的内容，了解对方在想些什么，对方的需要是什么，要尽可能多地了解对方的情况，一般可以从客户基本属性（年龄、性别、收入水平、职业）、客户需求（买什么）、购买频次（隔多长时间购买一次）、买多少（数量、金额）及客户感受（客户对企业产品或服务的看法、情感）等方面设计调查分析表，以便为客户提供满意的服务。

第三节　在线视频课程的大学生满意度调查及实证分析

一　实验目的

本实验以在 B 站⊖上观看过考研类视频课程的大学生为研究对象，通过问卷调查的

　　⊖　B 站，全称哔哩哔哩视频弹幕网（Bilibili），常简称 B 站。

方法进行调研，研究大学生对于考研类视频课程的满意程度。首先，通过问卷星平台对用过 B 站的大学生进行调查，收集整理了 165 份问卷数据。其次，将 SERVQUAL 服务质量评价模型与中国满意度模型（CCSI）相结合，构建了视频课程的大学生满意度的概念模型。第三，使用 SPSS25 进行了信度分析和相关性检验，利用 IBM SPSS Amos26 Graphics 软件通过问卷数据对视频课程的大学生满意度模型进行了检验，并分析了影响因素。最后，提出提高视频课程的大学生满意度的对策建议。通过这个实验，同学们对客户满意度模型及其变量构成，以及测度的内容、思路方法有了一个直观而系统的认识。

二、变量的选择与模型构建

（一）变量的选择

在此次研究当中主要将中国满意度模型与 SERVQUAL（Service Quality）模型结合在一起，在中国满意度模型当中有着"感知质量→感知价值→顾客满意度"的结构关系，而 SERVQUAL 模型正是用来评价产品服务质量，学术界中也基本达成了"服务质量→感知价值→顾客满意度"的模型。因此本章基于"刺激－机体－反应"（Stimuli－Organlism－Respense，SOR）模型，构建视频课程"服务质量→感知价值→大学生满意度"这一结构关系。下面将对这一结构关系中的变量（即考研类视频课程的服务质量，考研类视频课程的感知价值及大学生满意度）进行介绍。

1. 考研类视频课程的服务质量

服务质量是指客户对服务实际表现与期望之间的一种比较，考研类视频课程的服务质量对于大学生满意度有着很大的影响。考研类视频课程的服务质量可以通过 SERVQUAL 模型进行评估。起初的 SERVQUAL 模型并不是用于衡量视频课程的服务质量，因此需要对 SERVQUAL 模型进行不断的修改以及完善，才能够构建出适合考研类视频课程的服务质量评价体系。

近些年来，许多国内外学者也将 SERVQUAL 模型用于与在线教育有关的线上学习的满意度研究中，如刘彬（2023）在在线教育满意度的研究中运用了 SERVQUAL 模型，程立雪（2019）在研究在线课程 App 大学生用户满意度中也用到了 SERVQUAL 模型。为了让评价体系能够符合考研类视频课程的特点，作者通过在知网等数据库中查阅有关在线教育满意度以及像中国满意度模型这种经典模型的文献，将查找到的文献进行收集和整理，提取出影响大学生对于视频课程满意度的具体因素，将其与 SERVQUAL 模型融合到一起。

评估考研类视频课程服务质量的 SERVQUAL 模型主要分为五个维度，共对应 22 个评价指标。参照该模型的量表，同时结合考研类视频课程的特点，建立考研类视频课程服务质量的评价体系。表 11－3 是五个维度以及对应的 22 个测量指标。

表 11 - 3   考研类视频课程的大学生满意度 SERVQUAL 服务质量评价体系

维度	测量指标
有形性（四个指标）	视频课程的界面设计和用户体验 学习资源的丰富度和易获取性 平台提供的学习工具和辅助资料质量 考研类视频课程的视觉呈现和美感设计
可靠性（五个指标）	视频内容的完整性和深度 视频的播放稳定性和加载速度 考研资料的更新频率和时效性 视频内容的专业性和权威性 考研类视频的实用性和针对性
响应性（四个指标）	平台客服的响应速度和服务态度 教师对学生问题的回应速度和解决效率 考研类视频课程的互动性和学生参与度 平台对学生反馈和意见的处理及时性
保证性（五个指标）	教师的专业能力和教学经验 视频课程的教学质量和效果评估 学生对于学习进度和目标达成的信心 考研类视频课程内容的科学性和系统性 平台对学生学习成果的保障措施
移情性（四个指标）	平台是否为用户推荐适合自己的考研类视频课程 平台是否关注学生学习需求和心理状态 课程内容的适应性和灵活性 课程学习过程中的情感支持和激励

2. 考研类视频课程的感知价值

感知价值是指个体基于其对产品或服务效用和成本的总体评价而感受到的价值。在现代市场营销领域，菲利普·科特勒（Philip Kotler）的概念奠定了感知价值理论的基石。他深入研究并阐释了消费者对产品或服务的认知体验，认为消费者购买决策的核心在于他们对产品或服务能带来的好处与付出相应的成本之间的权衡。在消费者购买行为中，感知价值的高低直接关系到消费者对产品的满意度、忠诚度和购买意向。

考研类视频课程的感知价值主要指大学生观看视频课程所感受到的价值，主要包括课程内容的价值、教学质量的价值以及平台提供的附加服务价值等。本节主要探究考研类视频课程的大学生满意度，为了全面了解大学生的需求和期望，我们关注了三个关键因素：功能价值、情感价值和感知成本。

3. 大学生满意度

考研类视频课程大学生满意度是指学生对于所选视频课程的满意程度和评价。通常涵盖了课程内容的质量、教学方式的有效性、教学资源的丰富度、师资团队的素质、学习体验的舒适度等方面。满意度是用户忠诚度的重要预测因素，高满意度的用户更可能继续使用课程，并推荐给他人。因此，提高用户的满意度是提高用户忠诚度和促进课程传播的关键。学生对于视频课程的满意度反映了他们对于课程学习效果和整体体验的评价，可以帮助其他学生选择合适的教学资源，也可以给教育机构改进课程设计和教学管理提供参考依据。通过对于文献的收集与整理，本研究主要从大学生对于视频课程是否能达到其学习目标、是否愿意将视频课程推荐给他人、是否能够满足其学习的需求以及总体的满意程度四个方面对考研类视频课程的满意度进行测量。

（二）研究假设

考研类视频课程的服务质量是指考研类视频课程提供的服务水平，本章选择了SERVQUAL 模型来对考研类视频课程的服务质量进行测量。感知价值是使用者对于考研类视频课程服务品质的主观评估，它反映了大学生对视频课程的总体满意度。由学术界中达成的"服务质量→感知价值→顾客满意度"这一模型，可以看出感知价值在考研类视频课程服务质量影响大学生满意度的路径中起中介效应。若服务质量较高，则使用者感受到的服务品质愈好。反之，若服务品质较差，则使用者所感受到的服务品质亦会较差，使用者的满意程度主要取决于使用者对于产品的感知价值。如果大学生对服务质量感知越高，他们更可能对服务满意，并继续使用服务，甚至推荐给他人。反之，如果用户感知到的服务质量低，他们可能不满意，并转向其他服务提供商。本节总结了之前学者的研究，用 SERVQUAL 模型中的五大维度以及相应的 22 项指标来对考研类视频课程的服务质量进行测量。

1. 有形性

有形性是指服务提供者所提供的物理环境、设备、人员形象等因素的质量，这一维度来自 SERVQUAL 模型，而本节研究的是 B 站上考研类视频课程的大学生满意度，因此这里的"有形性"指平台的界面设计应该美观易用，视频播放质量要流畅清晰，同时提供其他方便的服务（如下载资料、参与讨论等）。我们将有形性划分为下面四个影响因素：视频课程的界面设计和用户体验、学习资源的丰富度和易获取性、平台提供的学习工具和辅助资料质量、考研类视频课程的视觉呈现和美感设计。

综上所述，提出以下假设 H_{1a}：有形性正向影响考研类视频课程的感知价值。

2. 可靠性

可靠性意味着服务供应商能按时地履行其许诺的服务，并具有一致性和可预测性，这一维度同样来自 SERVQUAL 模型。我们将可靠性划分为下面五个影响因素：视频内容的完整性和深度、视频的播放稳定性和加载速度、考研资料的更新频率和时效性、视频内容的专业性和权威性、考研类视频的实用性和针对性。

综上所述，提出以下假设 H_{1b}：可靠性正向影响考研类视频课程的感知价值。

3. 响应性

在 SERVQUAL 模型中，响应性的概念被赋予了更深层次的含义。它不仅仅是一个关于速度的反应机制，而是涉及服务提供者在面对客户需求时的主动性和积极性。程立雪（2019）强调，响应性体现在在线课程平台能够为学习者提供即时服务的能力上。简而言之，这表示平台的服务团队能够快速、积极地回应用户的需求，并在尽可能短的时间内解决他们的疑问和需求。我们将响应性划分为下面四个影响因素：平台客服的响应速度和服务态度、教师对学生问题的回应速度和解决效率、考研类视频课程的互动性和学生参与度、平台对学生反馈和意见的处理及时性。

综上所述，提出以下假设 H_{1c}：响应性正向影响考研类视频课程的感知价值。

4. 保证性

保证性是指服务提供者具备适当的知识、技能和信誉，能够有效地提供服务，并在服务过程中建立客户对服务质量的信任和自信。程立雪指出，"保证性"这一维度，是源于 SERVQUAL 模型中的核心概念。它涵盖了在线课程 App 管理者和教师在学习者学习过程中所展现的能力，包括为学习者提供必要支持的策略和手段，以及确保学习者在整个学习过程中获得有效帮助的能力。保证性划分为下面五个维度：教师的专业能力和教学经验、视频课程的教学质量和效果评估、学生对于学习进度和目标达成的信心、考研类视频课程内容的科学性和系统性、平台对学生学习成果的保障措施。

综上所述，提出以下假设 H_{1d}：保证性正向影响考研类视频课程的感知价值。

5. 移情性

移情性体现了服务提供者在提供服务时对客户情感的深切关怀和理解。程立雪（2019）强调，移情性体现在在线课程 App 为用户提供关怀和个性化服务的能力上，这包括 App 的便利性、易用性及满足用户需求的特点。为了适应考研类视频课程的研究语境，我们在移情性维度的指标上进行了较大的改动，它们分别为平台是否为用户推荐适合自己的考研类视频课程、平台是否关注学生学习需求和心理状态、课程内容的适应性和灵活性、课程学习过程中的情感支持和激励。

综上所述，提出以下假设 H_{1e}：移情性正向影响考研类视频课程的感知价值。

6. 视频课程感知价值与大学生满意度

视频课程的大学生满意度是大学生使用这些视频课程后的整体体验感受，它的影响因素主要为考研类视频课程的服务质量以及感知价值。本节考研类视频课程的感知价值包括功能价值、情感价值、感知成本，这三个价值维度对于大学生满意度的影响作用各不相同。众多学者的研究发现，感知价值直接影响学生的满意度，感知价值越高，通常学生的满意度也越高。

综上所述，提出以下假设 H_2：考研类视频课程感知价值正向影响大学生满意度。

Ｓ－Ｏ－Ｒ 模型，即"刺激－机体－反应"模型，由环境心理学家尤金·麦赫拉比和丹尼斯·罗森（1974）共同构想。该模型起初主要应用于市场营销和消费者行为研究，但随着理论的发展，此模型在很多领域得到了广泛的应用，夏啸君（2023）将其应用到手机银行的顾客满意度研究中，顾宇娇（2023）将其应用到社会心理公众服务满意度的研究中。这两位学者均将 S－O－R 模型应用到满意度的研究中来，也为本书的研究提供了理论基础。基于该模型，我们将视频课程的服务质量作为刺激变量，将大学生观看考研类视频课程获得的感知价值作为机体变量，将大学生的满意度作为反应变量。

（三）模型构建

通过上述分析，大学生满意度的影响因素主要包括考研类视频课程的服务质量及考研类视频课程的感知价值两个变量。服务质量包括有形性、可靠性、响应性、保证性、移情性五个维度；考研视频课程感知价值包括功能价值、情感价值、感知成本三个维度。考研类视频课程的感知价值在考研类视频课程的服务质量对于大学生满意度的影响中起中介作用，且基于 S－O－R 模型，从而构建大学生满意度概念模型，如图 11－3 所示。

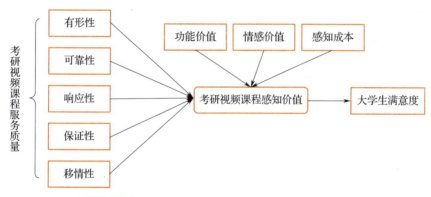

图 11-13 考研类视频课程的大学生满意度概念模型

前文已经对考研类视频课程服务质量的五个维度进行了介绍，在此对感知价值所包含的三个维度进行补充说明：功能价值是指考研类视频课程满足用户基本学习需求的能力，主要包括课程内容的全面性、内容的专业性及个性化学习。情感价值是指产品或服务给用户带来的情感体验，如愉悦、满足等，主要包括课程激发学生的学习兴趣、视频课程给学生良好的体验及视频课程创造良好的学习氛围。感知成本是指用户为获得产品或服务所付出的成本，包括金钱、时间、努力，包括视频课程的价格、学习进度管理、视频课程更新的频率等。

三、研究设计与数据收集

（一）问卷设计

问卷包含两个部分，第一部分收集调查对象的基本信息，第二部分是对考研类视频课程的服务质量、感知价值及大学生满意度的测量。

　　第一部分主要是对调查对象基本信息的了解，如在读学历、是否使用过 B 站及年龄等，这几个问题主要是确定调查对象是熟悉 B 站以及在 B 站上观看过考研类视频课程的。第二部分主要是针对前文中考研类视频课程服务质量中的五个维度（22 个指标）、考研类视频课程的感知价值（功能价值、情感价值、感知成本）及大学生满意度进行提问，其中对于变量的测量采用李克特量表，被调查者的答复被划分为五个不同的级别。

（二）研究变量的测量

　　根据上述研究假设以及 SERVQUAL 模型五个维度、考研类视频课程感知价值的三个维度的介绍，各维度所对应的指标进行编号，如表 11－4 所示。

表 11－4　各维度对应指标的编码

因子	编号	测量的问题
有形性	A1	我认为 B 站的考研类视频课程界面设计很好，使用过程中感到顺畅和舒适
	A2	我认为 B 站学习资源丰富且易获取
	A3	我认为 B 站提供的学习工具和辅助资料的质量很高
	A4	我认为 B 站的考研类视频课程在视觉呈现和美感设计上做得不错
可靠性	B1	我认为 B 站的考研类视频课程内容完整且深入
	B2	我使用 B 站考研类视频课程播放稳定、加载速度快
	B3	我认为 B 站考研资料的更新频率快、时效性好
	B4	我认为 B 站的考研类视频课程内容专业且权威
	B5	我认为 B 站的考研类视频课程具有实用性和针对性
响应性	C1	我认为 B 站平台客服的响应速度和服务态度很好
	C2	我认为 B 站视频课程中教师对学生问题的回应速度和解决效率很快
	C3	我对 B 站中考研类视频课程的互动性和学生参与度很满意
	C4	我对 B 站对学生反馈和意见的处理及时性很满意
保证性	D1	我对 B 站视频课程中教师的专业能力和教学经验很满意
	D2	我对 B 站的视频课程的教学质量和效果评估很满意
	D3	我对学习进度和目标达成很有信心
	D4	我对 B 站上考研类视频课程的内容的科学性和系统性很满意
	D5	我对 B 站对学生学习成果的保障措施很满意
移情性	E1	我对 B 站推荐适合自己的考研类视频课程很满意
	E2	我对于 B 站关注学生学习需求和心理状态很满意
	E3	我对 B 站课程内容的适应性和灵活性很满意
	E4	我对 B 站课程学习过程中的情感支持和激励很满意
功能价值	FV1	B 站中考研类视频课程所涵盖的知识点全面，能够满足学生的需求
	FV2	B 站中考研类视频课程对于学生实现考研目标的帮助很大
	FV3	B 站中考研类视频课程提供的学习资源质量较高，数量多

（续）

因子	编号	测量的问题
情感价值	EV1	B 站中考研类视频课程激发了学生的学习兴趣
	EV2	B 站中考研类视频课程的教学风格、讲师的表达能力给予我很好的学习体验
	EV3	我认为 B 站考研类视频课程创造了积极的学习氛围
感知成本	PC1	观看 B 站中考研类视频课程所需要投入的时间较少，能够灵活安排学习进度
	PC2	我认为 B 站中考研类视频课程的价格相当合理
	PC3	我认为 B 站中考研类视频课程界面操作简单、视频加载速度快
大学生满意度	J1	B 站中的考研类视频能够满足我的需求
	J2	我对于 B 站的考研视频课程非常满意
	J3	我十分愿意向他人推荐 B 站上的考研类视频课程
	J4	通过观看 B 站中的考研类视频课程能够达到我的学习目标

（三）数据收集

1. 样本选择

调查研究应该建立在科学的样本选择基础上，以确保研究结果的科学性和可信度。同时良好的样本选择确保了研究结果对于目标群体的代表性，如果样本不具代表性，研究结论就不能推广到整个目标群体，良好的样本选择是保障科学研究的重要前提之一。本研究的样本选择主要是大三、大四及目前在读的研究生，以确保调研对象有过在 B 站上观看考研类视频课程的经历。同时为了避免非在读大学生以及不了解 B 站中考研类视频课程的用户填写，我们在读学历及是否在 B 站上观看过考研类视频课程处设置跳转链接，让不符合要求的用户直接跳转至结束答卷，以减少无效问卷的产生。

2. 问卷的预调研

在问卷星上设计好问卷以后，通过微信群聊、朋友圈及私聊等方式，将问卷二维码发给指导老师及周边的同学，一共收集 80 份问卷，回收率 100%。其克隆巴赫系数值在 0.8~0.9，则说明量表信度良好。分析结果显示，五个维度的克隆巴赫系数值分别为移情性 0.894、可靠性 0.919、响应性 0.878、有形性 0.861、保证性 0.884；功能价值 0.923、情感价值 0.889、感知成本 0.918；大学生满意度 0.931。由此说明问卷调研所收集到的数据信度质量很高，可以做进一步的分析。

3. 问卷发放与回收

本次研究主要通过网络调研的形式展开，网络调研主要采用问卷调查。调查时间为 2024 年 5 月 1 日至 5 月 15 日。根据数据统计，这次分发的调查问卷共计 175 份，回收率达到 100%。去除掉不是大学生及没有在 B 站上观看过考研类视频课程的被调查者，共收集有效问卷数量 165 份，问卷有效率 94%。

四、实证分析

（一）描述性统计分析

此次研究以成都市某大学在校大一至研三的学生为调查对象。通过微信朋友圈、社群、私聊等方式发出 175 份调查问卷，并成功回收了 175 份，同时设立了无效问卷的标准，经筛查发现，无效问卷共 10 份，保留有效问卷 165 份，问卷有效率 94%。问卷的第一部分主要是搜集调研对象的基本信息，并对这部分数据进行了统计分析，具体情况如下：①在此次调查的样本中，男同学共 94 人，占比 56.9%，女同学共 71 人，占比 43.1%。男生数量相对女生多一些。②22～25 岁的调查对象最多，占比 59.39%，这也符合本次调研样本主要为大三、大四及在读研究生。③大一的人数为 4 人，大二的人数为 35 人，大三的人数为 39 人，大四的人数为 63 人，研究生及以上的人数为 24 人。基本信息统计表，如表 11－5 所示。

表 11－5　基本信息统计表

统计项	选项	频数（人）	构成比
性别	男	94	56.90%
	女	71	43.10%
年龄	18～21 岁	67	40.61%
	22～25 岁	98	59.39%
在读学历	大一	4	2.42%
	大二	35	21.21%
	大三	39	23.64%
	大四	63	38.18%
	研究生及以上	24	14.55%

此外，根据统计调查结果了解到考研类视频课程满意度影响因素的平均分从小到大依次为响应性 3.83 分、有形性 3.91 分、可靠性 3.96 分、移情性 3.97 分、保证性 4.01 分；功能价值 3.75 分、情感价值 3.82 分、感知成本 3.73 分；用户对 B 站考研类视频总体满意度评分为 3.88 分。各个维度的均值都在 3.7 分以上，说明大学生对于 B 站中考研类视频课程的总体满意度较好，同时标准差都＜1，说明样本数据之间的离散程度较小，即表示用户之间的感受差异较小。表 11－6 为描述统计量。

表 11－6　描述统计量

统计项	N	极小值	极大值	均值	标准差
有形性	165	1	5	3.91	0.839
可靠性	165	1	5	3.96	0.796
响应性	165	1	5	3.83	0.721

（续）

统计项	N	极小值	极大值	均值	标准差
保证性	165	1	5	4.01	0.832
移情性	165	1	5	3.97	0.782
功能价值	165	1	5	3.75	0.850
情感价值	165	1	5	3.82	0.731
感知成本	165	1	5	3.73	0.761
大学生满意度	165	1	5	3.88	0.783

（二）测量模型检验

1. 信度检验

问卷信度指的是问卷在重复使用时能否产生一致的结果。一个具有高信度的问卷意味着在相同或相似条件下，不同时间和不同受试者之间的测量结果应该是一致的。问卷信度影响了问卷的可靠性和有效性，在本章中，我们使用克隆巴赫系数来评估量表的内部一致性。如果克隆巴赫系数低于 0.6，通常表示量表的内部一致性较差。当 α 系数在 0.7 到 0.8 之间时，表明量表具有较高的信度。如果 α 系数介于 0.8 到 0.9 之间，则表示量表的信度极高。在此前提下对不同维度进行了检验和比较。表 11-7 展示了本次研究的信度分析数据。

表 11-7　信度分析数据表

维度	克隆巴赫系数	项数
A（有形性）	0.869	4
B（响应性）	0.888	5
C（可靠性）	0.877	4
D（保证性）	0.900	5
E（移情性）	0.835	4
F（功能价值）	0.902	3
G（情感价值）	0.886	3
H（感知成本）	0.912	3
I（大学生满意度）	0.891	4
量表整体	0.913	35

观察表 11-7 可以看出，该问卷的每一个维度的系数都在 0.8 以上，整个量表的克隆巴赫系数为 0.913＞0.9，这表明该问卷的信度很高，各个维度的一致性都很好。

2. 效度检验

效度检验的重要性在于确保问卷所衡量的变量与研究目标之间存在着合理的关联关系，以及确保问卷有效地反映所要测量的概念或属性。问卷的效度检验能够帮助研究者评估问卷问题是否具有测量既定变量的能力，从而增强研究结果的信任度。因此，在进行问卷研究时，对问卷进行详尽的效度分析是至关重要的，本研究着重于从内容效度和结构效度这两个方面来对问卷进行评估。

（1）内容效度。在进行测量分析时，确保测量内容与测量目标的一致性是至关重要的，换句话说，就是这些指标的设计、实施等方面是否严格遵循了既定的测量标准和目标，这就是内容效度。本问卷的指标设计主要参考 SERVQUAL 模型以及美国顾客满意度指数模型（ACSI），且在知网上进行文献的检索查阅，通过对部分变量和指标的删减，初步构建关于考研类视频课程满意度的指标体系，最终得出一套内容效度较好的问卷。

（2）结构效度。结构效度用来确定测量工具中的各个项目或维度是否与理论模型或概念的结构相符合。为了确保因子分析法的有效性，必须采取一系列严格的统计测试。首先，通过 KMO 检验来评估数据集是否满足正态分布，随后，应用 Bartlett 球形检验来判断变量之间的相关性，确定数据是否适合进行进一步的因子分析。表 11 - 8 为检验的结果。

表 11 - 8　问项 KMO 和 Bartlett 的检验结果

KMO 取样适切性量数		0.942
Bartlett 的球形检验度	近似卡方	3359.963
	df	595
	Sig.	0.000

观察表 11 - 8 可以看出，KMO 取样适切性量数值为 0.942＞0.6，同时 Bartlett 球形检验的 P 值为 0.000＜0.01，说明此次问卷收集到的数据是适合做因子分析的。

问项解释的总方差如表 11 - 9 所示。

表 11 - 9　问项解释的总方差

成分	总方差解释								
	初始特征值			提取载荷平方和			旋转载荷平方和		
	总计	方差百分比	累积百分比	总计	方差百分比	累积百分比	总计	方差百分比	累积百分比
1	13.613	38.894	38.894	13.613	38.894	38.894	13.573	38.780	38.780
2	2.163	6.180	45.074	2.163	6.180	45.074	1.943	5.550	44.330
3	1.605	4.586	49.660	1.605	4.586	49.660	1.553	4.438	48.768
4	1.390	3.972	53.632	1.390	3.972	53.632	1.353	3.867	52.635
5	1.295	3.701	57.333	1.295	3.701	57.333	1.318	3.765	56.400
6	1.220	3.486	60.819	1.220	3.486	60.819	1.290	3.687	60.087
7	1.121	3.203	64.022	1.121	3.203	64.022	1.233	3.522	63.609
8	1.012	2.890	66.912	1.012	2.890	66.912	1.156	3.304	66.912
9	0.970	2.770	69.682						

（续）

成分	初始特征值			提取载荷平方和			旋转载荷平方和		
	总计	方差百分比	累积百分比	总计	方差百分比	累积百分比	总计	方差百分比	累积百分比
10	0.898	2.565	72.247						
11	0.812	2.321	74.568						
12	0.766	2.189	76.757						
13	0.694	1.981	78.739						
14	0.678	1.937	80.676						
15	0.573	1.638	82.314						
16	0.542	1.548	83.862						
17	0.507	1.448	85.310						
18	0.483	1.380	86.690						
19	0.447	1.277	87.968						
20	0.420	1.201	89.169						
21	0.393	1.124	90.293						
22	0.356	1.018	91.311						

（表头第一行跨列标题：总方差解释）

在进行因子分析时，本研究采用了 PCA 分析法，并且按照特征值大于 1 的标准提取公因素。在输出结果中发现对此问卷的 35 个问项共提取 7 个因子，7 个维度累积的方差贡献率为 66.912%，此方差贡献率大于 50%，这也说明了问卷的结构效度是可以接受的。

（3）收敛效度。为了验证每一个维度的收敛性，本章通过 SpssAmos 软件进行了验证性因子分析。分析的内容包括研究中涉及的考研类视频课程服务质量的五个维度及其相应的 22 项指标，感知质量中的功能价值、情感价值、感知成本三个维度及相应的 9 个指标，以及测量大学生满意度的 4 个指标。通过分析其标准化因子载荷、CR 值及平均方差提取量（AVE）来对样本数据进行收敛效度的检验。B 站考研类视频满意度评价量表因子分析，如表 11-10 所示。

表 11-10　B 站考研类视频满意度评价量表因子分析

统计项	题项	标准化因子载荷	CR	AVE
有形性	A1	0.763	0.871	0.628
	A2	0.785		
	A3	0.758		
	A4	0.860		
可靠性	B1	0.827	0.891	0.721
	B2	0.765		
	B3	0.799		
	B4	0.770		
	B5	0.780		

（续）

统计项	题项	标准化因子载荷	CR	AVE
响应性	C1	0.805	0.878	0.743
	C2	0.809		
	C3	0.814		
	C4	0.780		
保证性	D1	0.848	0.905	0.857
	D2	0.842		
	D3	0.827		
	D4	0.832		
	D5	0.694		
移情性	E1	0.771	0.824	0.731
	E2	0.724		
	E3	0.796		
	E4	0.731		
功能价值	FV1	0.835	0.873	0.723
	FV2	0.796		
	FV3	0.874		
情感价值	PV1	0.747	0.846	0.712
	PV2	0.842		
	PV3	0.822		
感知成本	PC1	0.857	0.851	0.726
	PC2	0.822		
	PC3	0.749		
大学生满意度	J1	0.743	0.871	0.731
	J2	0.824		
	J3	0.818		
	J4	0.792		

观察表11-10可以发现，每一个题项的标准化因子载荷都大于0.7，说明本问卷中各个潜变量所对应的观测变量都是有效的，能够测量出潜变量；同时，AVE的数值都超过了0.5，组合信度的CR值都超过了0.7，这表明本研究中的样本数据在各个维度上的收敛效果是相当不错的。

（三）相关性分析

1. 服务质量各维度之间的相关性分析

此次研究中的考研类视频课程服务质量主要包括五个维度，由于维度较多，需要判断五个维度之间是否存在多种线性关系，此研究主要采用 Spss 中的皮尔森相关系数来进行检验。在统计学中，对于相关性强弱的判断有着相应的标准，其具体的判断标准如表 11-11 和表 11-12 所示。

表 11-11　统计学相关性强弱判断标准

相关系数	0~0.09	0.1~0.3	0.3~0.5	0.5~0.8	0.8~1
相关性	不相关	弱相关	中等相关关系	强相关关系	高度相关

表 11-12　各维度之间的相关性分析

统计项	各项指标	有形性	可靠性	响应性	保证性	移情性
有形性	皮尔森相关性	1	0.671	0.673	0.551	0.525
	Sig.（双尾）		0	0	0	0
	N	165	165	165	165	165
可靠性	皮尔森相关性	0.671	1	0.516	0.507	0.657
	Sig.（双尾）	0		0	0	0
	N	165	165	165	165	165
响应性	皮尔森相关性	0.573	0.516	1	0.614	0.604
	Sig.（双尾）	0	0		0	0
	N	165	165	165	165	165
保证性	皮尔森相关性	0.551	0.607	0.614	1	0.557
	Sig.（双尾）	0	0	0		0
	N	165	165	165	165	165
移情性	皮尔森相关性	0.525	0.657	0.604	0.557	1
	Sig.（双尾）	0	0	0	0	
	N	165	165	165	165	165

观察表 11-12 可以发现，五个维度间的相关系数都落在了 0.8 以下的范围。这一现象说明这些维度之间存在着高度的独立性，它们彼此之间并没有出现明显的共线性问题。

2. 各维度与视频课程感知价值的相关性分析

通过上述分析，我们发现这五个维度之间不存在多重线性关系，因此还需要对服务质量的五个维度与考研类视频课程感知价值之间的关系进行分析，分析结果如表 11-13 所示。

表 11-13　服务质量各维度与感知价值相关分析

统计项	N	皮尔森相关性	显著性（双侧）
有形性	165	0	0.679
可靠性	165	0	0.709

（续）

统计项	N	皮尔森相关性	显著性（双侧）
响应性	165	0	0.631
保证性	165	0	0.758
移情性	165	0	0.649

观察表 11-13 可以发现，有形性与 B 站中考研类视频课程感知价值的相关系数为 0.679，0.5＜0.679＜0.8，同时显著性趋于 0，说明有形性维度与感知价值的相关性较好，并且具有显著的正相关关系。可靠性与 B 站中考研类视频课程感知价值的相关系数为 0.709，0.5＜0.709＜0.8，同时显著性趋于 0，这表示可靠性与感知价值之间的相关性较强，并且具有显著的正相关关系。响应性与 B 站中考研类视频大学生课程满意度的相关系数为 0.631，0.5＜0.631＜0.8，同时显著性趋于 0，这说明响应性与感知价值具有显著的正相关关系。保证性与考研类视频课程感知价值的相关性系数为 0.758，0.5＜0.758＜0.8，同时显著性趋于 0，这意味着保证性与感知价值之间的相关性较强，并且具有显著的正相关关系。移情性与考研类视频课程感知价值的相关系数为 0.649，0.5＜0.649＜0.8，这说明移情性与感知价值之间的相关性较好，同时二者具有显著的正向相关关系。

此外还需要用 T-text 来验证二者之间是否显著相关。通过上面的分析，也可以发现，五个维度与感知价值之间均呈现正相关关系，相关系数均在 0.5～0.8 之间，并且其显著性都趋于 0，也说明了考研类视频服务质量与感知价值之间呈现显著的正向相关关系，这也验证了本研究提出的假设。

（四）模型检验

结构方程模型（Structured Model）是一种用来确认和评估多个变量之间复杂的交互作用的统计分析的手段。它结合了因果模型、路径分析和因子分析等方法，可以对多个变量间的直接和间接效应，以及变量之间的因果关系进行分析。而在本研究中，涉及考研类视频课程服务质量中的五个维度及与之相对应的 22 项指标，感知质量中的功能价值、情感价值、感知成本三个维度及 9 个指标，以及大学生满意度的 4 个指标，即分别对应结构方程中的潜变量和观测变量。此研究不仅需要对考研类视频课程服务质量、考研视频课程感知价值、大学生满意度三者的关系进行研究，还需要对与之相对应的 35 项指标之间的关系进行研究，而结构方程模型能够同时处理观察变量和潜在变量，允许研究者考虑不可观察的概念，因此采用结构方程的方法对本研究中所构建的模型进行检验。

1. 整体模型适配度检验

通过对先前所述的验证性因子分析和相关性分析的深入研究，我们可以得出结论，问卷数据在统计上的有效性和可靠性得到了有力的证明。在此，利用 IBM Spss Amos26 Graphics 软件构建路径模型图，如图 11-14 所示。

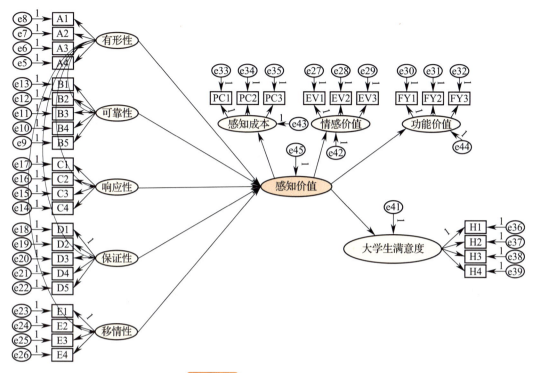

图 11-14 结构方程路径模型图

通过模型的拟合，得出的参数结果如表 11-14 所示。

表 11-14 路径分析结果

验证指标	CMIN/DF	GFI	AGFI	RMR	NFI	RFI	IFI	RMSEA	CFI
参数值	1.424	0.913	0.919	0.072	0.901	0.932	0.961	0.051	0.961

观察表 11-14 可以看出，RMR 值为 0.072，0.05＜0.072＜0.08，且其他的 GFI，AGFI，RFI，NFI，IFI，CFI 拟合度指标的监测数值都在适配的标准范围内，因此模型的拟合度较好。

2. 路径分析

通过路径分析，我们能够深入探究变量间复杂的相互作用和因果关系。这种方法不仅揭示了变量之间的潜在关联，而且还提供了理解它们如何共同影响结果的理论依据。还可以识别出哪些变量对其他变量有直接的影响，因此本研究采用构建结构方程的方式对模型进行检验。通过 SpssAmos 软件对该模型进行的路径分析检验结果，如表 11-15 所示。

表 11-15 路径分析检验结果

假设	路径	路径系数	P	结果
H_{1a}	有形性→考研类视频课程感知价值	0.176	0.03	成立
H_{1b}	响应性→考研类视频课程感知价值	0.181	0.04	成立

（续）

假设	路径	路径系数	P	结果
H_{1c}	可靠性→考研类视频课程感知价值	0.165	0.02	成立
H_{1d}	保证性→考研类视频课程感知价值	0.184	0.04	成立
H_{1e}	移情性→考研类视频课程感知价值	0.173	0.03	成立
H_2	考研类视频课程感知价值→大学生满意度	0.645	0.02	成立

通过结构方程模型路径分析系数可以了解到：

有形性对于考研类视频课程感知价值路径系数为 0.176，且 $P<0.05$，说明有形性对于考研类视频课程感知价值路径具有显著的正向影响。这也说明，大学生对于视频课程有形性的感知越好，那么其对考研类视频课程的感知价值就越高。由此证明假设 H_{1a} 成立。

响应性对于考研类视频课程感知价值路径系数为 0.181，且 $P<0.05$，说明响应性对于考研类视频课程感知价值路径具有显著的正向影响。这也说明，大学生对于视频课程响应性的感知越好，那么其对考研类视频课程的感知价值就越高。由此证明假设 H_{1b} 成立。

可靠性对于考研类视频课程感知价值路径系数为 0.165，且 $P<0.05$，说明可靠性对于考研类视频课程感知价值路径具有显著的正向影响。这也说明，大学生对于视频课程可靠性的感知越好，那么其对考研类视频课程的感知价值就越高。由此证明假设 H_{1c} 成立。

保证性对于考研类视频课程感知价值路径系数为 0.184，且 $P<0.05$，说明保证性对于考研类视频课程感知价值路径具有显著的正向影响。这也说明，大学生对于视频课程保证性的感知越好，那么其对考研类视频课程的感知价值就越高。由此证明假设 H_{1d} 成立。

移情性对于考研类视频课程感知价值路径系数为 0.173，且 $P<0.05$，说明移情性对于考研类视频课程感知价值路径具有显著的正向影响。这也说明，大学生对于视频课程移情性的感知越好，那么其对考研类视频课程的感知价值就越高。由此证明假设 H_{1e} 成立。

考研类视频课程感知价值对于大学生满意度路径系数为 0.645，且 $P<0.05$，说明考研类视频课程感知价值对于大学生满意度路径具有显著的正向影响。这也说明，大学生对于考研类视频课程的感知价值越高，那么大学生满意度就越高。由此证明假设 H_2 成立。

五、对策建议

随着在线教育的蓬勃发展，其行业规模不断扩大，蕴藏在其中的市场也具有广阔的发展前景。本研究通过探究大学生对于 B 站上考研类视频课程的满意度，从而提出以下的建议。

1. 提高视频课程的质量，凸显其功能价值

考研类视频课程的提供方需要站在大学生的角度，为大学生提供能够满足他们需求和期望的视频课程。结合实证的研究结果，为平台提升视频课程的功能价值从以下三个方面提出建议。

（1）保证教学内容的准确性，不能有任何虚假和误导性的信息产生。正确的教学内容和视频课程覆盖的重点是否全面和深刻，直接关系到大学生考研的成效。所以，B 站应当制定一套严谨的内容审查制度，保证所上传的内容均由专业人员审查，而审查人员本身也必须具有相关的专业知识。另外，为了保证教学内容的及时、准确，平台还必须对教学内容进行定期更新。考研大纲年年有变动，对教学内容即时更新是确保大学生考研成绩的关键。

（2）在线教育平台必须保证教师具有一定的专业素养，并具有一定的授课能力，以提升视频课程的品质。在视频课程中，教师的专业素质和教学经验的丰富程度，直接关系到学生对考研类视频课程的功能价值，所以，平台要有一套严谨的教师选择制度，其中包含教育背景、教育经历、专业知识等多个维度。另外，平台还需要建立一套教学质量监测体系，对教师的教学内容、教学方式、学员反馈等方面进行定期考核，并对存在的问题进行纠正。

（3）平台应提供丰富的学习资源和辅助工具，如课件、笔记、习题集等，以帮助学生更好地理解课程内容，提高学习效率。此外，平台可以通过建立一个互动社区板块，让同学之间可以互相分享学习心得，老师也可以在评论区为同学们答疑解惑，以此让学生更加积极地参与到学习过程中来。同时通过提供灵活多样的学习方式，如直播课程、录播课程、自学模式等，满足不同学生的习惯和安排，以提升视频课程的功能价值。

综上所述，通过在以上三个方面的努力，平台能够为学生提供高质量的学习体验，提高考研类视频课程的可靠性，以增强大学生对于考研类视频课程的功能价值的感知，从而提升大学生的满意度。

2. 提升考研类视频课程的有形性和响应性

考研类视频课程的感知成本包括学习成本、经济成本、时间成本、精力成本、心理成本等。感知成本的高低直接影响大学生对于考研类视频课程的满意度，对此为平台提出以下三个方面的建议：

（1）进行有形性方面的提升，通过优化平台界面的设计，确保平台的界面简洁、美观、易于导航。通过提供清晰、直观的用户界面，降低学生在使用平台时的时间成本和操作成本。同时提供高质量的教学内容，确保视频课程画面清晰，声音质量好，课件和学习资料设计精美、内容丰富，以降低学生的时间成本和学习成本。

（2）增强视频课程的响应性，通过构建一个高效的客户服务体系并提供及时的支持和帮助，确保学生的咨询和反馈能够迅速得到回应，从而实现减少学习时间和精力成本的目标。除此之外，通过提供定制化的学习建议并运用数据分析与人工智能的先进技术，

可以为学生呈现个性化的学习方案和资源推介，从而降低学生的决策成本和学习成本。

（3）通过采取一定的措施，直接降低感知成本。首先，提供不同层次的课程套餐，满足不同学生的需求和预算。其次，制定合理的课程定价策略，确保价格与视频课程质量相匹配。第三，通过提供按月订阅、分期付款等灵活的缴费方式，为学生减轻财务压力。第四，保证缴费流程简便快捷，降低学生在缴费过程中的时间成本。此外，还可以通过折扣、优惠券、赠品等方式定期举办优惠促销活动，为学生减少感知成本，吸引更多的学生报名参加课程。

3. 增强考研类视频课程的情感价值

考研类视频课程的情感价值在于学习过程中得到的激励和动力、心理支持、情感共鸣及良好的情感体验。给予大学生足够的情感价值，能够让其对视频课程更加满意，对产品的忠诚度也会提高。对此，为增强考研类视频课程的情感价值，为平台提出三个方面的建议：

（1）提供个性化定制课程。个性化定制课程是B站为满足用户多样化学习需求而推出的创新教育服务。在传统教育模式下，学生常常被迫遵循统一的教学节奏和内容，这使得满足各种学生的学习需求和节奏变得困难。个性化的课程设计是基于学生的学习状况、目标和兴趣，为他们量身打造的学习内容和路径，旨在提供更具灵活性和针对性的教学服务。

（2）让教师在课堂教学中给予学员激励与鼓励，协助学员应对学习中遇到的难题与挑战。在有序的课堂教学过程中，学生能感受到一种成就感，进而促进其情感价值的升华。除此之外，考研类视频课程还能给学生们带来心理上的支持与慰藉，缓解他们在学习中的压力与焦虑，在课程的学习中得到心理上的支持与协助，提升其情感价值。

（3）提高课程的互动性，提高课程互动性是B站在线教育平台提升用户参与度和学习效果的重要策略之一。所谓的课程互动性，是指在培训课程中，促进教师和学生之间的沟通，以及学生与学习内容的交互。首先，实时在线交互是改善课堂互动的一个重要环节，通过引进在线直播、讨论板等功能，同学们能够在课程中与教师进行实时的交流与互动，可以提问并分享自己的看法，加强了学习的参与感和体验性。

4. 建立及时更新机制

建立及时的更新机制对于B站的在线教育平台至关重要。通过提升视频课程的响应性，可以减少大学生在考研类视频课程上所投入的时间，从而更加灵活地安排自己的学习进度，以降低其感知成本，从而提高对于考研类视频课程的满意度。在知识与科技飞速发展的今天，为了保证教学质量，吸引更多的用户，必须对课程进行适时更新。这种机制不只是对课程大纲、录像等进行简单更新，更是一种包括课程设计、教学资源更新和评价反馈在内的系统管理手段。首先，要构建实时更新机制，即成立一支专业队伍，对课程内容进行监控与更新。这支队伍由教学专家、学科领域的权威专家和技术专家组成，他们一起对课程内容的实际状况和学科发展的最新动向进行监控，并适时地对课程内容进行修正和更新。其次，要构建一套有效的课程更新程序与平台，使之能够及时地进行更新。具体而言，就是要制定出一套新的课程标准与程序，确定每一阶段的相关人员与时限，以保证新课程的及时、有效。

综上所述，构建实时更新机制对改善在线教育的品质和用户体验具有十分重要的意义。因此，必须成立一支专业队伍，对视频课程内容进行实时监控与更新，并构建一套有效的课程更新程序与平台，加强与产业、企业的协作与交流。建立健全的评价与反馈机制，使课程内容能够适时地进行更新与优化，从而提升在线教育服务的品质与吸引力。

练习题十一

1. 简要叙述 CRM 模拟实验的过程。
2. 如果你是一个管理者将如何利用产品信息、客户资源，挖掘客户价值、发现商业机会？
3. 简要阐述潜在客户调查的基本思路和步骤。
4. 何为考研类视频课程大学生满意度？大学生满意度测度和影响因素分析有何意义？简要阐述大学生满意度调查及数据分析的基本思路和方法。

参考文献

[1] 王广宇. 客户关系管理[M]. 北京：经济管理出版社，2001.

[2] 李志宏，王学东. 客户关系管理[M]. 广州：华南理工大学出版社，2004.

[3] 朱云龙，南琳，王扶东. CRM 理念、方法与整体解决方案[M]. 北京：清华大学出版社，2004.

[4] 张学军，吴萧，刘翠响. CRM 实施宝典[M]. 北京：国防工业出版社，2005.

[5] 丁秋林，力士奇. 客户关系管理[M]. 北京：清华大学出版社，2002.

[6] 邵兵家，于同奎. 客户关系管理：理论与实践[M]. 北京：清华大学出版社，2004.

[7] 钱学潮，袁海波，丁源. 企业客户关系管理[M]. 北京：科学出版社，2004.

[8] 魏农建. 物流营销与客户关系管理[M]. 上海：上海财经大学出版社，2005.

[9] 野口吉昭. 客户关系管理实施流程[M]. 杨鸿儒，译. 北京：机械工业出版社，2003.

[10] 戴奇. 客户关系管理手册[M]. 杨阳，管政，译. 北京：中国人民大学出版社，2004.

[11] 郭斌. 网络企业管理[M]. 杭州：浙江大学出版社，2001.

[12] 丁建石. 客户关系管理[M]. 北京：北京大学出版社，2006.

[13] 汤兵勇. 客户关系管理[M]. 2 版. 北京：高等教育出版社，2008.

[14] 何荣勤. CRM 原理、设计、实践[M]. 北京：电子工业出版社，2003.

[15] 叶开. 中国 CRM 最佳实务[M]. 北京：电子工业出版社，2005.

[16] 朱爱群. 客户关系管理与数据挖掘[M]. 北京：中国财政经济出版社，2001.

[17] 邵峰晶，于忠清. 数据挖掘原理与算法[M]. 北京：中国水利水电出版社，2003.

[18] 林宇. 数据仓库原理与实践[M]. 北京：人民邮电出版社，2002.

[19] 陈京民. 数据仓库与数据挖掘技术[M]. 北京：电子工业出版社，2002.

[20] 陈明亮. 客户关系管理与软件[M]. 杭州：浙江大学出版社，2004.

[21] 吕廷杰，尹涛，王琦. 客户关系管理与主题分析[M]. 北京：人民邮电出版社，2002.

[22] 宝利嘉. 客户关系管理解决方案：CRM 的理念、方法与软件资源[M]. 北京：中国经济出版社，2001.

[23] 李志刚，马刚. 数据仓库与数据挖掘的原理及应用[M]. 北京：高等教育出版社，2008.

[24] 马刚，李红心，杨兴凯. 客户关系管理[M]. 大连：东北财经大学出版社，2008.

[25] 刘丹. 基于 ERP 与 CRM 整合思想的 SM 模块化体系研究[J]. 科技管理研究，2010(21)：179-181.

[26] 皮尔. 如何抓牢你的客户：再定义客户关系管理[M]. 李欣，戴迪玲，译. 北京：中华工商联合出版社，2004.

[27] 张庆伟. ERP、SCM 和 CRM 之间关系探讨[J]. 中国电力教育，2009(4)：252-253.

[28] 陈利民. 基于 CRM 的供应链管理实施策略研究[J]. 现代商业，2008(32)：25-26.

[29] 刘国联，孔志周. ERP、CRM、SCM 三大系统的整合[J]. 企业技术开发，2007(6)：84-86.

[30] 苑富强. CRM 与电子商务的融合[J]. 中国商贸，2010(16)：95-96.

[31] 向大芳. 基于企业用户的典型 CRM 系统的设计与实现[J]. 科技创新导报，2009(5)：22.

［32］孟晓娜，杨连贺，孟俊娜．基于客户关系管理的数据挖掘技术的应用［J］．企业技术开发，2005（3）：33－35．

［33］王慧．数据挖掘技术在分析型 CRM 中的应用研究［J］．信息与电脑，2010（9）：134．

［34］陈洁，曹渠江．CRM 系统中基于 ASP．NET 的 OLAP 的设计与实现［J］．计算机工程与设计，2006（16）：3062－3063．

［35］黄松英．中小企业 CRM 系统的 OLAP 设计与实现［J］．绍兴文理学院学报，2005（8）：36－38．

［36］KUMAR P，SHARMA S K，DUTOT V．Artificial intelligence（AI)-enabled CRM capability in healthcare：The impact on service innovation［J］．International Journal of Information Management，2023，69：102598．

［37］PRZEGALINSKA A，CIECHANOWSKI L，STROZ A，et al．In bot we trust：A new methodology of chatbot performance measures［J］．Business Horizons，2019，62：785－797．

［38］LU N，LIN H，LU J，et al．A Customer Churn Prediction Model in Telecom Industry Using Boosting［J］．IEEE Transactions on Industrial Informatics，2014，10(2)：1659－1665．

［39］KUMAR V，RAMACHANDRAN D，KUMAR B．Influence of new-age technologies on marketing：A research agenda［J］．Journal of Business Research，2020，125：864－877．

［40］CHEN L，JIANG M，JIA F，et al．Artificial intelligence adoption in business-to-business marketing：toward a conceptual framework［J］．Journal of Business & Industrial Marketing，2022，37(5)：1025－1044．

［41］ZARIFIS A，KAWALEK P，AZADEGAN A．Evaluating if trust and personal information privacy concerns are barriers to using health insurance that explicitly utilizes AI［J］．Journal of Internet Commerce，2021，20(1)：66－83．

［42］SIDAOUI K，JAAKKOLA M，BURTON J．AI feel you：customer experience assessment via chatbot interviews［J］．Journal of Service Management，2020，31(4)：745－766．

［43］CHATTERJEE S，MIKALEF P，KHORANA S．Assessing the Implementation of AI Integrated CRM System for B2C Relationship Management：Integrating Contingency Theory and Dynamic Capability View Theory［J］．Information Systems Frontiers，2022．

［44］CHATTERJEE S，CHAUDHURI R，VRONTIS D，et al．Adoption of AI integrated partner relationship management（AI-PRM）in B2B sales channels：Exploratory study［J］．Industrial Marketing Management，2023，109：164－173．